Meters Series 8

Into the Silence Vol. II

Wade Davis

Words 316,076

Pages 576

7.4 x 5.04 inches

靜謐的榮光『下』

鄭煥昇＝譯

詹偉雄＝策畫・選書・導讀

臉譜

meters

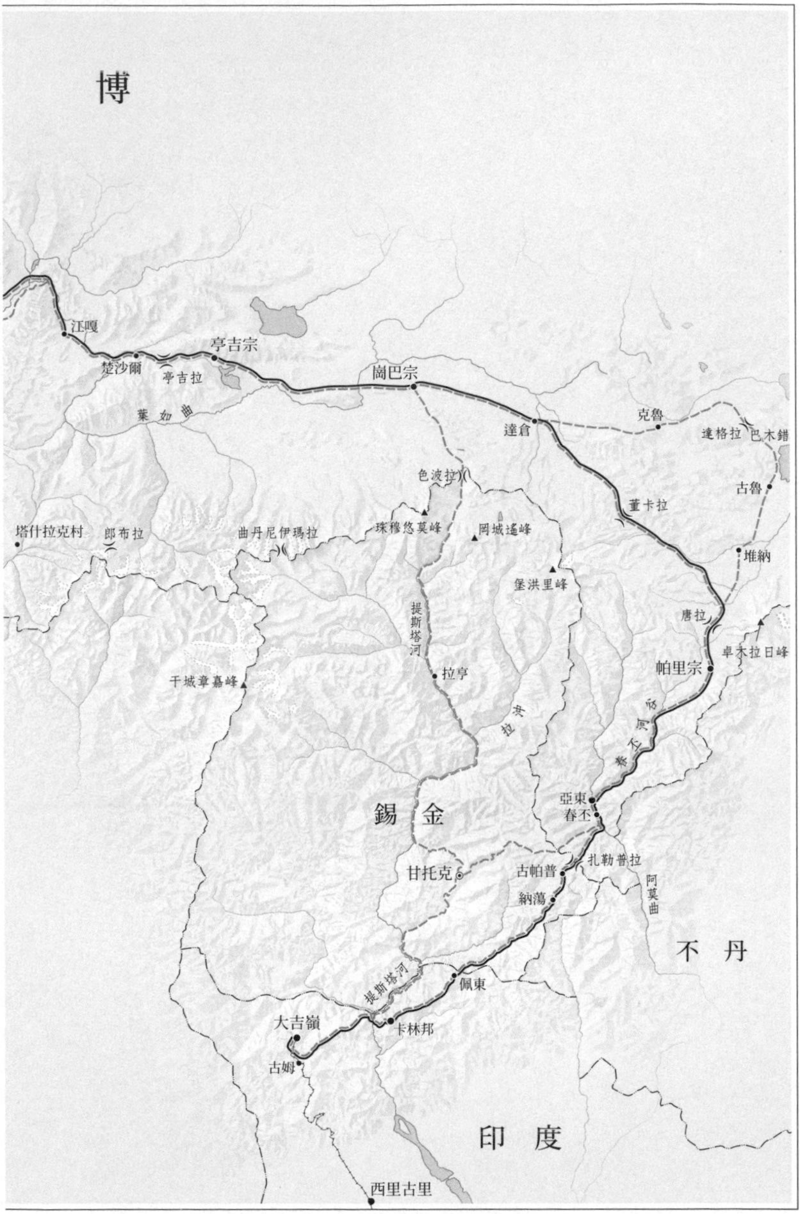
博
江嘎
楚沙爾
亭吉拉
亭吉宗
葉如曲
崗巴宗
達倉
克魯
達格拉
巴木錯
古魯
色波拉
董卡拉
珠穆悠莫峰
岡城遙峰
堆納
塔什拉克村
郎布拉
曲丹尼伊瑪拉
堡洪里峰
提斯塔河
唐拉
卓木拉日峰
帕里宗
拉亨
干城章嘉峰
拉沖
春丕河
亞東
春丕
錫金
扎勒普拉
甘托克
古帕普
納蕩
阿莫曲
不丹
提斯塔河
佩東
大吉嶺
卡林邦
古姆
印度
西里古里

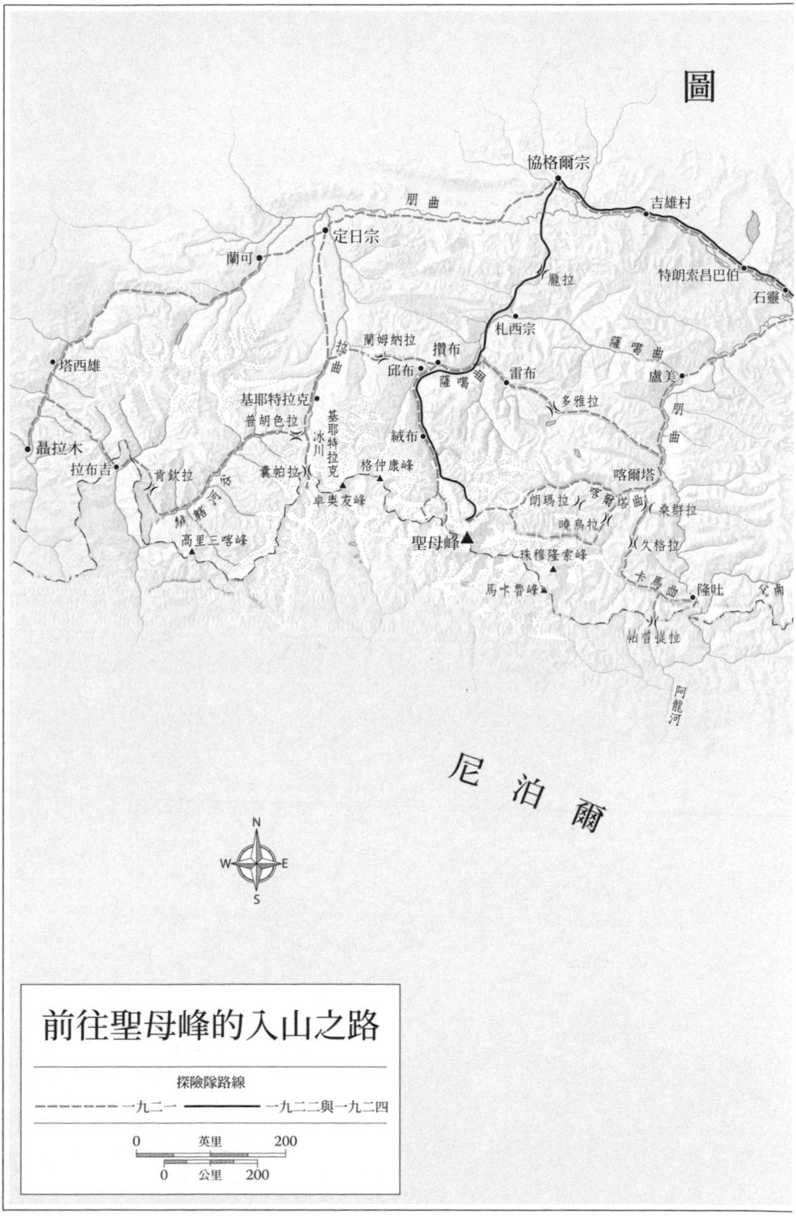
圖
協格爾宗
朋曲
吉雄村
定日宗
蘭可
特朗索昌巴伯
石靈
龍拉
札西宗
蘭姆納拉
拉曲
攢布
邱布
薩嘎曲
雷布
盧美
塔西雄
基耶特拉克
多雅拉
普胡色拉
基耶特拉克冰川
絨布
聶拉木
拉布吉
青欽拉
囊帕拉
格仲康峰
卓奧友峰
喀爾塔
朗瑪拉
喀爾塔曲
桑群拉
曉烏拉
高里三喀峰
聖母峰
珠穆隆索峰
久格拉
馬卡魯峰
卡馬曲
隆吐
阿龍河
尼泊爾
N
W
E
S
前往聖母峰的入山之路
探險隊路線
一九二一
一九二二與一九二四
0 英里 200
0 公里 200

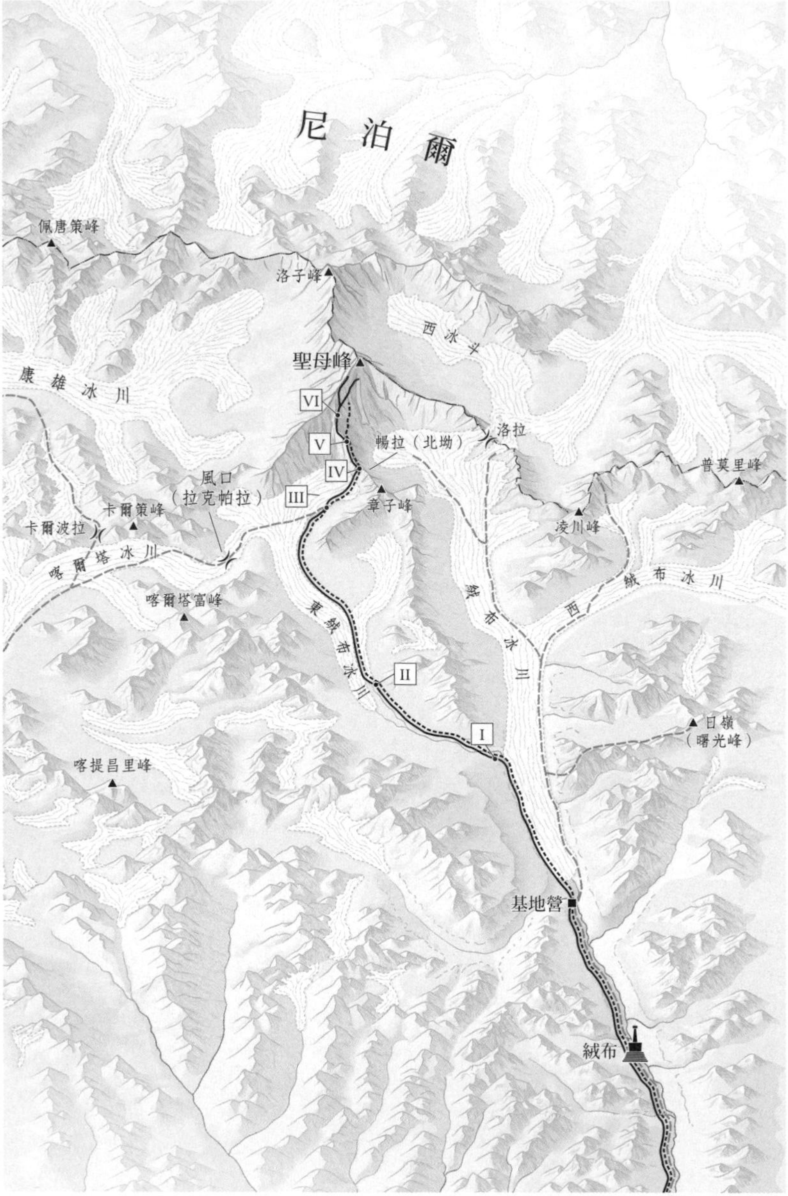
尼泊爾
佩唐策峰
洛子峰
西冰斗
聖母峰
康雄冰川
VI
V
暢拉（北坳）
洛拉
IV
風口
（拉克帕拉）
III
章子峰
普莫里峰
卡爾策峰
卡爾波拉
凌川峰
喀爾塔冰川
喀爾塔富峰
東絨布冰川
絨布冰川
西絨布冰川
II
I
日嶺
（曙光峰）
喀提昌里峰
基地營
絨布

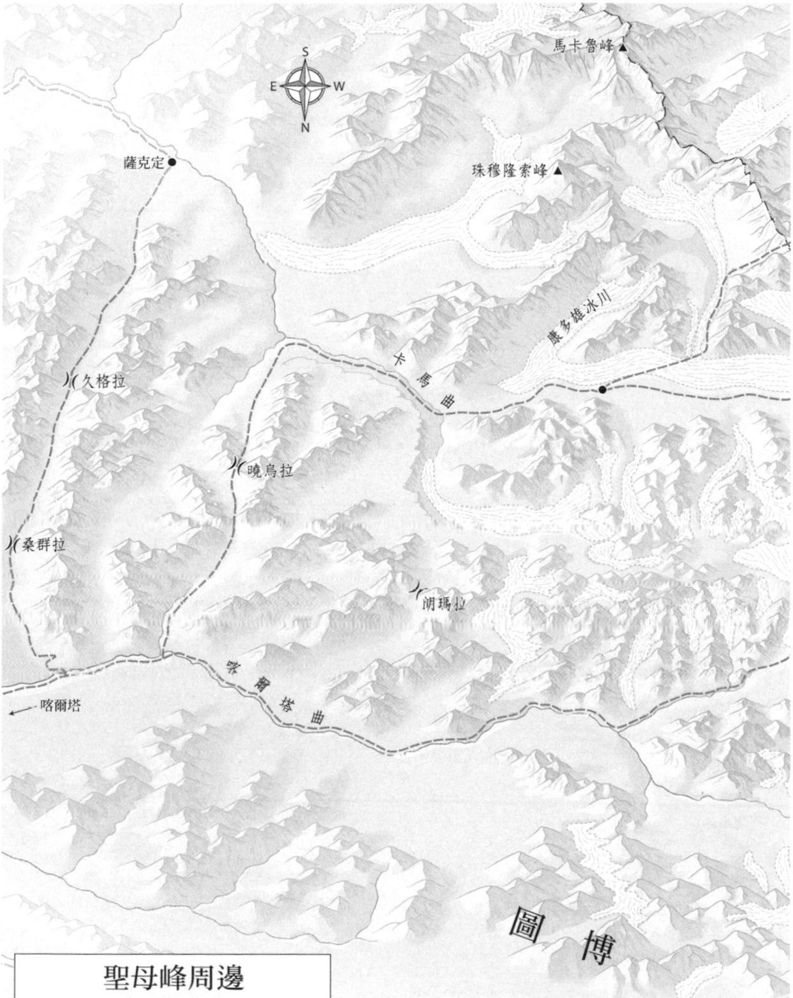

S
E
W
N
馬卡魯峰
珠穆隆索峰
薩克定
康多雄冰川
卡馬曲
久格拉
曉烏拉
桑群拉
朗瑪拉
咯爾塔曲
←喀爾塔
圖博
聖母峰周邊
內層連峰
探險路徑
一九二一年
一九二二年
一九二四年
I 高地營
0 英里 4
0 公里 4
近似的比例尺

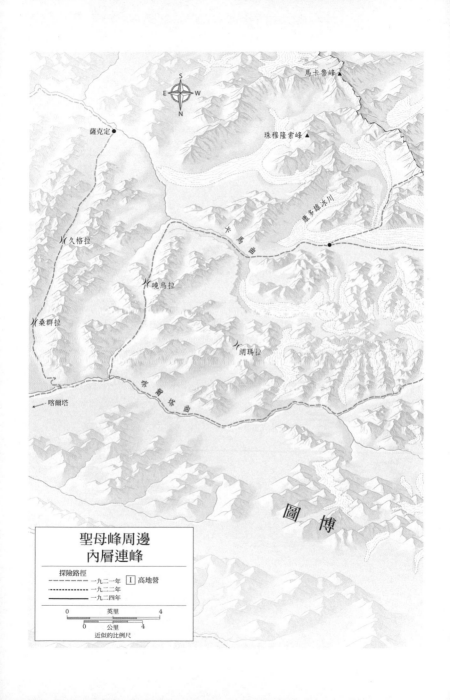

聖母峰
北壁
計畫中的登頂路徑
聖母峰
馬洛里／爾文確知的高點
第二台階
馬洛里／爾文（一九二四）
第一台階
東北脊
Ⓑ
Ⓐ
森默維爾的高點（一九二四）
森默維爾／諾頓（一九二四）
諾頓的高點（一九二四）
東北脊
黃帶
黃帶
芬奇／布魯斯（高點）
馬洛里／諾頓／
森默維爾
（一九二二）
六號營（一九二四）
大雪溝（諾頓雪溝）
芬奇／布魯斯
（上行，一九二二）
北脊
馬洛里的遺體
芬奇／布魯斯（下行）
五號營
歐德爾在其最後目擊
馬、爾二人時的位置
北脊
歐德爾最後目擊到
馬、爾兩人的位置
Ⓐ六月八日，歐德爾在日記中的紀錄
Ⓑ六月十四日，諾頓
在任務報告中的記載
四號營
暢拉（北坳）的剖面圖

上冊

下冊

8 東邊的入山之路 Eastern Approaches

就在馬洛里與布洛克在絨布冰川的雪地裡奮戰，而惠勒則在囊帕拉的高海拔冰面上空等著太陽的同時，查爾斯．霍華－貝瑞正計畫著一九二一年探險隊任務的最後一個階段：穿過喀爾塔與沿康雄壁冰川而下的無名河流，去探索聖母峰東邊的入山之路；康雄壁是面上下落差長達兩英里的垂直冰壁。七月五日，依舊在亞歷山大．赫倫的陪同下，他在與馬洛里跟布洛克短暫見過面後留下了他們，然後展開了漫長而緩慢、從絨布曲向下走的過程，拋下了身後那他後來形容「狂野而陰鬱，但又奇妙的神聖山谷」。從在絨布寺的僧侶口中，他得知了喀爾塔就在離絨布寺區區兩天的路程以外。相對於回到他在定日的大本營，他選擇了直接去探路，目標是在八月與九月，替探險隊找到一個可以建立基地的地點。他知道這兩個月將會是個關鍵。隨著探險隊從北邊與西邊的路被堵死，加上尼泊爾政府不讓他們從南邊攻頂，從東邊前進成了他們希望所繫。

歷經了讓聖母峰頂於新鮮覆雪下閃閃發光的一夜霜降之後，霍華－貝瑞與赫倫出發在一個冷冽的早晨。因為以犛牛做為運具，所以行進速路頗慢，由此等他們在邱布看到第一眼莊稼時，已經是中午以後的事情，那兒豐饒的青稞有十八英寸高，且已經抽穗了。他們剛從定日出發時，這些作物才剛剛冒芽而已；「季節更迭有點過快了，」霍華－貝瑞有點擔心地如此描述。為此，他決定多塞點現金來利誘圖博牧民打破傳統，讓他們願意讓牲口跋涉較長的距離後才換手，而不要每一個村落都進行輪替，那樣造成的時間延誤大到他們無法接受。惟即便如此，他們還是要到了午後三點過後，才開始急升一千兩百英尺翻越矗立於邱布之上的高山山口，去到通往哈隆（Halung）的路徑——哈隆是個繁盛的村落，有著灌溉良好的青稞與芥末田，他們將會在此暫停一晚。在山澗邊上一處綠草如茵的原野上，村民們搭起了三個帳篷，並蒐集了了燃料、枕墊、食物來滿足這些客人。在一萬四千八百英尺的高處，空氣舒適溫暖，他們睡了數日一來的第一次好覺。

早晨破曉在光亮與晴朗中，而他們首先徒手把輜重搬過了一條快要散架的破橋，然後才趕著犛牛與小馬過了渡口，開始緩慢地通過好幾個由灌溉溝渠連成一氣的小村莊，而灌溉溝渠中生長著讓人目不暇給的野花，黃黑兩色的鐵線蓮、烏頭、毛茛，還有十來種顏色的報春花。牲口的替換，讓他們不得不停在雷布（Rebu）這個有條晶瑩剔透河流穿過的如畫村落——霍華－貝瑞回憶，在歷經了絨布那泥濘的冰川激流後，大家都很開心能在這喘口氣。眾人歇著吃午飯時，成群的小鳥一點也不怕人，甚至很親人地在他們的腿邊蹦蹦跳跳，為的是銜走麵包或食物碎屑。這讓霍華－貝瑞想起法國的雨燕跟鳴禽，牠們總是會飛回被戰爭炸得支離破碎的林地間，在扭曲交纏的殘枝上棲息。

戰爭使人歷經了天翻地覆的改變，讓人贏到手的東西卻少之又少。和平讓路給了混亂，而放眼所及，屬於他青春歲月時的世界都在崩解。德國跟俄國深陷於革命之中，他摯愛的愛爾蘭成了翻騰著暴力與教派衝突的鍋釜。埃及在一九一九年春天爆發了民族起義，而相隔一年，美索不達米亞又有阿拉伯人生亂造成數千名英軍涉入其中且陣亡數百。印度傳來的也都是壞消息。在西北邊境，三十四萬人起跳的英印軍隊，也就是整個英屬印度整整三分之二的軍力，都投入到了與阿富汗、瓦茲族、馬蘇德族與阿弗里迪的全面開戰中。空軍轟炸並掃射了敵對部落，且有人論及要使用毒氣，嚇壞了一戰西部戰線的老兵。

逾兩百五十萬名在壕溝中與英軍並肩作戰過的印度人，抱著自身忠誠會獲得皇室回報的心情，回到了印度家鄉。沒想到英屬印度延長了戰時限縮公民自由的法律，為此莫罕達斯・甘地（Mohandas Gandhi）號召了印度同胞進行一日罷工，抵制英國製品，並發起了全國性且非暴力的不合作運動。但沒有例外地，這些抗議就跟這位聖雄所發起的每一項活動一樣，都引爆了他心心念念在譴責的暴力與衝突。

一九一九年四月在旁遮普的阿姆利則（Amritsar）市，一名英國白人女傳教士遭施暴而身負重傷。為了討回公道，英軍指揮官雷金納德．戴爾將軍（General Reginald Dyer）下令所有通過案發現場的印度人都要雙膝跪地地爬過去。這種羞辱引發了一波波的示威浪潮，而戴爾也立刻強硬地禁止了示威行為。四月十三日晚間，數千名手無寸鐵的男女老幼無視於戒嚴令，聚集在了札連瓦拉園（Jallianwala Bagh）這個毗鄰錫克教聖地「黃金廟」（Golden Temple）的封閉式庭園。權威受到挑戰的戴爾怒不可遏，便派出了一個支隊共九十名的俾路支人與廓爾喀人進入廣場，以戰鬥陣形下令他們開火。他們開槍前沒有警告，開槍時毫不留情，而受難者面對子彈則無路可逃。就這樣整整十分鐘，戴爾要他的手下不准停火。霍華－貝瑞深知這代表什麼。一名配備點三〇三李－恩菲爾德步槍（.303 Lee-Enfield rifle）的英國士兵經過訓練後，可以以每分鐘十五次的速度擊中三百碼外的目標，甚至不少人可以達到雙倍於此的射速。簡單講，戴爾下令要他的部隊拿可以在兩千碼外殺人的武器，在行刑的距離下對密集的人群開火，由此一發子彈就可以貫穿三四副身體。死者沿著圍牆疊成血肉模糊的一堆，厚度達到十英尺。最終這場慘案造成三百七十九死，四倍於此的人數重傷，而且戴爾還下令不准救死扶傷。眼睜睜看著孩子哭喊著被屠殺的母親，丈夫在糾纏的屍堆中翻找愛妻，戴爾只是按部就班把部隊撤出廣場。後來有資料顯示，若他們那些裝備有機槍的軍車能擠進札連瓦拉園的窄門，戴爾一定會心無罣礙地用這些武器去對付他眼中的暴民。

阿姆利則大屠殺，在印度大地上留下了永遠無法癒合的傷疤。戴爾受到的懲罰，僅只是提早退伍而已。在英屬印度的許多角落，他甚至被擁戴為英雄。英國仕女還用募捐來的錢為他買了一把表彰榮譽的佩劍。從魯德亞德．吉卜林等支持者處，他收到了筆不是小錢的獻禮——總計兩萬六千英鎊，好讓他能不虞匱乏地安享晚年。痛苦與憤恨將印度人團結在怒火中。一九二一年二月，就在聖母峰委員會擬定攀登計畫的同時，英王愛德華七世的胞弟康諾特公爵宣告「阿姆利澤的陰霾，已經掩蓋了印度的姣好面容。」英屬印度從此開始走向了末路，雖然當時很少人意會到這一點。

對社交範圍不乏皇家成員，跟康諾德公爵甚至有私交的霍華－貝瑞而言，一九二一年的印度仍是那個他青春歲月中的英屬印度，那是一片看得到一身勳獎的錫克人老兵，看得到王公貴族跟大象在聚會中光鮮亮麗，看得到英姿勃發的年輕英軍軍官與一堆孟加拉虎屍體合影的土地。他在法國目睹過太多殺戮與血腥，所以他不能寬宥戴爾在阿姆利則的暴行；即便如此，他還是懷抱著托利黨（保守黨）的理念，繼續扮演一名忠誠的帝國主義者。他依舊相信英帝國堅定而公平的統治，是次大陸政府形式的最佳解。一九二三年，他會在下議院發言駁斥甘地，並堅持英屬印度不會對民族主義者的騷動做出任何讓步。他堅稱印度還沒有獨立的條件，因為那裡的百姓還不懂什麼叫民主。

就跟許多他所屬的階級成員一樣，霍華－貝瑞愛的是印度的概念而非實體，是印度軍隊自豪的武術傳統，是印度文化與各種傳統的異國風情，是大英文明遠播讓全體英國人引以為傲的那種道德高度。但這並不代表他有時間去理會那些真的達成了英國所提出的目標的印度人；這些印度人念到了哈洛與伊頓中學、牛頓或劍橋，並躊躇滿志準備回鄉領導一個自由國家。很多英國人的想法，都可以總結為榮赫鵬爵士說過的這段話：「最好的印度人……具有最高超與最優秀特質的那些印度人，是那些士兵與僕役。這些印度人或許不識字、也不會寫字，但他們可以生活在英國紳士與仕女所營造出的高尚氣氛中。最糟糕的就是那些所謂受過高等教育，懂了點代數或約翰．史都華．彌爾（John Stuart Mill）皮毛的印度人。」這種態度，就跟阿姆利則慘案一樣，都讓印度的從政者與知識分子乃至於英國的社會改革人士，與大英帝國漸行漸遠而貌合神離。

馬洛里打一開始就沒喜歡過霍華－貝瑞。他在一封給茹絲的信中形容霍華－貝瑞是個「怪裡怪氣的傢伙……領主味太重，源自托利黨的偏見多不說，面對他認為非我族類者，還有一股異常發達的恨意與鄙夷」。最後這一句評語似乎給得不是那麼公平客觀，但從照片中倒也不難看出這兩人不是一路人：霍華－貝瑞身穿獵犬牙紋（即千鳥格紋）外套與花呢馬褲坐得直挺挺，領帶與金色錶鏈也一應俱全，呢絨帽以一個瀟灑的角度斜卡在頭頂；相較之下馬洛里則像個頑童，手插在毛手套裡，圍巾隨興地掛在頸子上，坐著的雙腿拉高到快到胸部的地方，就像個小朋友一樣。

更無益於兩人關係的是馬洛里去過愛爾蘭，而且顯然在理念上很同情那兒的愛爾蘭共和軍；對霍華－貝瑞而言，新芬黨發動的是一場恐怖主義戰爭。對他來講這是一個極度切身的問題。只在短短十個月前，一九二〇年的九月，他母親獵場裡的看守人小屋被縱火燒燬，而之前她在查爾維爾（Charleville）的莊園也有橋樑跟鐵門遭到相同命運。不到一年之後，她在布魯克菲爾德的自宅又被放火。這些私領域的危機，讓霍華－貝瑞在接下聖母峰探險隊任務的時候，不免帶著些猶豫跟擔心。愛爾蘭的命運跟她母親的安危，讓在圖博的霍華－貝瑞沒一刻能放鬆心情，而這也是他在意送信準不準時的一大原因。他每次拆開家裡寄來的信，都戰戰兢兢地擔心自己之後會沒家可以回去。

離開雷布的路，先是有好幾英里走在兩側被夾在巨大石灰岩與砂岩峭壁的山谷間，然後逐漸上升到一萬七千英尺高的多雅拉山口（Doya La）的頂點，這個山口畫分了兩個很不一樣的世界。就在山口下方四分之一英里處，霍華－貝瑞第一次察覺到了事情的變化，一片花崗岩土壤滋養出了盛開到讓人驚豔的高山花卉：滿山遍野的藍罌粟、有粉有黃有白的虎耳草、紫色龍膽，還有十來種他完全沒見過的新品種。若不考慮芥末與青稞的灌溉田地，多雅拉以北都是乾燥而不利於植物生長的貧瘠之地；但過了山口，空氣變得比較濕潤，整個地景都在季風的覆蓋下，包裹於從阿龍河吹上來的潮濕雲朵中，當中還交錯著從喜馬拉雅山以北流到南邊的阿龍河支流。隨著霍華－貝瑞跟赫倫從高海拔下降，他們途中穿過了柏樹與柳樹，一落落粉白杜鵑相間的灌木林、有著數十種野花的一片片草原，乃至於鐵線蓮與加侖、烏頭、藍銀蓮花、野玫瑰，還有繡線菊。

相對於這片感覺相當宜人的地景，那兒的人類就不太好客了。話說他們從來沒見過歐洲人。在騎了二十六英里，但都沒看到喀爾塔的影子之後，霍華－貝瑞跟赫倫需要問一下路，但每到一個村子，每次試著靠近，圖博人就都如驚弓之鳥一樣地散開。最終他們不得已玩起老鷹捉小雞，抓住了一個村民，對方才像被逼似地為探險隊指點迷津，要他們朝褚龍甫（Chulung-phu）去，而他們最終也在那兒過了一夜，而在地人也是一整個不情願，直到實在躲不下去了，才跑出來幫他們搭帳篷並提供燃料，畢竟那是宗本訂的規矩。霍華－貝瑞跟赫倫那晚睡在有著黃色報春花香的原野上，一早則醒在了雲霧中跟劈哩啪啦的雨聲裡。那是那一年的第一場降雨，結果欣喜於天降甘霖的村民們態度不變，倒過來為了豐收而懇求帶來好運的歐洲人別走。

在早晨柔和的空氣中，他們向下挺進到山谷，且每前進一英里都能發現原野變得益發生機蓬勃且土地肥沃。他們看著杜松與柳樹覆蓋著山丘坡面，看著一整片黃色芥末盛開於古老的梯田，也看著村落與鄉間莊園四周被巨大的白楊恩樹欉包圍。走著走著他們來到一條大河邊，而霍華－貝瑞知道這是阿龍河的上游，圖博人所知的朋曲，他們一個月前在摸索著前往協格爾宗跟定日的時候，就是沿著朋曲在走。只有在降落進尼泊爾，通過由絕壁與諸峰夾道，水聲轟隆的深邃峽谷後，這條河才會正式冠上阿龍河的名號。

即便以這裡的標準，阿龍河也是道艱鉅的地理障礙。霍華－貝瑞得知上游十八英里處有一條繩橋，但這在豐水期管不了什麼用。於是探險隊繼續南行，沿著主河道走了三英里，直到他們來到一條野性十足的冰川溪流，但在這兒涉水而過的可能性趨近於零。這條溪流源出一座向西而去的山谷，那是聖母峰的方向，惟人從這兒看不到山。當地居民表示他們對這條溪的源頭一無所悉，也不清楚那戲劇性地隆起至高與天齊的眾雪峰峰頂，與雲朵融為一體的，是什麼樣的一片土地。沿著溪谷而上，探險者隨即來到喀爾塔席卡（Kharta Shika）這個宗本居住的村莊。

他們這才發現喀爾塔不是一個地點，而是一片地區，是群聚在喀爾塔曲與朋曲匯流處的一系列村莊、宗教祕境跟廟宇。這個溫帶山谷受到從尼泊爾沿阿龍河而上的天氣系統相當大的影響。喀爾塔的宗本誠摯地歡迎了他們，並獻上了甜粿與哈達當作禮物，然後還邀請他們到他的花園裡紮營，那兒是獨立於他自宅庭院的一片柳樹與玫瑰灌木，看來十分美麗，而且不受風勢侵襲，外加有一棵霍華－貝瑞見過最大的古老白楊恩樹，坐鎮在那裡。一條小溪流經了花園，同時在白楊恩樹蔭裡有一上了漆的轉經輪，高達八英尺，在水流的帶動下不住地轉動。花園裡的一邊有頂美輪美奐的中式帳篷要給他們過夜，但事實證明那帳篷有點中看不中用。將至的季風在那晚捎來了雨的先鋒，結果他們一整晚只能身穿麥金塔雨衣湊在一起，眼睜睜看著一層薄霧飄進蓬頂與斜斜的蓬壁，把所有東西都搞得溼答答。但話說回來，他們碰巧在雨季第一場像樣的大雨前夕來到這裡，宗本與村民都看在眼裡，而這也讓他們感覺之後會很順利。

隔天早上霍華－貝瑞沒有吵醒赫倫，就偕他的圖博通譯切滕・王迪、宗本，外加一個名叫赫帕菲瑪（Hopaphema）的有錢地主出發去尋找適於探險隊紮營的地點。他們乘馬下到了主要山谷裡，並在檢視過好幾間屋子後，選定了單獨坐落在舊河階地上的那間，主要是那兒景色宜人且有充沛而方便的水源。那兒還有一個美麗的花園裡有白楊恩樹跟柳樹，可供他們在其中搭起帳篷。地主同意以三十章卡（trangka）的月租把地方租給他們，這相當於一天要三便士半的「天價」。霍華－貝瑞說的自然是反話，他心想，應該是山谷裡從來沒有人要租地，所以沒有仲介來炒高租金。

在油絞肉通心粉、茶、奶、啤酒構成的午餐之後，眾人返回到了白天雨勢不停的喀爾塔。

在向晚放晴後的天光裡，霍華－貝瑞散步到了他們營地附近的舊堡壘遺跡，並在那兒發現一個有柳樹跟緋紅玫瑰的小山谷，地上像是鋪著報春花的地毯，還有巨大的白楊恩樹長到樹圍長達三十英尺。那個小天地的美麗，讓他感覺自己煥然一新。那是個美麗的鄉間，就算探險任務讓他們得重返高山冰面與岩石上，這裡也會是很適合當基地的地方。他還是不知道喀爾塔曲的源頭處有什麼，但他已得知南邊有個平行的卡馬谷地，可以走三條不同的路線抵達，那分別對應三處只有牧人、朝聖者跟商販會為了往南越過喜馬拉雅山到尼泊爾，才偶爾會通過的高山山口。霍華－貝瑞猜想這些山谷中某一座的頂部，就能找到聖母峰的開口，也就是北坳的東麓，而那兒就會有通往聖母峰的攻頂之路。

霍華－貝瑞有所不知的是，英國人穿越山口進入卡馬谷地，也就是進入了圖博境內一個絕美的聖地「肯巴隆」(Khenbalung，意為艾草的祕谷)。那是一個創建於蓮花生大士時代的靈魂祕境，一處前面提到過的「貝尤爾」。藏人視這處山谷為一個巨大的宇宙曼陀羅，上頭的交點都代表著神聖的山峰，都是山神的居所，至於其核心地帶則是向外發散力量的佛陀能量場，那當中的善念之強，哪怕光把腳踏上那片土地，你都能感知到並擁抱那無比深厚的慈悲、智慧與仁愛。肯巴隆的水源據說可治身心靈的百病。女性喝了卡馬曲，或是卡馬山谷裡數百條溪中的雪水，都會立刻變美，並能順利懷孕來傳宗接代。同樣喝了這些水，男子會變得跟圖博古代國王手下那些神祕的戰士一樣強壯，會變得跟最聰明的鳥兒一樣靈活矯捷。在肯巴隆裡靜坐一年可以達成的修為，甚過你在其他地方祈禱一千年。

能夠進入肯巴隆清修的適當時間窗口，其四處神聖門戶的地點，還有要跨過這些神聖門檻前要進行的儀典，都詳實記載於伏藏（Terma；意指這文件為隱藏的寶藏）這由蓮花生大士存放在世間與祕境中的原始指南中。這些天堂般的土地，僅供信仰堅定者在危險急難時尋見。對於誠心的尋求者而言，這些地方代表著祥和與生生不息，同時也宛若一片海洋，你可以在其中找尋到正能量、永恆的青春，以及宗教的美德、見解與智慧。對進階的修行者而言，肯巴隆本身就是終極的現實，就是個靈性覺醒的個體可以不費吹灰之力進入強烈神祕狂喜光圈裡的谷地。

貝尤爾的無盡美麗與悲憫在某種意義上是一個完美的係數，因為這係數後面對應的正是來到這神祕門戶的每個人，都必然曾遭受過的墮落、絕望與恐怖。因為伏藏裡清楚寫著，只有當全體文明崩解成一堆斷垣殘壁，當僧侶宣告放棄他們的誓言，開始像野狗一樣遊蕩，當人吃人不會帶來任何羞愧，當戰爭用墮落逼迫我們來到瘋狂的邊緣，當全世界都血流成河之時，有美德之人才好去尋求祕境的庇護。

一旦進入到祕谷的感知空間後，在佛陀能量場的完整照耀下，伏藏書中說朝聖者必會遇見無窮無盡神奇的可能性。不論是沒有季節性且可治百病的藥草，散發著象徵佛陀精髓、祂肌膚上之汗水芳香的水果與花卉，你想像得到跟想像不到的各種動物如雪獅、狐狸、白熊、雲豹、雪猿、豺狼、嘴喙紅黃相間的黑羽鳥兒，都漂浮在空間中。雲霧黯淡了晨光，而迴響在天際中的是飛龍的呼嘯聲。一座有毒的湖泊燃燒著，而白色的山巒間則矗立著一棟水晶宮，裡頭住著全數寶藏的祕密守護者切永修羅（Chekyong Sura；修羅為阿修羅的簡稱），祂是一名長著三隻血紅眼睛，閃耀光芒的神祇。

對圖博人來說，沒有規規矩矩地完成該有的儀式就擅闖肯巴隆是不可思議的事情。每一名旅者都在脖子上戴著一枚銀色的小護身符，裡頭裝著手寫的宗教經文可以放在胸口靠近心臟的地方來驅邪避凶，並讓自己的精神力更強大。每個人一邊走著，一邊都帶著個銀或銅質的轉經輪在不停地轉動著六字真言：唵嘛呢叭咪吽。轉經輪內部的紙卷上印著特殊的經文，可以召喚並吸收佛陀能量，然後再散發出去。經輪每轉一圈，召喚者與土地本身都會隨之被賦予一定的宗教力量。在通過每個山口，朝聖者會帶來小石頭來當作呈給守護山神的獻禮，而在主要的分水嶺上，他們會停下腳步來繫上上頭印有六字真言或五色風馬的經幡（風馬是原始祭祀文化中對動物魂靈的崇拜象徵；五色代表五種元素——黃為土、綠是水、紅是火、白是空氣、藍為空間或天空）。經幡每在微風中拍動一下，祈禱就會一次次被帶到宇宙中。在通過山口高點的過程中，朝聖者會呼喊著奇奇－叟叟－伊哈－叟伊哈（祈願眾神得勝），因為每一處山口，都會讓人憶起蓮花生大士的勝利，憶起他是如何在這片山裡降伏了駐地的神祇，也平息了這片土地上的邪惡勢力。

但惡魔並沒有從此銷聲匿跡，而其中又以盤踞在山峰上的那些最為惡名昭彰，祂們是火焰與怒氣的神靈，是發起怒來不假情面、動起手來無法無天的傢伙，如讓旅者目盲的毒霧，就是出自祂們之手。祂們會使出雷擊，會觸發雪崩，會用冰雹、碎石與凍雨折磨人類而樂在其中。但這些心狠手辣的惡魔，也不過是等著要懲罰信仰不虔誠者的一部分靈性威脅而已，因為放眼所及的每一種地理特徵，都是某種生靈的住所。這些無所不在的強大生靈遍布於洞穴、湖泊、冰川、針葉、鳴禽或青草中。朝聖者行在這些神聖的地景裡，會持續不斷地與這些靈性的能量產生雙向的交流，過程中他們會完整交出自我，會感知到、聽到、用肉眼跟心靈同時看到、用祈禱代替言語、用一部分的自我跟土地交換到象徵性的禮物。他們繞行某處聖址，包括可能用五體投地的儀式繞行某個曲丹或祭壇，其目的都在於把這股能量集中起來，在他們自身與這個地方之間蓄積出精神位能，就像要把線圈充飽電一樣。

以圖博人的角度去看，在對正規儀典一無所知，且對除了感官能接收到的表象以外徹底無知的狀態下盲目入山，是一種愚蠢至極的行為。像英國探險隊這樣沒有做足靈性上的防護就要硬闖祕境肯巴隆，無異於失心瘋。

對這些東西，霍華－貝瑞很自然地整個在狀況外。他帶著些同理心與好奇心，看著挑夫做著那些令人頗感生趣的動作，其中又以通過山口的時候花樣特別多。挑夫們藉由動作所表現出的信仰虔敬，觸及了霍華－貝瑞的內心，他於是准許他們可視需要在路上暫停來獻祭，或者用針葉燃火點煙來淨化某個空間。但話說到底，這些儀式於他仍只是帶有異國風情的謎樣禮俗，不存有顯而易見或經得起推敲的意義。他只知道卡馬曲位於喀爾塔谷地南側高地的另一頭，同時其源頭附近的某處可能就有他們找了好幾個禮拜卻一無所獲的聖母峰開口。至於這處山谷裡藏有何種靈性的力量，或是其有何賜福或降災的可能性，都不是他真正關心的。

七月九日早上，霍華－貝瑞與赫倫在用過由新朋友赫帕菲瑪招待的最後一頓早餐，裡頭有牛奶、蕪菁葉與絞肉之後，開始了返回定日的長征。他們騎下了喀爾塔曲，然後沒有要向西折返越過多雅拉，而是沿著朋曲真正的右岸向上游走了大約十英里，通過了豐饒的青稞、豌豆與芥菜田，直至土地慢慢變得愈發貧瘠。河道開始愈來愈靠近山邊，而山路則先沿著有落石風險的峭壁坡面上行，然後穿過一連串寬闊的石階地，來到了他們可以稍歇並更換牲畜的小村達克（Dak）。過了達克後，朋曲一個急彎向東，消失在了壯觀的峽谷中。放棄跟隨主河道之後，探險隊攀高進入一處從西邊過來的橫向山谷，而事後證明那就是薩噶曲的下游。薩噶曲是條誕生於絨布冰川之岩冰中的河流，且初始河段的一大部分都被稱做絨布曲。霍華－貝瑞的計畫是要沿著薩噶曲向上游走大約四十英里，完成一大圈探險，然後向西北進發到定日，藉此多偵查好幾百平方英里的新領域。

他們第一晚紮營在盧美（Lumeh）村中一間鄉間別墅的花園裡，園內長滿了村民宣稱在五百年前種下的白楊恩；其中一棵白楊恩的底部樹圍長達驚人的四十英尺。花園再過去，小麥與青稞並肩生長著，即使這裡的海拔是一萬兩千八百英尺；田野上則因為野兔跟喜鵲的活躍而顯得朝氣蓬勃。如例行公事般，那晚再次下起了傾盆大雨，而到了早上，一萬六千英尺以上的山脊上都積了厚厚的一層新鮮積雪。這種令人憂心忡忡的發展，一點都沒能讓擔心著時間與季節更迭的霍華－貝瑞放下心來。隔天，他們沿薩噶曲向上走，大多時候都得要沿著被峭壁包住且處於豐水期、相當危險的河床前進。偶爾山谷會豁然開朗地打開，長滿紅荊跟沙棘的礫石沙洲跟沙灘讓他們得以喘口氣，暫時免於忍受河水的濕冷。但大部分時候他們還是只能勉力對抗激流，向上游跋涉。赫倫在十五英里後想要暫停一下，主要是來自喀爾塔的挑夫已經累了，但霍華－貝瑞堅持要再走七英里到帕爾梅（Pulme）。終於，他們冒著雨在暗夜中開心地發現，在帕爾梅等著他們的是搭好的帳篷，村民們還準備好了熱食跟冒著泡沫的一桶桶「酉倉」，也就是用青稞釀成的在地啤酒。

七月十一日，急於回到定日的霍華－貝瑞天還沒亮就醒了。他獨自一人摸黑去薩噶曲溯溪前行，留下切滕．王迪，讓他稍後負責指引赫倫與其餘的探險隊用較輕鬆的速度前進。那天的河水既深且急，小馬被水沖倒，而他只拉住了馬鞍，其餘整個身體都在冰冷的溪水中掙扎拍打。對那注定漫長的一天而言，這實在是個相當糟糕的開始。走了四英里之後，他在札西（秋）宗（Tashi Dzong，Tashichhoe Dzong）換了匹馬，還找了個嚮導領他離開河流，朝可通往定日的遠處山口前進。冷雨下了一早上，他們騎馬穿越的黑暗山谷甚是荒涼，就像有某種古老的禍害在此盤踞。你能在此看到數十處廢墟，霍華－貝瑞推測這些是十八世紀毀於廓爾喀戰事中的村落，當時尼泊爾曾肆虐過圖博的邊境。終於，他們與谷地的平野拉開了距離，發現自己再度回到狹窄的山徑上，讓他們鬆了一口氣。緩緩地在馬蹄聲中踩著岩石，他們朝著高處的鞍部而去，過了鞍部就能向西下落，去到遼闊的定日平原。在還有數英里要走之際，他們頂著風雨，全心投入在行程中。就這樣，在自破曉起騎了大約四十英里之後，全身濕到骨子裡的霍華－貝瑞才終於抵達他在定日的大本營，這時已經剛入夜了。由於他的個人裝備還跟赫倫一起在來路上，他那晚只能用備用帳篷把自己包起來睡，沒有毯子也沒有睡袋，但他也沒有抱怨。

隔天早上，沃拉斯頓與莫斯海德給了他一個完整的匯報。在他不在的期間，調查隊在莫斯海德的領導下前往了定日的北邊與西邊勘查，但一路上都得跟季風苦戰——季風一開始只是蠢蠢欲動，後來在七月七日全面爆發。最終調查隊還是不敵季風，只得退回大本營。在他們位於定日的基地，沃拉斯頓雖然因為圖博人拒絕殺生而感到挫折，但他仍成功積累了相當可觀的標本庫，當中有昆蟲、鼠類、蝴蝶、鳥類與植物。他對於這片土地與其居民的評價持續未能好轉，而他的心情也仍舊灰暗。他寫道，定日依舊是「一個骯髒到匪夷所思，居民生活習慣極差的地方。他們髒到無法形容，也無知跟迷信到言語難以描述於萬一。我每天都得看到一堆肥肥的粉紅色舌頭（圖博人會伸舌頭來打招呼，而且以粉紅色的舌頭為最佳）。」在傳統圖博式問候讓沃拉斯頓無法招架的同時，這裡荒涼的地景也令他興趣缺缺。「圖博的空氣很好，很清新。」他好話說在前面，「但這裡不是我的家鄉，所以我並不想與之有太多瓜葛。巨大的雪山從荒蕪的平原上升起，談不上什麼美麗。甚至我不太懂雪山這東西究竟美在哪裡，就這麼簡單。」

沃拉斯頓對於圖博的排斥，並非起源於身體上的不適，或是對同僚的不滿。他在給辛克斯的信中表示聖母峰探險隊跟他在新幾內亞的經歷比起來，就是一趟野餐。他非常喜歡，也敬重身為領導者的霍華－貝瑞，並把隊員間相處融洽的功勞全歸於他。沃拉斯頓最根本的問題，按照他兒子後來的分析，在於他仇視所有的宗教。他的這種態度生根於科學，但真正使其根深柢固的是他在戰爭中的經歷。不同於霍華－貝瑞在每一次異地的奇遇裡，對佛教之道的同理心與好奇心與日俱增，沃拉斯頓只是不斷在累積對政教合一的反感，因為在他看來，這種神權政治只是讓僧侶與比丘尼得以閒散地當個不事生產的寄生蟲。他認為這不但使辛苦耕作的貧農遭到剝削，也讓國家的財富被勒索劫掠。

最終讓他感到有興趣的，不是圖博的文化，甚至也不是想征服聖母峰的願望，而是「無可名狀的花卉之美，是這些山脈與一條條冰川從高高的杉樹之間降下的景象」。由此當沃拉斯頓與莫斯海德通知霍華－貝瑞說他們收到宗本的邀請，可以去走訪聶拉木村這個深處於聖母峰西南隅，尼泊爾邊境上的貿易集散地時，真正激發他們關注的是這項邀請所代表的機會。利用這個機會，他們可以去新的鄉野研究植物學，去觀察高僧贊峰與高里三喀峰（Gauri Sankar）這兩座長年被誤認為聖母峰的高峰，還可以讓地圖測定的面積增加好幾百平方英里。特別對沃拉斯頓而言，即便此行會途經拉布吉這個密宗聖人密勒日巴的家鄉，也不過只能讓他提起三分鐘熱度，他並不很在乎那裡可以躋身圖博最神聖的朝聖地之列。他們行程的第一站會是蘭塥寺這座千年古寺，且裡面供奉著據說是釋迦摩尼佛拋過喜馬拉雅山來啟發蓮花生大士的那顆石頭。但這於沃拉斯頓而言，其重要性也遠低於他們能為科學界發現未知植物、昆蟲，甚至動物的可能性。

莫斯海德與沃拉斯頓在他們圖博通譯加爾質．卡濟與調查員古遮．辛的陪伴下，在七月十三日早上展開了為期三週的行程。在此同時，霍華－貝瑞雖然急於移動到喀爾塔，也不得不留在定日等馬洛里跟布洛克完成他們對絨布的探險，也等待惠勒完成他在基耶特拉克冰川上游跟囊帕拉山口的攝影調查工作。要做的工作很多：來自各隊的底片需要處理沖印，通信與報告需要提筆撰寫並寄送出去，補給線也需要維繫。赫倫來了又走，延續著他的地質調查。霍華－貝瑞自己則去外頭跑了幾趟短途。他向北去到聖山斯布里山麓，那兒有為數眾多來自圖博各角落的朝聖者透過「轉山」這個為期五天的祈禱與大禮，獲得了「許多功德」，他寫道。在另一次出去透氣的時候，他穿越了沼澤，去到了位於參木達（Tsamda）的溫泉，而就在他要潛入冒著氣的池子來洗幾星期以來第一次像樣的澡時，村民跑來強力建議他不要這麼做。村民說，秋天的收穫之後，才是一年一度適合沐浴的時節。

霍華－貝瑞不論在定日平原上騎到哪裡，他都會遇到一群群的野生藏驢與藏羚羊，而隨著光陰一天天過去，水位也開始升起，整個谷地因此變成一大片遼闊的溼地，上頭出現了水禽、川秋沙（秋沙鴨）、斑頭雁與黑頸鶴，生意盎然。每天入夜都會下起暴雨，雷聲大作，閃電劃過夜空，而天氣狀況主要來自北邊，斯布里山的另一頭，也來自將朋曲跟藏布江區分開的山脊另一頭。那山脊所在之處就是布拉馬普特拉河的上游河谷。季風時節，鮮少會有雨來自南方。確實當南風吹起時，降雨整個就停了，而這讓霍華－貝瑞又驚又喜。他心想，或許時間還能讓他們有最後一次機會挑戰聖母峰。七月二十二日午後，一道黃綠白的光暈繞了太陽一圈。在睽達了好幾天後，那晚聖母峰再次露出了美麗的身影，能清晰看見最西到卓奧友峰的群峰。

但壓力仍未化解。從七月十八日晚上回到定日的惠勒口中，聖母峰連峰的高海拔側面狀況聽起來相當不樂觀。在七月二十一日星期四晚間，馬洛里捎來的一封訊息表示北側與西側的偵察工作已經完成；他們已經準備好要往東側移動。「今晚有M的短信寄來。」惠勒在日記裡寫下。「他沒有長篇大論地把話挑明，但我想北邊跟西邊基本上都免談了。」隔天惠勒補充寫道：「馬洛里派來的一名苦力說他正在向東移動，可能的話他會跨過兩萬三千（英尺）處的聖母峰山群的山口。他希望，順利的話，這山口可以通往喀爾塔河谷。」

遺憾的是就在七月二十二日午後，惠勒在日記中寫下這些筆記時，一名信差正在把霍華－貝瑞的手書交給馬洛里，告知他用四分之一感光板拍下的照片統統不能用，這是因為我們前面說過，馬洛里在放置感光板的時候前後顛倒了，由此他只能斷了向東貫穿山脈直達喀爾塔的念頭，而這也讓探險隊與發現北坳東側，也就是聖母峰入山之路的機遇擦肩而過。於是乎在布洛克朝北坡進行最後一次嘗試時，馬洛里只能耗掉寶貴的兩天時間去亡羊補牢，盡可能把佚失的畫面拍回來。起碼在那段時間內受到嚴重打擊的他，捎信說攀登隊會取道絨布曲撤退，並按指示與霍華－貝瑞跟惠勒在七月二十五日於邱布會師。邱布位於往下游方向約五英里處，也是這條河被稱為薩噶曲的起點。

七月二十四日星期天，由著赫倫去繼續他在定日北邊的地質調查工作，霍華－貝瑞偕惠勒朝喀爾塔出發，並打算取道他們隔天預定要與馬洛里跟布洛克會合的邱布。第一段行程，兩人先向南穿越了熟悉的土地，這階段他們走了約二十英里通過定日平原，來到了聶柔古（Nezogu），那兒有一座橋可以通過基耶特拉克曲。在聶柔古，惠勒踏出營地，結果他們開心地發現外頭搭起了帳篷，食物也都準備好了，正等待著他們的到來。霍華－貝瑞射到了一頭藏原羚，那天晚上他們吃得很好。整夜的雪一直下到破曉都沒停，拖緩了他們新一天的行程，結果這日走了十五英里，越過蘭姆納拉來到了邱布。霍華－貝瑞雖然沿山口南邊一處較高的山脊繞了路，但還是早到了。事實上他比主隊早到得多，因為直到下午四點，當在絨布被扒了一層皮、精疲力盡的馬洛里跟布洛克出現時，其他隊員都還在三三兩兩地抵達邱布。

惠勒相對之下倒是來到了體能的巔峰。那天他放棄騎馬，一路靠雙腳從基耶特拉克走了過來。他說，「（我）感覺好到不行，這是我來到圖博後第一次有這種體驗。」在蘭姆納拉的草原鞍部上，他脫離了下落到谷地與邱布的幹道，走起了自己的路，並閱讀著地景。保持著一定的高度，他行經了若干處山嘴，直到他來到可以同時俯瞰的村子跟絨布河谷的主稜線上。村子如今已經遠遠在北邊下面，而絨布河谷的廊道根據他的回憶，則敞開通往了「一幅聖母峰的璀璨美景。」

正好一個月前，聖母峰的美景也曾遠遠地讓馬洛里與布洛克看得不能自已。就跟這兩人一樣，惠勒第一眼看到聖母峰壯觀的北坡，也是隔著十五英里的距離，在一個晴朗的午後。但此時他仍有所不知的是，自己將很難再看到太陽，更別說看到山了。他的任務，是要把地形的每一道輪廓與每一處凸起繪製成地圖。後來，那個月的天氣糟糕到只為了建立一個三角點，他都得拖著組員與設備，爬上同一個數千英尺的山坡三四次，只為了拍下一張影像而得連番與跟雲兒賽跑。但此時，山峰在他面前大而清晰，而在腦子裡記下所有可以揭露聖母峰全貌的透視點之後，他回憶說，「（我）下了山嘴來到邱布，抵達時間大概是五點半……我們晚上不是卯起來在聊天／打屁，就是在打蒼蠅。」

馬洛里出於已不可考的原因，對加拿大人有著長年的厭惡，而從探險任務的最初，他面對惠勒就有一種鄙視的態度。而此時在無聲無息中，他慢慢有了一點改變心意的兆頭。在他跟布洛克出發前往喀爾塔，並可望在那兒享受到比較溫和的氣候時，他知道惠勒正回頭向上，朝著絨布而去，他知道惠勒要在一天天更惡劣的條件下挑戰不可能的任務。在得知照片慘劇的那天，也就是七月二十二日，他動筆寫了一封六天後才在喀爾塔完成的信，而他在信中對茹絲說，「惠勒那天晚上姍姍來遲。他一直在西邊進行攝影調查工作——基本上跟我最後一天做的事情一樣，但他是單人作業！那在這破天氣裡是很枯燥的工作。即使他在定日稍事休息後，看似身心狀況都還不錯，但無論如何，如今他又要回到那個我們剛下來的山谷。他沒能在山上與我們合力，感覺是滿蠢的事情，但如今我們可以告訴他很多會對他有幫助的訊息。」

眾所周知，惠勒被分配到了最艱難的任務。他身為登山者的傑出造詣，他堅忍而專注的個性，還有他使命必達而不輕言抱怨的責任感，包括馬洛里在內的大家如今有目共睹。同樣出身印度調查局的莫斯海德，尤其對這位同僚敬佩有加。「沒有親身經歷過那種不適的人，」他在給辛克斯的信中寫道，「很難真正體會在季風季節裡長期野營於一萬九千英尺起跳的高度，每天等著等不到的晴天，對心理與生理是多麼大的考驗，而那正是惠勒自三個月前離開定日後的命運。」

七月二十六日早上，留下惠勒與他的挑夫在邱布後，霍華－貝瑞、馬洛里與布洛克開始朝喀爾塔推進。他們起步有點慢，直到上午九點才真正拔營。當天晚上，霍華－貝瑞與切滕・王迪，外加好幾名挑夫，都苦於嚴重的眼睛發炎，而那正是雪盲的前兆。前一天還是陰天，但霍華－貝瑞這才了解到喜馬拉雅山太陽的威力，就是即便只有一丁點的降雪，都一定要戴上護目鏡。他之後就沒再犯過同樣的錯誤，但其他人可就沒學乖，後果也相當嚴重。

靠著好馬，他們很快把時間省了回來。馬兒慢跑著將他們帶下了山谷，然後又向上越過了一處高度不高的山口，抵達了哈隆，並在那兒的草地停下來野餐。從途經的一處山嘴，他們瞥見了聖母峰以極戲劇性的方式，被懾人的黑色峭壁像帶子一樣圍住。霍華貝瑞寫說那看起來「說多匪夷所思就有多匪夷所思」。馬洛里一時間仍不想跟聖母峰有何瓜葛。他只想沉浸於眼前的世界再度翠綠的奢侈喜悅中。「看著萬物再度開始生長，就像它們樂在其中似地享受著雨，享受著陽光——真乃人生一樂也。」

搞不好有人看到，會以為他們是剛登月回來，而從某個角度想這也不算是錯。「我有大半的時間都陷於狂喜當中。」馬洛里寫道，他指的是他們從邱布與雷布穿過多雅拉，短時間內來到喀爾塔的過程。「我們來到兩道雪山山脈中間一道顯眼的山口——不算高，大概就一萬七千英尺左右。那兒的表面是開滿花的野地，岩石植物棲息在平坦的大石底下；最美不勝收的是藍罌粟花，同時有種小小的粉紅色虎耳草，生長得幾乎像是開花的坐墊植物，再來還有標緻的龍膽……就此我們來到了阿龍河谷，這谷地坐落在比其寬廣平坦盆地高一點的地方，接著便向下畫出一道令人望而生畏的狹窄峽谷到尼泊爾跟印度，那是屬於季風的山谷。」

那天晚餐後，散步歸來的馬洛里手捧一束野花，當中有梅花草、白色跟黃色的銀蓮、翠雀、委陵菜。「我最親愛的茹絲，」他寫道，「妳應該可以想像在歷經了冰川與冰磧嚴酷考驗後，如今這一切感覺是多麼地可愛！這是個好地方，只瑞算是眼光獨到。」布洛克或許話沒有這麼多，但這並不代表他不開心終於能下來到有著森林與田野的土地上，只不過他兩眼仍聚焦在高山上面。「馬卡魯峰可以穿過南邊的雲層看到。」他在日記裡寫道。「滿多石頭的路，騎甚久。晚餐菜色有大黃，把杜松當柴燒！」

七月二十九日星期五早上，在喀爾塔的探險隊比平日晚起但十分開心，因為他們知道今天什麼事都不用幹。利用這天空檔，布洛克給妻子艾莉絲寫起了信，而馬洛里則去步行前往了基地上方的高點，並在那兒飽覽了地形的格局。南邊隔著山谷，季風的雲層像縷縷細煙般在峽谷中升起，接著消散在陽光下的虹彩中。杉樹與樺樹形成一條深色帶狀的界線，霧就停在了那邊，而谷地的開口則通往到豐饒的野地與草原。遠遠地在東邊，雨瀑遮蔽了地平線。在北邊，升起於探險隊基地之上的山脊之外，天空因為厚重的雲層而暗了下來。相對之下，喀爾塔在四周雨水的影子中享受著晴朗的天空與「可口的氣候」。等馬洛里回到營地時，空氣其實已經熱起來了。那天午後，霍華－貝瑞記錄下他帳篷裡的溫度是華氏七十五度（約當攝氏二十四度）。這比起在定日的天氣已經宜人許多，絨布更是被狠甩在後頭。

在馬洛里與布洛克進行休整的同時，已經監督完一間新的暗房興建後的霍華－貝瑞選擇去勘查桑群拉山口（Samchung La），也就是在通往卡馬河谷的三處山勢開口中，最東邊且距離他們最近的一處。輕裝的他離開喀爾塔是在七月三十日一早，接著他便拚命騎馬，涉過了喀爾塔曲，然後走一條陡峭的石徑上行了三千英尺，來到了山口。很可惜的是高點陷入一片雲霧，直到他從山口另一頭下降五百英尺後，才突然看到一處幽谷，谷後是一串共十四座湖，且每一座的形狀與顏色都各有千秋——土耳其綠、藍、一般的綠，還有黑色——全都像地表上的珠寶一樣被拋在懸於山間的谷地中，然後一起消失在雲霧的後面。在一條有著稀疏石頭的山徑上，他緩緩南行，心懷的希望是能瞥見一眼卡馬谷地。但事與願違，他發現自己再一次沿著陡坡，走在從深厚積雪中鑿出的路徑上，最終抵達了另一處山口，也就是一萬六千一百英尺高，比桑群拉高出一個頭的久格拉（Chog La）。在山口頂端，令人目盲的強烈風雪使想望進卡馬谷地的願望成了空想，更別說想沿其朝聖母峰東面而去了。在一處石牆廢墟後找掩蔽的他等了一小時，但最終也沒等到天氣轉晴，於是他只好不情願地沿原路折返，再看了一遍可以跟他記憶中任何一處山谷媲美的風景。

返程重新翻越了桑群拉，整個喀爾塔已來到他腳邊時，霍華－貝瑞休息了一下，這是他獨自行動時的習慣。這裡的空氣很清澈，也沒有跡象要下雨，或是下雪。他注意到一隻胸前是紅色的文鳥立在一株侏儒杜鵑上。另外從一欉柳樹上，傳來了一隻噪鶥的呼聲，外加烏鶇的刺耳叫聲。整片山谷上，有渡鴉與黑耳鳶飛在非凡的高度上，而在天空的頂點，他看見了一隻胡兀鷲的黑色剪影，朝著東方愈飛愈高。從山口望去，喀爾塔曲就像一條銀線，兩側夾著在廣袤地景上有如玩具的田野與村落。

如果說地理形勢決定了接下來的挑戰是什麼，那霍華－貝瑞知道現實環境將會決定挑戰者名單。凱拉斯做為唯一探索過卡馬谷地的英國人，已經不在人間——他在在地同事的協助下拍下了照片，雖然距離有點遠，但上頭的主要冰川跟山勢走向依舊可見。攀登隊名義上的隊長，原本深受寄望要操盤攻頂計畫的哈洛．瑞彭，則已經脫離探險隊的戰線，由沃拉斯頓後送到錫金，歸期已不可期。此外惠勒在絨布忙得不可開交，莫斯海德與沃拉斯頓則無法於短時間內從對尼泊爾邊境的探索中趕回喀爾塔。綜上，挑戰的責任將落在馬洛里與布洛克肩上，他們得沿喀爾塔曲而上，溯及其源頭，渡河進入卡馬河谷，然後確認兩座河谷有沒有哪一座可以提供聖母峰的入口。

在喀爾塔，悠閒了一天的馬洛里也想著一樣的事情。他這人只要一閒下來，就會在內心反思事情，而思考最終總會變成憂鬱。「沒能怎麼見到沃拉斯頓與莫斯海德的面，不免是件憾事。」他在七月三十一日給茹絲的信裡說。「可憐的沃拉斯頓這段時間，真的是辛苦了。他先是把瑞彭平安後送到錫金，然後在我們離開的前一天來到定日，接著他幾乎是馬上就有兩名傷寒病患要照顧，而他討厭定日的程度完全不輸我……關於瑞彭我們沒有進一步的消息……布洛克雖然是個大好人，當起旅伴卻稍嫌悶了一點。」

同一天，布洛克跟霍華－貝瑞在山谷裡騎了三英里的上坡去拜訪宗本。宗本帶著年輕的妻子現身，而她身上妝點著各種珠寶：紫水晶、綠松石、珍珠，還有未切割的紅寶原石。「她帶著極其講究而花俏的頭飾，上面有珊瑚、珍珠，還有人量的假髮在頭部兩側。」霍華－貝瑞回憶說。「以搭配來講不是很好看。」

馬洛里隻身一人在基地營，仍繼續專注在手上的挑戰。在地人知道聖母峰，當地稱之為珠穆朗瑪，但除此之外，也就問不出什麼有用的東西了，頂多就是要接近聖母峰，非得朝喀爾塔上游走，穿過朗瑪拉這個通往南邊的山口。這一點本地人倒是說得煞有介事。後來在朗瑪拉，探險隊將會發現另外一個山谷——很顯然就是卡馬谷地——會直接通往聖母峰的基底。但在當時，朗瑪拉再過去是一幅什麼光景，地方上的人似乎一問三不知。喀爾塔曲起源於何處，他們說不清；喀爾塔曲究竟是不是聖母峰的融雪形成，沒有人知情。談到距離，他們更是無法給人任何指引。有人會告訴你一段路需要走幾天，也可能會告訴你那是幾杯茶的距離；要不是經過好一番嘗試錯誤，英國人也不會知道三杯茶大約等於五英里，但話說回來，這些說法都全是在猜謎，一點也不肯定。

事實上就連聖母峰的藏文名字，都有五花八門數不盡的翻譯與意義。霍華－貝瑞引用犛牛牧人的說法，稱之為珠穆烏里（Chomo Uri），並翻譯為「藍綠色山峰的女神」。在家鄉倫敦，道格拉斯・弗列許菲爾德做為干城章嘉峰的登山老將與英國山岳會跟皇家地理學會的雙料前會長，將珠穆朗瑪這個名字翻譯為「女神與大地之母」，然後沒多久這翻譯就變形為「女神與世界之母」。查爾斯．貝爾做為學術權威，宣稱適切的藏名其實應該是「康察穆朗」（Kang Chamolung），意思是「鳥鄉之雪」。貝爾在亞東與江孜培養的英國貿易代表接班人，大衛．麥當諾，舉出了一個描述性更強的名字，翻譯之後的意思是「（一座）你可以從九個方向看到的山、（一座）你沒辦法從近處看見的山、（一座）高到鳥兒飛過會目盲的山」。

馬洛里的計畫，是在八月二日星期二偕布洛克沿喀爾塔河谷而上。但首先他得處理好在挑夫之間，一場茶壺裡的風暴，主要是挑夫「為了問清楚他們的配給是多少，鬧出了軒然大波」。他一整個星期一，加上挫折感愈來愈大的星期二早上前幾個小時，都在整備行囊，確保有足夠的鹽巴、麵粉與辣椒供眾人所需。擔任希爾達的加爾贊原本應該負責這項工作，但他已經失去了大家的信任。就在前一晚，懷疑他中飽私囊的霍華－貝瑞拔掉了他的權威，心懷不滿的他於是開始暗地裡煽動挑夫的情緒。馬洛里的處理不算好。他把挑夫逼得很緊，後來還有感而發說，「在一個個別農場與小村莊很多的山谷裡，苦力得走上的是一條滿布陷阱與琴酒的道路。少了紀律，薩博一個不小心就會發現一天的行程走下來，他的糧草可能只剩下一半。」霍華－貝瑞很清楚這種強硬的做法，只會更不利於探險隊的任務。果不其然在離開喀爾塔的首日，他們才剛緩緩前進了八英里，挑夫就自顧自停下腳步，正好同時口渴的他們就此紮營，無視於馬洛里的抗議。馬洛里隔天的反應，是要求所有人要小跑步趕路。

這點挫折並沒有讓馬洛里垂頭喪氣。霍華－貝瑞向他保證聖母峰就在西邊兩天的路程處，而純以邏輯來看，喀爾塔曲這條冰川溪流應該就發源自山裡；馬洛里據此推測其左上方的支流必然源自北坳。他在給茹絲的信裡說在他的腦海裡，他能想像到有條路徑可循喀爾塔山谷而上，直達「我們渴望的山口」。他希望四天之內，自己可以終於站上北坳。他願從那兒睥睨絨布冰川的雄偉冰斗，並開始籌畫前進東北脊。他相信只有東北脊，才是攻頂聖母峰唯一的可行之路。

惟有樣事出了差錯。他們如預期紮營在一處山谷的交會點，但那條按某地方仕紳說要走五天，通往珠穆朗瑪峰的路，卻是向上朝著喀爾塔曲遠去，接到一條與涓涓細流交叉的山徑之上，而那細流一點也不像人預期中源自深山的冰凍之心，一條冰川河水該有的洪流。一如霍華－貝瑞預期，不確定自己身在何處的馬洛里堅認珠穆朗瑪峰可以在兩天內抵達。村長聳了聳肩，希爾達一語未發，然後這事就被擱置到了八月二日那個破曉在細雨跟霧中的早上。根據布洛克的日記，他們在剛過七點時拔了營。愈往上穿過濃密的杜鵑與杜松樹叢，能見度只是愈來愈低，就這樣他們在中午時分抵達平坦石棚上一座藍色的小湖。馬洛里徹底迷惘了，因為他們每踏一步都在往南跟往西，也離喀爾塔河谷跟已知的聖母峰方位愈來愈遠。那天下午他們繼續一邊與雨霧奮戰，一邊緩慢向上來到了一處氣壓計上顯示比他們前夜紮營處高出足足四千英尺的山口。他們跨過門檻的是朗瑪拉，通往卡馬曲的幾個山口中最艱難的一個，而卡馬曲正是前往肯巴隆祕谷的北方門徑。這時的雲山霧罩濃到人的歡呼聲都聽不太到。

過了山口，山徑開始朝南方下落，而仍惑於行進方向的馬洛里注意到隊伍中的氣氛有所改變。「抱怨聲已消散在友善當中。」他寫道，且雖然溼透的帳篷與糧草配備是沉重的負擔，但挑夫「都精神奕奕地向前邁進」。等最終經過兩個小時，從山口下降兩千五百英尺後，他們算是完成了今天的路程，紮營在有犛牛在吃草，有石屋能幫他們擋風的青草台地上。此時他發現挑夫們「雖然再次得在淒風苦雨中紮營，卻未因此灰心喪志」。那晚在透過希爾達的翻譯，與村長的零散對談中，馬洛里解開了整幅拼圖中的一小塊謎團：喀爾塔山民們所認知的珠穆朗瑪峰，不是一座，而是有兩座。「這其實不難猜，」他後來回憶道，「如果真正的聖母峰只有一座，那另外一座應該就是位於聖母峰西南方十二英里處的馬卡魯峰。我們說明了我們要去右邊那座。」

八月四日早上，事情又更加混亂了。再度在七點拔營，也又再度陷入雲雨之中的他們，沿山徑走下了一片陡峭的冰磧，下降大約七百英尺來到谷底，而那兒有一叢叢巨型杜鵑掩蓋了溪水上的一條破橋。他們過了橋，繼續穿過了潮濕的草地，最終抵達了一條冰川的鼻頭處，而那條冰川顯然是以跟卡馬曲流向呈九十度的直角，從南端穿越了山谷，他們可以聽見卡馬曲的低沉怒吼。往下走，那條路帶著他們向上翻越了冰面，然後沿著霧鎖而模糊的絕壁基底前進。接近中午時分突然雲破天開，天際稍縱即逝地顯露出「巨大的峭壁穿過雲層，迫力十足地矗立在眼前」。那馬卡魯峰的驚鴻一瞥，撼動了他們的感官知覺，由此他們幾乎是帶著感激的心情，任由身邊再次裹上灰色的雲，也任由雨水黯淡了卡馬河谷的背景。他們跟隨彷彿河流流淌在山谷谷底，另外一條冰川的側邊冰磧，挺進了兩或者三英里，直到他們來到培當仁木（Pethang Ringmo）這個他們歇腳過夜的游牧紮營地。「再往前走已經沒有意義。」馬洛里寫道。「我們並無意一頭撞上聖母峰的東壁，我們現在必須要等待眼前浮現山景。」

他們醒在了犛牛的鈴聲中，也醒在了廣袤草原的空曠寂靜裡，草原的兩側是冰川與冰磧。海拔一萬六千四百英尺的此處只有薄薄一層雪塵。「那兒的『天氣徵象』在我看出帳篷時，」馬洛里回憶說，「毫無懸念地樂觀許多，因此我們當機立斷決定這天要去山谷上勘查看看。」

最終他們總算能看到些東西。他們紮營在山谷的北側，背後由東向西畫過一條高度無難以確定的雄偉稜線，當中還穿插巨大的岩石山嘴，每處山嘴間都隔著一座由冰構成的盆地。這條稜線就是他們之前穿越的山脊，那條由朗瑪拉劃開的山脊。他們前一日登上並且行過的那條冰河，是康多雄（Kangdoshung）冰川，而它也確實從南邊，從屬於珠穆隆索峰那較低的一片山壁，流入卡馬谷地。珠穆隆索做為馬卡魯峰（二七七六五英尺高）的姊妹峰，高度是二五六〇四英尺。彷彿一道水壩，康多雄冰川阻斷了另一條大上許多的康雄冰川，那是一條足足有一英里寬，從聖母峰本身基底流出且君臨谷底上半部，掩藏住底下有條卡馬曲在流動的巨大冰川。從培當仁木向下回望東方的谷地，馬洛里可以勉強辨識出冰川交會處，那由巨大的冰體所相互糾結出的錯綜複雜。但對於他們知道稱霸了谷地南端的群山，他們能看到的東西非常有限，頂多就是能瞥見一眼佩唐策（二二〇一四英尺）的白色峰冰一眼。從雲層中突出的佩唐策峰無限地接近天頂，讓目睹此景的他們不禁懷疑起自己的眼睛。

在派出了挑夫去山谷下砍杜松當柴燒之後，馬洛里與布洛克先在營地徘徊了一陣，等待天氣好些才出發探索康雄冰川的上游。高空的風勢攪動著雲層，而雖然天色始終灰暗，山脈上頭的天空在接近中午時分部分打開，顯露出了壯闊無比的地景。首先是馬卡魯與珠穆隆索的雪坡與冰面，從谷底升起一萬一千英尺，然後是如布洛克所回憶，聖母峰南峰洛子峰底下那「懾人」的絕壁。時間來到中午，他們已經攀高進入盆地，且爬上了構成谷壁一角的某條山脊肩部。破天荒第一次，在坡面上稍微領先布洛克的馬洛里看見了聖母峰的東面，也看見了那壯觀的東北脊「向右切穿了天際」。那一瞬間他身為登山者所曾經經歷過的一切，都在記憶中退散開來，主要是他日後回憶說那眼前「壯麗璀璨的場景」，徹底激發出他內心「一種不曾有過的感受……耳目一新交織著鮮明的喜悅」。

中間隔著南坳這個顯著鞍部的聖母峰與洛子峰，共同構築出了一片山牆，而這面山牆又在一連串的山壁與冰面中，層層疊疊下降了兩英里的垂直高度。在這面雄偉山牆的底部，康雄冰川的頭部加寬成一個有如龐然大物的冰斗，當中看得到雪封的岩石與冰塊像巨舌一樣，從谷地伸往天際線的方向。從東邊望過去，聖母峰與洛子峰看似不像個別的山峰，而是尺度大到匪夷所思的單一連峰。以洛子峰為起點，一道「卓然不凡」的山肩向東南方落去，融入了一條由狂放懸崖共構成的稜線，而那些懸崖又在橫掃了整段卡馬谷地後，才最終在約十二英里外被雄偉程度與之不相上下的馬卡魯峰跟珠穆隆索群峰吞沒。馬洛里的視線追隨山際線升至一處處山嘴與一條條高懸冰川的斷裂邊緣，而這也代表他身處其中的陰影來自地球上前五座高峰當中的三座：洛子峰、馬卡魯峰，以及聖母峰。

這樣的體驗固然令人喜不自勝，但他沒忘了要擔心的仍是自己手上的任務。卡馬谷地南側諸巨峰眼底的高地，標示著中國與尼泊爾的邊界。要是這些山可以提供一條聖母峰的攻頂之路，那馬洛里多半不會囿於國界的限制，但這些高峰怎麼看都不像能做到這一點。馬洛里向西望向聖母峰，顯而易見的挑戰來自於他右手邊，從聖母峰東北脊的腳邊向東延續的一道無名山脊。馬洛里離開喀爾塔時的目標是要抵達北坳，但「在雲端旅行了三天之後，」他在給茹絲的信裡說他們發現自己「走進了世界的另外一個角落，並與他們原先鎖定的北坳之間隔絕著一道無法跨越的障礙」。布洛克確信卡馬谷地無法直接帶他們通往北坳，而他也在回營的八月五日晚上把這點寫在了日記裡，惟布洛克也承認還有一絲機會是接近聖母峰底，或就在構成那道令人絕望的障礙與分水嶺，他們北邊的高地過去一點，也許他們可以找出一條路來。

在此同時，他們身負責任要徹底完成對聖母峰東壁與東北脊的目視偵察，這依舊是他們的任務。對此馬洛里的解決之道是一個字：爬。即便在雲層造成的不確定性當中，他還是注意到一座「十分顯眼的雪峰」，那是在聖母峰狂野的這一側，沿著分水嶺他發現到的第二座耀眼高峰。在挑夫們的認知裡，這座雪峰叫作卡爾策峰（Kartse）。從卡爾策峰的山巔上，他們將可以一邊（向南）近距離檢視整面康雄壁，一邊（向北）判斷在喀爾塔分水嶺頂端以北跟以西之後是什麼東西。他估計分水嶺後面肯定是最遠可以流動到神祕北坳基底的冰原。

八月六日星期六的早上，他們拔起溫珀帳篷，向卡馬河谷更上方前進。這次他們沿冰川邊緣走了大約兩小時，然後才繞過某山肩，在一萬七千七百英尺高的高山冰架上紮營。布洛克整個下午都在雪地裡捕蝴蝶。馬洛里在某冰磧下風處的一條溪邊找到了遮蔽處，然後盡可能研究了他提議的上攻路線。雖然在聖母峰面前矮了一截，但二一三四八英尺高的卡爾策峰仍不折不扣是一座沒有人爬過的山峰，畢竟它比歐洲的最高峰都還要高上五千英尺，位於祕境，而且面臨到季風與各種不利的天候之中。馬洛里與布洛克打算爬上卡爾策峰的山坡，只為了好好看一眼其四周的環境。「我們明天的目標是要搞清楚這個深谷的牆後是什麼模樣。」布洛克那晚在日記中寫道。「下雪了。」

早晨於他們而言是真的很早：他們凌晨兩點就起身在黑暗之中出發，帶著四名挑夫，並以燈籠與蠟燭做為照明，沿著他們紮營處北邊的一條岩脊前行。冰冷的新雪顆粒被壓碎在他們的靴底。空氣冷冽但清新。「那一夜，」馬洛里回憶說，「月亮出來得早。」他們走在熱切的期待裡，主要是天空中的星星很亮且萬里無雲。「在黎明的第一道光線之前，」他寫道，「白色的群峰就莫名被某道黯淡的藍光觸及而產生了生命——而那道藍光也隨著一天的開始而慢慢改變。」太陽首先射抵了馬卡魯峰，然後隨著熾烈的紅光，「粉紅與紫色的光影交錯」，照射到珠穆隆索峰，馬洛里轉身望見了聖母峰本尊不再猶抱琵琶半遮面。「那壯觀的視覺效果沒有吊我們胃口；帷幕被一掀而開。從明亮雲霧中升起，我們頭頂的聖母峰是那麼地亙古而理所當然、那麼地遼闊、那麼地無法估量——它不再是稍縱即逝的鬼魅，不再虛無飄渺地任由人夢想；你再找不到世上有東西比它更固定、更永恆，更如詩人濟慈（Keats）筆下的星星一樣『長年高掛在夜空中璀璨』，彷彿是黑夜的堅定守望者，流瀉著星芒，宛若亙古一道崇高的光亮。」

這樣的文思泉湧，在事後許久被召喚出來，會讓人誤以為現實也同樣那麼浪漫。實情是那天凌晨有著刺骨的酷寒。廚子病了，挑夫原本說什麼也不肯離開羊毛毯的溫暖，直到被兇了才乖乖就範。靴子、外衣、裝備都被凍硬了起來。馬洛里費了一番工夫好說歹說，才讓他的小探險隊動起來。他們的第一個目標是一處顯著的鞍部，也就是躺在卡爾策峰東邊的卡爾波拉（Karpo La）。一條最直接的路，帶他們向上翻越了一處陡峭的岩層露頭。馬洛里很高興能感受到堅實的花崗岩，而挑夫明明對登山完全沒經驗，卻又對這趟行程看來漫不經心；為此馬洛里得把小石頭往下丟，才能讓他們知道一失足可是會成千古恨的。隨著一行人攀爬移動在懸崖之間，馬洛里始終將視線聚焦在聖母峰與令人生畏的康雄壁上。那當中他看來最具威脅性的地貌，得算是一系列傲視下方懸崖與山壁的巨大懸空冰川。他回憶說「有件事實無須多麼仔細確認也毫無疑義：冰川下方的幾乎任何一處岩石，都暴露在落冰的威脅之中，而其他地方就算理論上可以攀登，爬上去也太費勁，太耗時，而且通往不了什麼便於繼續向上的平台；簡單來講，其他人要是沒想清楚或是太想不開，也是可能走這條路的，但這肯定不是我們該做的選擇。」

等馬洛里跟他的小探險隊攀上卡爾波拉，時間大概是快九點，他跟布洛克已經斷了任何想從卡馬谷地直攻聖母峰的念頭（事實證明，康雄壁的確是通往聖母峰最有難度的一條路徑，直至一九八三年才有人循此路而上），但布洛克在日記中記為東脊的東北脊仍具有可能性。他跟馬洛里據稱很執著於找到一條路通往北坳的東麓，就是因為他們從絨布望見過從北坳出發，存在一條可行路線可以爬上陡峭的山肩，來到東北脊的上緣，而東北脊又可以通往聖母峰金字塔的塔頂。東北脊可以一路從基底爬上去嗎？這是個從卡爾波拉不會有答案的問題，因為由此看過去，卡爾策的雪峰阻斷了聖母峰與其東北脊的山景。

在迅速解決了早餐之後，馬洛里率隊沿雪脊向西朝卡爾策峰而去。以其接近兩萬英尺的高度，加上有風暴威脅著從南邊過來，卡爾策峰完全不是座好爬的山。除了得暴露在嚴峻的大自然中，爬卡爾策峰還代表外你得時時刻刻擔心雪崩。為了要行過粉雪積得很深的谷地，馬洛里在一座石島上建立了繩錨，並耐心地用手勢指引從未面對這此等凶險的隊員前進。等所有人都平安通過後，他便把生命交到尼伊瑪這名結實的十八歲青年手中；自從探險開始到現在，尼伊瑪都一直是他最忠實也最可靠的夥伴。再往上唯一可行的路，得通過一道極陡峭的坡面，而坡面的頭部則擋著懸冰跟硬雪。在靠尼伊瑪確保了繩索的穩固後，馬洛里「朝頭頂的簷冰砍了下去，在頂端固定了一個拳頭或斧頭都可以抓牢的握把，然後奮力翻了上去」。受到馬洛里的示範鼓舞，其他人紛紛跟進，一個個邊發出「像有什麼要爆裂的呻吟聲」，一邊克服了他們從未面對過的難關。耗盡體力的他們在冰面的邊緣聚成一圈，而馬洛里則再接再厲在硬雪上切出階梯，長度有大約四百英尺，直到最終來到一段平面。等到眾人越過平坦的雪肩，在最終山坡的基底前癱倒成一堆時，時間已經過午，而這最後的山坡往上大約五百英尺，就是卡爾策峰頂了。

馬洛里才剛暖身完而已。以距離卡爾策峰頂只有一步之遙的此處當作制高點，他終於可以只隔著三英里左右的距離，直接向上看見聖母峰的東北脊，但以此做為路徑來登頂聖母峰的可行性，只一眼就遭到了否定。布洛克後來表示說這條山脊「本身極長」，且時不時會無比陡峭，當中穿插若干氣勢驚人而確實也無法攀爬的尖塔，由此能行進之路會被早早阻絕在北山壁的會合點以下。這北山壁是一處朝北坳落去的山肩。

向北看，那景色就更為複雜了。從卡爾波拉為起點，他們可以向下看到一片寬廣的冰川向東而去，而這片冰海他們猜得沒錯，正是喀爾塔谷地。糾結在西邊的山脈與山脊包括章子峰，也就是馬洛里興高采烈在雲裡看出其尖端輪廓的聖母峰北峰。神龍見首不見尾的北坳，是隔開章子峰與聖母峰的鞍部。有三十分鐘的時間他用盡了眼力，只求能多看到一些資訊，但北坳與其相關的路徑仍在各種遮蔽中顯得神祕兮兮。他於是決定更上一層樓。留下布洛克跟另外兩名隊員後，他選定尼伊瑪跟另外一個強壯的登山者達斯諾（Dasno）在休息三十分鐘後出發攻頂。

幾乎在出發第一時間，他們下方就開始風起雲湧而把他們團團圍住。在這陡坡的腳邊，他們褪去了雪鞋，開始在深及臀部的新雪中勉力前進，然後就此穿過了一處危險的冰隙。達斯諾半途而廢，回頭去跟其他人一起等。馬洛里與尼伊瑪則繼續努力爬上了這最後也最陡的山坡，途中沒一會兒就要停下來聽取遠方的雪崩聲。望向他的左後方，馬洛里突然看見西邊的地平線開始放晴，而通過雲層的一個破洞，他再一次瞥見了章子峰。他用眼神熱切地追隨著章子峰，並陪伴其稜線朝聖母峰下墜。然後就在轉瞬即逝的一瞬間，北坳真正的外環露臉了。那瞬間他眼裡完全沒有底下的一片片山坡，也完全沒有基底的一座座冰川。

又多奮戰了一個小時，馬洛里與尼伊瑪終於攻上了卡爾策峰頂。再一次，卡爾策峰用北邊眾冰川的驚鴻一瞥逗著他玩。但這時又變天了，一道厚厚的雲幕預示著夜晚的到來。他原有的困惑，如今又因為挫折感的加入而更讓人無法接受。「困惑本就是這場遊戲的一個環節。」他後來寫道。「但我們的感受已不能僅用困惑來解釋。我們感覺到自己在被扯著後腿，在很令人不悅地被賞著刺辣的耳光。我們確實已然解開了關於東坳與東北劍脊的所有疑惑，而且速度算是相當之快。但眼看著就要到手的暢拉（北坳），那條前去之路卻突然與我們玩起了捉迷藏，最終逃脫到一個我們不確定有多遠的地方。雖然我們確定它與我們所處山峰的實際距離肯定不會太長，但我們所追尋的那座冰川，如今卻看似存在於一道在不斷遠去的景色裡，而那也是我們唯一能看到的一片光景。」

失望的心情，將馬洛里捲入了思緒與行動的旋風裡。他們開始從卡爾策峰匆忙下山，匆忙到尼伊瑪滑了一跤而差點沒命。而連底下那個一口氣把隊員們吐到底下冰川的雪溝深雪都還沒抵達，也還沒跟布洛克等人會合，他就擬出了一個新的計畫。隊伍自此換成由布洛克帶隊，好讓累壞了的馬洛里可以騰出手來繼續忙計畫，而他們也毫無延誤地撤退回朗瑪拉山口的這一頭。話說肯定有條冰川通往北坳表面，而這條神祕的冰河也肯定是向東流去，「果真如此，其融冰肯定流入了喀爾塔溪。」馬洛里如此推測。他們的卡馬谷地之行雖然不是沒有收穫，但終究只是一個插曲，而隨著季節更替一天天推進，他們已經連一個小時都得花在刀口上。想取道朗瑪拉回到喀爾塔河谷，最快也已經會是兩天後的八月九日了。按照馬洛里的計算，初始的偵察必須在八月二十日之前完成，如此他們之後才能有足夠的時間先在喀爾塔進行休整，然後正式發動對聖母峰頂的挑戰。這代表他們只剩下一星期多一點的時間，可以完成喀爾塔河谷上方的未知冰原探險，而那兒必然會是可以解開北坳之謎的地方。

很可惜的是，下定決心的馬洛里並沒有考慮到自己的身體。他當天稍早已經感覺到自己狀況不太好，那是一種比起氣力放盡，更像是倦怠的疲憊感。等一行人勉力踩著雪鞋穿過覆蓋冰川的及膝深雪，馬洛里已然頭痛欲裂。入夜不久回到營地，他便立刻鑽進帳篷，然後在裡頭一整晚又是發燒，又是發抖冒冷汗。他能做的只剩下隔天拖著病體走下山谷，回到他們在培當仁木的基地。消息傳來說霍華－貝瑞意外跑來，並在基地附近四處探詢，但這個消息並沒有能讓馬洛里振作起來。他即刻就了寢，然後睡掉了八月八日星期一的一整個下午，同時間，布洛克則在太陽下蒐集花卉與蝴蝶標本。

9

北坳
The North Col

查爾斯・霍華－貝瑞有理由在八月二日星期二的下午感到心滿意足。在歷經了一些困惑，加上跟希爾達產生了些不小的矛盾後，馬洛里跟布洛克終於帶著二十個人在那天早上稍晚出發，前往卡馬谷地執行探索任務。就在霍華－貝瑞一個人的午餐後，十一頭騾的糧食運到了，那當中有麵粉、馬鈴薯、米與糖，各種英國貿易代表團於六月十五日從亞東發來的補給。一條條河顯然都漲起了水來，不少通道都遭到嚴重破壞，但至少他現在知道從大吉嶺拉過來的補給線沒斷。接著讓他吃了一驚的是馬洛里與布洛克離開喀爾塔還不到三小時，沃拉斯頓與莫斯海德就出現了，而歷經了從尼泊爾邊境的聶拉木到此兩百五十英里的長征後，兩人看起來都十足落魄。但待他們一頭栽進新鮮豌豆、馬鈴薯與燉野菇、辣椒絞肉的盛宴，並用冒煙的熱牛奶灌下食物後，這兩人其實有頗精采的故事可說。

他們設定的目標是要探索聖母峰西邊的鄉野；其中沃拉斯頓又根據榮赫鵬與皇家地理學會的決定，將偵察與探索視為探險隊最重要的使命，而非高山攀登。他們七月十三日從定日出發，穿越平原來到了蘭塄村，並在當地的千年古寺邊紮營。隔天早上在讓人什麼都看不見了的霰裡，他們越過了一萬七千九百八十一英尺高的通拉山口（Thong La）來到波特科西河（Bhote Kosi）荒涼的源頭。他們接著沿波特科西河往南通過巨大的花崗岩峽谷，在四趟艱辛的步行之後抵達聶拉木這個邊疆之地。只不過千辛萬苦來到這裡，迎接他們的卻是滿滿的敵意。發出原始邀請的宗本身穿絲袍，看起來十分可疑，長長的指甲顯然是懶惰的關係，重點是他竟然宣稱對邀請一事一無所知。來到市集，以來自加德滿都的內瓦爾族（Newar）原住民為主且多半信仰印度教的貿易商，都沒人要做這些英國客人的生意。關於路線與地理的情報要不是問不到，否則就很顯然是誤導。

雖然如此不受歡迎，但他們還是在這待了三天。沃拉斯頓在收藏上大有斬獲，除了添了幾株奇特的植物，還欲罷不能地殺死了要帶回去做標本的昆蟲、鳥類跟小型哺乳類。莫斯海德閒來無事，下到波特科西河的狹窄裂隙中尋找印度密探哈里．拉姆（Hari Ram）在一八七一年的探險遺跡。滿是瀑布激流的這條河以每兩英里一千英尺的斜率下降，而在一個十分辛苦的下午，莫斯海德四次橫過了急流，才在距離尼泊爾邊境還有大約十英里的地方調頭。

他們從聶拉木出發的返程始於在拉布吉康峰（Lapche Kang）的一段縱走。拉布吉康是通往拉布吉聖谷的一道未知山脈；拉布吉聖谷是密勒日巴這位密宗聖者的誕生地，從未有歐洲人留下過足跡。等地形崎嶇到犛牛無法通行後，他們把札西雄（Tashishong）村裡每一個年輕人都請來當了挑夫，然後朝東前進，爬過一道陡峭的側谷，來到某冰川腳邊一片巨大的冰磧。突然在頭頂上有隻胡兀鷲，也就是喜馬拉雅山區最有王者之風的鳥類，繞了一個大圈盤旋而下，降落在了不到一百英尺外的冰面上。沃拉斯頓可以看見牠的黑色鳥喙，還有牠眼睛外圍的一圈紅線。這隻腐食性的大鳥是以骨髓為主食，為此他們會高高地把骨頭砸在岩石上，以便吃到當中的美味。但也有些胡兀鷲會把綿羊大腿骨大小的骨頭生吞下肚。

眾人繼續沿冰川而上，奮力穿過軟雪，踩著朝聖者留在冰上的腐爛木板越過冰隙，在濃霧中抵達了山口。那道霧之濃，一落落上頭豎著發硬了的經幡的石堆就像會移動，乍看之下像是聚集了一群朝聖者在此。他們的挑夫為了獻禮而停下腳步，而等到隊伍登上山口頂端，開始常常得下坡路時，時間已經向晚。他們紮營在一萬四千六百英尺處的巨石上，很辛苦地將就了一夜，既沒有像樣的遮蔽可以擋住大雨，也沒有侏儒杜鵑細枝以外的東西可以當燃料燒。圖博人在洞穴中湊成一堆，喝酒歡笑直至破曉。

下行到山谷的路徑先通過黃色小檗與山梨的草原，然後進入了披著潮濕地衣與經幡的濃密杜松森林。每塊石頭感覺都像是刻上了禱文，每處懸岩都彷彿化身為一處祠堂，妝點著酥油燈與天然的花朵。巨石上鐫刻著離地數英尺的字母，展示著舉世皆知的六字真言，唵嘛呢叭咪吽。在山徑上，偶有零星的朝聖者從英國人身邊經過，而隻身一人的僧侶在小小的洞穴裡，靜靜接受著他們的獻禮。

拉布吉本身是個約莫有十來戶住家的聚落，一半是圖博人，一半是尼泊爾人，而他們都是為了供奉祠堂而來來去去的住戶。當地最知名的廟宇是一座素雅但氣勢十足的建物，或者可以說是個距離四邊都大約兩百英尺，用石頭建成的廣場。每一邊的牆上都嵌有上百個轉經輪。圍在廣場中間是用鵝卵石鋪成的天井，周遭還有棚架可讓朝聖者遮風擋雨；坐落在廣場中央是一座塔頂以黃銅裝飾，樸素的石質聖堂。沃拉斯頓覺得不論是朝聖者會從圖博四境來到這裡崇拜聖人的足跡，只因為他曾住在這裡一處石頭下方的隱士陋室中，或是如此汙穢不堪還散發酥油燈臭味的建築，竟然會是藏傳佛教的一處聖地，都是不可思議的事情。而讓他更無法忍受待在此地的，是他得逼著自己不去看那些自己無緣採集的嶄新動植物，包括蝴蝶等昆蟲，只因為他不想得罪那些「板著張臉走來走去的朝聖者」。

為了抵達目標中的下一站絨轄河谷，莫斯海德選擇的是走私者的老路，而這條路也讓他們得穿過兩處一萬七千英尺高的山口，走過「各式各樣的冰川……並在始終近乎無法穿透的濃霧中踩過崎嶇不平的冰磧。」一整趟路程中，天候都惡劣到他們都只看得到腳邊的地面，但對沃拉斯頓而言這就已經夠了。他發現了好幾種新物種，包含兩種新的報春花，其中一種至今仍以他為名。這種纖細的植物有著深藍色的鐘形花冠，其「大小相當於女人家用的頂針，花冠內襯色調則有如霜銀」。今日但凡在溫帶國家的專業花圃裡，都看得到這種學名是鐘狀垂花報春的「沃拉斯頓報春花」(*Primula wollastonii*)。

隨著他們終於登上肯欽拉（Kangchen La），也就是第二處山口，並開始漫長的朝絨轄河谷下山之路，雲層短暫打開而顯露出一幅令人意外的光景：高里三喀峰的絕美山巔「在午後的陽光中燃燒」。高里三喀峰長期被誤會是聖母峰，未曾有歐洲人從尼泊爾邊界的圖博這邊以近距離目睹，且僅有遠矮於聖母峰的二三四四〇英尺高，卻比聖母峰更美。隔天早晨天氣放晴，沃拉斯頓得以拍下整座高里三喀峰是如何從絨轄的松樹與樺樹森林中升起一萬英尺，畫面中只見其「刀刃般的冰脊」升至「閃耀的頂峰」。在一九二一年的探險隊當中，沃拉斯頓算得上是取景造詣最高的其中一位攝影師，而在他所拍下的眾多影像裡，只有這一張「純淨簡單」的高里三喀峰的照片，在他家中的牆上陪了他一輩子。

莫斯海德與沃拉斯頓此時來到了英國探險隊不陌生的境地。在六月的最後幾天中，霍華－貝瑞與赫倫曾從其頂部進入絨轄河谷。當時他們是從基耶特拉克穿過普胡色拉，下降了八英里並越過塔桑村，然後大致來到莫斯海德與沃拉斯頓從西邊高處出來後，遇到主道路的那個點。又一圈大冒險就此完成。莫斯海德與沃拉斯頓轉身爬上山谷，及時通過了其芬芳令霍華－貝瑞迷醉的同一片美麗紅玫瑰林。他們也發現整座河谷都屬於神聖空間。不論走到哪裡，他們都會遇見由風力或水力驅動的轉經輪，同時這裡沒有人會傷害動物。適逢他們在一片柳樹林裡搭起帳篷，一群瞪羚毫無懼色地在他們的帳篷邊上吃草。此景讓沃拉斯頓恍如隔世地想起了早在戰前許久的一個瞬間，他曾經在日本的一座神聖島嶼上用手餵過鹿。此時因為需要食物，莫斯海德跟沃拉斯頓購入了一頭山羊。出於對絨轄百姓的尊敬，他們等過了普胡色拉的山上才買下這頭活生生的羊，然後在圖博的燦爛陽光下屠宰了牠。那些羊肉撐了四天，剛好夠他們抵達喀爾塔的英國基地。

補給到手後，加上沃拉斯頓跟莫斯海德也返營歸隊，霍華－貝瑞終於可以自由地去追趕翻過朗瑪拉的馬洛里與布洛克。在切滕・王迪與十二名挑夫的伴隨下，他在八月五日朝喀爾塔谷地而上。他們的進度偏慢，六小時只走了六英里。每來到一個村落，他都完全理解按照傳統，他們得停下來喝一杯酒。他們最終停下來過夜的高度是一萬六千一百英尺，也就是通往山口的路上能撿到薪柴的極限。隔天（八月六日）早上填飽肚子後，他們一行人在五點半上路。霍華－貝瑞按例殿後，並由安・登澤（Ang Tenze）跟尼伊瑪・登杜（Nyima Tendu）這兩名他信得過的挑夫替他揹負長槍、獵槍與三台相機。

他們在時好時壞的天候中越過了朗瑪拉，懸在兩萬兩千英尺處的雲層遮蔽了山峰。就在過了山口不久，霍華－貝瑞捕獲了一隻品種讓人覺得很特別，毛呈藍灰色的土撥鼠。他令一名挑夫將之送回喀爾塔給沃拉斯頓，其餘隊伍則繼續向下數千英尺通過草原，沿著一座美麗的藍色湖泊前進，直到過午不久來到一片長型台階地上紮營，高度大抵在卡馬谷地上方一千英尺處。霍華－貝瑞之後就躺在石楠中度過了這天，看著風把雲吹過馬卡魯峰與珠穆隆索峰的白色斷崖。

隔天（八月七日）早上，突然充滿幹勁的他跑到營地後面的山脊上，一不做二不休爬了一千英尺，接著又向下進入了山谷，從一叢叢的杜松與山梨穿過，也與妝點著草原的各種野花擦身而過，當中包括他認出是新物種，但已在短短兩週前被沃拉斯頓在拉布吉發現的藍色報春花。他在午後的中點抵達了培當仁木，並心滿意足地得知馬洛里與布洛克已經選擇了這裡當他們的基地。他開心地在那裡度過了剩下的半天，享受著明亮的日光浴，同時聽著來自山谷四面八方，雪崩造成的轟然巨響。

再隔天（八月八日）早上的霧把營地裹了起來，但藍天仍能瞥見幾眼。他趕忙走上山谷，抵達了他前一天晚上所注意到，那道在聖母峰正對面的山脊。他在霧裡幾乎直接途經了馬洛里與布洛克的前進營，此時前一天在卡爾策峰上辛苦許久的兩人正好醒來。霍華－貝瑞沒有看見馬、布兩人的身影，但確實找到了自己要的山脊，然後花了大半個早上爬了三千英尺，從一萬九千五百英尺的雲層中探出頭來，由此他與聖母峰之間只剩不到三英里的直線距離。他在那個頂端的山嘴上待了幾小時，做的事情包括讚嘆植被，追逐一種沒見過但又追不到的新老鼠，聽著康雄壁上有巨大冰團從懸空冰川上爆開的聲響，還有拍下令人歎為觀止的全景照片。那幅全景以聖母峰與洛子峰為起點，中間經過佩唐策峰來到馬卡魯峰與珠穆隆索峰，然後往東再延伸一百英里處，你會看到干城章嘉峰的山巔出現在飄於尼泊爾土地上的雲海之間。

霍華－貝瑞在剛進入下午時，帶著亢奮的心情回到了培當仁木的營地。而這與馬洛里形成了一定的對比。「貝瑞回來時大概兩點，話很多，心情似乎不錯。」他在信裡對茹絲說。「他著實拿食物配給的事情煩了我一番。」事實上按照布洛克的紀錄，霍華－貝瑞只是很單純地確認了挑夫間在喀爾塔的騷動真是遭到加爾贊這名希爾達的煽動。加爾贊如今已遭停職察看，並被威脅其所作所為會被通報給大吉嶺的政府。在一項理應讓馬洛里開心的決定中，霍華－貝瑞發放了食物，包括青稞跟米，還有直接交到挑夫手中，不會被中間人中飽私囊的薪水。但因為發燒而不舒服的馬洛里沒有心情關心這事。他早早上了床，睡掉了這一天。

在聽取了布洛克說明卡爾策峰的攀爬過程，還有他們打算探查上喀爾塔冰川的計畫之後，霍華－貝瑞同意要是馬洛里狀況許可，他們會一同在隔天（八月九日）早上從培當仁木回到朗瑪拉的基底。然後當布洛克與馬洛里在重新翻過朗瑪拉時，霍華－貝瑞會繼續他在上卡馬谷地的探索。十天前他曾經騎馬出了喀爾塔，向上翻過了桑群拉，穿越有十四座湖的山谷，爬上了在雲端裡的久格拉頂端。這是進入卡馬谷地最東邊的一條路，也是離聖母峰最遠的一條。至於朗瑪拉，他們已經熟門熟路了。而這之外很顯然還有第三條山口，曉烏拉（Shao La），位於卡馬曲下游途中，而這第三處山口也同樣通到喀爾塔。所以既然他如今人在分水嶺的這一側，何不就去看一看呢？

馬洛里醒來時覺得有點起床氣，但出門沒有問題。雨下了大半夜，而他睡得很差，而害他這樣的除了扁桃腺腫大、喉嚨痛，還有劇烈的頭痛。他幾乎什麼都沒吃，七點後就在濕冷天氣裡跟布、霍兩人一同出發。途中讓他受不了的除了犛牛的速度慢，還有霍華－貝瑞的滔滔不絕，所幸霍華－貝瑞半途從主要路徑上脫隊，並向上爬了一千英尺的岩堆，為的是要拍攝馬卡魯峰與康多雄冰川從珠穆隆索峰下落的照片。「貝瑞一個人跑去耍帥了，」他後來在信中對茹絲抱怨。「我覺得他這樣很不好相處。」霍華－貝瑞後來很晚才又出現，其他人都已經把營地紮好了。在簡短與布洛克交談過後，他決定在沿台階地更遠的一處犛牛營地搭自己的帳篷。此時一陣暴雨掃過了馬卡魯峰的表面。

數月後在舒適的英格蘭老家，馬洛里寫到這段過程，滔滔不絕地描述起他在卡馬谷地裡的經歷：「說了那麼多關於珠穆朗瑪，女神與大地之母的事情……我回到山谷中，谷底上那寬廣的草原，有我們搭著帳篷，有牛隻嚼著青草，有酥油在製作，有我們沿著走到谷地頭部的小溪蜿蜒在高聳的冰磧下，草皮豐美的兩岸之間，有難得一見的植物、虎耳草、龍膽、報春花，都在那兒獲得充分的水源，還有空氣中一種柔軟、熟悉的藍色色調，即便我回到了英國都還回味無窮。雖然我向諸多女神鞠躬，但我忘不了的是在她們的腳邊，有個比她們更溫柔的靈魂。那靈魂或許有點害羞，但卻能在變幻莫測的風裡與喜怒無常的山中當人亙古不變的朋友。」

但回到在培當仁木的當時，他的思緒可不像上述的記事一樣那麼文藝跟有餘裕。當時的他得一面忍耐身體不適，一面得不斷被愈來愈煩人的旅伴們騷擾。他們已經耗掉了不少日子，而且明明與山朝夕相處相處了七個星期，他跟北坳這個難題的距離還是一點都沒有拉近。這天午後從山谷下來時，他犯了蠢，把背心掉在了路上，為此他不得不派尼伊瑪去找。他容易恍神是出了名的，而他對此也並不引以為傲。於是隔天八月十日星期三的早上，他就這樣烏雲罩頂地翻過了朗瑪拉。

同一時間，霍華－貝瑞這邊則繼續專注在他屬於大局的任務上，這任務不是要登上聖母峰，而是要探索並測繪這整片區域的地理與自然史。比起馬洛里，他才更是那個思緒會動輒回到山谷谷底與山腳下那些溫柔神靈的人。每晚把卡馬谷地連上半部都包裹在霧裡的溼氣，造就出了至為茂盛的一片片森林。卡馬曲做為一條從康多雄冰川的冰層底下迸發出的河流，會在短短二十三英里的水平距離間急墜逾一萬四千英尺，並於下落時途經一系列壯觀的瀑布，進入地表上最深邃的澗谷，也就是阿龍河峽谷，而阿龍河則是一條比喜馬拉雅山還古老的河流。在馬卡魯黑色峭壁與冰原底下，也就是在距離聖母峰底只有區區十五英里的地方，茂盛地生長著遼闊的杜松與銀杉，每棵都有紅杉的大小，而再往下游走則有大片竹林生長，外加尺寸有如樵夫小屋的山梨、樺樹、杜鵑。

隨著霍華－貝瑞向下前往山谷，途中多半保持在河流以上相當的高度，他經過了不知多少英畝的藍色鳶尾，還有豐茂山坡長著塔黃（一種野生大黃），其柱狀的白皙葉子像劍鞘一樣罩著高度五英尺起跳、一柱擎天的花梗。森林的每一處開口，都鋪著由新奇植物組成的地毯，而那些不知名的花卉，最終也被他壓在了聖經與公禱書的中間，隨身攜帶著。正午的太陽用熱逼退了雲朵，由此他看見了以馬卡魯峰的冰面為背景，銀杉稜線的剪影。當晚他在曉烏拉的基底，一個圖博人名之為「金盞花之原」的幽谷裡紮營。隔天（八月十一日）他「爬到谷頂」，在風雨中穿越了一萬六千五百英尺處的山口，在午茶時間前回到了喀爾塔。

同一天晚間，馬洛里與布洛克來到了喀爾塔曲上游，紮營在一萬六千五百英尺處的草地上。山谷在他們眼前分叉成左右兩邊，兩邊都需要去探險。惟在經過三段艱辛的行進後，加上還在不舒服的馬洛里恐怕得了扁桃腺炎，所以八月十二日他們必須休息一天。布洛克派了人去撿拾柴薪，而馬洛里則想起了家鄉。他提筆寫信給茹絲，並在信中提議讓她去馬賽跟踏上歸途的他會合，然後兩人可以一起去附近的普羅旺斯來趟步行之旅，又或者他們可以約在他從馬賽搭火車到得了的直布羅陀或義大利。要是茹絲選擇馬賽，那馬洛里要她下榻在羅浮和平酒店（Hôtel Louvre et Paix）。如果在飯店找不到她，他會留便條給郵局，然後算是以防萬一，他會「從早上九點起每三小時過去一遍，每次在主要入口外等五分鐘」。

相較起夫婦同遊南歐的浪漫，馬洛里還有另外一項讓人捏把冷汗的提案：他打算把探險隊的一名挑夫帶回歐洲使喚。而這名人選，他在信裡寫道，是尼伊瑪：

我不知道他的年紀多大，大概十八吧……他有絕佳的性格可以勝任我提議他該做的事情。他會自然而然地提起勁去洗碗，去擦地，去搬煤，去劈柴，早起去廚房生火，而且是你要他多早他就多早，去洗衣服……他能學著把餐點送來，在桌邊伺候人用餐……靴子、刀子、餿水桶、煤灰與溫室裡的烤爐等，都是他專精的領域……同時他還長於取物與負重——他原就是以搬運為本職的苦力；你若需要在車站託運一個重達七十磅的箱子，派他去就是了……他會扛著行李到車站，替你省下不只一趟計程車……他現行的主食是麵粉、水、米飯，偶一為之的是肉類，至於茶跟奶油則算是奢侈的享受……他可以進駐地窖的一隅，或是我們可以把堆煤棚架空出來給他住，煤則存放到地窖……其他的僕人會接受他嗎？嗯，他是隻乾淨的生物，而即便他一開始看起來會有點怪裡怪氣，他們最終還是會不由自主喜歡上他的。他的膚色還不至於像（印度的）平地人一樣深。

高燒與倦怠陪伴馬洛里度過了一晚，隔天早上也沒有好轉。布洛克閒得了第一天，閒不了第二天。雖然馬洛里宣稱他無意與自己的旅伴競爭，但想到自己得在答案揭曉的瞬間被丟下，內心還是難免有些落寞。但按照他所說，搜尋的行程不能停下，因此從「舒服到令人生厭」的睡袋裡，他在八月十三日早上揮手送走了布洛克，並祝了他好運。

從卡爾策峰頂端，他們看到過喀爾塔冰川的南分支，但他們並不相信那條分支可以一路通往北坳。於是布洛克在略通英文的桑魯（Sanglu）陪伴下，選擇前往谷地的北路進行探索。他們沿著冰川溪水朝冰川的腳邊而去，然後持續留在北側沿著側邊的冰磧上行，一個早上大概爬了兩千英尺，抵達了岩石的終點，一個覆蓋著一層粉狀新雪的廣闊山灣，布洛克在那兒決定建立基地。消息傳來說一名挑夫安・帕桑（Ang Pasang）在路徑上累垮了，布洛克於是派了一個人下去接收帕桑的負重，順便捎信給馬洛里。這則訊息的內容與發過去的時機，我們後來會能看出有多重要。

在快速解決了午餐之後，他們出發踏上了冰川，卻只發現冰川如今埋在了深雪之中。布洛克偕桑魯先往前挺進，留下其他挑夫與重裝在後頭慢慢跟上。布洛克本身完成這趟行程，已經是午後較晚的時候，而等殿後的第一名挑夫拖著疲憊的身體出現，時間已經早就過了晚間七點。他們用石頭鋪平了一方地面，然後在黯淡的月光下搭起了一座馬默里帳篷。布洛克吃了罐頭牛肉、餅乾與果醬當晚餐。隔天八月十四日在冷冽與晴朗的氣候中破曉，他們一行人在厚實的雪中花了兩個小時，抵達了位於山谷頭部的山坳，而其海拔高度根據布洛克的紀錄，是一九七七〇英尺。在穿過鞍部之後，他們在下一處山谷處下探到一個程度，藉此看出了該山谷的終點是一座名為喀爾塔昌日（Kharta Changri，二三一四九英尺）的大山。他們壓根沒有想到要往下看那神龍見首不見尾的北坳，這點布洛克也承認。沿原路回返的他們在上午十點前回到鞍部，然後趕著在太陽有機會讓雪變軟前走下冰川。他們在正午時分抵達了基地。留下桑魯與一干人等於隔日早晨拔營，布洛克則偕多爾吉．鞏帕（Dorji Gompa）在簡短的午餐後，繼續前往山谷下方與馬洛里會合。

想到可能與「摘下山脈最終奧祕之喜悅」擦肩而過，馬洛里仍然耿耿於懷。為此悶悶不樂的他在八月十三日早上離開了帳篷，然後坐在太陽下，拿他的「悲慘遭遇」與信中的茹絲分享。信寫著寫著，一項驚喜打斷了他，原來是從喀爾塔出發的一隊人於此時抵達。率隊的人，正是他已經睽違七個禮拜的莫斯海德。身為之前從大吉嶺山發的長征路上，最讓馬洛里覺得投緣的人，莫斯海德這會兒不僅帶來了他令人放心的個性，而且還從隊醫沃拉斯頓手中帶來了「醫用麻藥」的補給，可以用來治療發燒的馬洛里。但其實光是他的存在，就已經像是一種靈丹妙藥，而馬洛里也立刻「開始對新的一大懷抱起希望」。

就在那天天黑之前，把布洛克寫於午後的訊息帶來給馬洛里的挑夫出現了。這封信沒有被保存下來，所以確切的用字後人不得而知。布洛克只在那天的日記表示他傳了則「訊息給M。裡頭說這山谷不是我們要找的那一座」。事隔數月在官方的探險隊誌中，馬洛里引用了布洛克的便條說，「我往上可以看到眼前的冰川終於另外一處高海拔的山口。我會盡量在明天早上抵達該處山口，然後應該就可以在那裡望見我們（要找）的冰川。但目前看來最不可能的解決方案才是正確的答案，而這條冰川（確實）會流入絨布谷地。」馬洛里在正式出版的隊誌中接續表示他跟布洛克曾討論過「北坳基底冰川不是向東流，而是以某種方式向北流回絨布谷地」的可能性，但怪的是布洛克的日記裡對此隻字未提，而我們從馬洛里在探險期間寫的信裡也完全找不到證據。在為期一個月，兩人針對絨布河谷進行的勘察過程中，他們其實曾兩度途徑東絨布冰川的開口，但卻都沒有選擇去進行探險。外流的溪水規模並未顯示上頭有任何值得關注的冰川分水嶺。

布洛克那封八月十三日的訊息寫於他登上正在探索的山谷鞍部之前，所以他何以會預期到鞍部之後的景象跟何以會有馬洛里說他有的自信，我們不得而知。而假設布洛克那天一如馬洛里回憶的，針對東絨布冰川獲得了某種天啟，那他在日記裡對這麼重要的事情會隻字不提，就很讓人想不通了。八月十三日的夜裡在原野上執筆，馬洛里自身也沒有提到絨布，或是提到他與布洛克對山口有什麼突破性的了解。相較於此，他只是單純寫道，「布洛克晚間的來信令人深受打擊——為日後的偵察任務蒙上了陰影。」

八月十四日早上，馬洛里與莫斯海德出發去勘查喀爾塔冰川的南支，也就是布洛克沒有去探險的那條分支。由於馬洛里的狀況還在恢復中，因此他們採取了比較悠閒的步調。幸運的是天空一直維持著晴朗到中午，而他們也得以爬到山谷中足夠的高度，看到喀爾塔冰川的冰面攀升到天際線上一處淺坳上。在此一寬闊的鞍部，也就是圖博人所知的拉克帕拉（Lhakpa La）以外，他們恰好可以驚喜地看到聖母峰北峰章子峰的尖端，而章子峰跟聖母峰就像兩隻手一樣把北坳捧在懷中。他們判斷不出拉克帕拉之後，在拉克帕拉與章子峰的基底之間是什麼東西，但如果他們可以去現地看看，說不定攻頂之路就終於能真相大白。在這樣的念頭激勵下，他們返回了基地營，滿心期待地想要在隔天早上發動第二次更徹底的偵察。

但馬洛里後來寫道等他們回了營，還沒能把一腔熱血的計畫跟布洛克分享，「我們的一鍋粥裡就被扔進一根新的骨頭」。一封來自霍華－貝瑞的信箋寄至，內含惠勒附上的一張手繪地圖。折磨了他們這麼多個禮拜的謎團，在那張地圖上有了答案。在官方的探險隊誌中，馬洛里暗指這封信寄到他們手中之前，他跟布洛克基本上已經解開北坳之謎了。

惠勒的地圖雖然頗受馬洛里的嗤之以鼻，但卻很可能第一次讓馬洛里與布洛克意會到東絨布冰川是真實存在的。而這砂鍋大的誤判也讓馬洛里在尷尬之餘，拚了命在官方隊誌裡粉飾太平。但有一件事是確定的：發現聖母峰之鑰的不是馬洛里，也不是他的英國同胞，而是在絨布河谷中孤軍奮戰的加拿大人，奧立佛．惠勒。

七月二十六日，也就是霍華－貝瑞、馬洛里與布洛克挺進到喀爾塔，進駐新英國基地的那天晚間，紮營在邱布的惠勒於沙棘灌木叢中有樂觀的世由。從他一路上的觀察來看，絨布的頂端比起他想從西邊靠近聖母峰時的經歷，似乎沒有那麼難到達，而且絨布的側谷也似乎比想像中短。不同於登山隊，他聚焦的比較不是聖母峰頂，而是聖母連峰四邊的衛星地形，包括其周遭那些沒有聖母峰高，但或可提供三角點，供他進行拍攝調查的山峰與山脊。他需要一定數量的三角點，而在一定限度內，建立愈多的三角點就代表他的地圖能更加優越，但他也沒有意願要把自己上百磅的裝備多拖上一個沒有必要的山坡。未知的變數一如往常，仍舊是天氣。

從邱布出發，步行十英里可至絨布寺，這相當於在人來人往的山徑上攀升大約一千五百英尺。而在七月二十七日這天早上，這條路也相當熱鬧，不算寬的路幅上流動著犛牛與挑夫，揹負著一綑綑的薪柴跟手劈的木材，準備將這些貨物送往貢巴（寺院）跟隱士在山谷中的陋室。在接近寺院處第一次紮營時，惠勒評估了自己的處境。不是很友善的僧侶仇視他的存在，補給品他有錢卻沒人願意賣。「這個地點荒涼而寒冷，」他在日記中坦承，「四周被高聳的頁岩山峰裹住，往上會慢慢變成花崗岩。」隔天早上，他在八點鐘離營並爬到了一萬九千九百英尺處，在「千辛萬苦」後抵達了峰頂的一處山嘴。他在那兒的雨中等待了一整天，只為了確保一張畫面。但這點苦頭還只是開胃菜而已。

接下來的兩天，他分階段向山谷上方遷移了營地，並最終占據了主絨布冰川鼻頭底下一英里處的一個地點，也就是馬洛里與布洛克設下基地的同一位置。他首先鎖定的，是「東側兩萬三千英尺處的山群」，並把「望進喀爾塔側」設為他的重要目標。七月三十日星期六，他出發去建立第二處基地，為此他在三個半小時內爬到一萬九千四百英尺處，然後又被迫在那兒等待到剛入夜，「才等到一輪可用的角度，拍下了一些可有可無的照片」。雖然拍攝工作又被天氣扯了後腿，但他倒是成功地仔細觀察了整座絨布冰川，從寺院下方一兩英里處開始，到聖母峰北壁底下冰川頂部的巨大冰斗為止。他的調查員之眼讓他確實注意到了絨布河谷東側的山壁只在一個點上有缺口。他看不到稜線之後的模樣，但這處缺口已經成為他的目標。

隔天早上，帶著輕型營具的他「沿主要谷地」向上移動了四英里，並「從東邊在下一處側谷處上升了一英里，我想這條側谷應該源自於兩萬三千英尺的山群中」。為了越過這處側谷出口，他始終在高海拔的冰面上不下來，主要是從山中呼嘯而出的冰川溪流本身，實在是凶險到無法直接涉過。惠勒早早紮了營，因為他知道水位會隨著破曉而下降。他表示關於這未知流域的大小，有一條線索是融雪的水量會不會在一天的尾聲暴漲。如果會，就代表有大面積的冰川表面接受到日照。「總之，」他在那晚的日記裡吐露，「這是一座很大的山谷，它通往何處我們仍須拭目以待。」

隔天八月一日，是個很令人失望的星期一。水位確實有所下降，但卻無損於其激流的強度，而且由於岩石上都像膜似地覆著一層冰，所以他們得「拚死強渡溪水」才能更換營地位置，只不過他們還是設法做到了這點。渡河之後，惠勒再度發動高難度的攀爬，結果只是不得不在雨雲之中等到下午五點，最終也還是因為「該死的天氣」而連一個三角點都無法確立。雖然身體不舒服，但他隔天早上還是再一次遷移了營地，在他此刻已確認為東絨布（冰川）谷地的地形上，向上推進了四英里，然後在滿布石礫、條件惡劣的冰面上，建立了過夜用的簡陋野營。他的四名挑夫等天黑才姍姍來遲，而那晚睡覺他們都沒有毯子。為此他各給了四人一枚圖博錢幣當作獎勵，「他們看起來都非常滿意」。

八月三日星期三早上，感覺狀況不錯的他行過了半英里長度的融冰與爛泥，抵達了一處顯著的山肩，然後再藉這個山肩越過冰凍的碎石坡，接到了一道高處山脊，並在那兒以兩萬英尺的高度，建立了一個三角點。終於雲層放晴了一回，而他也才意會到自己成就了一個何等重要的發現：「這（東絨布）河谷有點向南偏，然後向右經過聖母峰，來到一處聖母峰東脊末端的山口——（而且）山口規模比我想像中大很多。」從其與主絨布河谷的會合處，他估計東絨布河谷向前大約十五英里，就可以到達聖母峰的腳邊；新三角點正對面，東絨布冰川的一道分支會向東北方延伸五、六英里，朝遠遠錨定於喀爾塔昌日峰的一落糾結群山而去。在東南方，他目擊了馬卡魯峰，而這也就意味著在這晴朗的午後，他眼前的景色也包含了拉克帕拉這個位於喀爾塔冰川頂部，有一定高度的山口，也就是馬洛里與莫斯海德要到八月十四日早上才會見到的那個山口。惠勒在下午三點三十分回營，那之前他「在完美的雪地上漂亮地滑了下來，全長大約一千英尺」。他說那是「我在圖博第一次這麼做」。他在日記裡寫道挑夫對這樣的機會全都「避之唯恐不及」，他們從來沒見過有人穿靴子滑雪下山。

那天晚上雪下了起來，而且還綿延不絕地連下了三十六個小時。隔天八月四日中午，一隊挑夫帶著補給與貴重的信件，從暴風雪中出現。他們甚至帶來了惠勒夫人桃莉的廚藝，還有一些貨真價實的香菸，他差一點忘我地抽到身體撐不住。隔天早上，在無眠的一夜之後，他還真的撐不住而病倒了，而由於地面上的積雪厚達三英尺，因此他暫時也無計可施，只能躺在帳篷裡寫信來打發時間。「只要我能把這一側的地形地貌釐清並記在腦子裡，」他寫信給妻子說，「九月的工作就會輕鬆寫意，而我想我目前的進度算是相當樂觀。」他接續描述了冰川地形有多麼難搞。在冰川的兩側冰磧之間，冰塊會形成高達上百英尺而根本無法攀爬的冰塔，而且塔塔相連可以堆疊數英里之遙。想橫越冰川，人就只能關關難過關關過，對這些冰塔各個擊破。這代表人得辛苦地爬上垂直的冰牆，然後跌落到另外一頭的洞穴與冰水池裡。像這種地形想走完那怕是一英里都是壯舉，有回更曾花了他四個小時。結果就是他跟挑夫「已經累垮了，還沒有開始辦一天的正事」。他在之後又一封寄於八月六日的信中對桃莉表示，這座谷地「由北至東，延伸了聖母峰的整面北坡，而我想測繪工作應該難我不倒。現有的地圖毋需多言，自然是錯的。」

在東絨布冰川待了一星期之後，惠勒手上多了一份手繪的地理實景素描。想建立新的三角點，人就必須要穿越冰川上半部的全長，但這以眾人的主客觀現狀而言實在是窒礙難行。他自身的衣服與靴子都已經千瘡百孔，而挑夫裡的一位普什圖人病得非常危急。惠勒出於無奈，只能回到主絨布河谷，反正那兒也有成堆的工作沒做完。在辛苦走了一大段路後，他早挑夫幾個小時在八月七日午後回到了位於絨布冰川鼻頭的基地。其中兩名挑夫在剛過晚間八點到達，帶來了他的就寢用具，而按他的紀錄，此時的他剛「將就著躺了下來，其中我的備用內衣跟襪子成了我的臨時床墊，包在我身上的防水套則來自馬洛里給我的睡袋。隔天八月八日，或可能是晚一點的八月九日，他靠達克（驛站）的信差發了封信給霍華－貝瑞，當中附的地圖指出了通往北坳東麓最直接也最有效率的路徑不是取道喀爾塔，而是經由絨布河谷，以及東絨布冰川那布滿結冰地形的冰磧。

惠勒繼續在絨布河谷多待了十六天，但每天的天氣運都很差。他每天早上都懷抱著希望睜開雙眼，但等一步一腳印地上了某條山脊，迎接他們的卻總是讓人徒呼負負的濃雲。八月十一日星期四，他的糧食用罄。到了星期六，雖然物質上獲得了補給，但他的心情已經大受影響。八月十八日，在他位於冰川上最高的營地裡，惠勒來到了崩潰邊緣。「天氣！天氣！天氣！」他哀嘆著。「又是這個地獄般的尼泊爾邊界；鋪天蓋地的季風雲說來就來——但這回的幾個山口可是位於聖母峰的主脊上，所以我說什麼也不走，我就是要完成地圖測繪。我承認我受夠了這個不舒服的營地跟有夠小的帳篷（我已經住了九天），還有吃不飽的食糧。我的菸也斷貨了！發霉的香菸抽起來很慘，但總比什麼都沒得抽好數萬倍。我今天早上抽掉了最後一根菸，而那還是我把僅存三根菸屁股拆開捲成的一支組合菸。有點腥但還抽得下去。」兩天後的深夜中，直吹的暴風雪用三呎厚的積雪壓垮了他的帳篷。隔天早上，他冒著讓能見度趨近於零的暴風雨，從冰面上後撤。三小時後他濕透著回到主營，人又累又餓，「但蒙主之福，手腳都還能動。」主營有一封寄自霍華-貝瑞的訊息在等著他，內容是叫他下來到喀爾塔，因為喀爾塔有很多工作要做，而且氣候也溫和許多。事實上喀爾塔還有果樹、有草原，有流到一萬兩千英尺處的冰川，還有馬卡魯峰跟聖母峰同框的美景。八月二十二日星期一早上，惠勒請信差帶信給霍華-貝瑞說：「如今雲掩蓋下來，天氣變得極冷而令人沮喪。我從來沒見過這樣的天氣。調查工作真的無以為繼。」惠勒終於放棄了絨布河谷，開始向下朝邱布前進，而最終他也跟之前的馬洛里一樣，無比開心地在那裡見到了綠色的田野跟流經了凋谷的小溪，重點是四目所及看不到一點冰。

見到惠勒的地圖，馬洛里的第一個反應是質疑其準確性。馬洛里寫道，那地圖雖然明顯顯示一座「量體巨大的冰川自聖母峰起北行……（但）這地圖很顯然在某些方面有失準確，以至於我們恐怕得對它結論的可靠性大打折扣……就我而言，我很難寄望這地圖能幫上我們什麼忙」。

這張地圖確實只是速寫的等級，目的只在於讓霍華－貝瑞認知到東絨布冰川的重要性，但惠勒絕對是一名技藝精湛的地理調查員。事實上，假以時日，他將成為印度調查局長，後來更因為二戰期間在地圖繪製上的貢獻而受封為爵士。他繪製地形圖與地圖的能力，都是一等一，這點有莫斯海德與印度調查局同仁可以作證。馬洛里真正擔心的，除卻他始終看不慣惠勒，而且擔心自己被搶了鋒頭的瑜亮情結以外，就是他覺得這次探險已經在喀爾塔扎下根，不可能現在才說要抽腿，然後還要重新在絨布冰川那一側發動攻頂。這除了在時間與季節性上都不可行外，弟兄們的士氣也不可能容許。大家的體力都已經大量損耗，精神上的專注力也已消磨掉不少。他們若還冀望本季有能一絲攻上聖母峰的可能，攻勢就只能從喀爾塔發動。只有在喀爾塔，他們才能在補給不虞匱乏且身心舒適的狀態下，為最終的考驗進行該有的準備。

八月十五日早上，看過了惠勒地圖的馬洛里、莫斯海德跟布洛克三人出發，前往位於喀爾塔冰川南支頂部的高山鞍部。他們之前就是在這處寬闊山坳的後面看到聖母峰北峰的章子峰。他們原本打算花一天的時間抵達鞍部，但最後花了四天，且一出發就很不順利。

布洛克的挑夫慢吞吞地在冰川北支收拾裝備與補給，拖緩了行進的速度。由此第一天晚上，登山隊不得不於尷尬的岩坡上紮營，而那晚正好大雪紛飛。隔天早上濃霧模糊了地形的能見度，他們於是選擇離開冰面，改沿緊鄰營地後方的石脊進行攀登，希望能在上升的途中找到通往坳部的路。只不過早上六點半，在爬了一千七百英尺之後，他們發現自己得下降一千英尺，才能重新回到冰川之上，而這麼做又多花掉了他們兩個小時。疲憊不堪而且視線受限於雲霧的他們踩著雪鞋奮力向前，直到接近中午時，他們面前出現了一堵既繞不過去，眾人當下又沒有體力爬過去的冰牆，於是他們只好不甘願地放棄了這一天的行程。第三天他們重新進行了補給，並設法把他們的營地往冰川上頭移，而這些工作在無能的希爾達作亂下，始終是跌跌撞撞而無法順利推進，結果又損失了寶貴的二十四小時，期間雪還是持續在下。最終直到八月十七日傍晚，他們才成功在近兩萬英尺處建立了高地營。

那天晚上——或者嚴格說是八月十八日的凌晨三點——三名英國人在只有一名挑夫，也就是強壯可靠的尼伊瑪陪伴下，出發進行了馬洛里後來形容為整趟偵察隊任務中最關鍵的一次勘查。他早就決定好八月二十日是最後期限。在這天結束前，他們一定要確定好攻頂之路是哪一條，否則探險隊攻頂聖母峰的計畫就直接取消。他心中想著他們只剩一天，或許頂多兩天可以努力一下。寒冷或許已經讓雪面硬化的最後一絲希望，在他們回到冰川表面的一瞬間破滅。積雪依舊讓人陷得很深。即便踩著雪鞋，他們走起路來還是雪深及膝，每一步都不輕鬆。但他們最大的敵人不是新鮮的粉雪，而是太陽一旦升上地平線，不可思議的熱度就會從冰面浮現。在圖博待了這麼些時日，他們從來沒有遇到過這樣的體驗。馬洛里試著在信中對茹絲描述那是什麼場面：「我們被包裹在一層薄霧中，視線因此變得模糊，眼前只剩雪天一線——熾熱的霧，不知道妳有沒有辦法想像？那東西比明亮的陽光更加灼燙，那令人屏息的程度我不知該從何說起。你幾乎就像時不時得走在閃著白光的熔爐裡。」

莫斯海德將之比擬為印度平原那令人難以忍受的酷熱，只是程度上還要更勝不只一籌，其間霧會變成蒸氣包住你的身體，耗盡你的體力。此時你哪怕只要稍許停下來，人就會被惰性給定住，所以你只能咬牙往前行。「我們的肺活量從沒遭遇過這麼嚴苛的考驗。」馬洛里後來回憶說。即使有馬洛里在前面帶頭，在雪中開路，莫斯海德還是跟不太上，最後只好在距離目標不遠的下方脫隊。馬洛里繼續挺進，但他之後也形容那是他在山上挺過最「硬」的一回。後方跟著布洛克與尼伊瑪的他，最終在穩定爬了逾九小時後，於中午十二點半登上了鞍部。令他們驚喜的是，莫斯海德不但沒有放棄，還在僅僅十五分鐘後就也抵達了目的地。

雲層模糊了他們的視野，風勢則十分強烈。從聖母峰到章子峰與之後的整段稜線，所有在絨布河谷以上的山巔，都隱身在一片白茫茫之間。但向下他們可以看到東絨布冰川的頂部，以及對面那終於出現的「暢拉」，也就是北坳。在歷經了數週的付出、堅持與渴望之後，那一幕肯定讓馬洛里在鬆了一口氣之餘也激動到不能自已。他推測從他們所在地到冰川，大概是垂降八百英尺的距離；事實上那距離更接近一千兩百英尺，而且移動起來也比他估計得更困難。但即便如此，這一段垂降還是辦得到的，更不用說從冰川的頂部前進到北坳的基底更是輕鬆寫意。他估計長度在五百英尺之譜——這個數字同樣是低估了——的北坳表面，起碼遠遠看過去是沒有什麼難度。至於從北坳再過去，在升起至東北脊的肩部上是什麼情況，則仍有待觀察。整個聖母峰都罩上了雲霧的面紗。

不過無論如何，此時都多少讓人感覺成功在望。「我們望見了我們想看到的東西。」他在信裡對茹絲說。「我們找到了通往巨峰的路。」拉克帕拉這處不久後會被英國人取名為「風口」的山口，無疑提供了前往北坳的通道，而那也是在馬洛里眼中，唯一通往聖母峰的可行之路。

回返基地於他們是一躺漫長的跋涉，也是有所突破之後的低潮，其中莫斯海德更是完全氣力放盡，由此一行人直到天黑才脫離冰川。他們找不到來時路，只能靠「微弱的月光」去摸索出原本的步伐。就這樣，他們艱辛而緩慢地踩著一顆又一顆的大石，爬上了一條陡坡，直到凌晨兩點，也就是出發的整整二十三個小時後，他們才終於安全抵達了低地營。總結起來，這是一場漂亮的勝仗，唯一的遺憾或許是馬洛里固執地、甚至是有點沒風度地不願意承認惠勒的功勞。「這趟勘查十分成功。」他在八月二十二日寫信告訴茹絲。「果不其然，那兒有我們推測存在的冰川，從聖母峰東北面下方的冰斗朝北而去。真希望我們可以沿著那條冰川而下，看看它的出口有什麼祕密。我們當時真的很納悶。」事實上就在他對妻子說著這個故事，並在信中下方第二次提到「那條我們還沒有找到其出口的冰川」的同時，馬洛里其實已經知道東絨布冰川流向何處。早在一個多禮拜前，惠勒的地圖就已經把答案告訴他了。

這下子所有的判斷，都要視當下的天候狀況而定，而他們希望的是季風可以如預期在月底暫歇，然後在九月初提供他們一段好天。馬洛里、布洛克與莫斯海德在八月二十日回到了喀爾塔。地質學者赫倫已經在前一日抵達喀爾塔，而這之前他已經踏遍了定日與協格爾以北，最遠到達布拉馬普特拉河流域的全數山脈。此外霍華－貝瑞與沃拉斯頓也已經回到基地，而惠勒則隨時可能歸隊。由此，在幾乎正好三個月前從大吉嶺出發的原始探險隊成員中，此時只缺了被後送到尼泊爾休養的哈洛．瑞彭，跟在崗巴宗墓中長眠的亞瑟．凱拉斯。

隨著季節的更迭，要不要重返絨布，然後循新發現的東絨布冰川前往北坳的問題，也愈來愈不是個問題，因為他們沒有時間這麼做了。他們現在一翻兩瞪眼，就是走喀爾塔河谷或是直接放棄。在霍華－貝瑞的背書下，馬洛里的計畫是在一萬七千三百英尺處建立相對舒適的補給站，然後從那兒返回設於兩萬英尺處的前進基地營，並在山上設置兩或三個額外的帳篷營地，第一個在拉克帕拉，也就是兩萬兩千兩百英尺的「風口」處選址，並盡可能弄得安全一點；第二個設在他們推測高度為兩萬一千五百英尺的北坳；第三個設在北坳再過去，「肩部下方的某處」，馬洛里估計「大約兩萬六千五百英尺高」的地方。從那兒他們會盡可能往上爬，希望最起碼能到達從北坳升起的東北肩部與東北脊的交會處，而那交會處便會通往聖母峰的金字塔峰頂。「我們沒有理由，」馬洛里寫道，「排除那至高的目標。」

回頭來看，這些目標都極盡有野心，也極盡「堂吉訶德」式狂想之能事，而這也能看出這些登山家當時對聖母峰本身，對這項壯舉的規模與危險性，乃至於對聖母峰發怒時的力量有多強大，統統一無所知。他們一個個就像歷經千辛萬苦才來到龍穴入口的騎士，根本不曉得進了洞會面對什麼樣的巨獸。但這樣的探求確實占據了馬洛里的心頭，滿腔熱血的他花了好幾個小時在計算負重，思考挑夫的輪替，並在心中建構一道讓後勤補給一階階上去的爬梯，好讓他可以從寬闊的基地一路上到這爬梯的最後一格，並從那兒跨一步出去，達到世界的山頂。

隨著此時的探險隊化身為一支不折不扣的登山隊，馬洛里在隊中的說話分量也隨之放大，大家開始更以領導者來看待他。回到喀爾塔的隔日，他寫信給皇家地理學會的亞瑟・辛克斯。那封信的口氣放肆而桀驁不馴，就像是在提醒在倫敦坐辦公桌的辛克斯祕書長一件事情：話語權如今掌握在山中的這些登山家手裡。他首先提到了現實面的東西，主要是敲定了有償演講的合約，然後在結尾講述了真正的重點：

如今看事情的發展，我感覺自己顯然最適合向社會大眾說明探險隊此行在登山任務方面的收穫；登山任務發展至今，我認為是一個精采的故事，而我有絕對的理由相信其最終的高潮也不會令人失望……我想在收到這封信之前，你應該就已經能從其他管道聽聞我們的消息，所以也會知道我們是否已經抵達了山巔，或是「兩個勇敢的英國人打破了什麼樣的高度紀錄」，諸如此類的鬼話連篇。在此同時，「蒼蠅在野狗面前是什麼東西，我們對諸神而言就是什麼東西。」這場遊戲玩得很大；我們前前後後不得其法了那麼多次，最終也只是釐清了那座山的形狀，還有入山之路是什麼模樣……我們有機會上去；此外我也無法再多說什麼。再會，我希望我們十二月的某天能見上一面。

在喀爾塔的眾人之間，也存在各式各樣的緊張關係。布洛克與馬洛里共享一個小帳篷，而雖然在和緩的天氣中，濕度與溫度都與英格蘭的夏天大致相同，這兩人也實在搭檔了太久。「我們有點進入到那種『老夫老妻』的相敬如『冰』，」馬洛里在信中告訴茹絲，「有點在相互較勁，而且嘴巴上都不想吃虧，彼此都在盯著對方，不想在小地方讓對方占了便宜。我一直覺得布洛克在很多得有人去做的小事上，懶得過分了點，所以我偶爾會試著安排讓他不得不去做這些事；結果他就感覺是我習慣性把爛差往他身上推。最終，我們兩個都有點忘記了基督徒該有的正直，甚至還會小心眼到去注意對方食物有沒有吃太多——我承認我很糟糕！」

馬洛里與霍華－貝瑞還是互看不順眼，而他們這次意見不和的是食物跟給挑夫的報酬。話說，馬洛里與布洛克會自掏腰包買肉給他們在高地營裡的人手吃。「貝瑞除了基本配給以外什麼都不給。他滿腦子都是省省省，而我實在看不下去他的這種壞心眼。」馬洛里曾如是說。反過來說，霍華－貝瑞也受夠了。八月二十三日星期二，也就是登山者們回歸喀爾塔的三天後，他跟沃拉斯頓動身前往卡馬河谷去探索其下游。馬洛里鬆了一口氣。「老實說，我很樂見貝瑞離開一下。」他寫道，「對他的厭惡已經讓我快受不了了。」

六天後，霍華－貝瑞與沃拉斯頓有了大豐收。他們跨越了高處，然後向下進入卡馬河谷，途經鬼影幢幢且有惡魔遊蕩的荒廢貿易站薩克定（Sakeding），然後再往下深入峽谷。他們從卡馬谷底向下移動了逾四千英尺，期間他們沿卡馬曲走了三天，來到了卡馬曲與阿龍河的匯流處，並在那兒的青松與闊葉楷木叢裡紮營於一堆水蛭之間。隔天他們一早出發，在黑泥中向上攀至一萬四千英尺處的帕普提拉（Popti La）頂端。在那個可以俯瞰尼泊爾的季節性山口，他們發現了一塊古老的界碑石，上頭銘刻著中文字。他們在帕普提拉逗留了一小時，期間尼泊爾女子默默在雨中來來去去，每個人都揹負著八十磅的鹽巴，腳步因此十分沉重。那晚他們再次紮營在溼答答的林子裡，而這次他們用杜鵑與杜松的木柴燃起了熊熊營火，藉以讓水蛭退避三舍。隔天早上，他們在被山梨與小檗染成緋紅的山谷中遭遇了當地的葉猴。對霍華－貝瑞與沃斯拉頓而言，這個能脫離日常挑戰與領導責任的一星期，實在是令人心曠神怡。身為博物學者，動植物的包圍讓他們如魚得水，也讓他們忘卻了所有的不便，期間還發現了許多新物種。問題是等到他們沿原路回返，收復了失去的高度，然後在八月二十九日穿越山口回到喀爾塔後，探險隊跟聖母峰的故事已經盡入馬洛里之手。

兩天前，八月二十七日接近中午時分，惠勒已經來到喀爾塔，人看起來「氣色相當好」，布洛克那晚在日記中如此寫道。這之前的九十三天中，他只休息過寥寥九天，此外他不是在移動營地，就是在爬山，有一回還連著三天登上兩萬零五百英尺的三角點，只成功在第三次嘗試時拍下了一張可有可無的照片。開心終於能與主隊會合的他，很自然地表示願意出一份力，但馬洛里對此不是那麼確定。「惠勒有意成為登山隊的新血，」他寫信告訴茹絲，「並稍微借用我們的營地，來同時進行他的調查工作，但他會發現一心二用沒有想像中容易，而我則不太相信他能對我們產生太多助益。他一直在抱怨身體感覺不太對勁，看起來不像有充足的體力。此外他也不如布洛克跟我訓練有素。雖然他也在高海拔走過不少路，住過不少時日，但他從來沒有單日上升超過兩千英尺，也恐怕從沒有證明過自己的續航力，但有時候你就是要硬逼著自己繼續往下走——而那也正是登山訓練的目的。但無論如何，我們會再看看。」

孤單了許久，惠勒寫道他只單純開心於能夠「又」一次吃飯的時候有桌子，又一次可以吃飽坐著跟人閒扯淡！」惠勒錯過了在八月二十六日再次出發，這一去又是十天的赫倫，但他還是得以跟其他人分享他這段日子以來的心得。「惠勒能夠確認一項很重要的事實，」莫斯海德後來寫道，「那就是我們從拉克帕拉山口俯瞰到的冰川流入了絨布河谷，而當中所途經那條細窄的峽谷，則被第一次對絨布冰川進行偵察的眾家登山者在雲霧中忽視了。」至此他素描的地圖，連馬洛里都不得不承認與事實相符。「但這樣確切的訊息，」他寫道，「對我們的計畫毫無影響；我們還是很滿意於自己原本找到的路徑，此時也不會再費心打東絨布冰川的主意。」

隨著霍華－貝瑞與沃拉斯頓在八月二十九日晚間返回喀爾塔，馬洛里與布洛克把握看似天氣稍有好轉的空檔，當機立斷要移動到山谷上方，在 萬七千三百英尺建立下基地營。布洛克在八月三十日把床墊跟換洗衣物送去，身邊只留下手提箱。他跟馬洛里隔天騎著小馬出發，另有三名挑夫負責他們其餘的裝備。兩小時之後，他們開始下馬用走的，等他們來到新的前進基地營，時間已經是下午過一半了，而馬洛里也與此時感覺身體不適。這麼快就離開喀爾塔，是一個錯誤，一如霍華－貝瑞在九月第一天給亞瑟．辛克斯的信中所預期：「布洛克與馬洛里昨天出發前往上方的營地，但我覺得他們這麼做很不智，因為這種天氣裡他們什麼事也做不了。

我怕的是他們已經開始沉不住氣，我怕他們只一心想把任務完成然後回去陪愛妻。」

在地人預判在季節變換前還有最後一場暴雪。連著數日，天氣都保持相當穩定，但馬洛里與布洛克除了枯等三十名挑夫把營地需要的木材一批批備齊，也沒有太多的事情可做。就這樣在潮溼與不舒服的環境裡，這兩名登山者在前進基地營裡閒晃了五天。早知如此，他們不如在下方的喀爾塔養精蓄銳。布洛克打發時間的辦法是跟兩隻他抓到的小鵐鳥玩。他讓用線綁著的牠們跑來跑去，鳥媽媽跑來餵飯更讓他無比開心。他用籃子做了個鳥籠，然後兩隻小鳥慢慢會從他的掌心叼種子吃。但好景不常，九月五日星期一夜裡下起潮濕的雪，早上兩隻小鳥便已一命嗚呼。

同一時間在喀爾塔，惠勒專心地在整理他的攝影成品，包括處理玻璃底片並印出精選的影像，然後交由達克驛站的信差先送往大吉嶺，最終再交至皇家地理學會的亞瑟．辛克斯手裡。惠勒對好幾張影像的曝光不是很滿意，很顯然即便有雲層當作「濾鏡」，圖博的環境亮度還是不容他小覷。九月一日午後，他走出被化學藥劑搞得煙霧瀰漫的暗房，去外頭透透氣並抽根菸，結果他突然看見一個鬼影般的矮小身形朝他們的營地蹣跚而來。讓所有人萬萬沒想到的是，那個身影竟是暴躁的蘇格蘭人，哈洛．瑞彭。要知道自從六月十二日，當沃拉斯頓在錫金拉亨把他交給莫拉維亞教會的修女們照顧後，他們就再也沒看到哈洛．瑞彭或聽說他的消息了。以五十六歲的高齡，他硬是步行穿越了圖博來與探險隊會合。

嚇了一跳的眾人，聚集到了食堂帳篷來聽他講故事。確實在傳教站時，他曾去鬼門關前走了一圈，但老天保佑，他的高燒在六月十八日退了。錫金的大君很貼心地派了他私人的轎夫，用轎子花三天的時間把無法自行走路的他扛過了山區，去到了甘托克，讓他在那兒的大英總督府休養。等七月底恢復元氣後，他購入了四批小馬，開始朝圖博邁進。在一名通譯的陪伴下，他穿越了色波拉，在八月十五日到達了崗巴宗。在那兒他休息了一日，去凱拉斯的墓前致了意，然後就出發朝喀爾塔而來，但其實他或亨吉的宗本都完全不知道喀爾塔在哪兒。不過，他記得在其出版於一八八五年的記述中，印裔密探薩拉特・錢德拉・達斯（Sarat Chandra Das）曾提到一座橋，或據說只是幾股用動物皮革擰成的繩索，在聖母峰東邊約三十英里處越過了朋曲。他走了五天，卻只發現河水因為季風而猛漲，化為一片由水與流沙組成的汪洋。說好的橋連個影兒都沒有，只有一棵老樹的樹幹從水中凸出來充數。掉頭往回走，他發現沒有一條河的水沒漲，由此他使勁走了好幾天，才找到一處可行的涉水之處。瑞彭一行人在那裡脫了衣服，然後相互牽起手來。瑞彭回憶說，「渡河的過程至為難忍與艱辛，因為我們得同時面對寒冷，還有水、風，跟厚重的流沙。我整個人被淹到了雙肩，而有個比較嬌小的傢伙被淹到了下巴。到達彼岸後我抖了兩個小時。」後來真的是運氣好，瑞彭遇到了個當地人，恰好是莫斯海德在喀爾塔的一名挑夫，而他也為瑞彭指出了通往喀爾塔谷地的方向。

在正式的探險隊誌中，哈洛·瑞彭身為名義上的探險隊長，其回歸是一件值得慶祝的喜事。「我們很開心，」馬洛里寫道，「可以再次見到（他）。」但私底下的想法可就沒有這麼體貼溫暖了。「讓我們大吃一驚的是瑞彭昨天在缺席三個月後又跳了出來。」霍華－貝瑞在一封給榮赫鵬爵士的書信中報告說。「但他的罪惡仍是不可饒恕的，他在亭吉附近跳過了我們五袋的信件沒收……你能想像誰能愚蠢至此嗎！」

馬洛里最不客氣的言論，出現在幾天後給傑佛瑞·楊恩的信裡：「瑞彭出現了……十分顯老的他滿頭斑白，而實際上他也跟看起來一樣是個老人。他要麼很乏味，要麼讓我覺得這人很可憐。但還是乏味的時候多很多啦。正事他沒參與實屬探險隊之幸……他一直都是如此愚不可及之人嗎？我實在不相信他能把一隊人給帶到山上去。」

沃拉斯頓身為曾親自護送瑞彭到錫金的隊醫，對於他竟然又回來的發展感到十分震驚。他覺得瑞彭對全隊而言就是個巨大的拖油瓶，為此他說：「他身體內的問題是暫時告一段落了……但他徹徹底底就是個老人家，心理上與生理上都是，而我深深地覺得他不來比較好，因為這裡沒有一件事是他能做的……經此一病，他已經盡顯老態。」

在雲層與飄雪中，惠勒與莫斯海德在九月三日星期六離開了喀爾塔，一心想要把通往拉克帕拉的路徑畫成地圖。這是他們第一次有機會攜手合作，其中莫斯海德很熱切地想向惠勒學習他是用了哪些加拿大的攝影調查技巧，才得以在離山如此近的地方收穫如此豐碩。他們向山谷上方走了七英里，然後在最後一座橋旁紮營。那天下午他們爬了四千英尺去勘查一處調查三角點，然後隔天在莫斯海德的配速下又重複了一遍。九月五日，他們在喀爾塔河谷中又上行了八英里，通過了最後一個村落，然後在距離馬洛里與布洛克的前進基地營還有五英里的地方，建立了營地。同一天，霍華－貝瑞、沃拉斯頓與瑞彭從喀爾塔出發，並在惠勒與莫斯海德營地下方兩英里處紮營。這麼一來，前進中的隊伍就來到了三文之眾，而三路人馬最終都朝著下有冰、上有風的拉克帕拉而去。

霍華－貝瑞、沃拉斯頓與瑞彭趁著上午挺進，並在中午時分與馬洛里跟布洛克在其一萬七千三百英尺處的營地會師。九月七日，莫斯海德步行上去拜訪了他們，然後在下午返回惠勒處，並帶來了馬洛里的計畫：馬洛里與布洛克會在前進基地營等到天氣放晴，然後當天立刻上升到兩萬英尺的營地，在那裡用四天的時間等薪柴跟補給運上來，然後再朝兩萬兩千兩百英尺處的「風口」前進。馬洛里期待惠勒與莫斯海德能銜命加入他。惠勒聽到消息很開心，因為這樣的排程讓他有時間可以完成調查工作，但又來得及上山加入攻頂的行列，另外還多出二十四小時來供他進行「高度適應」。

莫斯海德還從上方的營地帶來了一些小道消息。「很顯然貝瑞、沃拉斯頓、瑞彭現在住在同一個帳篷裡，」惠勒在日記中說，「而馬洛里跟布洛克則住在另外一個！這就有趣了。貝瑞與馬洛里不對盤——瑞彭與沃拉斯頓也合不來，所以要是天氣一直不放晴，那這當中肯定得吵起來。」莫斯海德帶來的第三樣東西，是比較要緊的消息，而惠勒也在信中一五一十說給了妻子聽。馬洛里無疑打算橫越東絨布冰川的頭部，然後把營地建立在「兩萬五千到兩萬六千英尺處、將聖母峰北峰連結到主峰的北坳上，然後再由北坳向上通往聖母峰北脊。我們做不做得到這是另外一個問題，但總之莫斯海德跟我肯定不會在這場不同凡響的攀登中缺席！」

馬洛里把他跟莫斯海德納入最終攀登隊陣容的消息，無疑對惠勒是一項激勵，但真正讓他在那一天士氣大振的事情，是他看到三名挑夫揹著沉重負載，緩緩地上得山谷來。「我們用望遠鏡仔細觀察了他們，」他說，「而我們的結論是他們帶來的肯定是郵件！」

最早於七月一日發自大吉嶺的這些郵件花了六到十週的時間，才穿越淹在水裡的圖博高原。在前進基地營，霍華–貝瑞獨自收下了兩百封信，外加各式各樣的包裹與公文。對馬洛里而言，在潮濕寒冷中等待天氣放晴，晚上又連一根能提供溫暖的蠟燭都沒有，這時收到來自茹絲的家書，不啻是「六週分量的愛意」包在信封裡寄來。「當信件寄到，愛在我們之中飛繞，在每一座帳篷裡落腳，」他後來寫道，「那一刻永遠是那麼美好。」

在那個凡事只能寫信的年代，鴻雁往來的美好不僅在於收信的一瞬間彷彿溺水的人抓住生命線，也在於執筆回信時所能感受的溫暖與慰藉。一筆在手，寫信的人可以分享私密的想法，可以發洩內心的挫折，可以表達出惶恐，但也可以放心收信的人會遵循書信的傳統，不會隨意洩漏內容。不論是紳士之間的私信，或是丈夫與妻子之間的體己，都代表著一種不容違反的信賴。

在那天送到馬洛里手裡的大量信件中，有一封寫於七月二十日並寄自他老朋友與恩師傑佛瑞．楊恩。楊恩在信中敦促他要謹慎行事：「結果可以不算什麼，因為真正重要的是，要以正確的方式去嘗試新事物；不要讓想要得到結果的慾望，帶著你超越了嘗試過程中應該謹守的安全界限，進而讓你的努力功虧一簣……那怕是任何一座山巔，都可能座落在路線以外……祝你好運！別忘了有再大的雄心，也一定要秉持『絕對要平安回返的決心』！」

馬洛里連給妻子的信都還沒寫，就先給恩師回了信：

> 等收到這封回信時，結果應該早就為您所知，所以我現在胡亂臆測也都只是讓自己屆時感覺像個傻子一樣，但我還是要胡亂臆測一下，因為我實在滿腦子都只有這件事情。偵察的興奮感已經過去——當時真的是很興奮——而我們也確實找到了一條很理想的入山之路……

這整件事如今落上我的肩膀。布洛克很善於跟隨我，也很讓人放心，但您清楚在漫長而艱辛的努力過程中要一直扮演領導者，是什麼感覺……莫斯海德與惠勒都要加入我們攻頂的行列。莫的心志堅強地令人滿意，但我怕的是他沒有這次任務需要的肺活量。惠勒還沒有跟我們一起出過隊，但……我對他並不抱太高的期待。如果他們在最後一個營地之後就不再跟上來，我就帶苦力；他們當中有一兩個算是滿能走的……總之肺活量是一切的關鍵。

天啊，要是您能在這兒為我開釋一切就好了，傑佛瑞，此處整個感覺都相當緊繃……與貝瑞的相處一直都不算順利——所幸經過昨天沿著一條美麗的小岩脊爬了一天之後，我相信跟他的關係有重建起來，令人開心；他是個怪咖，這點我有機會我再跟您講，我是不會輕易信口開河的。整體而言，現在是一個相當辛苦的時節……

傑佛瑞，我該在哪個點上停下來呢？這將是個讓人畏懼的難題，畢竟其他人的身體狀況我無法估量，更別說現在我們處於這種很不尋常的處境下。我甚至希望自己第一個放棄算了！

要是能回到文明世界，再一次知道外頭的世界在發生什麼事情，我也不會有什麼遺憾；或許這個世界不是多麼美好，但即便今天我身在此處，外頭的世界還是會讓我覺得有趣——也許是因為跟圖博比，很難不有趣吧，圖博是片可恨的鄉間，住著一群可恨的人。大山時不時會閃現她們的美景；馬卡魯壯觀到無法言喻，但整體而言她們還是令人失望莫名，她們的美麗完全無法與阿爾卑斯山相比。

馬洛里自然沒有把這些私下的不滿與疑慮跟其他隊員分享，但他確實感覺到探險隊的重擔壓在他的肩上，同時他也觀察著其他人有沒有撐不下去的跡象。他對於霍華－貝瑞的看法確實稍有軟化。郵件帶來了愛爾蘭停戰的訊息，為此他跟霍華－貝瑞都很高興。他們前一天那「最和睦的一小段攀爬」，其實是他們有史以來第一次一起爬山，而且他們還遭逢了為數不少尖銳而且沒什麼支撐的冰塔。「我發現要在超過一萬九千英尺的高度做出這些體操選手般的動作，得消耗不少體力，」霍華－貝瑞回憶說，「但馬洛里似乎完全不以為意。」關於霍華－貝瑞，馬洛里後來寫道，「他進度相當不錯，步伐很穩健，一點也沒有笨手笨腳地讓人覺得他果然是個四十歲的菜鳥。」

但即便霍華－貝瑞有說服力地展現了力量與體能，馬洛里還是不信任讓他加入真正的攻頂，就像他也不信任他真心喜歡的赫倫與沃拉斯頓一樣。他承諾讓隨時都「開朗與善良」的赫倫在「聖母峰頂底下走上一段」。沃拉斯頓總是讓他莞爾，但他眼中的沃拉斯頓不是真正的登山者：「沃拉斯頓像隻孤鳥，身邊總少不了他讓人眼花撩亂的蒐藏——從他數量驚人的死老鼠到罌粟花籽再到蝴蝶，真的是各式各樣。他這人總是開開心心，跟他聊起天來也很愜意，但比起隊上的其他人，他總是更給我一種他受夠了這趟探險的印象。當然。此時此刻的我們都像雲朵一樣飄飄蕩蕩，盡量不去數算日子，免得痛苦地想到接下來的一個月會有多拚多趕。」

時間固然是一項挑戰——但當然也不能忘了探險隊的老朋友，天氣。九月十日，馬洛里有點衝動地決定把行程提前，為此他發了信給惠勒與莫斯海德，召喚他們到前進基地營來，準備隔天共同移動到兩萬英尺的營地。「說好的（隔）四天變成兩天！」惠勒在日記裡潦草地寫道。「他（馬洛里）動不動就改變計畫。這下子沒什麼好說，只能拋下手中的事情，明天動身上到基地營。至於我要怎麼完成在這座山谷裡的工作，我實在不曉得。」

隔天星期天的早上，他們在五英里的距離中上升了兩千英尺，在中午時分到達基地營，卻只發現馬洛里與布洛克已經推進到了兩萬英尺的營地。「這裡明顯冷上許多，」惠勒說，「原始而充滿獸性。午飯時分溫度只有三十九度（攝氏三度多）。」

馬洛里的匆忙一無所獲。上去不到二十四小時，他與布洛克就被迫從高地營折返。四英尺深的粉雪新降了下來，他們在白天有太陽而晚上有降霜可以讓雪面變硬之前，什麼事也幹不了。在下來的途中他們遇到了雨雪夾雜的霰跟降雪，布洛克撐起了他的粉色雨傘。馬洛里穿上了他的牧羊人連身服，那機翼布料被油汙弄到有髒黃色的光澤。他花了兩小時回到了下方的前進基地營，而布洛克則多費了點時間，而此間降雪又增加了六吋。「帶上的唯一一件外套也溼掉了，」布洛克那晚在日記裡寫道，「睡前晚上都只穿著一件毛衣。還好毛衣我帶了兩件。」

無法行動此時成了一道詛咒。「我從離開喀爾塔之後就什麼事都沒做成了，」惠勒抱怨說，「整整九天就這樣虛耗掉了，簡直讓人噁心。馬洛里當然是無聊到眼淚都流出來了，畢竟他是那麼閒不下來的人。」

隔天，九月十三日星期二早上，降雪與寒冷都更雪上加霜，晨間的太陽還在早餐時分被雲層遮蔽而變暗。「營地裡感覺格外冷到不行，」惠勒寫道，「除了躺在床上真的無事可做。我的腳即便套上兩層襪子，再加上羊毛的臥室拖鞋，而且還整隻放進我長靴的羊毛內裡，都還是幾乎要凍僵。夜裡，我的帳篷也跟著結凍。我有杯水還被凍硬了——就跟我的靴子一樣。」

那天下午，隨著溫度降至華氏十三度（約攝氏零下十點五度），霍華－貝瑞、馬洛里、布洛克跟惠勒聚集在一座帳篷裡打橋牌。「三月以來的第一場橋牌。」惠勒回憶說，「我玩得超投入、超開心。我們牌力算是平分秋色，而在兩場相當刺激的牌局中，我們拿下了其中一局——王牌喊到紅心五且輸贏分數加倍的那一局是我們剛好達成了合約，王牌喊到方塊四且輸贏分數同樣加倍的那局則是我們的對手恰好達成了合約。」帳篷外，三英尺厚的新雪又降了下來。營地裡沒有燃料，因為每根木柴都得從底下的山谷搬五英里上來。「刺骨的寒意讓人凍到骨髓裡，」惠勒在給桃莉的信中承認。這時他的心思已經飄到一箱上好的瑪德拉（Madeira）葡萄酒上，那是為了慶祝英王生日，而探險隊說好會領到的賀禮，而這寶貝此時可能已經送到喀爾塔了。「我真的很期待——天啊，真的期待！我的口水都控制不住了。」

赫倫隔天來了，沒有帶酒，但倒是又帶來了一堆郵件，其中有些信還挺新的，新到有些信僅僅兩週前才從大吉嶺寄出。但伴隨寒冷而來的就是人的倦怠。即便在稍低的前進基地營，他們睡覺的地方都有著比白朗峰還高兩千英尺的海拔高度，而白朗峰可是阿爾卑斯山最高峰。這些登山者都是第一次在這樣的高度上待上這麼久，而他們都不知道的是隨著時間一分一秒過去，他們的體能也不斷在削弱。「馬洛里的想法有變，」惠勒在九月十四日提到，「原本急得跟什麼一樣的他，決定至少觀察一個星期，等天氣放晴之後再行攻頂。」在歐洲，這種靜觀其變的策略可能非常合理，但「等」字訣在聖母峰的山坡上卻會被證明是災難一場。此時的馬洛里會在白天夢到他回到了茹絲身邊，並與她重逢在陽光燦爛的地中海，某處港都的碼頭邊。入夜後，布洛克會不得不去把他搖醒，因為馬洛里動不動會似乎一連好幾分鐘沒在呼吸。

莫斯海德的衣服因為流汗跟結霜而變硬，他的臉則因為風勢與寒冷而變得暗沉。不過最慘的是瑞彭。在給茹絲的信中，馬洛里不屑地說他是「老邁昏沉、胡言亂語、無足輕重，幾乎是一塌糊塗而看了讓人難過的存在。」那晚也不知道為出於什麼動機，瑞彭送了惠勒一本他一年前剛出且頗具口碑的著作《登山之藝術》。這是一本書，但也是本登山手冊，瑞彭身為登山者的所知與經驗都集結在了內容當中。惠勒看得津津有味，但就是很訝異瑞彭竟一路把這書從大吉嶺帶來。

馬洛里從旅伴們「不尋常的滿臉鬍鬚跟牙齒」上察覺到他們內心的抑鬱。「這個月想拚它一把，已經時不我予。」他在信裡對茹絲說，「我們得面臨嚴寒，這點我很確定；而且等愈久就愈冷。但好天氣終究會來的，但我的機會，我恐怕一輩子就這一次的機會，到時候將小得可憐，而我所有的希望與計畫……則將隨著季風被吹到不知道何方。」

但然後就像奇蹟似地，天空撥雲見日，九月十六日的清晨在希望中破曉。「妙，妙極了！」馬洛里在信中對茹絲呼喊，「我們一醒來就發現狀況整個不一樣了——天空已然放晴而且沒有轉陰的疑慮——沒有濃密的烏雲從山谷中飄起，有的只是冷冽的風把北邊的高雲吹走。」惠勒早早動身，在基地對面的高丘上建立了他迄今最像樣的三角點，還用一共八張照片組成了他第一組完整的環景圖，其中的每一款地勢都被萬里無雲的天空打亮。馬洛里、莫斯海德與布洛克爬上山谷的這一側，途中走散了一會兒，但最終三人又重新組隊，然後被午後的暴雪給掃回了營地。

晚間天空再次放晴，登山隊的八個人於是擺起姿勢，拍了張團體照，而這也是全隊在高山上拍的唯一一張「全家福」。馬洛里手拿著菸斗，僵硬地坐在營椅上與惠勒比肩，而在兩人上方的是帥氣穿著領帶、背心與格子外套的霍華－貝瑞。所有人都是一張苦瓜臉。「這支隊伍的集結，是為了攻頂的壯舉，」馬洛里在給老朋友赫伯．里德的信中說，「登山家、地理調查員、隊長本人、醫療人員、要求登頂要有他一份的地質學者，甚至是在最後一刻衝過來的老瑞彭——我們都在這裡等待那不可或缺但卻始終不肯露臉的老朋友，太陽，我們需要他幫忙讓雪融化。我們一天過一天地等待，時機也一點一點地消散，因為時節愈是入秋，夜裡就愈是寒冷，苦力也愈受不了……營火吐出的炊煙，是對我們的寂寥一種最最起碼、悲傷的安慰。」

在能重啟對聖母峰的尋求之前，他們必須等太陽與寒冷聯手將新雪變成冰川，但在等待期間他們沒有休息，而是馬上擬定了計畫來利用好轉的天氣。九月十七日星期六，惠勒與赫倫在接近兩萬英尺處建立了兩個新的三角點。同一天，馬洛里、莫斯海德與霍華－貝瑞在凌晨剛過兩點時出發去攀登卡馬昌日（Kama Changri）這座在南邊俯瞰卡馬河谷的山峰。他們在滿月的光輝下出發。霍華－貝瑞後來寫道說，那兒四處都有一股充滿張力的寂靜。在南方，閃電一道道劃過夜空，而諸峰——東邊有干城章嘉峰，近一點有馬卡魯峰與聖母峰——則從雲海中探出頭來，有如島嶼一般。「突然間，一束陽光觸及了聖母峰頂，並沒多久就讓高山積雪與山脊浸淫在金色光線裡，而在其後方，深紫的天空慢慢過渡成橘黃。馬卡魯峰緊接著抓住了太陽最初的幾道光束，生意盎然地在日光下璀璨；再來就是白色的雲海被閃耀奪目的陽光擊中，整片映透著光芒的雲層緩緩升起，彷彿羊毛般的白色巨浪碎裂在如島的巨峰上。這等壯絕的日出，鮮少有人有榮幸親眼目睹，但看過的人將永生難忘。」

惟隨著太陽升起，霍華貝瑞表示「攀爬變得更加辛苦」。他們花了六個多小時，才通過冰川，來到兩萬一千三百英尺處的峰頂，其中大部分時候都在烈日下與軟雪奮戰。他們面對的熱度十分驚人，而且人有一種吸不到氣的感覺。馬洛里與莫斯海德都感覺到了高度的威力，而那也讓他們對日後的狀況樂觀不起來。他們在卡馬昌日峰頂休息了三個小時，然後選了條比較鬆的路徑走下了冰川，趕上了營地的晚餐，並按習慣打了場開心的橋牌。明明是登山隊希望對聖母峰展開最後攻勢的前夕，他們卻在這天完成了逾四千英尺的垂直攀爬，全程足足耗費了十六個小時。

隔天九月十八日星期天，可以說是一早起來就沒戲了，主要是雪跟霰讓任何移動都失去意義。惠勒與其他人打了一整天的橋牌，創下了霍華－貝瑞打趣說是打橋牌的最高海拔紀錄。馬洛里沒有心情消遣作樂。「我很顯然沒有保持住自己應該有的體能狀態。」他在信中對茹絲說，「這話聽來很喪氣，親愛的，但此時此刻總歸一句，我抱的希望是零。」

他最新的計畫，如在給傑佛瑞·楊恩的一封信中所勾勒的模樣，可以說非常直截了當，只不過以後見之明來講有些樂觀過了頭。從眾人目前的位置，他們將推進到已經建立在石質階地上，且薪柴、輕型帳篷與食物都很充足的兩萬英尺營地。然後再從那裡，他們會盡可能跨越風口，也就是前進到拉克帕拉之後，橫越東絨布冰川的頭部，然後建立第三號營地——他寫道：

在大約兩萬四千英尺，我希望是在靠近聖母峰與其北脊第一部分之間，我們稱為「北坳」的地方——這個階段應該算是容易的。接著從三號營地爬坡到東北劍脊的巨大肩部上，高度在兩萬七千英尺左右的地方，難度應該也不高。再來從肩部上到頂峰，這之間應該不會有太多的阻礙，唯一可能例外的就是最後的陡升坡，畢竟那裡看起來就很動人心魄。很自然地，大部分的變數都要視從一號營出發的第三天，我們能讓苦力從「北坳」上到什麼樣的高度而定。而帳篷能搭在何處仍有待我們去找尋。如果我們能讓他們（苦力）上到（北坳上方，東北肩部以上的）兩千英尺處，那我相信我們就會有機會一搏，我是說我們或許可以有那一絲絲機會，手腳並用地爬上聖母峰。

究竟該由哪些人去挑戰這第一等的天險，其後勤又要如何獲得支援，讓馬洛里苦思了大半天。莫斯海德與惠勒此時都已經宣誓專注於登山任務，一如布洛克也是。在一個無法同心同德的分裂陣營中，上述這幾人構成了一個彼此相處融洽的小團體。莫斯海德、布洛克與馬洛里共享一個溫珀帳篷，而惠勒也照例會在飯後「帶著充足的話題與興奮之情」加入他們。至於「其他人」，也就是馬洛里口中的沃拉斯頓、霍華－貝瑞與瑞彭，則「在普卡（Pukka）帳篷食堂裡圍成一桌，享受著上流人士的饗宴。」惟即新建立起了登山同志之間的革命情感，馬洛里對惠勒仍無法全心相信。「惠勒仍給我一種體能未臻水準的感覺。」他在信裡對茹絲說，「除非他能證明我低估了他的耐力，否則我無法在最後一天讓他與我們同行。」

挑夫會在極端高度上有什麼樣的演出，此時仍舊是一大變數。英國登山隊若想有一絲希望攻頂聖母峰，他們就必須把最終的營地建在人類有史以來不要說睡過，就連踏都沒有踏上過的海拔高度。以北坳為起點，馬洛里估計要運十趟十五磅的行囊，也就是正常值減半的負荷，才能勉強讓四人登山隊所需的帳篷、睡袋、食物就定位。這意味著十四名挑夫得抵達三號營，其中四人要留在登山者身邊，另外十人則要回到位於或低於北坳的下方營地。雖然不用人同行，但這些挑夫總是需要住宿，而這就意味著起碼有六頂帳篷，外加十八人份的食物與燃料，得有人扛過拉克帕拉，穿越東絨布冰川的頂部，然後沿沒有人爬過的北坳山壁而上。探險隊此時共有十九名挑夫有過冰上的經驗，其中十六人跟過馬洛里與布洛克，惠勒則訓練過另外三人。但這十九人的身體並未都處於巔峰，且探險隊也拿不出足量的高海拔靴來裝備所有體能狀況足以應付攀爬的人，這是單純的數學問題。這個計畫看來是注定要完蛋，惟探險行程來到這個點上，一切的成敗都是山脈與天候說了算。

在歷經了天寒地凍，冰點以下十六度的一夜後，馬洛里、布洛克、莫斯海德與惠勒在九月十九日星期一早上八點半離開了前進基地營，準備以四小時抵達兩萬英尺處的營地。那天晚間的天空清朗，惠勒在日記裡形容了一片燦爛的光景，當中包括馬卡魯峰與整條通往聖母峰的山脊，而東邊則有「可媲美日落，壯闊的粉色光束貫穿了紫色的天空」，後來月亮周圍還出現了一圈美麗的光暈。趁著月光，馬洛里與莫斯海德，外加十六名挑夫揹負十四綑要供應上方營地所需的補給，於凌晨兩點半出發前往拉克帕拉。布洛克留下來與惠勒一道。兩人在那天早上走過了冰面，在兩萬英尺處一個俯瞰卡馬河谷的鞍部，建立了調查的三角點。

馬洛里與莫斯海德這邊一開始都很順遂。那晚比前一晚更冷，若根據惠勒的日記是華氏二十度（攝氏負六點六七度），雪地表面變得「又脆又硬」。馬洛里與莫斯海德走在前頭，身邊有如今擔任希爾達的桑魯，還有一名備用而無物一身輕的挑夫多爾吉．鞏帕。十四名負重的挑夫跟在後頭。這樣的地面不需要穿雪鞋——不過反正他們也沒帶上就是了；他們沒有讓大家都有得穿的數量。

走不到一個小時，他們抵達了正好一個月前，讓馬洛里與莫斯海德第一次挑戰拉克帕拉時被阻斷去路的那處冰瀑。馬洛里在八月時為了避開這冰瀑，便選擇攀爬側邊冰磧上頭的岩石，而如今由於一行人揹負著重物前進，他決心要找出一條突破之路。他向前走去，在冰面上選擇了一條平順而看來頗有那麼回事的廊道，但走著走著，這條路卻倏地中斷在一系列冰隙之中，而那在昏暗的光線下是個很危險的對手。「我們一頭栽進了迷宮中，掙扎了好一番工夫，」他後來回憶說，「才穿越極深深度上方一座座脆弱的橋，在小小的峭壁上拾階而上，直到我們感覺陷入了大麻煩。」眾人在重物的積壓下，原本就已經心懷恐懼，加上馬洛里所作的決定，要從不容小覷的冰隙上方一躍而過，更讓大家難以抱持信心。這一行人在「兩大怪物般的裂隙中間，一小塊銳利的頂端上」停下了腳步，由莫斯海德跟馬洛里「討論起當下的處境該如何因應」。他們決定勘查左手邊的地面，並在那兒找著了另一條向上的廊道，可穿過冰瀑這最終的險境。

此時適逢破曉，馬洛里於是下令歇腳，讓眾人有機會喘口氣，並「為凍僵的腳趾注入一點溫暖」。陽光披露了廣袤到可直達拉克帕拉天際的雪地，但冰瀑以上的模樣卻完全是另外一副場景，馬洛里若非親眼所見，不會相信情勢如此嚴峻。那上頭沒有冰殼，只有極深的粉雪細到他們每踏出一步，腳印就會立刻被風勢給抹去。眾人當中最強壯的多爾吉・犖帕走在最前面，像在犁田一樣穿越在吹雪之間開路——此舉極為費勁，但也無法為跟在後頭的挑夫省下多少力氣，他們每一個人都還是得揹負著三十磅的重量，自己在雪中走出自己的路來。他們的隊伍，按照馬洛里所說，「走得七零八落」。先是一名挑夫齊塔爾（Kitar），然後又是另外兩名挑夫尼姆・多爾吉（Nim Dorji）跟安格達聶爾（Angdanel），這三人接連脫隊而不肯再往前走。馬洛里派多爾吉・犖帕回頭去取其中一個人的負重，而他則與莫斯海德跟桑魯繼續挺進，並輪流擔任領隊。眾人就這樣一步步朝鞍部而去，而每一名挑夫的速率都由自己設定。動輒就停下來休息的他們，在其中一次休息中，馬洛里與莫斯海德回望了一眼，看見吊車尾的挑夫隔著段距離在朝他們過來，惟在這名挑夫的旁邊，還有另外一個深色的圓點在雪地中踽踽向前，那是走得迷迷糊糊，而且幾乎要氣力放盡的多爾吉・犖帕。原來他沒有聽命只取回一副被丟棄的行囊，而是一口氣取回了兩副。

馬洛里在身後莫斯海德與桑魯的追隨下，終於在上午十一點二十分抵達了拉克帕拉。挑夫隨後一一跟上，也一一把行囊扔在兩側巨大雪壁中間的一處空洞裡，累計共十一綑補給，就這樣放在了這個風勢強勁的鞍部上最能獲得遮蔽的點上。此時馬洛里破天荒第一次，清清楚楚地隔著東絨布冰川的頂部，看見了不到三英里外的暢拉，也就是北坳。而這一眼下去，他所有鉅細靡遺寫在書信中，或是在集思廣益時所討論過的想像與計畫，都在霎那間幻滅得無影無蹤。一反他原本的期待，北坳本身就是一個非同小可的障礙。北坳是一道險峻而氣勢恢弘的冰雪之牆，高度起碼一千英尺起跳，且表面上穿插著參差不齊的巨大「冰斗隙」(bergschrund)，也就是形成於冰川從底層山岩滑動時所造成的裂隙。攀爬聖母峰的南坡是想都不用想，絕無可能的事情，他們唯一的機會窗口，就是北坳。而在用望遠鏡眺望著其一處處進入之路時，他判斷北坳之路是可行的，只是走法會跟他預想的有所不同。「這只能給專業的來，」他後來回憶說，「搞一票自己也多少有高山症狀的苦力，揹一大堆東西到坡道上，然後由少少三名核心的薩博（主人）在那邊指揮調度，而這些薩博也多半為高海拔所苦，這種提案連一秒鐘都不需要浪費時間多想。」

在這之後便沒人提起，要在高聳的東北肩部上建立營地——或者說在北坳基底之後的任何地方建立營地的事情。取而代之的第一項挑戰，是單純要為攀上北坳懾人的表面找到一條路。對此，馬洛里的結論是他得組成「一支強到不能再強的隊伍」。只有等這支菁英能成功上去後，他們才能考慮設法在上頭紮營，而且某種程度上這個行動還得獨立執行。隨著馬洛里率他疲憊的挑夫從拉克帕拉離開，下行跨越喀爾塔冰川並通過危機四伏的冰瀑，重新回到他們現行最高的營地後，他完全知道最後的登山隊應該包括哪些人選。霍華－貝瑞與莫斯海德在後續的任務推動上，或許仍能派上些用場，而沃拉斯頓做為隊醫也當然得至少上到拉克帕拉。惟「只有惠勒，」馬洛里寫道，「具備足夠的登山經驗，所以這事就這麼定了，就他一人將隨我與布洛克，進行我們對北坳的第一次挑戰。」

就在馬洛里與莫斯海德從拉克帕拉退下來的同時，探險隊其他成員則開始向山上移動。布洛克與惠勒自然是已經身在兩萬英尺處的營地，而他們將於中午過後不久，調查工作告一段落後回營。同一天，也就是九月二十日星期二的早上，霍華－貝瑞、瑞彭與沃拉斯頓留下圖博通譯加爾贊·卡濟來負責連結喀爾塔的補給線，一行人在剛過八點半時從前進基地出發。霍華－貝瑞很拚命，四個小時就衝到了高地營；沃拉斯頓與瑞彭也很辛苦地在下午三點剛過時抵達。三個人都累壞了。「我一路上滿滿的都是倦怠感。」霍華－貝瑞回憶說，「認真講，光是走路就需要費一番工夫，想抵達高地營更是要同時用力去驅策身心。」他們要面對的種種挑戰是高度與熱度，是熾烈的陽光打在冰面上，還有隨之而來隨時會脫水的危險。寒夜會交棒給白日的驕陽。「此等高度上的陽光，」他寫道，「是我們並須與之對抗的強敵。整體是一個很磨人的天候，狀況極端到你得一面忍著腳被凍傷，一面被太陽曬到要中暑。」

馬洛里與莫斯海德在剛過四點後返抵營地，而他們身後最後一名挑夫則在入夜前才拖著腳步到達。那晚美麗而清朗。隨著夕陽從聖母峰的背後落下，一圈圍著巔峰的雲層在琥珀色的光芒中輝耀。山本身處在陰影之中，能看到的只有由白雪構成的巨大綵帶覆蓋著山的每一面，「山巔被繞了整整一圈，」霍華－貝瑞回憶說。眾人立在靜默之中，「眺望著這動人心弦的一幕許久，並虔誠地希望風兒能夠休息一下。很可惜的是風不但沒停，而且我們還很快就體驗到所謂的強風二字，在這種高度上是什麼意思。」

隔天醒來後的惠勒決心要繼續自己的工作，於是他趁其他人都還在養精蓄銳，期待著要移動到拉克帕拉與北坳的時候，就跑到營地稍北、海拔兩萬零五百英尺的一處圓丘上，建立了一個三角點。霍華－貝瑞一上午都在進行植物學的採集，並很驚訝地發現一種侏儒翠雀（dwarf delphinium）與一種嬌嫩的白色虎耳草在這種高度上盛開。那天晚間，沃拉斯頓對全隊進行了體檢。瑞彭明顯不合格，因此得留在兩萬英尺處的營地裡，不能隨其他人一起向上。惠勒的脈搏也讓人有點擔心。他原本都在八十六與九十八之間波動的脈搏，此時測出來是九十三，高於其他登山者的心率。「我的脈搏數字好像高了點，」惠勒在日記裡坦承，「其他人大多落在九十左右……雪在下午兩點半下了起來。」

隔天九月二十二日星期四凌晨三點半，惠勒跟他的三名挑夫打頭陣，率先在華氏冰點以下二十度（即華氏十二度，約等於攝氏負十一度）的溫度中出發。他是打算要一口氣前進到拉克帕拉，並沿路建立攝影調查的三角點。其餘的探險隊員——布洛克、沃拉斯頓、馬洛里、莫斯海德與霍華－貝瑞——在破曉前一小時帶著共二十六名挑夫分成四隊動身，各隊都有仔細綁好繩。雪況很硬，他們在穩定中前行，且每個人都按照馬洛里的指示在呼吸：每踏出一步就全力深呼吸一次，吸吐都要，然後每隔幾步就暫停呼吸一下。日出時他們來到了冰川廣袤的平面上，適逢光線打在聖母峰頂，而聖母峰此時不偏不倚，就在他們的正前方。在前頭率隊的布洛克與莫斯海德踩著馬洛里之前設法通過冰瀑時的步伐挺進，然後繼續向上踏著鬆軟的粉雪朝高山山口前進。

霍華－貝瑞很驚喜地看見一隻紅嘴山鴉（red-billed chough）、一隻盤旋在他們頭頂的烏鶇，還有雪地上由狐狸跟野兔所留下的獸徑。

而在眾多獸徑中，有一道腳印不可思議地貌似人類赤腳留下的足跡。挑夫很清楚那是什麼玩意：那是藏語「梅托康米」(Metohkangmi)，「雪中野人」的印記，也就是一種據傳會下到村子裡殺死村民、偷走女人、飲用犛牛與幼童血液的雪怪。霍華－貝瑞覺得那應該是動物的足跡，其中最有可能是狼；雪怪的故事於他只是鄉野傳奇，就像英國民間故事裡也有所謂的妖怪或魔鬼。惟即便只是把這麼一個趣味的遭遇在報告裡對《泰晤士報》一提，就在倫敦引爆了各種眾說紛紜，雪怪的傳說就此在穿鑿附會中不脛而走，甚至有人相信深山部落住著這麼一群「高大、肌肉發達、毛髮濃密」的怪誕野人，是某支在戰爭中落敗的種族躲到深山裡尋求庇護後，於喜馬拉雅高山的冰雪與洞穴中留下的後裔。未來的某天，霍華－貝瑞會很驚訝地發現在一九二一年探險隊的眾多成就中，雪怪傳說才是根據平面大眾媒體認定，「在科學界引發廣泛討論」的一項發現。

但在眾人艱苦地朝高處的拉克帕拉邁進之際，雪怪肯定不是他們選擇討論的話題。霍華－貝瑞在上午十點半第一個抵達鞍部，此時距離出發不過六小時多一點。清澈的天空下東北風強到不可思議。纖細、粉狀的降雪肆虐著他的側臉，但他還是隔著廣闊的東絨布冰川，朝著北坳的方向望出了第一眼。他估計光是下行到冰川的頂部，就相當於要垂降至少一千兩百英尺的海拔。然後他們得移動少則兩英里、多則三英里的距離，去到他看上去像是一道「險峻到讓人樂觀不起來的」冰牆基底。他試著用照片把這條進入之路記錄下來，但他的手結凍在相機的金屬機身上。他盤算著哪裡可以建立營地，也思考著在紮營之前要不要先帶著全隊挺進越過拉克帕拉，然後下行到冰川之上。望向聖母峰的高處，他看見的每一條山脊與每一處山嘴上都有風吹雪在使勁旋轉著，有如一條條巨大的白色旌旗飄蕩。他意識到接下來的風勢與外在環境不會更好，只會更壞。

隨著霍華－貝瑞轉身背向山脈，布洛克與莫斯海德外加幾名挑夫成為了上行之路上的領頭者。他們說話必須要用吼的，否則什麼都聽不到。他們剛剛超車了惠勒，但馬洛里與沃拉斯頓還落在很後面。「我走得很辛苦，速度相當慢。」惠勒在當晚的日記裡坦承，不過他還是在上午十一點三十分抵達了頂端。馬洛里這天早上也很不好過，他人感覺「在上行到坳部的過程中極度莫名地疲倦」。他到達目的地時，幾乎所有同志都在等著他，唯一的例外只有沃拉斯頓。甚至還在馬洛里後頭掙扎的沃拉斯頓，「在山緣底下坐著，因為想尋求遮蔽，沒有比那更適合的地方了；在一陣陣乾燥而令人窒息的乾風吹雪中瑟縮發抖。」馬洛里堅拒「下行到另外一側紮營的提議」，因為他擔心眾人的體力，而且之後要再上來可能沒那麼容易。他在報告中表示「我從同伴身上觀察不到什麼能量的火花或鬥志；桑魯幾乎已可以被宣告為『戰力外』，苦力們則幾乎都精疲力盡了。」

他們此時還能做的，只有在雪中的淺薄盆地裡搭起七座高山帳篷，聊勝於無地創造出一點起碼的保護來抵擋強風的轟炸。帳篷搭好後，人一個個爬進布洞裡，其中布洛克與惠勒共用一頂米德帳篷，而霍華－貝瑞則與沃拉斯頓一頂。馬洛里與莫斯海德用的是馬默里帳篷；挑夫們則擠進另外四座帳篷。霍華－貝瑞後來將之比喻為他們爬進了「行李箱」裡避難，但這也是為了在寒冷中活下來，沒有辦法的辦法。爬進有如隧道的帳篷中，好似辛辛苦苦「爬進了狗屋」，而這過程也讓眾人氣喘吁吁而氣力放盡。雖然為了野營而這樣硬擠在一起，但彼此間卻沒有隻字片語。煮飯絕無可能。短短幾分鐘內，馬洛里寫道，「四下就都陷入了靜止……沒有人為了姿勢舒服一點而動一下手；大家只是一心一意地休息，但那不是恬靜的喘息，而是像死人一樣動也不動，就好像整隊人的靈魂都集體死在了帳篷裡一樣。事實上也就是如此；我們隔天早上埋葬了那些死去的靈魂。」

一整個漫長而寡歡的午後，風呼嘯地吹著，按照臭斯海德的回憶所言，帳篷的布片在空氣中抖動拍打，就像機關槍的子彈連發。沃拉斯頓受不了帳棚裡的壓迫感。「我們都是些蠢蛋，腦袋也都一團糨糊。」他寫道，「我們的脾氣竟然沒有相互炸開，想來還真是令人奇怪。」霍華－貝瑞沒有抱怨身體上的不快，但「承認感覺到有點懶散」且有點難以專心。他食慾一直沒掉下來，但也只能忍到太陽下山後，氣溫驟降但風勢也暫歇時，惠勒才點起了酒精爐，熱了一些法式清湯，由所有人搭配著餅乾跟罐頭冷火腿共享。在所有人當中，只有馬洛里睡了一整夜，主要是他很聰明地在帳篷屋頂劃了兩條縫。其他人要麼睡得有一搭沒一搭，就是在硬梆梆的雪地上徹夜未眠，主要是二二三五〇英尺處的超稀薄空氣，加上空氣不流通的封閉帳篷，都讓他們無法順暢地呼吸。隔天早上，霍華－貝瑞回憶起他們的「臉跟手都出現了令人費解的青紫色」，對此沃拉斯頓的診斷是缺氧造成的血液發紺。

周遭的一切凍成一片，但天空卻十分清朗，猛刮了一整夜的風勢也再一次隨著天色破曉而稍緩。惠勒想方設法泡了一點只要立刻喝下就還能保持液態的茶。馬洛里則解凍了沙丁魚。隨著太陽逐漸升起，營地也慢慢開始融冰。馬洛里寫道，「我們都找回了一點朝氣，」但這話所說並不包括挑夫。在前一天從下方營地出發的二十九名挑夫當中，只有八人還能正常運作。他們全數都受到了海拔的影響；好幾人更是病得相當嚴重。由此光是要湊成一支十人的挑夫隊伍，他們都得抽籤，也就是說有兩人得拖著病體強迫上工。

很顯然，要讓整支探險隊繼續往前走，既不可能且非常危險。於是他們開了一場惠勒形容為「姑且算是場會議」的會議，決定沃拉斯頓、莫斯海德與霍華－貝瑞等三人得撤退，能繼續前進的只有馬洛里、布洛克與惠勒。這個決定一下，惠勒就隨即出發。前一天即便在瘋狂的風勢中，他都從拉克帕拉的頂端破解了相關的地形地勢。「一登上（山口）頂端，」他在一週後給桃莉的信中說，「我就在那座山谷中認出了許多老朋友，同時也徹底搞清楚了我之前一頭霧水的相關地理形勢。」

此時在莫斯海德的幫助下，他在拉克帕拉的高處設立了一處攝影站點，讓他得以把他在東絨布冰川的所有工作成果，與在喀爾塔的調查點連結起來。這並不簡單。接近中午，風勢已經重新回來了。他架好了相機，然後發現即便積雪軟到人會「陷到小腿一半……經緯儀跟相機都還是可以在安於冰斧或穀物袋的三腳架上保持穩定」。就這樣，惠勒記錄下了印度調查局有史以來最高海拔的資料。

兵分兩路的決定做成後，霍華－貝瑞、莫斯海德與沃拉斯頓便拔營並趕忙要撤出拉克帕拉，而大部分的挑夫與拿得了的裝備也會隨他們一同後撤。那十個要留下來的挑夫裡包括了惠勒的全數三名挑夫，安．帕桑、拉給（Lagay）與葛浪（Gorang），他們沉默而僵硬地在雪中站著，目送著他們的朋友離去，然後才轉身開始打包起要留在山口的調查器具。馬洛里示意剩餘的登山隊不急著出發，畢竟在天寒地凍的強風中，樣樣工作都耗時比較久：分揀要揹負的裝備，幫繩索除冰，還有儲存回程時會需要的備用補給。他們最終在中午前後啟程（惠勒的筆記說是十一點半），而他們選擇只以必要的輕裝做為負累：帳篷、睡袋、毯子，還有最起碼的食糧。水是一大問題。即便是惠勒這個被霍華－貝瑞認可的普里姆斯爐專家，也沒辦法在這樣的高度上把爐子點起來，而用酒精燈融冰只夠泡茶，不足以滿足他們的生存需求。忍著口渴之苦的他們，出發時是馬洛里跟布洛克綁在一條繩子，惠勒自己一條繩子。所幸老天保佑，在一小片碎石坡的基底處，惠勒找著了水源，並得以裝滿了所有的空瓶，「這真的幫了大忙，但前提是這水能保持不結冰。」

從拉克帕拉下到東絨布冰川的頂部，花的時間比預期長，橫越冰川的距離也比預期遠，由此他們直到下午四點左右，才在一步一腳印的辛苦跋涉後得以紮營，營址距離北坳底部僅一英里，因而此時的北坳已經是他們眼前的龐然大物。他們此刻的海拔高度為兩萬一千五百英尺。這個地點荒涼、孤立而嚴寒。雪面無限延伸，地形的相對高度之大，連馬洛里都有點受到震撼。「地面是如此平坦，」他寫道，「而這世界是如此之大……我們周遭三面的巨崖，是讓人無法忽視的存在。」他們原本希望能至少在山脈的陰影中發現盆地的深處「有著寧靜的空氣，以及冷冽歸冷冽，卻能以其平靜來撫慰人心的幽然霜雪」。但老天爺甚至不肯答應他們這樣一點心願：「風勢找到了我們的蹤跡，鍥而不捨地繼續扮演著我們的死敵。」

他們拚老命搭起了五頂帳篷。馬洛里與布洛克共用一頂米德帳篷，惠勒在另外一座兼為廚房的米德帳篷，挑夫則湊在另外兩頂馬默里與一頂溫珀帳篷中。惠勒是名義上的「主廚」，但他能設法弄熱的東西只有茶、可可亞，還有高湯。至於火腿、餅乾、巧克力、無花果、椰棗跟葡萄乾，他們都是吃冷的。沒有誰食慾真的很好。「大家吃得都不多，」惠勒表示，「畢竟此地海拔如此高，環境又很不舒服。」

夜幕降下。激烈的強風擊打著他們的營地，威脅著要把帳篷從營釘處連根拔起。惠勒光躺著卻睡不下去，因為他堅信自己的帳篷會撐不下去。布洛克忍耐了「爛透了的一整晚」，夾擊他的是冰冷的腳底、僵硬的身體，還有無法安息的心靈。「四下的氣氛，」馬洛里說，「都很不利於睡眠，」但說歸這麼說，他倒是睡得出奇地好，一如他前一晚在拉克帕拉那樣。但挑夫們可就沒有他這麼隨遇而安了。就這樣等到隔天早上六點，太陽升上冰川之際，身體適於工作者只有三個人：拉給、葛浪與安・帕桑，也就是惠勒的團隊。

寒冷排除了早點動身的可能性，而實際上馬洛里也選擇了等太陽再出來一點。惠勒燒水煮了茶，解凍了好幾個沙丁魚罐頭。為了稍後的登山，布洛克把自己用大量的衣物包起來，「三條內褲、三件謝德蘭毛衣」。七點剛過，三名圖博人與三名英國人綁著同一條繩子出發。三十分鐘不到，他們抵達了位於北坳基底的上坡處。為了保留登山隊的體力，馬洛里指示安・帕桑與拉給領頭開路。他們移動穿過一片廣闊的瓦礫上坡，穩定爬在坡面右手邊或西北側的堅實雪地上，然後左轉開始朝北坳的頂端展開了長征。

特別是對馬洛里而言，這段路在技術上的難度不算高。「關於登上北坳一事，我心中已無太大的罣礙，」他後來寫道，「一定要說的話，就是我討厭惠勒一臉黑鬍鬚跟在我屁股後面。」除了偶爾得有幾步路得插進冰裡來克服深邃冰隙的角落，整趟路基本上就是「單純地悶著頭硬走」。很自然地，他讓視線越過從北坳升起至東北脊底下最尾端的岩石處，那廣大而圓潤的山肩，飄向了聖母峰外露的表面。早在偵察任務的初期，他就體認到這是攻頂唯一的路線。如今這條路進入他的視線，他發現這條路線不僅可行，而且看起來還頗為容易——起碼到東北脊都可以這樣說。惟山勢的規模之大扭曲了視角；山巔看來近在眼前，似乎一蹴可及，而事實上那距離也真的不算遠，也就是兩英里多一點點，然後向上的高度是六千英尺。「我們之前或曾質疑過那刃脊（東北脊）無法接近，」他後來寫道，「但現在我真的懷疑不下去了。這一條長路沿著輕鬆寫意的岩石與雪坡而上，既難言危險也談不上困難。」

欣喜於這樣的展望，加上體能感覺極佳，馬洛里開始移動到領頭的位置，來進攻他們在登上北坳之路上唯一一個需要認真面對的險要之處，那是就在谷緣下方，一條軟雪構成的陡峭通道，「深度足以讓人不痛快」。惠勒回憶說那條路「的確非常辛苦」，足足要使盡力氣走五百步，才能讓他們終於上到他們朝思暮想的高度。他們此時的海拔剛過兩萬三千英尺，馬洛里估計時間大抵是將近十一點半，而這也代表他們只爬了四個多小時。惠勒寫道，他們抵達時間是十點，「從營地出發僅兩個半小時」。我們不敢苛責他們誰的判斷失準，因為在北坳上替他們接風的環境，徹底打亂了他們的官能。

事實上還在谷緣下方，他們就已經發現了一些不對勁：所有人眼前都開始閃耀著寒冷環境下的光圈，彷彿一種由飛旋的「吹雪映射出的聖光光環」。然後等他們一登頂北坳，前所未見的風勢就將他們甩進了極盡瘋狂與錯亂的漩渦中，那是惠勒在法國那怕是置身各種噪音、紛亂與戰場上的炮轟中時，都不曾有過的體驗。一開始他向妻子坦承說他「嚇到呆掉」，以為他們這次死定了，因為飛雪的漩渦讓他們幾近窒息。簡直站不住的他開始專注於呼吸，並把手摀在臉上，使出他多年前在恐怖環境下磨練出的自律，調慢了世界的步調，直到他終於找到了新的節奏，並趁著吹雪與強風稍歇的間隙趕緊換氣。

布洛克與馬洛里也沒有躲開這樣的考驗。隨著他們接近北坳頂端，馬洛里開始意識到魔鬼現身，並「舞動在突然出現的漫天旋雪中，讓我無法呼吸」。他反射性地把頭轉開，並讓臉與風勢保持一個角度，以便他重新找回重心與控制。他看了一下其他人的狀況——葛浪看起來還游刃有餘，安．帕桑跟拉給有點氣力放盡，在雪中抱起團來——等待指示，然後一瞬間他們消失在雪霧的幕後。「突然的一陣強風，」馬洛里後來寫道，「像小型的吹雪颶風，將我們困在了坳頂正下方的漩渦當中。」救了他們一命的，是北坳的物理結構，原來北坳是一個雙層的冰架，包括一條較高且橫跨整個北坳長度的冰雪帶，而那也提供了一點起碼的屏障，可以遮風擋雪，讓人不用完全暴露在襲來的風雪之下。問題是，他們還沒有徹底體驗到暴風雪的十成威力。馬洛里把隊伍聚集起來，全靠意志力把他們移動到背風處，他回憶說在那裡「我們先停歇了一下，才出去在一道冰牆的遮蔽下面對完整的風暴。」

眾人彼此審視了一番。馬洛里毫髮無傷且完全可以再戰兩千英尺，而這已經遠比其他人之前曾上升過的垂直距離都大。他儲備的力量讓惠勒十分驚訝。「馬洛里是我們當中體能狀況最好的一個，」他當晚寫道，「很顯然處於最佳狀態。布洛克差不多不行了。我就是腳不行，其他都還過得去。沒有流鼻血，心臟也沒有搞事。」事實上，惠勒是兩隻腳都沒有感覺了，所以根本難以為繼。意志力與毅力可以推著布洛克向上爬，但一如馬洛里看得出他的老同學「勇氣固然可敬可佩，但其體力已然用罄」。布洛克本人也在日記裡坦言，「只要馬洛里想再挑戰一些高度，我也做好了心理準備要追隨他，但我必須說當他決定到此為止時，我還真的是鬆了一口氣。」

最後讓事情有個結論的，依舊是風勢。在眾人喘口氣的時候，惠勒一邊啃著凍僵了的無花果，一邊喝著僅剩的水，而馬洛里則把心思專注在面前直衝天際的山嶺。他卯起來用雙眼在從坳部升至東北脊的巨大肩部上搜尋那怕是一點點阻礙。「我們仰望著平坦的邊緣以不怎麼陡峭的角度升起，」他後來在信裡對首先為英國人點燃聖母峰之夢的榮赫鵬說，「一路上到東北脊的頂端都是好處理的岩石跟雪地。我們依照之前所見所建立的信心，如今都在近距離的觀察中得到了肯定。我們沒有看到阻礙，至少沒有大到一支能幹的登山隊無法順利跨越或繞過去的障礙。」

一心一意專注在山脈上的馬洛里，在惠勒的眼中，似乎完全無視仍在他們頭頂刮著的猛烈強風。要知道，冰牆提供的不過是起碼的保護。他的頭髮之間凍出了冰，睫毛則結起霜，而他的眼睛似乎落腳在了另外一個空間中。事實上馬洛里滿心想要繼續挺進，就算是一個人他也不以為意。但隨著他慢慢研究起山坡，他的鬥志也逐漸洩了氣。「你不可能遠望過去而不感到顫抖瑟縮，」他對榮赫鵬報告說，「因為這條山脊從頭到腳，都暴露在來自東北方的狂暴風勢下。」暴雪藉助風勢，鞭笞著每一處坡面。「聖母峰壯闊表面上的粉狀新雪，被掃蕩成當中毫無破綻的飛雪，」他寫道，「而我們的路線會行經的那條山脊，正好將首當其衝。我們可以看見吹雪在風與山脊交會處稍微折射向上，但隨即就會化身駭人的暴雪朝背風處俯衝而下。」

他們與基地之間的交通線也孱弱到宛若風中殘燭，一路由兩萬三千英尺高的這個凶險坳部，下行橫越東絨布冰川，翻過兩萬兩千英尺處的拉克帕拉，然後才能抵達喀爾塔河谷裡的諸營地。隊員們已經沒有力氣搞什麼英雄事蹟了。再爬個兩千英尺就算可行，又能具有什麼意義？頂多就是為辛克斯與聖母峰委員會增加了一個攀高紀錄，為榮赫鵬摯愛的大英帝國增光，給媒體一些材料罷了。這些東西馬洛里一點也不放在心上。繼續走就只是犯蠢而已。但他還是猶豫了，並把惠勒跟布洛克找來身邊。根據所有的資料顯示，他們一句話都沒有講，然後馬洛里就決定要挑戰一下風勢。於是這三名英國薩博將挑夫留在原地，自行繼續挺進。他們與其說是走，更像是跌跌撞撞地沿坳部而上，來到了上方的平台，「好測試一下自己的想法。」他們繼續前行了大約兩百碼吧，接著「有好幾次完全暴露在坳部上的強風中，之後才又七零八落地返回了遮蔽裡。自此，關於繼續攻頂一事，就沒人再多提一個字了」。馬洛里推測應該沒人能暴露在這樣的環境下而活過一小時。「沒人，」惠勒寫得簡單明瞭，「可以存在於那條山脊之上。」

就這樣，世上第一批跨進聖母峰地界的登山者在風中轉身，展始了漫長而艱辛的撤退；此時他們內心夾雜著失望與鬆了口氣的情緒，但對這決定並沒有一絲遺憾。向下通過北坳的岩面邊緣之後，他們便開始掙扎著爬下那極陡的斜坡。原本費了好大勁才在雪中切出的階梯，此時已徹底被雪崩抹去。剛剛在風中，他們完全沒有聽到冰層從山間斷落的聲音。馬洛里注意到雪面並不穩定，並因此判斷出北坳的表面可能會持續改變。由此做為攻頂的路線，北坳每年、每季都將帶來不同的挑戰，而唯一不變的是那當中的危險。至於不出幾個月，北坳會收走他七名弟兄的性命，讓英國人面對這座山未知的真實力量與其承繼的奧祕為何而惶惶然，則又是後話了。

他得把五個人平安帶回營地。惠勒在膝蓋以下已經沒有血液循環，所以走起路來像踩著義肢一樣東倒西歪。等他們終於到達北坳基底，布洛克要其他人先走，其他人也照做了，並在剛過下午一點抵達了他們薄如蟬翼的帳篷。等布洛克終於出現，已經是將近兩小時後的事情。因為疲勞而分不清東西南北，加上因為日照而脫水，此時的布洛克是費了好大勁才找到路回營。馬洛里的注意力在惠勒身上，因為他的腳看起來有點恐怖，「那凍傷就快要沒得救了」。有超過一小時的時間，馬洛里都在照顧惠勒，主要是用鯨魚油幫他的雙腿按摩，希望他的腿腳能好起來。在日記裡，惠勒感謝了馬洛里救回了他兩隻腳，更救回了他一條命。那一個漫長的寒夜，馬洛里始終在傷員的身邊陪著，而睡不下去的布洛克則坐在一邊，睽違已久地「用菸斗享受吞雲吐霧之樂」。

霍華－貝瑞、沃拉斯頓與莫斯海德已經平安無事在九月二十三日星期五下午，從拉克帕拉回到兩萬英尺處的營地。這不光是下降兩千餘英尺而已，而是下降回另外一個世界，包括探險隊生活上的各種餘裕都相差極遠：吃飯的帳篷跟營床都重新變得有模有樣，食物的質與量也好很多。幾乎所有人都睡得很好，只有霍華－貝瑞例外——他大半夜被一名圖博挑夫的誦經聲吵醒。早上的營地裡氣氛有點緊張，主要是留營的人急著想知道攀爬的結果。隊醫沃拉斯頓從一開始就對直取北坳充滿疑慮。瑞彭雖然留守得很徹底，連拉克帕拉都沒跟去，此刻卻仍沉浸在自己有角色可以扮演的幻想裡。平日穩若泰山的莫斯海德被弄得不太高興，主要是辛克斯從皇家地理學會寄了幾封氣急敗壞而且口氣很差的信來，意思是要他少分心去爬山，多用點心在地理調查上：聖母峰委員會已經等不及要地圖了。霍華－貝瑞單純地為隊員們擔心。他用望遠鏡看了一整天山，而透過鏡片，他也能看出風勢是如何升起，以小時為單位變強，然後把雪彷彿巨大的雪朵一樣吹落山坡以及鄰近的所有山脊。拉克帕拉隱身於巨大的雲山霧罩，他只能自行推敲北坳上是什麼狀況。

隔天的天氣溫暖而明亮，隊員們用餐全跑到帳篷外的桌邊。霍華－貝瑞出發到他們營地西邊去攀爬，並從那兒飽覽了「聖母峰與馬卡魯峰那讓人倒抽一口冷氣的絕壁，跟賞心悅目的溝槽狀雪坡」。但在較高的坡壁上，風勢很顯然還是毫無鬆懈，「聖母峰的每一道山脊都像要窒息似地被悶在雲朵般的吹雪裡。」直到後來，他們才意識到這在這個季節是很典型的天氣。隨著季風淡去，強風等級的風勢就會按例從西北方轟擊喜馬拉雅山脈，其中海拔在兩萬三千英尺以上的區域又是重災區，那裡任何一座大山的峰頂，都會從風景中被冰與飛雪共舞的旋風給抹去。在九月最後一週攀爬北坳的過程中，英國人實質上是一頭栽進了颶風裡面。

在暢快地一屁股滑雪滑回營地後，霍華－貝瑞徜徉在日光浴中，喝著杯茶，然後繼續用望遠鏡看著拉克帕拉高處的坡面。突然間，有黑點出現在天際線，並開始穩定地沿著冰川而下。沃拉斯頓數了起來，並鬆了一口氣地辨識出那當中有十三個身影散開在雪中。他跟霍華－貝瑞整個下午的前半段都在追蹤著這些身影的進度，急切地想要知道其命運如何。

回程對馬洛里、布洛克與惠勒來說並不輕鬆。在連著第二夜於冰川上紮營，複習了風勢與寒冷之後，加上惠勒身處於相當的痛苦當中，馬洛里於是埋葬了僅存一絲絲想要回頭去第二次挑戰北坳的念頭。畢竟體能狀況許可的，恐怕只剩下他一個人。好幾名挑夫都快要不太能走路。惠勒的狀況不太好確定。馬洛里之所以會撐到九月二十五日的破曉才做出最後的決定，或許已經在某種程度上反映了他慢慢在內心增長出來的執念，而這執念也確實會在將來的某一日左右了他的生命，標記了他的死去。在那當下，他唯一能做的事情就是集合所有人拔營。根據惠勒所說，他們是在八點十五分由馬洛里帶隊啟程。身處於在任何高度上都沒有空檔的強風中，他朝著拉克帕拉南方的一條岩石山脊而去，希望讓挑夫在那裡可以比較好下腳。他們一步步緩緩朝山口邁進，每個人都愈往上愈能有感於強風一陣陣捶在身上。多爾吉．犖帕開始落後脫隊，逼著已經很累了的布洛克與葛浪走回頭路去救人。惠勒與馬洛里則繼續趕路，用兩條繩子領著挑夫前行。

等終於在出發將近五個小時後來到山頂，他們遇到的雪旋風強到眾人等停在路中間奮力呼吸，並在恐懼的僵直中不確定自己應該後退還是繼續前進。好幾個人都來到了崩潰的邊緣。馬洛里要他們去他們舊營地那一側的盆地處躲躲。就在這些人背著風發抖的同時，馬洛里則指著由另外一隊人留下的一堆補給品與負重。「突然間，」他後來寫道，「我們眾志成城地把東西拖到邊緣，把它們扔下山坡，然後站在那裡笑得跟小朋友一樣，眼睜睜看著東西滾呀滾下六七百英尺。」這樣的童心未泯讓眾人有了勇氣，即便那也意味著探險的終曲。

整段從拉克帕拉出發的下坡路段都掩埋在吹雪堆中，而且有相當的深度，從鞍部向下的路途漫長，且最終得歷經從冰川上升三百英尺的酷刑才能抵達英國營地。惠勒到達時「大約下午四點，累到極點，但覺得活著真好」。布洛克在即將日落時抵達，馬洛里也在不久之後跟上。「來回這一趟我覺得非常滿意。」惠勒當晚在寫信給桃莉時說，「但要是再去第二次，我一定會為腳做好萬全的準備。」布洛克在日記裡回味了營地中溫暖的革命情誼：「我們度過了愉快的這一夜，畢竟這是探險隊終於要各奔東西前的最後一晚。」而馬洛里則對茹絲說：「我在想世上恐怕從沒有過這樣一次大山的冒險，是在力量如此緊繃，餘裕如此細小的狀況下為之。我可以說是從頭到尾，一個人扛起了全隊。」

在拚到如此氣力放盡之後，登山隊似乎理應在兩萬英尺營地先行休息重整，然後再啟程回到喀爾塔，從長計議該如何千里迢迢地取道圖博回到印度。但實際上的情況卻是：眾人就像跑完長跑之後，在終點處鳥獸散。隔天星期一，九月二十六日，惠勒、沃拉斯頓與霍華－貝瑞說走就走，取道卡爾波拉穿越南邊的分水嶺，下到了卡馬河谷。這條路線惠勒還沒有走過；於是雖然有包含腳傷在內的種種不便，但他還是盡忠職守地在卡爾波拉的高點、曉烏拉的高點，乃至於在這兩點之間，建立了不只一處調查三角點。對霍華－貝瑞來說，某樣璀璨而充滿力量的東西把他拉回了谷內，而雖然馬洛里一點都不覺得他做得到，但他還是爬上了馬卡魯峰與聖母峰中間的峰脊，來到了兩萬兩千英尺處，而也為他身為登山者的資歷著實添了可觀的一筆成績。沃拉斯頓這之後的目標，當然是植物。他比誰都開心能不用再待在那麼高的地方。「圖博的空氣很棒，呼吸起來很開心，」他日後寫道，「但那裡不是我的家，我不想在那裡多待太久。」

布洛克繼續在高地營待了一天，而同時間，最後幾名挑夫正三三兩兩地從拉克帕拉下來，另外二十一名額外從喀爾塔派來撤除設備與補給品的人手，也一身疲憊地抵達，主要是他們前一晚忍受著風勢與霰，以岩石平台為屋頂睡了一夜。九月二十六日早晨，馬洛里與莫斯海德開始快速朝著喀爾塔移動，而布洛克與瑞彭也急起直追，並趕上了於九月二十八日跟他們在喀爾塔共進午餐。

布洛克早就打算好要跟馬洛里一起取道圖博南返，其計畫是走最短也最快的路線，從崗巴宗向南穿越色波拉抵達提斯塔谷，然後再往下回到日托克與大吉嶺。但即便如此，他還是很驚訝於馬洛里的計畫是趕著在九月三十日早晨就動身，因為這就讓他只剩下一天的時間可以去與宗本辭別、買幾樣紀念品（一個銀質的轉經輪、一把古董劍，還有一幅佛教繪畫）、為三週的返程打包行李。此時對馬洛里而言，一如他在九月二十九日草草給茹絲捎的信上所寫，「（他）歸心似箭。」

霍華－貝瑞從卡馬谷地回來，已經是九月三十日下午向晚，而他很驚訝地得知馬洛里與布洛克已經早早解決了午餐，也沒好好說再見，就在幾個小時前離開。霍華－貝瑞曾交付了他們一個任務，是要從喀爾塔谷地的高地營撤回所有的補給，但這任務很顯然被他們扔給了加爾贊・卡濟與切滕・王迪。身為探險隊的隊長，他在十月二日那封寄到皇家地理學會給亞瑟・辛克斯的信裡，口氣不算是太客氣：「馬洛里與布洛克對我來講完全是兩個沒用的東西。他們從來沒有主動表示要幫忙什麼，但臨到要返回文明世界時，倒是跑得比誰都快。他們倆都不喜歡圖博，旅程中各種小小的不便也讓他們皺起眉頭。」在同一天的第二封信裡，他也把同樣的不滿傳達給了榮赫鵬。

馬洛里對此一點也不放在心上。他跟家人已經五個月沒見，包括他兩個都出生在戰時、現年六歲跟四歲的女兒，克萊兒與貝里姞，要知道戰時他在前線一待就是幾個月。而這次在圖博，他既錯過了兒子約翰的第一個生日，也錯過了兩個女兒在九月份只相隔三天的生日。他確實一肩扛起了整支登山隊，也盡他所能地想要獲致成功。以一種只有時間與歷史會證明的方式，他將自身的命運連結到了聖母峰。不過在九月最後一天離開喀爾塔的當下，他滿腦子只有自己的家。

剩餘的探險隊成員在把工作收尾或滿足了最後的觀光願望後，便各自分道揚鑣。讓渥拉斯頓覺得駭然的是，不怎麼強壯的瑞彭，竟在十月一日出發前往卡馬河谷進行四日遊。莫斯海德在隔天離開了喀爾塔，他偕印度調查員古遮・辛前往朋曲，目的是完成定日以北暨布拉馬普特拉河南岸的調查工作。赫倫也同樣有地質調查工作的缺口要補足。他與莫斯海德都會在圖博高原上距離崗巴宗還有四天路程的地方，在石靈碰上正在返途上的探險隊主隊。

十月五日，也就是瑞彭從卡馬河谷回來的隔天，一字排開有四名薩博跟一百五十名挑夫的探險隊主隊，在霍華－貝瑞的指揮下離開了喀爾塔。在崗巴宗，惠勒、赫倫與瑞彭會往南而行，跟馬洛里與布洛克一樣越過色波拉而去到錫金。霍華－貝瑞與沃拉斯頓帶著物資的主力，會繼續東行到帕里，然後取道春丕河谷與亞東回到大吉嶺。亞東這個英國的貿易站，正是在幾乎正好一年前的一九二〇年九月十四日，霍華－貝瑞見到查爾斯・貝爾，並請他率先支持對聖母峰進行探索偵察的地方。隨著他在回程中途經亞東，第九十旁遮比斯兵團（90th Punjabis）的一整個支隊也盛裝出席，並以軍禮向他的成就致敬。

就這樣，一九二一年偵察探險隊的成員一一找路離開了圖博，並經由印度回到了家鄉。布洛克十月八日於上提斯塔河谷的傳教站拉亨見到了妻子艾莉絲，而那兒也正是修女把瑞彭從鬼門關救回來的地方。莫斯海德在十月十六日抵達大吉嶺，見到了他那個對父親毫無記憶的年輕兒子，外加一個肚子裡懷著第二胎的妻子艾薇（Evie）。惠勒於十月十九日跟妻子桃莉團聚，並先跟她在帕夏克一間位於大吉嶺外十八英里處的達克平房中過了一夜，才在隔天早上進城。瑞彭與赫倫也在同一天遊蕩了進來。霍華－貝瑞與沃拉斯頓是最慢的兩個，他們直到十月二十五日才抵達大吉嶺，而這已經是他們從喀爾塔出發後二十天的事情。

此時馬洛里早已沒了人影。他在十月二十日從貝拿勒斯（Benares）也就是從大吉嶺到孟買的鐵路中點處寫信給了茹絲，確認了他的船摩臘婆號會在十月二十九日啟航，並預定會在十一月十二日於法國馬賽靠港。他在信中聊起了一些瑣碎的事情——沿著恆河進行的觀光，洽購絲綢的過程，還有在路上生的一些小病：身體發冷、扁桃腺腫大、喉嚨痛、風濕腿、身體僵硬與疼痛。他一個字都沒提到聖母峰，惟他也知道外頭已經有探險活動要另起爐灶的傳聞。他回憶，在他停留於大吉嶺那四天「非常開心的時光中」，他在花園派對中獲得宴請，也在正式服裝的舞會中被點名介紹。霍華－貝瑞給《泰晤士報》的共十五篇任務報告，在倫敦由約翰·布坎統整後，效果出奇地好。有一搭沒一搭地透過圖博特有的驛站信差跟電報傳出來，讓這些報告多添了幾分懸疑，由此這些文字也點燃了英國人的想像力，彷彿這是另外一部狄更斯的連載小說一樣。《泰晤士報》對每一篇報導都享有的獨家刊登期，並沒有讓英國與印度兩地的其他媒體坐以待斃，反而給了他們去添油加醋跟憑空想像的動力，而這也讓探險任務在公眾的心目中被渲染得更厲害。

亞瑟·辛克斯，做為皇家地理學會的祕書長，聖母峰任務的斯文嘉里（Svengali）[1]，在私底下對調查隊措辭相當強硬，包括他會騷擾惠勒與莫斯海德，要他們把地圖交出來。「我們無以為繼，」他在十月十二日對莫斯海德大發雷霆，「能拿來墊檔的只剩下電報裡語焉不詳的描述，與用鉛筆寫在照片背面，同樣雜亂無章的文章。而且截至目前為止，我們仍無法交代東絨布冰川與喀爾塔河谷頭部、北脊的好幾處坳部暨其的延伸範圍，外加東北刃脊的複雜地理。」

莫斯海德回應說：「恐怕你沒有能體會到，我們當時是在什麼樣困難狀況下努力，主要是天候環境真的惡劣至極……剛過的八月，我們在現場也絲毫未能徹底解開東絨布冰川與喀爾塔谷地的謎團。試問連我們自己都沒有的資訊，能怎麼寄給你？」

這並沒有堵上辛克斯的嘴，他在五天之後回覆說：「我們已經開始對你們手中的地圖，愈來愈不抱希望了。」

不過在公開場合，事情又是另外一幅很不一樣的光景。探險隊為他們實至名歸的成就，得到了眾人的歡呼簇擁，其中調查員們得到的肯定更是不在話下。一萬兩千平方英里未曾經人探索過的土地，被以四分之一英寸的比例尺繪製成了地圖，另外四千平方英里曾經被探索過的土地，則再經過重新測繪後大幅提高了資料的精度。惠勒運用他的攝影技巧，以一英寸的比例尺記錄下了緊鄰聖母峰的六百平方英里地貌，而那正是聖母峰的核心。光這一點，就代表著技術上的重大突破。印度調查局付出的成本計算，精準到非常官僚：每平方英里三點九盧比——對英屬印度而言，這麼划算的成本效益比，就連小氣出了名的辛克斯都表示受用跟肯定。

1　一八九五年，喬治・杜・莫里葉（George du Maurier）小說《特里爾比》（*Trilby*）中的虛構人物，後來被用來借喻某種會用誘惑的手段去控制人與剝削人的傢伙。

事實上探險隊還沒從孟買揚帆出發，一份初步的六色地圖就已經寄去了聖母峰委員會。十一月底，人還在大吉嶺的惠勒就以半英寸比例尺完成了粗略的聖母峰核心地圖。那年冬天，被派駐在德拉敦的他，花了幾個月的時間瘋狂工作，為的就是把一英寸比例尺的地圖完稿製作出來。等三大張地圖紙附帶各種數據、座標與方位角（地平經度）抵達倫敦後，大家發現惠勒地圖上的交會點精度在經緯度上誤差不到兩秒，在高度上誤差不到五十英尺。考量到山區的狀況，惠勒的敏銳表現可以說令人相當嘆服。他的地圖會成為日後精益求精的基礎。沃拉斯頓想到辛克斯跟聖母峰委員會其他「扶手椅」成員，便在他的公開報告中對皇家地理協會表示，「除非你們曾到過那樣的海拔高度，否則你們不會了解那當中牽涉的努力有多艱辛。」

即便探險隊這次獲致了眾多成就——包括發現植物與昆蟲的新物種，包括赫倫地質研究的廣泛影響，還有英國人將足跡拓展至整條喜馬拉雅北麓的事實——但馬洛里想到了一件事情，讓他在穿越印度恆河平原歸鄉時久久不能自已。天真的他們在出發前，或許是用上了歐洲的登山季節去推想，使探險隊在五月朝聖母峰出發，六月中抵達山區，卻碰上了季風的高峰。說起要攻頂，沒有比季風季節更糟糕的時候了，而到了九月底，或許季風結束了，但他們又得面對颶風等級的風勢轟擊。結果就是他們既遇上了季風，也沒躲過颶風。他們除了凱拉斯以外都能活著回來，真的是老天保佑。莫斯海德寫了封信給他在索姆河戰役時的副官，傑克・海澤

(Jack Hazard)。傑克・海澤本身也是一名優秀的登山者，而他之所以被拒於一九二一年的探險隊門外，只是因為他在戰時負的傷始終無法徹底痊癒。莫斯海德在信中說：「這麼看來，五月跟六月是想登頂成功最好的季節，但我懷疑想讓探險隊在一九二二年的五月啟程，現在籌備來不來得及。」

馬洛里的擔心不是沒有道理，因為這正是聖母峰委員會在打的主意。榮赫鵬一心想打鐵趁熱，趕在輿論的熱潮上趁勝追擊。他在想，若讓第二支探險隊延到一九二三年出發，熱度早就沒了。辛克斯這邊則擔心以查爾斯・貝爾為槓桿為圖博撬開的開口，可能會有關閉的一天。貝爾人還在拉薩進行祕密的磋商，一如他在第一次探險隊全程中所做的事情一樣。雖然力挺他的是達賴喇嘛十三世陛下，但也有一群保守派的和尚激烈反對他。在圖博首都拉薩，有不滿貝爾的挑夫呼籲要暗殺他。

貝爾或許願意幫一次忙，但他恐怕不願意再次為了登山探險而犧牲英帝國的利益與他個人的地位與安全。此外登山者的行為所遭受的抱怨也激怒了他。十月十三日，也就是探險隊任務的尾聲，他下令要當時離開喀爾塔有兩週的霍華－貝瑞停止在野外殺生。莫斯海德整體的調查工作，也造成外交工作上很大的困擾。早在聖母峰探險隊從大吉嶺出發前很久，貝爾就透過外交部對印度調查局三令五申，意思是讓探險隊，尤其是莫斯海德，不得把調查工作帶進「人徑以外，或是遠離聖母峰近郊的地方，以免引發圖博當局的疑慮」。一九二一年三月二十九日，印度調查局局長查爾斯．萊德上校在獲悉貝爾的要求後致函榮赫鵬，敦促他盡量低調，不要對媒體提及任何關於地理調查的事情。但辛克斯跟皇家地理學會卻硬是不配合，結果導致費德列克．馬胥曼．貝里中尉發了一封挖苦的信，在登山者回到英格蘭的兩週後寄到了榮赫鵬手裡，當中說的是：「貝爾也不是真的很認同這些要求啦，他覺得能獲准去爬山還做出張地圖，根本就很酷。」

地質學者赫倫也嚴重傷害了圖博人的感情。九月二十八日，也就是攻頂北坳的四天之後，查爾斯．貝爾從圖博總理處收到一封電報，當中轉達協格爾當局的不滿，主要是對方宣稱英國人在那裡進進出出，對當地的僧侶與在絨布的隱士是一種打擾。電報還表示有證據顯示登山者挖掘地面並帶走了寶石，包括絨轄聖谷裡的綠松石與協格爾宗的紅寶石。「聖母峰可以進行探索，這大家是有共識的，」圖博總理說，「但這若在有兇猛的惡鬼住下擔任土地守護者，圖博最神聖的山丘上，被拿來當成挖掘土石的藉口，那致命的惡疾或許會在人類與牛隻中爆發。還請你高抬貴手，不要讓貴國的官員四處亂跑，並請設法讓他們早日歸國。」

貝爾知道探險隊根本沒找到什麼貴重的石頭或金屬，更別說是偷了，但基於他對於圖博文化的認識，以及他對於敏感外交事務的體察，他實在沒辦法笑著接受赫倫給出的解釋，尤其猩紅熱確實在一九二一年的最後幾個月席捲了圖博。「我必須主張自己是清白的，」赫倫寫道，「我並沒有如指控地侵擾了猛鬼，也沒有進行任何挖掘，我確實喜歡用錘子到處輕敲幾下，但那樣的力道絕對不至於驚嚇到在地那怕是最膽小的居民。他們說的或許是惠勒愛到處建石堆的習慣！但無論如何，這次我會在錘子的伴奏下，用最虔誠的心頌念『奇奇－叟叟－伊哈－叟伊哈』，算是替他們驅邪。」

就是這種態度讓貝爾很火大，也是這種態度，讓再也沒有地質學家得以加入未來的聖母峰探險，赫倫自然是想都不用想。同樣也是在圖博的擔心之下，後續的探險隊也再沒有印度調查局的同仁參加。博物學家可以成行，但必須以不能有任何一隻動物、鳥兒或蝴蝶受到傷害為前提。

辛克斯與聖母峰委員會深知貝爾在拉薩與加爾各答兩地，外加在英國外交部內的影響力，決定一鼓作氣拚下去。十一月三日，馬洛里的船還在穿越印度洋，辛克斯就寫信給了沃拉斯頓，告知他「為免圖博的局面生變，讓探險任務延續下去是當務之急。」同一天他也寄了一封信給馬洛里，分享了一九二二年確定會有第二支探險隊的消息，且日期都已經定下了。為了能在三月二十一日從大吉嶺啟程入山，登山隊必須於三月一日從英格蘭出航，而這代表他們的時間只剩下三個月多一點。路線與通行證都已經確定下來了。這將是徹頭徹尾的登山活動，所有的登山者都要直線朝著東絨布冰川與北坳而去，所有的裝備都是為了登頂而準備。辛克斯不僅希望馬洛里可以第二度加入登山隊，而且還希望他能利用隔年的一、二月盡量巡迴英國，來替探險隊演說跟募款。「我們不能等到一九二三。」榮赫鵬在十一月九日的信中說。「公眾此刻對探險隊的興致正高，我們不能坐視這股熱情冷掉。由此我們非常盼望你明年能繼續加入我們。」

馬洛里在其正式回應中未置可否。「我會等返家後盡快前往拜會。」他在十一月十日給辛克斯的信裡說，「但那會是什麼時候呢？我首先得稍微哄哄內人，陪她在南法過幾天好日子，畢竟這段時間她辛苦了。Entre nous（法文的我們之間，意思是這話我只告訴你），我已經受夠了觀光，受夠了旅行與旅人，受夠了遙遠的地方，受夠了火車與汽船，受夠了刺眼的陽光與異國的海港，也受夠了深膚色的臉龐。我希望眼前看到的先是自己小小的家，接著是裴爾美爾街（Pall Mall）的莊嚴肅穆，是聖詹姆斯廣場（St. James's Square）的尊爵之美，然後或許是霧裡的布里姆斯伯里（Bloomsbury；倫敦西城的一個區域）。」

私底下，他真正的心情是無比駭然。隨著摩臘婆號接近他知道有茹絲在等著他的馬賽港，他急切寫了封信給妹妹艾葳。「他們不可能這麼快就組織第二場大秀吧，尤其我也都說了這樣沒有意義，至少湊不齊八名第一流登山好手的話，那去了也是白去。而他們不可能找著八個人，至少無法這麼快找到，這點或許給他們來年一整年的時間也辦不到。辛克斯已經徵詢我要不要回歸了。等他們逼我給個答案時，我會請他們先去把另外七個人找好。他們怕是要把英國山岳會的名單看到爛掉，然後到處發函徵詢不同候選人的評價。總歸那句話是怎麼說的，喔，就算把整個阿拉伯的黃金都給我，我明年也不去了。」

隔天十一月十一日，是一戰停戰的三周年。上午十一點鐘，大英帝國的男男女女在不同的地方肅立默哀。摩臘婆號上簡單的紀念儀式，由船長、船員與乘客出席致意，而這也讓馬洛里內心被激發得更加思鄉，也更思念家人與朋友。「不提什麼聖母峰跟她簡直在整人的榮光了，」他在給劍橋老友大衛·派伊的信裡重複了他稍早在給辛克斯信裡用過的字句，「我受夠了旅行與旅人，受夠了遙遠的國度與粗魯無文的民眾，受夠了火車與船隻，受夠了閃閃發光的陵墓、異國的港都、深色皮膚的臉龐，還有刺眼的陽光。我想看到的是我熟識的臉，或許加上霧裡的布里姆斯伯里，然後是英倫的河畔，有牛隻在西邊的草原上嚼著青草。」

他覺得光是活著就令人感激涕零。從聖母峰撤退時那揮之不去的不甘心，早已被時間與省思給掃到一邊去。在給亦師亦友的傑佛瑞·楊恩信中，馬洛里委身於上帝懷中，感謝祂讓北坳的環境惡劣到他「不會受到想繼續爬的誘惑。我們平安無事歸來；而回過頭來看，我們不該問再往上走會發生什麼不測，而是確知再往上走會肯定會出事。總歸一句，那是個慘不忍睹的團隊，根本沒有體能待在山裡的任何一個地方。」

惟隨著他想到那天他們是如何與死神擦肩而過，馬洛里也不禁思忖起萬一他真的接受了辛克斯的邀請，在來年一九二二重返聖母峰，哪些人會是他的同伴。布洛克必須要回去勒哈佛爾的外交崗位復職。惠勒累積了十八個月的休假，這會兒他將自大戰爆發以來第一次回加拿大。瑞彭不用多解釋，是不會回來了，赫倫亦然。沃拉斯頓對圖博沒有愛，而且也不是「登山底」。莫斯海德躍躍欲試，而他當然是一種可能性，前提是他得徹底放棄調查工作，然後通過貝爾跟圖博當局那標準不知道在哪裡的審核。

愛爾蘭人霍華－貝瑞已經離鄉背井快兩年了，而據馬洛里所知，他歸心似箭。他早在十月二日，一九二一年任務的尾聲，就從喀爾塔致函辛克斯，意思是隔年他不參加了，他不想連著第三年置身喜馬拉雅。霍華－貝瑞在十一月六日發自德里的信中重申了這個立場：「來年我衷心希望能留在老家，主要是我希望親眼見證愛爾蘭問題塵埃落定，而事態在那之前肯定會有各式各樣的發展。」

馬洛里知道辛克斯在來自榮赫鵬的壓力下，早於一九二一年二月就答應要把將來若還有的探險隊隊長之職，交到查爾斯·布魯斯手上。在當時，霍華－貝瑞曾很有風度地支持了這個決定，並說「我希望布魯斯可以成為一九二二年探險隊的隊長；這安排再合理不過，而且非他莫屬，他就是應該在我們要認真挑戰聖母峰的時候，得到這份殊榮。」但這漂亮話是說在他們親身上山經歷過的許久之前，在死了一個凱拉斯之前，也在瑞彭在山上挎掉一次之前。霍華－貝瑞與馬洛里都對查爾斯．布魯斯將軍滿懷著敬意，但他做為隊長人選，既不能帶給人信心，也讓人懷疑聖母峰委員會有沒有從一九二一年的任務中學到任何經驗。霍華－貝瑞有過一次發言，雖然沒有明講，但很顯然就是衝著一九二二年就要滿五十六歲的布魯斯而來：「任何人要參加下一趟探險，都必然要接受體檢，至於五十歲以上的人選應該直接排除。」辛克斯在十一月三日通知霍華－貝瑞說，將軍確實已經讓拉金斯與安德森這兩名哈利街的醫生看過，而醫生咸認他體能沒有問題。醫生說傷疤與槍傷都無礙於登山，而血壓高到二一〇／一一〇也顯然無傷大雅。就像是故意要人難堪，辛克斯在霍華－貝瑞都還沒從印度搭船返英前，就對外公開了布魯斯將軍是新隊長的人選，為此媒體只能臆測是不是霍華－貝瑞出了什麼包，隊長的頭銜才會這麼快被拔掉。

事實上，辛克斯自己也不是全然那麼放心將軍的健康，由此他曾經在一九二一年的七月十四日致函霍華－貝瑞，敦請他以布魯斯的幕僚長身分同行。要知道，這些探險任務能得以成行，霍華－貝瑞在各方面的貢獻可說是不遺餘力，而且就探險隊裡的所有成員看來，也屬他最能察覺到、也感動於圖博的傳承與神祕。而也就是這樣的他，壓抑著內心的不悅就聖母峰一事回了辛克斯最後一封信說：「我很開心這場艱苦的考驗已然過去，我現在只想安安靜靜地，重新沉回到沒沒無聞裡。」但事實上，他對任務的貢獻，永遠不會遭人遺忘。三十多年後，當艾德蒙・希拉里與丹增・諾蓋第一次登頂聖母峰並平安歸來後，消息在英國新聞界被封鎖了二十四個小時，主要是怕搶走女王伊莉莎白二世獲得加冕的丰采。全英國惟二有殊榮提前知道這件事的人，一個是王母太后，也就是伊莉莎白二世的母親，另一個就是英軍中校查爾斯・肯尼斯・霍華－貝瑞。

隨著一九二一年冬天見證了霍華－貝瑞的退場，馬洛里則移動到了舞台正中央。他知道讓布魯斯將軍體檢過關的那兩名醫師，才剛在幾個月前否定了喬治・芬奇的登山資格，結果是當探險隊人在聖母峰上奮戰時，芬奇跑去阿爾卑斯山上締造了攀爬的新紀錄。馬洛里會堅持芬奇非加入他們不可，畢竟這樣的芬奇是英國第一的冰面攀登高手。其他的候選人也浮現在他腦中，包括那些在一九二一年被考慮過的遺珠，比方說約翰・諾艾爾，前提是他能成功向兵團請到假。話說若諾艾爾真能加入，身為他摯友與恩師的凱拉斯在天之靈，應該也會與有榮焉。傑佛瑞・楊恩一向對在一九二二年婉拒邀請的亞瑟・威克菲爾評價甚高。他的年紀確實令人憂心，但他可以身兼隊醫與登山者二職。或許他可以從他自戰後就一直躲著的加拿大原始森林裡被呼喚出來。湯姆・隆斯塔夫要不是已經答應了參加北極圈斯匹茲卑爾根島（Spitsbergen）的另一支探險隊，也可以加入他們。以四十七歲的年齡，他是老了點，但他可以在一九二二年的任務中擔任醫官。霍華．森默維爾是更理想的人選：又是一個醫生，據說壯得跟牛一樣，而且年僅三十二歲。此外可做為這份名單之備取人選的，還有：泰迪．諾頓（Teddy Norton），因為他從小就跟在祖父阿弗列．威爾斯（Alfred Wills）身邊學習攀登阿爾卑斯山，而威爾斯正是英國山岳會的一名創始會員；「比爾」．史卓拉特（全名為艾德華．李索．比爾．史卓拉特〔Edward Lisle "Bill" Strutt〕）這名資深嚮導兼戰功彪炳的士兵；諾艾爾．歐德爾也是個很強壯的登山者，而且也跟史卓拉特與約翰．諾艾爾一樣，都已經從戰時所受的傷害完全恢復過來。

十一月十二日，也就是他的船在馬賽靠岸的那天，馬洛里寫了封未置可否的回信給辛克斯，提到他想把是否加入一九二二年任務的決定，延後到他們有機會在倫敦見面再說。但也在這同一封信中——想像中應該是一封在五個月未見的愛妻茹絲陪伴下，手寫而成的信件——他花了點時間去針砭探險隊的設備。他傾向於米德式帳篷甚於馬默里帳篷，因為前者進出都比較容易。睡袋沒什麼問題，防陽光的護目鏡很棒，「冰川乳霜」（Gletscher Crème）牌的面膏與鯨魚油管了大用。背包爛透了，主要是尺寸過小，「毫無工藝可言的方包，選材也完全是在亂搞」。普里姆斯爐在兩萬英尺以上就點不著了。冰爪太長了、雪鞋是無價之寶、滑雪板一次都沒用上。寄出報告後，他就跟茹絲就去地中海的和煦陽光裡散步了。四天之後，他會從加爾水道橋

（Pont du Gard）畔再度致函辛克斯。「我有點忘了自己匆匆忙忙在馬賽寫的信中都說了些什麼，但請不要把我並不想提起的問題告訴委員會……那不是我的初衷。我會希望在已經這麼多因素不利於我們的時候，還能有一些變數站在我們這邊。」

接著他一邊承諾會重返聖母峰，一面補充了一句事後證明有著先見之明的警語。「我們斷不可忘記，」他寫道，「至高的山脈能做出什麼樣嚴酷的事情，那種程度的嚴酷有多可怕，多致命。我們當中的智者，即便還只是站定在崇高挑戰的門檻前，都該好好深思，並戒慎恐懼。」

10

眾人渴望的山巔
The Summit of Their Desires

歲月恢復太平的頭幾年，約翰．莫里斯（John Morris）身在印度的遠僻處。精確一點說他生活在勒克瑙（Lucknow）以北百英里，鄰近尼泊爾邊境處，並如他筆下所寫道，「想要把我雜亂無章的生活形塑出某種規律的模式，但不甚成功。」身為廓爾喀兵團的一名英籍軍官，他大可以在由帝國確保的榮華富貴中過得像個薩博，但這樣的他卻選擇了以帳篷為家，而帳篷附近就是一個聞起來有墳墓味，花園雜草都沒修剪，撞球桌長著黃霉，牆上石膏因年久失修而斑駁龜裂的廢棄英國莊園。他的印度僕人因為恥於主人的生活條件，憤而辭去了工作。一個不願意接受其優越稟賦的英國主人，連服侍他的印度人都看他不起。被僕人拋棄的莫里斯於是找來了一名廓爾喀少年，沒受過訓練的他，行事生澀卻十分俊美，「移動的時候有一種近乎動物般的神態。」「潛意識裡我想，」他不諱言，「我想要與他共枕同眠。」

這種遠離戰爭，僅有一點小摩擦的素樸生活，讓莫里斯懸在了過去與被遺忘的未來之中。他依舊是那個怎麼看怎麼不像的士兵。大戰略他不懂，但近身肉搏他是一把好手。他是個沒有眼鏡就什麼都看不見的準盲人，但在壕溝中他是個非常致命的殺手。雖然是個職業軍官，但他一點也沒有軍事生涯上的野心，對此他的說法是：「十年的戰爭歲月讓我受夠了朝夕相處的同袍，我迫切地想要逃離。」

讓他魂縈夢牽的，是圖博；他自學了語言，讀盡了找得到的書籍與軍事報告，並在人脈中搜尋多條進入圖博內陸之路的情報。雖然過著有點遺世孤立的生活，但他還是盡可能追蹤了探險隊在一九二一年任務中的一舉一動，同時他還跟布魯斯將軍通了好幾個月的信。將軍希望莫里斯可以成為登山隊的一員，但現役軍官要請假非常困難，為此布魯斯直接找上了英屬印度的軍方高層等終於有德里發來的電報要求放人，好讓莫里斯可以去參加一九二二年的任務時，他的指揮官才勉為其難地軟化了態度，條件是去登山的這幾個月得算成返家的休假。雖然這代表莫里斯可能有三四年都回不了英國探望雙親，但他還是抓住了這個機會。他從一九一五年底之後就沒再回過家了，也沒有什麼天大的動機想要這麼做。

不同於許多同儕，莫里斯並沒有在一九一四年的夏天染上那個席捲了倫敦的戰爭狂熱。基秦納爵士那張陰沉木訥的苦瓜臉，在一張張募兵海報上瞪大眼睛，伸出手指指著，只讓他想起舊約聖經裡一名曾「留起鬍子，穿上華服」的狂熱先知。當時的莫里斯並不急著報效國家，只是在銀行上班實在太無聊，他才動念去入了伍，而自己之所以會被拔擢為萊斯特郡兵團第五營

（5th Leicestershire Regiment）的軍官，他認為不是出於什麼軍事上的理由，而只是因為英國那不動如山的社會階級。就在要出發前往法國的前夕，他找了個諾丁漢的妓女要幫自己破處，但卻在最後關頭僵住了。做不下去的他衣著整整齊齊，從妓女的房間衝了出去。隔天早上他去看了醫生——即便褲子根本沒脫，但他還是確信自己一定染上了某種可怕的疾病。這時的他年僅十九，喜歡畫畫，對音樂充滿熱情；他鍾情於德布西「如織錦般的纖細樂音」，還有拉赫曼尼諾夫的天才橫溢，更在倫敦親眼見證了拉赫曼尼諾夫的鋼琴首演。

莫里斯在戰事最慘烈的一九一五年春天來到了前線。他記得的第一件事是在壕溝系統裡迷了路，還有自己是如何走近了壕溝側間一個獨自站著的信號兵。那名士兵頭上還戴著耳機，全身毫髮無傷，但人卻已經死了。莫里斯先是因為恐懼而瑟縮，然後以引為恥地笑了起來。這樣的反應，他很快就會覺得還滿正常的。

幾個月後，他奉命帶人夜襲一處德軍據點。他先花了幾天的時間勘查地面，為此他會在天黑後爬出壕溝，在泥濘與長草中緩緩前進，而那些當中可都是一九一四年的死者遺體：破爛紅藍布料裡的是法軍與比利時軍，野戰灰色的是德軍，腐爛卡其制服裡的是英軍。在發動突襲的當晚，他一共死了二十名弟兄，外加二十名弟兄負傷，但這樣的死傷也沒有換回什麼成果。活著回來的人既沒帶回任何有用的情報，也沒有俘虜任何一名德軍。他右手邊的那個排「總歸是帶回了應該是一名德軍被炸得粉身碎骨後所留下的鋼盔，因為鋼盔裡有一半都是黏答答的血塊跟腦漿。」

隔天，莫里斯得令返家休假一星期。就在朝法國加萊前進的時候，鐵道前方有貨運列車的連結器斷裂，斷掉的列車尾巴撞上了他所屬部隊的運兵列車頭部，使該火車頭在出軌後爆炸，載滿了士兵的車廂由此陷入火海。莫里斯所在的車廂很幸運在比較後方，所以他只受到輕傷，但坐在前方車廂的弟兄可就在劫難逃了。他後來回憶說：「困在列車殘骸火海中的弟兄尖叫聲，讓我體會到一種戰爭從未給過我的恐怖。比起痛快地戰死，那一時半刻停不了的煎熬與痛苦讓人不忍卒睹。」

他在那一晚抵達了倫敦，時間還來得及陪他母親去阿爾罕布拉（Alhambra）劇院看由名歌手兼演員喬治．洛比（George Robey）演出熱門的音樂劇《賓城少年》（*The Bing Boys*），但他還是滿腦子都是稍早那場吞噬了列車的熊熊大火，也因此「看到一半……我就受不了，然後我們就提前離場了」。就跟許多從前線返鄉的士兵一樣，莫里斯覺得與父母親相處變成一件酷刑。「幾乎想不到可以聊什麼。」他解釋說，「我進入了一個他們無法跟隨的世界。我渴望著假期趕緊結束。」在倫敦的最後一天，他在攝政街上被憲兵司令部一名這輩子都不用上前線的少校給攔下來，還被這人狠狠訓斥了一頓，理由是他把長褲褲管折了起來，那是他在前線那幾個月裡，不知道誰發明的服儀規定。

收假後他歸建了自己在馬賽的營部，準備前往埃及——按他所寫，這讓他意外地喘了口氣，因為他終於可以暫時逃離「地獄般的壕溝人生」。但在最後一刻，當半數的人已經上了船，另一半還在碼頭上整隊的人卻奉命要搭火車回到北法與在戈默庫爾森林的前線。此時正是索姆河之役那年的春天。他們會有好幾個星期的時間過著白天睡覺，晚上拖運彈藥的日子。有回一顆砲彈落下炸傷了莫里斯，不嚴重，但他還是被送到了野戰醫院，然後那兒有名牧師請求要向他的靈魂傳道。莫里斯沒有接受。傷好了之後，他在戰役前夕被直接送回前線。直到最後一刻，他才在六月三十日晚間被從前線調到後方數百碼處的後勤壕溝中。就在他徹夜等待著所部弟兄的命運揭曉時，砲彈在四處不斷落下。一名站在莫里斯身邊的士兵被不算小的流彈切斷了腿。莫里斯驚訝的是他沒怎麼流血。那名少年並沒有哀嚎，就這樣堅忍地成為一具屍體。

隨著戰事進行，傷員開始如涓涓細流般後撤，包括莫里斯任排長時手下的士官，只是這士官好像在晨間攻擊失敗的幾分鐘內蒼老了二十歲。他槁木死灰的臉孔沾染著血汙，制服也被血液浸溼，嘴巴則歇斯底里地尖叫著。所有少年都是一爬出前進壕溝，就被槍彈掃倒，完全寸土未進。同樣的故事在莫里斯所屬的那一區不斷重演，全屍與殘肢在泥濘中遭到踐踏，手腳從殘破坑道的斷木中伸出，四處都是「被全殲之各營的破碎布料散落在無人地帶，就像一場出了大差錯而以悲劇收場的野餐。」

那天夜裡，莫里斯與其他活下來的人，前去收集了可以用來埋葬的遺體或肉塊。隔天破曉，辛辣的煙幕籠罩著整個戰場。士兵無懼於敵人地走來走去，就好像是恍了神在夢遊一般。莫里斯寫道，「所有的噪音都靜了下來；驚魂未定中的沉默覆蓋著有如被轟炸過的月球表面。」

在莫里斯的二十一歲生日前夕，他揹著一名重傷到五體不全的士兵去到救護站。在醫院的帳篷裡，令人作嘔的壞疽與乙醚氣味讓他目眩神迷。煙霧迷漫中傳出一道聲音，發自準備要上工的外科醫師，警告莫里斯若留下來，眼前的畫面不會好看。他沒有留下來，而是回到了前線，那個在接下來幾日成為屍臭淵藪的前線。那兒的死屍在高溫中膨脹，臉部也呈現出一種透著綠色的詭異蒼白。「他們直到現在都還是我的噩夢，」莫里斯後來寫道，「尤其是夜裡森林中只有我一個人的時候。」

假以時日，他在軍中認識的人愈死愈多，莫里斯感覺自己也要死到臨頭了。而就在這時，命運給了他一個意想不到的救贖，一份奇妙的簡章發到了壕溝裡，上頭寫著基層英軍軍官有機會申請在印度陸軍常駐。設計得有點像觀光手冊的那張傳單，把在印度的生活講得好像放長假一樣。莫里斯對東方一無所知，但他知道東方不在法國。

一九一七年三月三十日，正當英軍在阿拉斯附近啟動戰端，並計畫要在帕尚代爾發動夏季攻勢的同時，人在倫敦的莫里斯在一桌身上有緞帶裝飾的軍官面前接受面試，說著他想加入印度陸軍的理由。其中一名將軍想知道他的袖子上為什麼沒有代表曾在戰鬥中負傷的金色條紋，莫里斯回答說，作戰的士兵一點也不喜歡「用掛彩換來的掛綵」。將軍頗能認同地點了點頭。莫里斯拿到了從戰場脫身的門票，也要回了幾乎注定要在西部戰線丟掉的小命。

但去印度當兵，幾乎無可避免地會當到西北邊境去。那裡當時就已經是個部落暴力的鍋釜，就跟現在一模一樣。阿富汗在一次大戰期間保持中立，但到了一九一九年，領導喀布爾的埃米爾哈比布拉汗（Habibullah Khan）因為察覺到有機可乘，便下令進軍印度。雖然他的圖謀踢到了鐵板，但大火就此點燃，印軍得花上好多年才得以撲滅。一九二一年底，莫里斯再次被捲入戰爭，這次他加入了在邊境服役的瓦濟里斯坦野戰軍。

十一月十一日，他率一支由補給品、旁遮普士兵跟廓爾喀士兵共組的車隊，穿過了史賓奇拉納拉伊（Spinchilla Narai）這個屬於戰略要地的山口。莫里斯騎在前面，而馬蘇德族人則徹底出奇不意地從英軍後方打來，結果逾百人倒地，階級最高的帕傑少校甚至當場陣亡，進而導致指揮權落在了莫里斯肩上。等敵人從三面包抄收網時，他迫於無奈，只得不惜拋下傷員也得接戰突圍。此時一名馬蘇德戰士不知從哪裡冒了出來，莫里斯雖然抽出了他的左輪手槍，但卻無法擊發。他嚇到失禁在褲子上。最終他只與所部的三十個人成功脫身，並跑步撤退到鄰近的一處堡壘尋求庇護。莫里斯試著把人員召集起來好去營救傷者，但堡壘的上校指揮官因為擔心增加傷亡，並沒有同意讓他出擊。

莫里斯爬上一處可以俯瞰平原的哨站。那兒沒有半個人影，遠遠地有一群兀鷹像雲一樣在天空中盤旋，等待著要對死屍大快朵頤。莫里斯在那裡站了好一會兒，「看著陰影愈拉愈長；腦子似想非想地轉動著，身體則變得麻木而無法離開。隨著黃昏降臨，我注意到一個孤獨的身影前進得非常緩慢，很顯然移動對於這人是極困難的事情。隨著他慢慢靠近，我認出了他是我的一名弟兄。他赤身裸體，肚子上插了一把刀，跨下的睪丸也被劃開，如今只靠一條肌腱血淋淋地懸著。他一個字都擠不出來，一被我們扛進營區裡就崩潰倒地。」

第二天黎明，莫里斯領著一群援軍回頭去接應傷者，但所有人都已經死透而且被糟蹋得不像話，他們被扒了皮，私處則「被狠狠切下後塞進了嘴中」。事已至此那就沒什麼好說了，這仇非報不可。

但這宗慘劇發生後不到兩個月，約翰．莫里斯的人卻出現在了大吉嶺的聖母峰飯店，他被借調到了一九二二年的聖母峰探險隊擔任運輸官，並在那兒等著與他沒見過的其他隊員會合。他搭著郵運列車離開了加爾各答，穿越了孟加拉平原，然後在黃昏時上升到了山區。他注意到有少年會攀在火車頭的前面把石礫用勺子舀掉，好讓列車的輪子多得到一點抓地力。

等他終於帶著滿身疲憊，在大吉嶺的飯店房間安頓好後，突然有人用力地敲起門來。他還來不及回應，一個壯得像頭熊的男人就咚咚咚闖進了房間，然後劈哩啪啦就是一串流利的尼泊爾語，「當中不少都像是在糟蹋人而不堪入耳，但這之後他便爆出了如雷貫耳，彷彿學童般的笑聲。」這頭熊，正是布魯斯將軍，也就是探險隊隊長。他們這之前並沒有正式見過面。布魯斯後來承認他自己被莫里斯那張四眼田雞、一點也沒有軍人氣質的面孔嚇了一跳，但所幸氣氛最後沒有搞得太僵，主要是這名年輕士兵的尼泊爾語竟然相當流利。

隨著一九二二年的探險隊在大吉嶺集結成軍，且當中好幾人都是素昧平生，現在還完全看不出來他們後來會慢慢發展出來的革命情誼。眾人之間的對話正經八百而有所保留，主要是他們都還在摸索彼此的底細。「以英國人那種彆扭的方式，」莫斯里回憶說，「我們嘗試釐清彼此的成長背景，前提是絕對不直接問。」隊上的氣氛會有點尷尬，有部分原因是一開始存在著兩個派系，一邊是登山者，一邊是後勤人員，後者也就是那些由布魯斯將軍親手挑選出來，兼具印度經驗與本地語言能力的軍人。「一開始，登山者視我們這幾個不是登山者的人，有點像是稍微高級一點的僕人，」莫里斯觀察說，「但隨著他們慢慢意會到自己大大小小的需求都有賴於後勤運輸，這種態度就慢慢消退了。」

在那些好像既不算登山者也不算後勤組，跨在兩個陣營間的人裡，有一個是印度文官體制裡的柯林・克勞佛（Colin Crawford），通稱「費迪」（Ferdie），主要是他不可思議地酷似保加利亞的沙皇費迪南一世（Ferdinand I）。他曾經於戰時服役於廓爾喀人之間，但如今已不具備軍人身分。他的登山經驗包括曾經在阿爾卑斯山待過數季，還曾數次前往喀什米爾。一九二〇年，他曾經伴隨哈洛・瑞彭去爬了干城章嘉峰。跟莫里斯一樣，三十二歲的克勞佛以運輸官身分被納入探險隊，而將被布魯斯評為「個性樂天但百無一用」，主要是他是個還行的攀岩者，但完全適應不了高海拔。不過隊上其他人對費迪就沒有這麼嚴格了，像布魯斯的副手艾德華・李索・「比爾」・史卓拉特中校就在日後承認「克勞佛的才華很遺憾地被一路忽視到探險結束——而這令人髮指的事情主要得怪我」。克勞佛確實在探險過程中遭到了低估，但他在隊上無疑是個令人安心的存在，主要是他平易近人而且經常笑容滿面。他會在人生的第七十年，帶著一抹笑容溘然長逝，當時他才剛替他蘇格蘭老家蘿絲馬基（Rosemarkie）的在地板球隊擊出一個六分球。

探險隊的第三名運輸官是布魯斯將軍的姪子傑佛瑞・布魯斯（Geoffery Bruce）。二十五歲的他十七歲從軍，如今是印度陸軍裡一名優秀的運動員。他幾乎不爬山，除非是為了打獵。說到打獵，他可是非常擅長於「插豬」（pig sticking；亦稱獵野豬〔boar hunting〕）這項「對英國軍人培養陽剛氣慨有無法估量的價值」的傳統運動。這種競技會讓人拿著九英尺的長槍騎在小跑步的馬上，然後去獵殺印度特產的一種野豬，據說會攻擊並殺死大象與老虎。這項競技的目標是正中野豬肩部正後方，然後讓長槍穿過豬肺，從豬胸口穿出來。這種運動的佼佼者會在卡迪爾盃（Kadir Cup）中一較高下，而這也是在印度最多人想拿的獎盃。一九二〇年，年輕的布魯斯曾殺進到準決賽。

就跟莫里斯一樣，布魯斯也自第三次阿富汗戰爭爆發之後，就隨著廓爾喀兵團在西北邊境作戰。就在偕叔叔抵達大吉嶺的不過幾週之前，也就是三月初，他才剛因為英勇的表現而獲頒軍事十字勳章。那場血腥衝突發生在一九二一年的六月十三日，而機緣巧合，那天也正好是馬洛里與布洛克從葉如曲的高度上第一次看清聖母峰的日子。官方報告記載，布魯斯與他的士兵「剛歷經（一次）大戰的艱苦洗禮」，絲毫無意「戴上小羊皮手套對馬蘇德族人客氣」。事實上他們採取了一種殺無赦的策略，以至於最高層不得不把年輕布魯斯的營部調到戰事比較平靜的地帶，以避免這類冤冤相報的「事件」引發更多政治問題。

一九二二年探險隊的醫官是湯姆．隆斯塔夫。四十七歲的他是個登山的老將，雖然想攻頂聖母峰嫌老，但他在隊上仍能辦扮演安定軍心的角色。做為七個女兒的父親，他並不支持大張旗鼓的探險活動，而是更喜歡凡事簡簡單單：他覺得登山就應該就地取材，速戰速決，除了絕對必要的東西以外都是登山者的累贅。他之所以請纓成為探險隊的醫官與博物學者，只是想要重返圖博去體驗聖母峰的入山之路。他的最愛是鳥類學，而考量到他嬌小的體格跟耐人尋味的五官特徵——鼻樑高挺的鷹勾鼻、靈活的眼睛，還有亮橘色的鬍鬚——他外表確實跟自己鍾情的鳥兒們有些神似。

他抵達大吉嶺的三月十三日當晚，一場地震撼動了聖母峰飯店的牆壁。隆斯塔夫把這檔事怪到了布魯斯將軍的頭上，叫他要去減減肥。玩笑開完，他開始向老朋友說明起自己的行事原則，畢竟他有錢到不用靠別人，包括來到印度的這趟路也都是自己付的錢：「我想先把一件事說清楚。我是探險隊的正式醫官，也確實是領有執照的合格醫師，但我想我有義務提醒你，我這輩子可是連一天都沒有執業過。所以我懇求你不論在任何情況下，都不要向我徵詢醫學上的意見，因為我幾乎一定會給出錯誤的答案。但要簽死亡證明書我願意。」當然在探險的一路上，隆斯塔夫都始終心繫著所有隊員的狀況良窳，這點即便在他健康走下坡的時候都堅定不移。他是個好人，誠實而直率的好人。「他對於惡意與卑鄙的恨意，」隊上一名登山者說，「讓他的個人魅力與睿智裡又增添了幾分高尚的人品。他時不時會調侃馬洛里的眉毛長在頭頂，意思是他自視甚高，但其實他自己的眉毛也沒有低到哪裡去。」

對於三月二十日才姍姍來遲抵達大吉嶺的莫里斯等人來說，登山隊讓他們感覺到有一點拒人於千里之外，部分原因可能是早來的人彼此之間，已經在從英國出發的航行中與後續從孟買穿越印度的鐵道之旅中，培養出了一股深刻的聯繫。一九二一年時，多數探險隊成員是分別隻身來到大吉嶺。相對於此，布魯斯將軍鼓勵辛克斯讓今年的登山隊可以集體出發，他們也這麼做了。他們在三月二日從英格蘭東南方的福克斯通（Folkestone）渡海到了法國的布洛涅（Boulogne），然後搭火車往南穿越法國到馬賽，及時趕上了蒸汽船喀里多尼亞號（SS *Caledonia*）在隔天下午趁著漲潮出航。

他們名義上的登山隊隊長是布魯斯的副手——史卓拉特這名戰功彪炳的軍人與外交官。出身貴族而家境富有的他，可說流利的德語跟法語，也是一名優秀的高海拔登山者，但四十八歲的年紀代表他並不適於聖母峰的攻頂。他在一九二一年十一月二十日的體檢中過了關，結果中僅註明「下顎左側於一九一四年受到的小傷並未損及任何肢體功能，此外他戴有一顆假牙，看來毫無問題」。他還能活著其實很幸運。在大戰的第一個秋天從芒斯撤退時，身為皇家蘇格蘭人兵團（Royal Scots）第二營營長的他，曾在空曠處被多枚落彈夾攻，導致他嚴重腦震盪且身體部分癱瘓，長達九個月的時間不良於行，後續的影響綿延近兩年。直到了一九一六年的夏天，他才被認定有能力在遠離前線的希臘薩洛尼卡肩負參謀工作。

經過戰爭洗禮，史卓拉特變得複雜而難搞，別人的意見他都不太聽，且不論怎麼看都讓人感覺浮誇而傲慢。莫里斯形容他是「我這輩子見過最自以為是的傢伙……待人算是客氣慷慨，但其他方面卻像是上個世代的活化石」，他代表著舊世界的孑遺，代表著那些已在壕溝中死去的特權與榮譽。當在歐洲恢復和平的頭幾個月裡，革命讓維也納陷入動盪時，史卓拉特親自去拯救了奧匈帝國的皇室，只因為他們是史卓拉特自小的舊識。他護送了末代皇帝卡爾一世（Charles I）與其皇后到安全無虞的瑞士，而這一大膽而勇敢的舉措也如溫斯頓・邱吉爾所說，避免了俄羅斯帝國的羅曼諾夫大屠殺（Romanov massacre；沙皇尼古拉二世暨其皇后及五名子女遭布爾什維克革命份子滅門）的悲劇重演。惟這也為史卓拉特掙得了外交大臣寇松爵士的敵意。寇松為此指控他叛國，並威脅要以軍事審判來處置他。馬洛里在喀里多尼亞號上聽說了這故事，他心想，一個願意挺身與前總督過不去的傢伙，怎麼說也不可能一無是處。

馬洛里顯然很享受他的第二趟印度之旅，主要是他很開心能藉此逃離他前幾週那忙得人暈頭轉向的生活。除了為《聖母峰：一九二一年探險任務》（暫譯，*Mount Everest: The Reconnaissance, 1921*）一書撰寫長長的段落，好讓艾德華・阿諾趕著印刷，還有偕辛克斯與聖母峰委員會完成設備檢討報告暨新任務的籌備以外，他還在英國全境四處奔波，前後在十週內發表了三十場風靡了輿論的公開演講，講題自然是聖母峰的故事。在曼徹斯特可容納三千名聽眾的自由貿易廳（Free Trade Hall），他的演講座無虛席，而這還沒算有數百人向隅而只能悻悻然離去。他都還沒擠出點時間給家人，就又得為了新任務上路，而這一去又得是幾個月。上了船的他仍一心追求著浮生半日閒，或是他口中所稱「充滿滋味的沉默」，藉此來進行思考與閱讀。他帶在身邊的有維吉尼亞・吳爾芙的《夜與日》（*Night and Day*），還有《凡爾賽和約的經濟後果》（*The Economic Consequences of the Peace*）這本對該條約的猛烈針砭之作，作者是約翰・梅納德・凱因斯，也就是他好朋友傑佛瑞・凱因斯的兄長。惟馬洛里也很享受隊員的陪伴，不怎麼有壞了他一九二一年興致的那種疏離感。「我們日復一日在微笑般和煦的陽光裡相處融洽，」他在三月七日逼近埃及塞得港（Port Said）時寫信給茹絲說，「探險隊的成員們都笑口常開，隨便一個話題都聊不完。」

他的這群隊友確實不能小看。霍華・森默維爾先是光在不列顛島上就累積了不下三百五十筆的攀登實績，然後前往了阿爾卑斯山，在那裡利用一個六星期的長假蒐集到了逾三十座高山的山頂。壯到一個不行的他不但軀幹結實，就連頭也出奇地大，搞得身邊的人都會拿他的帽子尺寸尋開心，但個頭這麼大的森默維爾其實有著極其溫柔的靈魂。懂得節制自己也懂得憐憫他人的他，是個虔敬的基督徒，但其幽默感也從不離身。以三十一歲的年紀，他已經是個優秀的外科醫師，是把水彩用得活靈活現的畫家，也是造詣甚高的古典音樂家，由此他甚至在探險過程中開人類音樂研究之先河，第一次認真地把圖博的傳統音樂當成民族音樂學的探索對象。做為一名登山者，他擁有宛若取之不竭的儲備能量，而且跟馬洛里一樣對岩石跟坡度的組合毫無抵抗力。某隊員曾在信中對辛克斯回報過一件事，那就是喀里多尼亞號在直布羅陀靠港也不過短短兩小時，森默維爾也能「跑去攀岩，並在十分鐘內幾乎爬到了山頂。但他之所以功虧一簣不是因為能力不足，而是因為誤闖軍事重地而遭警察在山頂附近喝令下山。」

而關於亞瑟．威克菲爾，把他推薦給聖母峰委員會的，是對馬洛里而言亦師亦友的傑佛瑞．楊恩，主要是楊恩未曾一日稍忘威克菲爾在一九〇五年創於湖區的紀錄：以二十四小時不到的時間移動五十九英里並進行連續登頂，累計垂直上升高度達到兩萬三千五百英尺。楊恩在一九二一年就希望延攬他到探險隊上，但威克菲爾當時已經在加拿大東部的森林小鎮裡開業行醫，無法輕易割捨自己的事業。他在一九二二年被招募進探險隊裡擔任登山隊員而非隊醫，但四十六歲的年紀對他不是很有利。布魯斯將軍後來會不太客氣地說他是個「有頭有臉的紳士……（但他）在隊上就是名觀光客……不怎麼能適應高度」，但這還沒有另外一名登山隊員喬治．芬奇說得難聽。喬治．芬奇更加毒舌地說威克菲爾「在緊張情緒裡虛耗了自身的能量，直逼歇斯底里。」

確實，他的家人也承認戰後的威克菲爾為憂鬱症與緊張焦慮所苦。別忘了他曾在索姆河前線後方的一處傷員分流站擔任外科醫師。一九一六年七月一日，他眼睜睜看著紐芬蘭兵團在博蒙阿梅爾遭到全殲，而那數百個年輕人可都是他在拉布拉多（Labrador）擔任邊境醫生時，一手帶到這世上的紐芬蘭子弟。這是個他一生都沒有痊癒的創傷，所以一九二二年前往聖母峰的那個人，肯定不是傑佛瑞．楊恩在戰前認識的那個人。但話說回來，若觀察探險隊的實際紀錄，我們會發現布魯斯與芬奇對他的批判誇大而不公平。隨著隆斯塔夫的身體狀況嚴重走下坡，威克菲爾將會挺身而出承擔起隊醫的職責，並最終救回了幾名登山者的性命，贏得了他們歷久不衰的尊敬。

一場憑空冒出的戰爭，吞噬了一整個世代，並在其身後留下了一片孤寂的荒原。所有歷經過這場戰爭的人，都要想辦法面對自身內心的傷痕。森默維爾也曾經在索姆河擔任過外科醫師。而在那駭人的第一天早晨，他獨自走過了廣達六英畝面積的擔架，躺在上面的人非死即傷。那是他一輩子最慘絕人寰的經歷，但這經歷卻領著他更深入了名為基督教的信仰與慈悲，最終將他從創傷中解放。雖然他在與史卓拉特大聊特聊的時候並不知道，在跟威克菲爾於喀里多尼亞號打甲板網球的時候不知道，跟馬洛里在晚上下西洋棋的時候也不知道，但森默維爾這人生第一趟的亞洲之旅，他將一去不返。他將放棄在哈利街擔任外科醫生的優渥職涯，在口袋裡只有六十英鎊下旅行穿越印度，最終落腳在南邊的特拉萬柯（Travancore），並在那裡加入傳教醫院，成為當中的工作人員。在四十年的漫長歲月裡，他將為了掃除所有關於死者的記憶而拯救活人，每年帶著一小隊志工治療高達二十萬名病例、開多達一萬五千台外科手術，並從事痲瘋病的尖端研究。自此終其醫療生涯，森默維爾都會每天獨自看至少一百五十名本地的病人，必要時主日也不休息。在信仰上他從來不是個教條主義者，在喀里多尼亞號上，他曾有一晚被一名心胸狹隘的基督教乘客訓斥不應該姑息飲酒與舞蹈，但對此他只是莞爾一笑。

在馬洛里內心，攝影師約翰．諾艾爾則是探險隊給他的驚喜。正式接下以靜照跟影片將攀爬過程記錄在膠卷上之任務的諾艾爾，在某些人的記憶裡是喜馬拉雅山的老將，聖母峰是他心懷的夢想。偕他（如今已長眠在崗巴宗）的好友與恩師亞歷山大．凱拉斯，諾艾爾早在戰前就醞釀著要登頂的計畫，即便得為此忤逆查爾斯．貝爾與圖博官方也在所不惜。一九一三年，偽裝成在地人的他曾逼近到塔什拉克，距離聖母峰僅剩四十英里，才被武裝的圖博士兵趕回到錫金。同時，也是靠著他在一九一九年三月十日於風神音樂廳向皇家地理學會發表的演說，才啟發了榮赫鵬跟英國山岳會的波西．法拉爾採取行動，進而觸動了一連串事件，並以一九二一年的探險任務畫下句點。

諾艾爾絕非泛泛之輩，而是以今日的標準也完全稱得上創業家的一號人物。他天生就有各種瘋狂的點子，而且會實際去推廣。事實上他的瘋狂想法，跟今日的登山任務想跟金主要錢時所拼湊提出的那些企畫，可以說如出一轍。一九二二年，要不要使用補充氧氣成為了引發大辯論的話題，這導致他提出了一個建議是鋪設管線把氣體送到聖母峰頂。如果要用鋼瓶，則他建議以飛機進行空投。為了維持從圖博穿越道聖母峰的補給線暢通，諾艾爾提議運一輛雪鐵龍的曳引機翻過扎勒普拉上到春丕河谷。車子這種東西，反正都已經被送去拉薩給達賴喇嘛了——拿一輛給爬聖母峰的人用又有何妨？為了募款，諾艾爾可以化身為創意的噴泉，而這也是辛克斯對他評價會如此高的一個原因。

咸認很會說故事的諾艾爾在船航向孟買的漫長旅途中，會動輒跟馬洛里等人分享他前往拉布拉多的遊記，他在波斯當間諜的經歷，他早年為了登上聖母峰所做的努力，還有他在戰爭中的體驗與資歷，包括他身為一名小型軍械講師，曾經是英軍中數一數二頂尖的手槍射手。想當然，他隻字未提自己因為砲彈休克而住院的那幾個月，也沒有論及在他戰爭中被緊張焦慮折磨了好幾個月。但他倒是興致勃勃地分享了他是如何著迷於攝影這門新穎的藝術，而講到這個話題，他可以說把馬步蹲得很穩。身為靜物攝影師，他深受維托里奧・塞拉（Vittorio Sella）的作品影響。話說這名義大利攝影先驅幾乎是隻手創立了山岳攝影，畢竟連讓這門藝術變得可行的設備都是由他所發明。至於在動態攝影上給予諾艾爾啟發的，則是赫伯・彭廷（Herbert Ponting），也就是把一九一〇到一九一一年南極探險拍成紀錄片的那位。諾艾爾在前往聖母峰之前，足足把這部電影看了十六遍。

跟彭廷與塞拉一樣，諾艾爾也會特別為了要挑戰的山脈去設計或修改工具。除了相機、腳架與數千英尺長的底片以外，他還帶了幾樣東西：防光的帳篷來做為處理底片的地方，沖洗用水槽與化學固定藥劑，還有為了把底片弄乾燥，可以燒犛牛糞的特殊爐具。他的相機是以彭廷在南極用過的三十五釐米的牛頓－辛克萊（Newton-Sinclair）機種為模型打造，且為求輕量而以杜拉鋁（硬鋁）製成，長十八英寸，高一英尺，有不須上油的特殊軸承，還有保護用的橡膠套可以讓他把臉貼上接目鏡，而不用擔心皮膚會黏在金屬上拔不下來。底片匣可容納四百英尺的底片，想往前撥動可靠電池或手動曲柄轉動。這台相機搭載二十吋的泰勒哈伯森（Taylor Hobson）望遠鏡頭，光學鏡片是於戰時進行研磨。附在相機頂端的是特製的六倍導向望遠鏡，可指認遙遠目標在山上的位置與身分。即便「全副武裝」，這台相機的重量也不會超過二十磅。

諾艾爾帶來一九二二年探險隊的不只是走在科技尖端的硬體設備，他還帶來了一套成熟而深刻的現代美學，當中涵蓋了世間少有的、對膠卷做為一新媒介的真正理解。這項科技以及由這科技衍生出的商機與產業，才僅僅問世不到二十年。英國大眾尤其尚未培養出對電影長片的愛好，他們這時還是比較鍾情記錄片，而這兩種電影形式也正是在戲院裡打對台的死敵。惟不論是長片或記錄片，都有著嶄新而令人驚異的能力，可以在烏漆墨黑的空間裡憑空召喚出閃動的影像，當中有著突破想像力的狂野世界。戰時所拍攝最受歡迎的一部影片，是官方認可的紀實電影《索姆河戰役》（*The Battle of the Somme*），發行於一九一六年八月，即便當時戰事仍進行得如火如荼。雖然已經把內容修剪得很「乾淨」了，但電影中的現場畫面與赤裸裸的前線生活，仍讓對戰爭的現實毫無心理準備的英國大眾倒抽了一口冷氣。

在承平時期，電影紀錄片披露的是遠方土地給人的遐想，以及一種能讓人從現實逃脫的異國魅力。在諾艾爾與其他人航向印度時，法蘭克・赫利（Frank Hurley）正計畫著要前往新幾內亞，而這趟旅程將讓他創作出《珍珠與野人》（暫譯，*Pearls snd Savages*）。同時，史上最受歡迎的民族誌紀錄片，也就是勞勃・弗雷爾提（Robert Flaherty）的《北方的南奴克》（*Nanook of the North*）正在全英國的一間間戲院裡火熱上映，座無虛席。

諾艾爾的聖母峰大計，也毫無疑問屬於一九二〇年代一波冒險創作風潮的一環，而正是這波風潮，推動著電影製片到天涯海角一探究竟。這一趟趟冒險作品在被疲憊不堪的英國人熱烈擁抱之餘，其實也代表著其背後一個更大的追尋，那就是這些電影想要設法證明，個人的生與死絕非輕如鴻毛、不再有意義，證明戰爭並沒有把一切英雄事蹟與讓人心想「有為者亦若是」的事情統統抹去。人品高潔的登山家爬在崇山峻嶺之上的影像，他們扎扎實實爬過死亡的地界而達到天堂，超脫了現代世界那些汙穢現實的畫面，先從約翰・諾艾爾的想像力中浮現，再透過他的鏡頭被拍成影片。在山間，馬洛里曾對諾艾爾抱怨說他大老遠來到圖博，可不是為了拍電影當明星，這段話後來廣為人知。但事實證明馬洛里雖然不見得有意會到，但他還真的因為電影紅了。「手拿攝影機的聖・諾艾爾」——正好是天主教徒的布魯斯將軍會這麼親切地稱呼這名製片朋友——將在這件事上用力推一把。諾艾爾拍的兩部電影《攀登聖母峰》（暫譯，*Climbing Mount Everest*，1922）與《聖母峰史詩》（暫譯，*The Epic of Everest*，1924）讓聖母峰的挑戰既被昇華為舉國的任務，也象徵著帝國的救贖，同時這也捧紅了馬洛里，讓這個相對沒沒無聞的登山家躍而躋身大人物之列。「若你也跟他們一樣活過，」諾艾爾在《聖母峰史詩》的最終問道，「然後在大自然的包圍下死去，那你捫心自問，還會覺得自己有辦法更加死得其所嗎？」

一九二二年任務中另一項劃時代的發明，是氧氣。這很大程度上歸功於亞歷山大・凱拉斯在戰前的研究，當時已知在聖母峰頂的登山者若以正常的方式呼吸，將只能吸入海平面三分之一的氧氣量。缺氧除了弱化人體，更嚴重的是會導致高山症。「高山症」這個名稱聽起來不需要大驚小怪，但它其實有個可怕得多的別名，叫做「腦水腫」。在牛津大學的壓縮室裡，一次次實驗顯示高海拔對人體的影響，可以經由氧氣的補充獲得明顯改善，而到了一戰的尾聲，皇家空軍幾乎每一架飛機都配備了適合的氧氣裝置。這項知識很顯然對登山具有極大的應用潛力，差的就是可攜式的氧氣來源：內含高壓氧的鋼瓶、安全無虞的調節閥，再加上一副面罩。

不過這項應用最大的挑戰並不在技術面，而是倫理與審美。像亞瑟・辛克斯與布魯斯將軍等傳統派所質疑的，是使用氧氣算不算作弊。威克菲爾對其高度懷疑，馬洛里則直指這是「該死的異端邪說」。辛克斯明明對登山一無所知，卻批評得最大聲：「爛貨才用氧氣。」他在給布魯斯的信中堅稱。至於那些比較有科學觀念的人——尤其是霍華．森默維爾與喬治．芬奇——則跟著證據走，這一派認為在高山補充氧氣也許是人為的助力，但也不會比挑一雙訂做的登山靴更人為、更犯規。

其實這場論戰的複雜性與實質上的爭議性，都要比上述兩派願意承認的更高。一方面，氧氣的使用有其不確定性與高危險性。牛津大學的喬吉斯．德萊爾（Georges Dreyer）教授曾經與凱拉斯合作過，而他表示自己無法保證什麼。「我不覺得你能不帶氧氣上去，」他提醒說，「就算你不帶氧氣上去了，也可能下不來。」沒有人知道在那那樣的極端高度下，事情會如何演變，也沒有人知道萬一設備失靈而氧氣中斷時，會不會發生什麼慘劇。光是需要戴上貌似防毒面具的氧氣罩，就是個會讓人作惡夢的想法。約翰．諾艾爾率先使用了一個詞叫做「聖母峰的死亡世界」，那是一個超出了「生命區域」的死亡地帶，登山者說不準會在那裡「被一種無色無味的神祕氣體搞到窒息」。為了爬上山頂而用會勾起壕溝戰回憶的面具蒙住一張臉，讓人分不出誰是誰，怎麼看也不像是英雄豪傑所為。

但反過來說，他們的種種努力不都是為了爬上山頂嗎？登頂才是唯一要緊的事情。哈爾丹教授（J. B. S. Haldane）這位曾以其意見影響過森默維爾的世界生理學權威，看法是聖母峰頂可以在不補充氧氣的前提下到達，只不過補充氧可以買一個保險，讓登頂成功更加穩當。一開始強烈反對的隆斯塔夫經過一段時間後，慢慢轉變成跟教授一樣的想法。二月十日，也就是探險隊要搭喀里多尼亞號出航的三週之前，英國山岳會的波西．法拉爾做為與辛克斯在聖母峰委員會裡爭奪主導權的對手，寫信給了榮赫鵬說：「我應該要大大方方地表明自己很願意不戴這種氧氣，（但）同時我確信隆斯塔夫說的是實情，我們想抵達山頂非靠氧氣不可。」

由此而來的挑戰，就是要先發明出一種可以帶到山頂的輕量裝備，然後再慧眼挑出一名登山者來統籌這一切。這人選得有技術確保裝備無虞或在出問題時自行修理，也得有能力訓練其他人使用。想當然耳的候選人是喬治．芬奇，畢竟他是英國在冰上攀登的第一把好手，也曾在牛津與凱拉斯跟哈爾丹密切合作過氧氣問題研究，是個貨真價實的科學家。芬奇參加一九二一年探險任務中的資格，於最後一刻遭到哈利街的醫師否決，而疑雲便自此籠罩在他的名聲上，但他的實力終究無法被抹滅。馬洛里肯定希望芬奇一起來，就算只是為了北坳的挑戰。法拉爾從未須與失去對芬奇的信心。「芬奇是薩洛尼卡的毒氣專家——史卓拉特如是說。」法拉爾寫信給榮赫鵬。「他的資格完全沒問題。」當榮赫鵬進一步追問時，史卓拉特回應說，「雖然與芬奇私交不深，但我個人不反對讓他加入。他跟我同時間服役於英軍的薩洛尼卡野戰軍，工作表現以及在單位裡的人緣都很好。我想查爾斯．布魯斯跟我都應該應付得了他。惟同時若其他隊員不喜歡他（這點據我所知恐怕屬實），那情況就又有些不同了。總之一句話回答你，我希望芬奇能加入。他是我支持要挑戰聖母峰的人選，這點我們斷不可忘記！」

一九二一年十二月三日，榮赫鵬發了信給芬奇，徵詢他一九二二年成行的可能性。辛克斯依舊要求要體檢，但也不厭其煩地提醒芬奇即便他體檢過關，也不代表隊上就有他的位子。彷彿有放射性而被敬而遠之的芬奇，得等到十二月十五日才獲得正式邀請，而後來是在他簽下了保密協定，且因為照片在一九二一年的報紙上出現，他在登山隊上的一席之地才獲得確立。那些曝光的照片其實未獲皇家地理學會授權，他因此被辛克斯狠狠唸了一頓。

確定成行後，從來沒去過喜馬拉雅山區的芬奇便著手以章法與毅力面對聖母峰的挑戰。為了預料之中的嚴寒，他聯絡了S．W．席爾維公司（S. W. Silver & Co.）這家專門生產軍隊制服與探險裝備的企業，下訂了他自行設計且量身訂做的禦寒衣物：及膝的長版大衣、長褲、縫有鴨絨內裡的手套。這些衣物在一九二二年二月送給了榮赫鵬審視。相較於諾佛克花呢外套的美觀剪裁，這世上第一件羽絨外套真的是不時尚到了極點。但到了山上，它將會證明它的價值。

同一時間，芬奇還跟另一家追求創新的英國公司布比格爾曼（Siebe Gorman）共同研發供氧裝置，畢竟這家公司原本就是深度潛水科技的先驅，相應的產品包括壓力頭盔、精密的調節器、橡膠管，還有可以為潛水者阻絕深海危險的潛水衣。雙方合作出的成果是一個相對簡單的玩意，一個高山專用的卑爾根背包（發明人是挪威的歐爾・F・卑爾根〔Ole F. Bergan〕）裡裝著四枚瑞典鋼瓶，滿載各重五點七五磅，使背包總重三十二磅。調節器的設計是以一萬五千英尺的海拔高度設定來傳輸空氣，而該流速可以提供全長七小時的額外氧氣。考慮到有人會覺得呼吸面罩戴起來很悶，芬奇設計了第二種傳輸系統，也就是用管玻璃製成的簡單口器。他在牛津大學的實驗室裡測試了這個裝置的原型，然後在進行了若干修改後，下單生產十一套整組裝備給探險隊使用，其中十套乘蒸汽船齊爾卡（SS *Chilka*）號被送到了印度，一套由芬奇留在身邊，帶上了喀里多尼亞號，而登山隊全員也將在喀里多尼亞號上參與供氧操演，以便增加對相關裝備的熟悉度。

惟即便此一科技的貢獻是如此不同凡響，芬奇卻也沒有斬獲在隊上的尊重與人望。真要說，這反而激化了辛克斯對他的敵意。事實上，很多人都知道辛克斯在一封給布魯斯將軍的信裡調侃過他們在高山供氧上的努力：「這天午後我們去觀摩了供氧練習。他們搞出了一套超奇葩的裝備，你看到一定會笑死。芬奇穿著他有專利的登山裝與呼吸裝置組合，那畫面請務必要請官方的攝影師拍下來。我會很樂於拿點錢出來賭馬洛里能不靠四瓶氧氣跟一個面罩，就搞定兩萬五千英尺。」

布魯斯也沒有比較手下留情。他在一份報告中承認芬奇無疑是探險隊在雪面與冰面上的第一把交椅，還說芬奇「在其科學成就以外的各個方面都很多才多藝，給探險隊幫了大忙」，但也在同一份報告中，將軍也發表了他對芬奇的個人看法：「（他）固定在二月一日清潔牙齒，然後同一天若水夠燙就順便洗個澡，水不夠燙就明年再講。若能在寺院裡先當半年的見習喇嘛，那我或許就能夠與他在溫珀帳篷裡共處一室了吧。」布魯斯為什麼會對芬奇這麼有意見，我們不得而知，須知在布魯斯寫下這些刻薄評語的同時，二十四歲的芬奇做為一個相對年輕的登山者，已然在山間創下了許多英雄事蹟，包括他在種種不利的條件下創下新的攀高紀錄，而這還不包括他曾放棄了攻頂的機會去拯救了其登山搭檔兼將軍的親姪，也就是傑佛瑞·布魯斯的性命。

約翰·莫里斯曾憶起在登山隊抵達大吉嶺後不久，發生了一件事情。一整週的英文報紙寄到後，當中有一份《倫敦新聞畫報》（*Illustrated London News*）的中間兩頁登出了芬奇的照片，其中一張顯示他正專心在修理靴子。話說芬奇沒有上過像樣的學校，布魯斯將軍與史卓拉特中校可以睜隻眼閉隻眼；而芬奇選擇了科學這個不符合紳士身分的領域當志業，則有點挑戰將軍與中校的極限；但這都比不上芬奇修理自己的靴子，這種行為讓兩名前軍官鄙視到髮指。史卓拉特尤其怒不可遏。「我至今難忘他看著那張照片時的僵硬表情，」莫里斯寫道，「『我就知道這傢伙是坨屎。』他說，而我們其他人都在結冰的沉默中看著他臉上露出譏諷的神情。」

原來這份報紙會出現在郵遞的包裹中，是辛克斯特意的安排。他就是要故意去藉此去嘲弄芬奇，挑釁芬奇。那則報導早就是幾個禮拜前的舊聞，那些照片也都攝於芬奇正式獲邀加入一九二二年任務的很久以前，所以芬奇違反了與聖母峰委員會的保密協定一說，完全是子虛烏有的荒誕指控。《倫敦新聞畫報》會登出那些照片，只是因為榮赫鵬正式透過各大報宣布要挑戰聖母峰之巔的兩人攻頂小組，其人選將分別為喬治．馬洛里與喬治．芬奇。這代表布魯斯對他的詆毀可以被放到一旁，芬奇這個在個人衛生習慣上其實一絲不苟的登山家，即將於喜馬拉雅山上展現光華。

在喀里多尼亞號上，關於氧氣的爭議也上演了其專屬的小劇場，其中一邊是抱持高度質疑的威克菲爾陣營，另一邊是堅持己見而能幹到讓人生厭的芬奇陣營。「我必須說在這一群人裡，芬奇逗樂了我，他這人還滿有趣。」馬洛里寫信給茹絲說，「我很好奇他的頭圍有多大，因為一般人好像可以往上長的地方，他的頭卻是橫著長。他是個狂熱分子，不常笑。供氧課程是他的最愛。」為了緩和氣氛，森默維爾手繪了一系列素描，是登山者鎩羽而歸的下山畫面，而且每個人都直接從鋼瓶裡吸著氧氣。芬奇笑不出來。他堅信除非有氧氣的輔助，否則登頂絕無可能。

惟這畢竟是個沒有人做過的實驗，所以當中難免有相當風險。颳著強風的兩萬八千英尺山上，絕對不是個練習使用裝備的好地方，因此他認定每個人都要在平地上練到鋼瓶彷彿是延伸出的肺臟，完全沒有異物感才行。芬奇堅信氧氣鋼瓶的好處會值得人增加三十多磅的負重，但並沒有幾個人同意他。

不過馬洛里聽完芬奇的演講，卻抱持著相當的希望，他相信氧氣「可以在兩萬五千英尺的營地以上為我們帶來好處，但不會造成生理上的危險」。對任何可能有助於他們成功登頂的東西，他都抱持著開放性，但想到要把橡膠管含在嘴裡，確實讓他覺得噁心。「我想到口水會往下滴就渾身不對勁。」他寫道。而就跟其他人一樣，他也才試過一遍，就覺得自己已經掌握了這玩意，並私下在史卓拉特上校取消了後續的演練後，於噴汽揮別紅海並進入印度洋的喀里多尼亞號上鬆了一口氣。

他們抵達孟買，是三月十七號星期五的事情，而這時距離他們的火車要出發到加爾各答，只剩五小時而已。只不過甘地被逮捕的消息，於此時傳到了他們在亞丁的耳裡，而這就代表他們也得知了總罷工跟鐵路停駛的消息。三月十二日就出發前往大吉嶺的隆斯塔夫，還因此被捲入了混亂當中。惟短短數日內，軍隊的介入就打通了交通線，因此三月十七日才從喀里多尼亞號下來的眾人並沒有被耽誤行程。在威克菲爾與馬洛里共用一個鋪位的狀況下，他們兩天不到就穿越了印度，在星期天中午之前來到了加爾各答的霍拉（Howrah）車站。在史賓斯飯店（Spences's Hotel）用過午餐後，加上匆匆走訪了一下當地的市場與有（惡）名的加爾各答黑洞（Black Hole of Calcutta）[1]，他們便動身前往北站去搭乘下午四點五十的列車——要在車上過一夜，終點站是西里古里的大吉嶺特快（Darjeeling Express）。隔天早上，布魯斯將軍開車出來，陪他們行完了進入大吉嶺前的最後幾里路。最終他們到達大吉嶺，時間是三月二十日星期一的過午不久。

一到大吉嶺，馬洛里就溜去住在了謝夫蒙德（Chevremont）飯店，並在那裡與莫斯海德一家——亨利．莫斯海德和他太太艾薇——會合；他們一家自從二兒子在去年出世後，就順便在大吉嶺過了冬。經過一番外交折衝，莫斯海德終於獲准加入了這次的新任務，身分不是調查員，而是登山隊的一員。圖博當局不希望再有人打地圖的主意，而查爾斯．貝爾也確保了印度調查局在這第二趟任務裡沒有任何正式的角色。馬洛里對地圖繪製一點也不關心，但他甚至開心能看到莫斯海德這匹一九二一年任務中的老馬，可以再次跟他一起上山奮鬥。那晚他們散步進了城，在全隊其他成員下榻的聖母峰飯店吃了一頓布魯斯將軍作東的晚餐，赴宴的除了將軍還有莫里斯、隆斯塔夫與傑佛瑞．布魯斯。這麼多探險隊的成員這樣湊在一處，這還是頭一回，所以莫里斯注意到大家的互動還是在正式中帶著幾分尷尬。

也確實，大家一面小心翼翼地注意自己的話語，一面也很注意彼此的一言一行。而要比誰最被大家用看不到的顯微鏡在審視，芬奇應該是第一名，而一如他的日記行文可以證明，芬奇本身也是對其他人意見最多的一個。在日記裡，他一劈頭就嚴詞批判起了印度百姓，還有印度這個他第一次來，所以也幾乎一無所知的國度。他此時寥寥可數的「印度體驗」，不外乎就是一路上的火車跟少許的孟買與加爾各答。「這個國家相當之富饒且氣宇軒昂。」他寫道，「（但）平原上的住民看起來體態很落魄，心靈則極為低賤，跟畜牲差不了太多。他們的希望恐怕只能寄於政府的專制與獨裁。山上的居民則與平地人大相逕庭。他們看起來令人滿意，顯然懂得打理自己與自食其力。他們鄙視平地人，而我必須坦承我覺得他們這麼想完全說得過去。」

出自一個初來乍到的人嘴裡，這實在不是很令人稱許或心胸夠寬大的評語。真要說，這是對傳統英國價值的一種反映，而這也正是英屬印度在分崩離析的最大原因。聖雄甘地正是在聖母峰探險隊於海上航行的兩星期中遭到了逮捕，並被指控在印度軍中煽動叛亂與不滿，而他也求之不得地坦承了有罪。他在受審時為自身辯護，並在過程中回顧了他如何在南非遭到歧視，如何在波耳戰爭中為國效力，如何相信了英國王室會讓在加里波利半島跟在西部戰線服役的數百萬一戰印度士兵，為了他們的忠心耿耿而得到回報。背叛那道承諾，讓印度人夢想幻滅的，

1 加爾各答黑洞是一七五六年英法在爭搶印度半島殖民利益而引發衝突時，法國臨時建於孟加拉來囚禁英軍俘虜的土牢。同年六月二十日，囚禁在此的一百四十六名英國與印度傭兵有一百二十三人窒息而死，國際輿論譁然。

是「羅拉特法案」(Rowlatt Acts)[2]，還有阿姆利則慘案的血跡斑斑。甘地說英國不但食言而肥，而且還將印度的民族自尊壓得粉碎。「我的淺見是，」他告訴庭上，「與良善合作，是人的職責，不與邪惡合作也是。」語畢，他便請求庭上以法律容許的最嚴厲懲罰降罪於他。芬奇等人抵達大吉嶺的兩天後，甘地被判要在葉拉瓦達（Yerawada）監獄服六年徒刑。在大吉嶺，英國社區為此雀躍不已。

在芬奇用嚴厲的目光掃視其印度見聞時，他的登山夥伴們也沒有逃過被芬奇行注目禮的命運。在三月二十一日的日記裡，在認識部分隊員還不到一天的狀況下，他便已對這些夥伴施展了他的分析能力與正氣凜然——很多人會覺得那應該叫做傲慢——結果把他的同伴們搞得心煩意亂：「我很好奇未來的發展會在何種程度上證實，或證偽，我此刻對這群人中每個個體的看法，為此我將在每個人的名字旁邊寫下我目前認為他們此行有所成的機率有多大。」布魯斯將軍、湯姆．隆斯塔夫與約翰．諾艾爾三人被他列為將一事無成。布魯斯上尉：「兩萬三千英尺的料；年紀太輕（所以欠缺毅力），肺活量也不特別突出（有點前胸貼後背的他胸膛不算厚實），稱不上是個登山者。」莫里斯上尉：「也就兩萬三千英尺的程度；還戴眼鏡。同樣稱不上登山者。有點笨拙。身體太長，腿太短。」克勞佛上尉：「大概兩萬兩千英尺。個性緊張，微微有易歇斯底里之嫌……看他的氣色，他現在搞不好還輕微失眠。」

就這樣一個一個，芬奇狠狠數落了所有人。史卓拉特中校有機會拚到兩萬四千英尺，只可惜他從根本上欠缺自信，而這一點應該會讓他止步於兩萬三千英尺。威克菲爾跟克勞佛一樣，看得出緊張，「明顯地歇斯底里，因此恐怕沒辦法好好地保存體力。年紀非常明顯地對他不利。」莫斯海德少校有些潛力，但也「不是天生的登山者」。霍華．森默維爾有達到兩萬四千英尺的條件，只不過他「有點太重，因此可能會有肌肉緊繃的問題。在牛津大學以減壓艙進行高度模擬的時候，他才兩萬三千英尺就玩完了。」惟有馬洛里一枝獨秀，讓人覺得放心：「實力應該有到兩萬四千到兩萬五千英尺，也許可以再撐一點上去，但極限怕是不會超過兩萬五千五百英尺。我傾向於視他為隊上的王牌，前提是他要學著去放慢速度，不要自亂陣腳。」他的自評是：「我希望芬奇上尉能不要輸給馬洛里。同時我也希望我不要被叫去挑戰不帶氧氣的攻頂……因為我堅信聖母峰不是不帶氧氣就可以攀登的山頂。」當時的登山高度紀錄，是由阿布魯茲公爵在喀喇崑崙山所創，而以此為例，他補充說任何人不多帶氧氣想要爬到兩萬四千六百英尺以上，這輩子都不會再有機會爬山，不管有氧無氧。他認為在聖母峰上，第二次機會這種東西絕不存在。

2 一九一九年二月，英屬印度的立法機構皇家立法會（Imperial Legislative Council）通過羅拉特法案，允許特定政治案件不需陪審團，並可以未經審判就拘留嫌犯。

登山隊的最後一名成員，讓芬奇即便眼睛長在頭頂上，也不得不定睛看一下：他就是一九二二年隊上的新血，那天才剛從孟加拉上來的艾德華・菲利克斯・「泰迪」・諾頓少校（Major Edward Felix "Teddy" Norton；漢名為「岳桐」）。這之前有一個禮拜的時間，他都在加爾各答的醫院裡靜養，主要是他在殺入卡迪爾盃的決賽之後，出現了嚴重的痔瘡。手術雖然沒必要，但他的情況還是相當嚴重。血栓痔瘡（thrombotic hemorrhoids）這種在喜馬拉雅地區很常見的疾病，會痛到讓人極其虛弱。馬洛里對諾頓究竟適不適合加入團隊，提出了質疑，但芬奇只看到其雄厚的潛力：「有兩萬三千英尺的實力；軀幹修長，相形之下腿有點短。耐力不錯。或可一拚兩萬四千英尺。」

泰迪・諾頓以三十八歲的年紀，可以說是一九二二年探險隊挖到的一顆珍珠，一個極具領導力、品格與勇氣的男人。一九〇二年從伍爾維奇皇家軍事學院畢業任官後，他便一路從年輕小伙子當兵當到現在。二十三歲時被派駐到位於密拉特（Meerut）的皇家騎砲兵團（Royal Horse Artillery）後，他的軍旅生涯便一直待在印度各地，而最終他也幹到了總督的副官，然後才在一九一四年的夏末隨兵團航向法國。他能夠在一戰中倖存下來，是統計學上的奇蹟，因為從英軍初次攻擊埃納與馬恩河，中間穿插伊珀爾、盧斯與索姆河，還有阿拉斯，以及一九一八年的德國春季攻勢，他幾乎真正做到了「無役不與」。三次在軍情報告中被提及的他曾獲頒軍功十字勳章、傑出服務勳章，乃至於除了維多利亞十字勳章以外的每一種獎章，而這全都證明了他作戰時的英勇。

一九一八年三月二十一日在巴波姆，諾頓也照例沒有缺席，當時德軍啟動了一戰開打以來最大規模的轟炸，地毯式的毒氣攻擊讓九個營的官兵無一生還，炮火撕開了由第四與第五軍構成的整條前線，德軍四十五個師因此得以湧入。諾頓也是砲兵軍官的親兄弟在戰鬥中陣亡，諾頓所部的砲兵連也遭到席捲，他的士官兵被機槍炮火打得四散。諾頓讓砲依序撤退，但最終他還是回到了戰場。六個月後，他人在康布雷見證了情勢的逆轉。協約國陣營的砲兵部隊，前輪貼後輪地集結了數千門火砲，構成了兩道綿延不絕的縱射陣列，然後火光一閃，只見一片完美的火幕以空前的準度射出，協約國的坦克與部隊也得以洶湧向前，發動了為一戰畫下句點的壯觀攻勢。這個戰法是索姆河之役的解答，但依舊非常不好打。一名德國士兵單槍匹馬摧毀了英軍五輛坦克，然後諾頓看著這個士兵被捕後，以刺刀捅死自己在血泊中。但這不是他會帶走的回憶，就像他也並不想一心惦記著自己的弟弟是如何因為法軍炮火的流彈而殞命。太多的死亡在他眼前來來去去，讓他不由自主地珍惜起自己能活下來是多麼幸運。

諾頓少校在經過戰爭洗禮後，也出落成一個集沉靜、自信與不可思議於一身的存在，而這種特殊的氣質，也讓所有人會宛如反射動作似地追隨他的領導。「諾頓太棒了，」馬洛里在第一次提到這位新人時就忍不住對著茹絲驚呼，「極為敏銳、有行動力，且非常之有趣，同時還備齊了紳士風度與魅力，簡直無懈可擊。據我了解他會成為我穩定的夥伴，而我一點也不懷疑自己會跟其他人一樣，都樂見由他來扮演這個角色。」兩年之後在一九二四年的聖母峰探險隊上，當隊長一職如命運注定般流轉到諾頓身上時，隊上一名登山者所驚異的是，諾頓身為領導者，是如何能夠在內心做下一個決斷，集合探險隊宣布他的想法，然後「沒有例外地，大家都會在集思廣益後認同他的看法」。

回頭來看，諾頓光是能夠趕上一九二二年的聖母峰之行，就已經是不折不扣的奇蹟。他剛念完了英軍的參謀學院（Staff College）[3]，眼看著就要在軍伍中平步青雲。亞瑟·辛克斯是直接找上了高層中的高層，帝國參謀總長亨利·威爾森爵士（Sir Henry Wilson），才在一九二二年一月二十三日的一封信裡獲得威爾森的首肯，為諾頓爭取到了八個月的休假。你可以感覺到這當中有榮赫鵬的手在運作，而榮赫鵬也在任務結束許久後一段簡要的小傳裡，完美地勾勒並傳遞出諾頓的性格與個人魅力：

艾德華·菲利克斯·諾頓少校身為傑出服務勳章之受勳者在英國山岳會裡頗具盛名，且深諳登山界的各路傳奇。他的過人之處在於他曾於印度服役，並曾多次為了狩獵而前往喜馬拉雅。他通曉印度斯坦語，並對與印度各民族的相處之道有所知悉。精壯而沉穩，挺拔而直率，長年習於領導統御的他，總能在轉瞬間讓人的信任感油然而生。再加上他氣質裡的和藹與優雅，更讓人覺得可以將自己託付於他。他確實是眾多理想特質的集合體。做為皇家騎砲兵團的軍官，他最著稱的就是所部的砲兵連是支勁旅；他曾在大戰中表現卓著；他曾連著七年主辦卡迪爾盃大會——印度的獵野豬盛會；他熱中於賞鳥，並且是造詣並不一般的業餘畫家。他不論做什麼事情都有一套方法……他很自豪的是他的準時：他凡事既不會太早，也不會太晚。要去印度的他來到（倫敦的）維多利亞車站，正好是火車要離站前的一分鐘多一點，由此他還能好整以暇地向友人道別，而就在火車緩緩開始移動之際，你會看到他一面延續著交談，一面悄悄地踏上列車地板。只要有他在，凡事就不致慌亂，更不可能氣急敗壞。

一九二一年，偵察隊是在五月中離開了大吉嶺，並在初夏時節穿越了圖博，惟人算不如天算，這樣的他們一頭撞進了於七月第二週越過喜馬拉雅山脈後四散的季風主力。而一九二二年春天

3 亦稱統御參謀學院或戰爭學院，為培養軍官習得行政、人事管理與政策面知識的機構。

的這支探險隊，他們想挑戰的是盡可能晚一點入山，希望能先藉此避開冬天的最高峰，然後趕在雨季來臨前攻頂聖母峰。這狹窄的時間窗口，讓他們沒有一絲空檔可以放鬆。

布魯斯將軍偕其姪子傑佛瑞在三月一日抵達大吉嶺後，便馬不停蹄地採取了行動，包括他一邊籌措起補給的儲備，一邊面試了一百五十名挑夫，並從中精挑細選出五十名菁英，其中有十三人還是前一年待過馬洛里登山隊的老面孔。將軍決定給加爾贊第二次機會，即便身為希爾達的他，給霍華－貝瑞惹出一堆麻煩。另外他找來當通譯的，是卡爾瑪·保羅（Karma Paul）這個生於拉薩而現居大吉嶺的圖博人，聰明的他有另一個身分是學者兼教師。在廚師方面，布魯斯堅持只用最好的，並測試了好幾個人的野炊技術才決選出了四人。在一九二一年的任務中，食物的質與量引發不少爭議，挑夫的伙食更是為人詬病。布魯斯將軍做為一名老饕，決意不重蹈前次任務的覆轍。一九二二年的補給是從陸軍與海軍的庫房中裝箱海運而來，數量大概有九百個輕夾板箱。除了標準的口糧——起司配火腿、粗鹽醃牛肉、餅乾、燕麥粥，還有去水的乾燥湯品——探險隊食物櫃裡的好料還看得到薑漬檸檬、罐頭鵪鶉肉凍，更別說那一箱上好的法國香檳，跟將軍打算在四月七日的生日當天拿來敬酒，那幾瓶一百二十年的陳年蘭姆。「我們的吃食跟交通都相當豪華講究，」莫斯海德在給太太的信裡開心地說，「完全把貝瑞去年的縮衣節食給比了下去。」

花費也是一樣。在抵達大吉嶺之後不到兩個禮拜，布魯斯將軍就寫信給皇家地理學會，要求多給兩千英鎊，這個瘋狂的要求讓小氣的辛克斯氣到痙攣，但將軍這邊完全是穩若泰山。他最喜歡的派對表演是徒手把一疊撲克牌撕成兩半；做為平日的休閒運動，他會揹著自己的副官在身邊隨便一座山上跑上跑下。他的身體是一面畫布，上面滿滿都是子彈留下的傷口。在這場意志力的對決中，在倫敦坐辦公室的辛克斯看在像頭熊的布魯斯將軍眼裡，不過是一隻跳蚤。如果聖母峰委員會期待雪巴人與圖博挑夫在布魯斯的帶領下能挑起整體高達九百磅的載重，當中林林總總包括諾艾爾的相機、替換鏡頭、化學藥劑、沖洗水槽、專用暗房帳篷、三腳架、數千英尺長的底片膠卷等各種攝影裝備與補給，外加十一組將軍看來覺得莫名其妙的氧氣鋼瓶與擺放架，那他的弟兄就一定要吃得好——該花的錢就要花。

這麼些東西讓隊伍看起來非常壯觀，最終的總長是逾三百頭犛牛、五十頭騾子，還有給十三名薩博、卡爾瑪・保羅、四名廓爾喀士官騎乘的小馬，外加母牛、驢子、閹牛，還有在五十到一百人之間游移的圖博與尼泊爾挑夫。初始的路徑跟去年的偵察隊如出一轍：先下到卡林邦，然後沿提斯塔河谷而上，穿越扎勒普拉到亞東，然後開始從春丕河谷一路向上，長征到圖博高原的帕里。就跟在一九二一年一樣，他們刻意在從大吉嶺離開時分組並錯開出發。隆斯塔夫與莫里斯在三月二十二日搭火車前往卡林邦。布魯斯將軍叔姪、約翰・諾艾爾、莫斯海德、馬洛里與威克菲爾在四天後加入了第一隊。史卓拉特、諾頓與森默維爾在三月二十七日的晚間抵達。地質學家赫倫雖然因為一九二一年被指控行為不當而成為圖博人的黑名單，但他還是模糊地懷抱著可以與探險隊同行的渺茫希望，前往卡林邦與眾人完成了會合。但在三月二十七日的晚宴上，布魯斯將軍在探險隊內部發布了壞消息，主要是為了不違逆查爾斯·貝爾與圖博當局，外交部在最後一刻撤銷了赫倫的探險資格。接受了事實的赫倫並未忿忿不平，只是默默後撤到他與妻子現居的大吉嶺。莫斯海德也差一點遭遇了相同的噩運。在三月二十八日早上要出發前往佩東之時，布魯斯隨手草書一封給了辛克斯：「我必須說我自覺很幸運能把莫斯海德偷渡進來，因為他不僅能說圖博語，而且他既然來了，就能繼續把地圖內容加強。」當然擴大地理調查的規模，正好就是圖博最不樂見的事情，只是這麼微妙的外交分寸拿捏，並沒有為將軍所意會。

同一時間，芬奇與克勞佛仍繼續待在大吉嶺等候氧氣裝備。蒸汽船齊爾卡號在於可倫坡暨數個印度城市靠港後，仍要等到月底才能駛抵加爾各答。但此番延誤並沒有影響布魯斯將軍的心情，因為他看不慣氧氣設備是眾所周知的事情。但芬奇可就為此如坐針氈。每天晚上他都像雷達一樣搜尋著印度最權威的《政治家報》（*Statesman*），看看上頭有沒有船隻抵達的公告。港口清單上詳列了四月五日之前該到的船隻，但一直到三月二十九日都沒有齊爾卡號的消息。他會需要一天的時間將鋼瓶卸貨，把設備送到卡林邦則需要三天。由此他跟克勞佛即便可以順利找到運輸工具，也得被迫在沒有醫療後勤的狀況下強行軍來追上在卡林邦的探險隊。但比這更糟的壞消息是，這代表隊員將沒有多餘的時間拿實際的設備受訓。光靠身為英國人的勇氣，芬奇不覺得有誰可以達到山頂，但靠氧氣就可以，但他現在將既沒有工具，也沒有時間去對還卡在齊爾卡號上的那十組氧氣瓶進行關鍵的調校。因為基本上也只能枯等，芬奇於是在大吉嶺東摸西摸了四天，而期間各種設備就成了他的玩具，這包括他測試了柯達背心口袋型相機，修改了他的高海拔用靴，組裝了「超酷的橡膠管彈弓」來打鳥，順便用他以創意做出來的土製氯丁稀橡膠（Duraprene）來幫地圖防水。就這樣殺時間殺到三月三十一日，終於有封電報打來說船已經在加爾各答下錨，貨物預計四天後可以抵達卡林邦。芬奇跟克勞佛在四月二日出發，而這已經整整比探險隊的先鋒晚了一個禮拜。他們在火車運輸的終點站處雇用了十頭騾子來運送鋼瓶、再十頭騾子來揹負他們的工具與補給，最後是九名挑夫會負責扛起供氧裝備——專用背包、調節器、呼吸管——而等在他們前面的，是要穿越圖博到聖母峰下方山麓的三百五十英里漫漫長路。

其餘的探險隊已經在四月的第三天穿越了扎勒普拉，緩緩沿春丕河谷而上，準備按計畫在帕里會師。他們一幫人整體算是「雀躍而開心」。莫斯海德跟威克菲爾慶祝著他們逃離了文明，為此他們在佩束由莫斯海德的僕人穆尼爾．可汗（Munir Khan）剃成了光頭，這名可汗此時已經深得他們的喜愛。幾天後諾頓與隆斯塔夫也比照辦理，再來就是馬洛里，而他也在一封信中對妻子茹絲說：「我超短的平頭加上沒刮鬍子的下巴，看起來有點像匈奴人。」莫里斯與森默維爾發現他們都曾於索姆河之役時服役於第四十六師，但他們對戰爭幾乎是絕口不提。森默維爾想要學說尼泊爾語，而在莫里斯的幫助下，他也做到了。在此同時，布魯斯將軍「做了英雄般的努力要擺脫他的肚腩」，由此他拒絕了坐騎，只靠雙腳埋頭猛走，有時一天爬升的高度可達五千五百英尺。「他的體型你不是不知道，」馬洛里滿懷著欽佩之情驚呼，「所以你可以想像他一路上是如何地汗如雨下，但他是真的幹勁十足！」喬治相對之下因為沒有方便的襯衣可換，所以選擇了騎馬。他這人比較敏感，而且或許頗令人意外地，很反感於皮膚被汗弄得濕黏的感覺。

各自騎著馬的諾頓與隆斯塔夫很開心地騎馬看花，飽覽著春丕河谷的美景，須知這一路上除了扎勒普拉兩側的報春花，跟冬雪邊上的藍色罌粟花，還有「賞心悅目的林間空地與高山森林」，跟有不知名的鳥兒以此為家。諾頓這名軍人會在圖博停留期間蒐集到約四百枚植物標本，外加一百二十種蝴蝶跟蛾類。隆斯塔夫癡迷於「協格爾那如夢似幻的嶙峋峭壁，上頭還懸著堡壘與寺院，就像是岩燕在上懸崖上築巢」，還有亭吉宗那巨大的寺院外牆，「映照在如鏡的湖面上，而那正是斑頭雁棲息徘徊之地，因為牠們在這個聖地從無被獵殺之虞」。他寫道說，能在前往聖母峰的路上體驗到這些奇景，彌補了「受詛咒得要去嘗試攀爬這座巨獸的懲罰；因為那真的那真的就是一頭怪獸，那太初的混沌所孑遺的痕跡，致命而充滿威脅，那是惡魔的巢穴，不是神的居所。」

森默維爾擁抱這個新國度的方式，是透過聲音。在賽東城一條炎熱而揚塵的路徑尾端，他跟莫斯海德遇上了四名佛教僧侶在念禱不要出現冰雹，而伴奏的除了鼓、鈸、搖鈴，還有用人的大腿骨做成的號角。莫斯海德很驚訝的是森默維爾竟能將這聽似不協合音的東西解讀成精確的音符。森默維爾則驚異於他在圖博聽聞的第一條旋律，「由在田野間工作的少年吹出的哨聲」，竟然跟史特拉汶斯基《春之祭》「一開始奏出的輕盈空靈」只相差一個音符。他後來寫道：「在田野裡工作的男人唱著五聲音階的曲調，而這肯定可以視為是他們通行全國的調式。我聽過圖博人用口哨吹出的普通和弦的琶音，還有怪到不行的減七和弦；但半音我倒是一次都沒聽到過，看來他們並不欣賞這樣的音程。他們可以分別發出E跟降E（mi跟mi降半音），但就是不會把這兩個音接在一起。」

但當然不是所有人都表現出這種感性跟學術素養。馬洛里就老實地覺得重返圖博讓他覺得很乏味。「重複的審美體驗讓人感覺疲乏，」他從亭古宗寫信給茹絲說，「在太陽下行進還有在營地的風，都讓人覺得昏昏欲睡；而你會忍不住覺得自己很像是動物。」馬洛里的心智與靈魂，他身而為人的整個存在，都完全聚焦於這座山。他個人的儀態仍是無懈可擊，惟他的裝備總是一整個亂七八糟。莫里斯曾憧憬地回憶，馬洛里在山間移動看來輕鬆寫意而優雅至極，他記憶中馬洛里的身形有著完美的比例，「(但)他去到哪裡，哪裡就會被搞得像垃圾堆一樣。」忍了幾天之後，其他人決定要輪流清理被馬洛里到處亂丟的裝備，免得重要的東西被遺落在途中，或是被在各地紮營都會圍上來的眾多圖博年輕人給順手帶走。

「隱私」這個選項從來不存在。莫里斯寫道，所有人都全天候地彼此袒裎相見，「就跟供人觀賞的動物沒兩樣。」格外敏銳的莫里斯注意到大家是如何處理他們的基本需求，包括晨間的排便。「不同隊員的態度可以讓人看懂很多個性；外向的人會直接往最近的岩石後面一蹲就辦起事來，旁人的目光他們絲毫不以為意；至於其他人則會故作輕鬆地繞來繞去，直到無聊的人對他們失去興趣為止。」在比較放不下身段的那一群人中，史卓拉特中校算是班底，而他對圖博人的厭惡可以說是與日俱增。「如今有個聲音每到一地都會聽到，而且愈聽愈順耳，」馬洛里寫道，「那是出自史卓拉特之口，詛咒圖博的聲音——他咒罵這次的行程比前一次更枯燥難耐，也咒罵這個村子比任何一處地方都髒。這並不代表史卓拉特這人特別愛抱怨，只是他罵個兩句可以紓壓，而我希望他發洩完可以真的感覺好些。」

但說起探險隊於四月六日集合完畢的帕里，就連史卓拉特抱怨起來都不能算是無病呻吟。莫里斯形容帕里是「世界上第一無聊的地方」。他們在帕里沒有紮營，而是擠進了一間煙霧瀰漫的達克平房，裡頭的煤煙臭到一個不行，而其庭院裡則堆滿了垃圾跟凍硬的穢物，狹窄的巷弄中橫行著豬隻跟害蟲。空氣冷到刺骨，冬風夾雜著石礫、塵埃與粉狀的犛牛糞在旋轉。「他們在餐桌前湊成一圈，」莫里斯回憶說，「在愈來愈濃厚的煙霾中咳嗽。」第二夜適逢將軍的五十六歲生日，但即便是一百二十年的陳年蘭姆酒也無法讓人開心起來。

沒有任何一名一九二一年的舊人，或是一九二二年的新人，曾見識過圖博冬日真正發怒時的模樣。他們的禦寒衣物欠缺到令人絕望。就跟在一九二一年一樣，每個登山隊員的裝備都是自備，所以結果就是一個大雜燴，每個人就像八仙過海一樣裹在各種羊毛內衣、法蘭絨襯衫、有羽絨夾層之棉質外衣、背心與羊皮夾克、燈籠褲（plus fours）、喀什米爾綁腿、長襪、荷蘭傳統的寬鬆過膝褲（knickerbocker）套裝，還有謝德蘭套頭毛衣等五花八門的組合當中。唯一的統一發放的「制服」，只有那雙長度及於大腿的綿羊皮皇家空軍飛行靴，但這玩意兒的效果只是讓所有人搖搖晃晃，像「笨拙的鴨子走路」。莫里斯身穿一套破舊的喀什米爾花呢西裝。「看起來還行，」他寫道，「但對呼嘯而過的圖博強風毫無作用。」

就這樣，探險隊身穿像是冬天要到威爾斯山間溜達的行頭，計畫要以三週時間步行穿越地球上僅見的冰凍高原。莫里斯記得大家都變得沉默寡言。他們的目的地是凱拉斯埋骨的崗巴宗，而為此他們會兵分兩路。登山者這一路會帶著挑夫與五十匹騾子走捷徑穿過唐拉與董卡拉山口（Donkar La），藉此省下兩天，惟這也意味著路會走得比較驚險。犛牛與補給主力按照布魯斯將軍表示，會循前往拉薩之路朝崗巴宗西行，途中將於班錯湖西北邊有段距離處穿過達格拉。在崗巴宗，他們會等待芬奇、克勞佛跟供氣裝備的到來。隨著眾人思索著這趟旅程，他們心懷著一個無助於士氣的消息，那就是僅僅一個禮拜前，莫斯海德經倫敦告知說老哈洛・瑞彭，也就是一九二一的登山隊隊長，已經「腦袋壞去」。瑞彭被臨床診斷為「瘋子」，原因是他一直執著幻想是自己在圖博的荒地上冷血地謀殺了凱拉斯，而這念頭將他折磨得不成人形。

直朝崗巴宗而去的三天之行跟眾人的預期無異：蒼茫與乾燥的地景，讓人什麼都看不見的暴雪，還有「有毒」的南風混著雪與沙吹進眼裡，模糊了眼前所有的輪廓與路徑。頭一天，人與動物在幾英里的距離上拉出一條線，所有人獸都頂著風勢逆行，其中五名挑夫從休息處走岔了路，以為他們迷路而凶多吉少了的其他人為此有好幾個小時不知所措。這五個人還沒有領到公發的高山用衣服，更別說那天晚上他們睡在既沒有床褥也沒有遮蔽的外頭，氣溫降至華氏八度（攝氏負十三度多），寒風一路吹到破曉，融冰以外沒有其他水源，且地面覆蓋的那層雪殼讓他們無法拿犛牛糞起火。傑佛瑞・布魯斯隔天早上在達倉一處尼姑庵發現他們奄奄一息，原來他們是天一亮就去那裡尋求溫暖。如布魯斯將軍所說，「這真的是有點出師不利。」

等到探險隊在四月十一日抵達崗巴宗，森默維爾跟莫里斯都已經被惡魔般的寒冷搞到精疲力竭，將軍也吃足了苦頭。幾天後隆斯塔夫也撐不下去，陷入嚴重的上吐下瀉，而這也為他貫穿整次探險的長期健康問題揭開了序幕。四月十八日起，此時已成為眾人口中「聖公會副主教」(Archdeacon)的威克菲爾會非常可靠地接下隊醫一職。

他們紮營在大城堡背風處的一圈石頭圍牆中，上方的壁脊有飛燕會在岩石上頭飛掠盤旋。似乎有用不完之體力的諾頓跑去賞鳥。受到西方落日餘暉的吸引，森默維爾拾起筆開始素描有琥珀色漸層、乃至於蔚藍天空下那片棕色大地當背景的城堡剪影。隆斯塔夫與布魯斯去拜訪了宗本，而在四月十三日早上，他們全都去了凱拉斯的墓前致意，同時替他的墳添點石頭。約翰・諾艾爾把這過程記錄在了膠卷上，但好幾名同行者都懇請他不要讓這段影片外流。隆斯塔夫堅持尊重與隱私，他們尤其應該為逝者守護好。

同一天下午兩點三十分，短短十天就抵達崗巴宗的芬奇與克勞佛出現了。臉被太陽曬黑了的芬奇甚是開心，很不像他。他頭戴飛行頭盔，身穿縫有襯墊的長褲、飛行靴、小羊皮手套，還有他那件惡名昭彰的及膝羽絨大衣。他一路上都沒有冷到。「所有人現在都很羨慕我的羽絨大衣，」日記裡的他顯得洋洋得意，「再也沒有人笑了。」芬奇是個一成功就容易得意忘形的人。他的攝影技術也相當高超，隊上論起這方面的才華除了諾艾爾，第二就是他，但營裡沒一個人想聽他說他拍了哪些畫面，惟以此為起點，他最終會在圖博拍下逾兩千幅照片。芬奇的回歸，也代表氧氣演習的噩夢又要重來一遍，那苦差事在隊上幾乎人人都討厭。「不得不說，我覺得芬奇還真的是不屈不撓，」馬洛里寫道，「他無時無刻不在聊著他在實驗室裡研究什麼科學，不然就是三句不離攝影。事實上，我覺得我已經有點產生一種芬奇情結，我希望我們可以想個辦法相處下去。」

但話說回來，也不是每個人都跟芬奇這樣針鋒相對。在營地的裡裡外外，芬奇都非常管用。他可以幫忙調校相機與鏡頭，可以調整爐子，甚至偶爾還能幫諾艾爾的馬匹更換蹄鐵。芬奇會跟著諾頓去賞鳥，還常常跟諾艾爾交換攝影的心得。他兼具敏銳的觀察力與尖銳的幽默感。「誰想跟圖博人聊天，」他曾尖酸地寫道：

> 我會建議他要站在對方（圖博人）的迎風面上。一名身分尊貴的圖博人曾很驕傲地告知我說他一年洗兩次澡，生日一次，結婚紀念日一次……而說起這檔個人衛生的事情，圖博的神職人員要比一般人更肆無忌憚；而這無疑是因為他們終生不嫁娶。由於該國五分之二的健康人口都遵循宗教的召喚，所以也難怪那神聖的氣味會四處瀰漫。圖博人洗澡我就看

過那麼一次，那是在協格爾宗……在距離村子挺近的一攤池水裡，有個在怡然自得地撒著歡兒的，是個圖博少年，而且是赤身裸體的少年。但靠近一看，原來那孩子是村中的白癡。

亨利．莫斯海德尤其佩服芬奇。「他是個好傢伙，」他給妻子寫信說到，「我不懂為什麼去年會莫名冒出那麼多他的流言蜚語。我們都喜歡他，而我個人更覺得他比起我們在印度文官體系裡的駐地代表，要更堪為薩博中的表率……我們全隊相處得相當融洽，絲毫沒有相互傾軋或不合。真要說，我只想抱怨比起去年，今年的天氣真的冷到不行。」

惟茶壺裡的風暴，確實爆發在探險隊要抵達協格爾的僅僅四天前。為了測試隊員的體能與適應狀況，布魯斯將軍核准了短距離的額外行程，讓兩路人馬——一路是馬洛里與森默維爾，另一路是芬奇與威克菲爾——去挑戰一座從他們紮營的江嘎南帕上升七千英尺，外型優雅的桑卡爾日峰（Sangkar Ri）。他們採取輕裝，只帶一頂溫珀帳篷跟兩頂馬默里帳篷，另外由六名挑夫攜帶補給與裝備。在出發之前，如芬奇後來寫道，他跟馬洛里「就正確的入山之路為何僵持不下——最後是將軍用他那一票支持了我，事情才塵埃落定。」在向將軍保證了他們會在隔天下午一點前回來，不會耽誤前往協格爾的行程之後，這四名登山者便在四月二十日星期四下午四點十五分出發。「馬洛里自然是一下就衝了出去，」芬奇回憶說，「所以為了不傷和氣，我刻意在這段預定要花三又四分之一個小時抵達預定紮營處的行程中，先跟在他後面，直到行程剛過四分之三小時（四十五分鐘），我才超車了他。」

那晚因為芬奇跟森默維爾都不舒服，所以隔天他們一行人直到清晨四點才出發，而那之前他們已經先派了挑夫把帳篷跟設備扛回探險隊。此時這四名登山者得獨自面對的，是一趟要花四小時抵達桑卡爾日峰北側深坳基底的艱辛旅程。「我在風中體力很好，走得甚是起勁，」芬奇在日記裡草草寫道，「但就是肚子很不舒服，吐了好幾次。」因為落在馬洛里與森默維爾後頭，且上午九點了才上到坳部半途，芬奇與威克菲爾於是毅然掉頭，以便守住對將軍的承諾。

馬洛里很自然地繼續前進並鼓勵著森默維爾跟上。他們拚命來到了距離峰頂不到五百英尺處。「我們倆當時都沒有適應好高度。」森默維爾後來寫道，「再者，我歷經了嚴重的下痢，只能在動輒就要暫停的狀況下緩慢前進。要是沒有我拖累，我想馬洛里多半可以成功登頂，但他選擇了顧全我們這兩人小組的安全。換做我是他，我應該會再三對山友說『快上來，別慢吞吞了』之類的話，但馬洛里展現了絕對的耐心。雖說你看得出他攻頂心切，但你也更看得出他永遠把身後同伴的安危放在第一位。」這在不經意中給出的評語不啻是重要的證據，因為這讓人見識到了馬洛里身為一名登山家的人品，而這也特別關係到一九二四年六月八日，也就是他與山帝・爾文最後一次在聖母峰上被看到活著那天，所發生的種種命運般的事件。一座巔峰的誘惑力可以無窮大，但按照霍華．森默維爾的說法，馬洛里不論在任何狀況下，都不會在山間把比他弱小的山友拋下。

對於馬洛里跟森默維爾在天黑了好幾個小時後才出現在石靈，將軍不是太高興，但他總歸還是欽佩這兩人的毅力。在同一天之內，他們先是用四小時從高地營走到桑卡爾日峰的基底，接著爬升了數千英尺，抵達桑卡爾日峰兩萬零四百九十英尺高點的邊上，掉頭花五個小時返回江嘎，最後走十英里路穿過「惡名昭彰的流沙」與探險隊合流。隔天早上，將軍的氣就消了。早餐時分，將軍用帶點顏色的限制級笑話緩和了氣氛。芬奇也在同一個早上讓大家對他卸下了心防，靠的是倒著騎犛牛來耍寶，而這之後他也新增了一個綽號叫「水牛比爾」（Buffalo Bill）。莫里斯穿著花枝招展的原住民服飾來赴晚宴，且「按印度教徒的風格」削去了絕大多數的頭髮，就只留下頭頂一撮，於是很快就被大家取了個印度風的渾號「巴布．查特吉」（Babu Chatterjee）。身手矯捷的馬洛里被叫做小飛俠「彼得潘」，算是合情合理。布魯斯將軍很自然地繼續被尊稱為將軍。「我們找不到比他更適任、更能幹的領導者了。」芬奇承認，「他對於苦力的無比震懾力，比有十二條好漢同行還管用。」

士氣在那天上午稍後達到最高點，主要是離開石靈還不到十五分鐘，他們就繞過了一處岩石岬角，然後柳暗花明地看到了在西南方五十五英里處，赫然是清楚的聖母峰。反映在葉如曲平緩的河面上，聖母峰感覺彷彿近在眼前。「那一幕讓人既震撼，又不安。」芬奇回憶說，「那一眼重新點燃了所有人的熱忱。」兩天之後，就在正午之前，探險隊抵達了協格爾一座名為「閃亮水晶」（Shining Crystal）的寺院[4]，並在那裡停留了三天。將軍利用這三天會見了各個宗本，取得了馱獸與補充的挑夫，並完成了所有入山前最終的安排。隆斯塔夫買了要給妻子的一串念珠，跟要給孩子的幾樣小玩意，並偕史卓拉特爬上了堡壘的最頂端，那兒有柏木的薰香無止盡地焚燒在一面神聖的平台上，周遭則圍著經幡。約翰．諾艾爾這三天都沒閒著，他除了用大量影片記錄下宗教流程，祈禱中的僧侶，還有各種被英國人形容為「惡魔舞蹈」，狂野而具戲劇性的儀典。

芬奇也立刻就幹起了活兒，沖洗起了不僅僅是他自己的底片，還順便幫馬洛里跟好幾個人都洗了底片。馬洛里的照片爛透了，構圖超誇張，按下快門的感覺也是一時衝動，沒有經過深思熟慮。芬奇的作品就相當不錯，而攝影天分再加上他在暗房裡的技術，讓他可以隨時奉命幫地方官員拍下肖像，然後把照片當禮物獻上，而這對布魯斯來講可說是外交上的利器。「整體而言，我的照片一直在大幅進步。」芬奇在四月二十五日的日記裡說，「諾艾爾的照片在我心目中，並沒有想像中好，而且數量也遠比我少。」口氣雖然很囂張，但就事論事他說的其實也沒有錯；一九二二年任務中最棒的靜物照，說是出自芬奇之手也不算過分。

布魯斯將軍的目標是抵達聖母峰，而且愈快愈好。與其像一九二一年探險隊繼續西行到定日，他有意從協格爾向南穿越龐拉這個高山山口，並由此直達薩噶曲這條源自絨布冰川的溪流。這是條英國人大致上一無所知，但在地商貿、朝聖者與僧侶頻繁來往的走法。將軍得到的保證是不消四天，他們就能抵達絨布寺，準備好直上東絨布冰川到北坳這個在一九二一年花了馬洛里與惠勒逾四個月才達到的目標。那之後的計畫就很簡單明瞭了：盡可能在距離東絨布冰河口較近的地方建立基地營，然後是需要安插兩到三個營地在基地營與北坳之間。第四個營地會坐落在北坳上，由馬洛里在報告中描述過的冰壁背風處提供遮蔽。以第四營為起點，他們會上行到東北脊的肩部來建立一個輕型的營地，藉以提供向峰頂衝鋒的跳板。趕在季風把所有入山之路抹去之前，將軍預期他們有五個星期的時間窗口來完成攻頂。

探險隊在四月二十七日星期四離開了協格爾，並在隔天上午登上了龐拉。亮光打在了織錦般的一連串棕色山脊上，向上延伸的，是由馬卡魯峰、聖母峰、卓奧友峰等冰峰用利爪攀附在天際線下所形成的一片耀眼全景。除卻馬洛里與布洛克這對搭檔，或許再加上赫倫共三個人以外，這天的探險隊成為了第一批來到龐拉高度的歐洲人，而今日的龐拉，可是任何人從北邊接

4 應即為曲德寺，另「協格爾」在藏語裡就是白色或閃亮水晶之意。

近聖母峰的必經之途。芬奇很驚訝地望穿散落的雲層，看見「北脊與北峰東邊的巨大（聖母峰北麓）幾乎全是赤裸的岩塊。北脊本身也幾乎就是一整塊石頭」。在諾艾爾與隆斯塔夫的陪伴下，他攀爬了一座從龐拉上升五百英尺的山丘，而在三人達到最高處岬角的幾分鐘內，他表示「聖母峰甩開了她羊毛般的斗篷」。

隆斯塔夫坐了下來穩定呼吸，也穩定他手中的望遠鏡。透過望遠鏡，他可以看出很多人說攀爬聖母峰的某一部分並非難事，其推論都是大錯特錯。聖母峰北壁上方坡面的岩層傾斜而下，就像屋頂上的簷片；東北脊的鋸齒狀程度要超越他的想像，當中好幾個點都立著巨大的壁脊，甚至即便以暗色的岩石為背景，他都能看出吹雪以驚人的速度掃過聖母峰表面，而這也是山上風速極強的證據。人在上頭得暴露於何等嚴酷的大自然環境，顯然由不得人等閒視之。

約翰·諾艾爾因為沒有要攻頂，所以只一邊穩定住三腳架上的相機，一邊進行所需的審美。「有好幾個星期的時間，」他後來回想，「我們艱辛地行過了荒涼的山地與高原。終於我們親眼目睹了目標，而眼前那掛著冰簾的絕壁宛若構成了我們頭頂天堂的一角，讓我們在對其的注目禮中被迷倒。」

諾艾爾與隊上其他人，尤其是馬洛里，還有看事自有其角度的森默維爾跟諾頓，都跟許許多多的歐洲登山者一樣，把一種精神面的思考投射到了山脈之上，就好像山的高度跟冰凍的峭壁有其生命，能予人以反應，而且還滿溢著一種救贖之力。「我試著對照片進行構圖，」諾艾爾寫道，「就像是在盡一己之力解讀這些崇山峻嶺的靈魂與意義。對我來說，她們真的是活著的。」但或許不令人意外地，諾艾爾並沒有把受山啟發或與山有所聯繫的可能性，延伸到居住在其間的圖博人民。圖博人在他看來，同時活在真正意義上與做為一種比喻的底層，畢竟他們身處的村落與城鎮是如此地汙穢不堪，心靈則深陷於「讓人感到不可思議的迷信裡」，至於他們的宗教信仰則不過是一則「莊嚴的奇幻故事」。他們的習俗與禮儀或許古雅而甚是上鏡，但話說到底，圖博人的儀式只能挑起他內心的「噁心」。莫里斯的想法與此大相逕庭。他覺得不斷抱怨圖博不乾淨，圖博的衛生有問題，只是在跳針而讓人覺得煩。只不過莫里斯這麼想，是少數中的少數，畢竟身為逃離自己母國文化的難民，他自願住在印度的窮鄉僻壤，同時他那早已由學術直覺所進駐了的心智，將假以時日讓他成為一名優秀的民族誌學者與國際級的尼泊爾雷布查族權威。

探險隊在四月三十日抵達了絨布寺。原本想即刻沿山谷而上，更進一步朝東絨布冰川的匯流處前進的計畫，因為天冷與獨行者的姍姍來遲而作罷。因為腸胃炎而顯得虛弱的隆斯塔夫，要到下午四點後才在傑佛瑞．布魯斯的陪伴下，步履蹣跚地抵達。將軍決定在絨布寺紮營，並派芬奇去把先鋒叫回來。隔天早上，布魯斯將軍、卡爾瑪．保羅與其他幾個人去拜會了絨布寺的喇嘛，也就是前一年在閉關，所以讓霍華－貝瑞與之緣慳一面的札珠仁波切。

這位喇嘛從未見過英國人，反過來說即英國人從未出現在活佛的面前。札珠仁波切是蓮花生大士古魯仁波切轉世，而布魯斯也以客人的身分承認他是神的化身，是「九頭之人」。將軍完全沒概念這真正的意思是什麼，但他確實注意到寺院裡非常整潔，而且每一個圖博人都對仁波切充滿了敬意。受西方教育且作西式打扮的卡爾瑪．保羅是最受布魯斯敬重的那種本地人，而他竟也卯起來在喇嘛的腳邊畢恭畢敬。布魯斯後來寫道，他們很顯然來到了一個不同凡響的人物面前。「他是個身材魁武、體格勻稱的男人，年約六旬而儀表堂堂，聰明與智慧全寫在臉上，而且笑容甚是可人。我們受到了大禮接待，而在相互寒暄之後，喇嘛便問起了關於探險隊的問題。」

此時布魯斯的回應，變成了聖母峰民間的一則傳奇故事。根據人在現場的芬奇轉述，喇嘛「看起來就像一大塊英式雙色薄荷糖（humbug），生著張幾乎是你我兩倍大的大臉」，而這樣的他問起了我們為什麼要「花這麼多錢、吃這麼多苦、面對他確定我們一定會遇到的危險，只是為了站上世界最高的山巔……布魯斯將軍一如往常，從容自若地」用無懈可擊的邏輯解釋說，由於聖母峰是地表最高峰，因此也是最接近天堂之所，任何人去一趟都很值得。據芬奇轉述，這個解釋「包含著某種具體而微的真理雛形，德高望重的老喇嘛聽了無比滿意」。

由於佛教徒沒有天堂的觀念，所以布魯斯為了讓他們了聽懂而稍微加油添醋了些：「我很幸運，因為當時我靈光一現地說我們視這整趟探險，尤其是當中想要登上聖母峰的部分，是朝聖之行。我怕是……我有點誇大了探險隊員們所立之誓的重要性，但不論如何，這些善意的謊言聽在對方耳裡似乎非常受用。事實上連我主動說的那個更過分的謊話，對方也頗能接受：我告訴喇嘛說我發誓在（我們）登頂聖母峰之前，都不能碰奶油。但這只是為了讓自己免於喝那可怕的酥油茶。」

惟不論是芬奇的轉述或是將軍的自述，都跟札珠仁波切在《南塔》這本靈性自傳中回憶的情況不一致。根據這份自傳中所言，一九二二年一開始，五十六歲的喇嘛就病得不輕。在經過緩慢的復原之後，仁波切雖然身子骨還是虛，但還是在該年的二月回到了絨布寺住持的崗位上操勞，主要是該寺當時正如火如荼地進行著擴建。寺僧們才剛開始繪製聖殿的壁畫，畫家也都還沒為禱堂的柱子上色，來自協格爾的區域長官們就帶著十三名薩博與數百頭馱獸跟挑夫來了，並堅持要住持接見一下英國人的首領。一開始仁波切拿健康狀況當擋箭牌，拒絕了見面。但在壓力下退讓後，他同意了騰出隔天早上的時間。他接見了三名薩博跟他們的領袖，並致贈了「達賴喇嘛十三世的玉照跟一匹絲綢。另外我還給了他們發酵的酸奶（優酪乳）與白米，然後問他們要去哪裡。他們說，『如果我們能爬上世界第一高峰，那英國政府就會給我們金錢與高位』」。

既沒提到朝聖，也沒提到天堂，絨布寺喇嘛只是告訴他們說高山上極冷，而禦寒之道無他，唯有操持名為達摩的佛法。他接著警告四人要注意危險的力量，因為有易怒的保護者在看守這片土地。英國人開口請求他的庇護，請他同意讓他們撿拾柴火，並立誓不會殺害任何生物。「他們走了之後，」喇嘛回憶說，「我送出了一整塊肉、四方茶磚，外加一碗麵粉，算是遵循我們地方上的待客傳統。他們先是在山底下紮營，然後我聽說他們每上到一個階段就多紮一次營，一共紮了七次。爬的過程十分辛苦，而他們用上了神奇的技巧搭配鐵釘、鐵鍊與鐵爪，但手腳都凍僵還是讓他們吃足了骨頭……（有幾個人）比較早離開去截肢，其他人則堅持繼續爬……為了如此沒有意義的事受這麼大的磨難，讓我對他們深感憐憫。」

在所有英國人當中，最受與仁波切見面影響的莫過於莫里斯。「我想在世人的眼中，他會是所謂的文盲吧，」他寫道，……

但他這人卻散發出一種積極的善，由此他是真正屬神之人，你無法想像他會有任何邪念。他告知我們說，別殺害那些悠遊在絨布河谷下游，與世無爭的動物或禽鳥，因為那會給我們帶來極大的不幸。喇嘛說聖母峰本身就是惡魔的居所，但他並不擔心我們的行動會驚擾到這些惡魔，因為這些強大的惡魔都有能力照顧好自己。在他能力所及，他會代我們與之說項，請這些惡鬼不要跟我們過不去。他慈祥地笑說著這些話，並請我們一一上前。他一人給了我們一條哈達，然後用看似華麗銀色胡椒罐的東西輕觸我們的頭，藉此賜福給我們……對我們的挑夫而言，這是他們人生的重大場合。他們來到喇嘛的座前，一個個都是五體投地，然後在地上匍匐前進來領取喇嘛賜與的福氣。敢抬頭的人一個都沒有。

其中一名挑夫後來告訴莫里斯，「凡人直視神」不是好事。

隨著探險隊在五月一日早上頂著臉上的寒風跟華氏冰點以下二十三度（約攝氏零下十三度）的低溫沿絨布冰川而上，布魯斯將軍與莫里斯的思緒都轉到了山谷兩側的隱士居所上。「這種環境怎麼有人待得下去，而且還一待就是一年。」布魯斯心想，「正常人都非死即瘋了吧。他無法理解。」將軍就算了，但連莫里斯也被這種修行之艱苦弄得一頭霧水而難以吞忍。「圖博人以至高的敬意看待這些苦行僧，但那一張張空洞的臉龐底下，他們似乎已經失去了思索的能力，而這只讓我感到噁心。如此刻意去否定生命的意義，讓人感覺不寒而慄。」喇嘛關於易怒魔鬼與野生動物的一番發言，還有據傳以高山冰川為家的大腳雪怪，都讓人一想到就膽寒。

那天早上率先出發的是森默維爾、威克菲爾、克勞佛跟芬奇，他們是銜將軍之命要去找路穿過占據河谷的巨大冰磧，而且這條路還得適合負重的犛牛與挑夫行走。他們的目標是要在冰川東側上建立探險隊的基地營，位置則以盡量靠近東絨布冰川口為宜。這項重責大任，基本上落在了芬奇肩上。「我得甩開其他人，否則這趟任務不會有什麼成果可言。」他寫道，「他們沒一個人對找路這件事有些微概念。從頭到尾就是我一個人辛苦地來回走了三趟，但值得安慰的是，我讓整批人貨上到了延伸至絨布冰川底部的平面上。」接著發生的是一件怪事：隊裡的圖博人說停就停，怎麼都不肯繼續前進。「好說歹說或威脅利誘，」丈二金剛的芬奇回憶說，「他們都不為所動。對惡魔的恐懼與動物所需放牧地的欠缺，是無法跨越的障礙。」

芬奇出於無奈，只能下令撤退回馬洛里與布洛克在一九二一年所建的舊營地，位置在絨布冰川鼻頭下方一英里處，而到了那裡，芬奇疾言厲色地要圖博人丟下負重。而這一聲令下，導致了現場一片混亂，數十頭飢寒交迫的犛牛在荒蕪的平原上噴著鼻息亂竄，脫韁的小馬不聽使喚，數百堆馬鞍、書籍、帳篷與裝備在地上四散。除了從大吉嶺帶上來的六十名挑夫以外，探險隊後來還追加雇用了逾百名在地的「運輸工人」，裡頭有男有女，就連孩子都不在少數。這些驚慌失措於自己可能驚擾了冰上的惡魔，懼怕山神發怒的圖博子弟，提出了要立刻領錢好讓他們能盡快下山的要求。現場火氣很大。隆斯塔夫好辛苦才勉強「阻止了圖博人跟我們的人打起石頭仗」，而將軍則字斟句酌地費了番唇舌，才把圖博人的高漲情緒安撫下來。幾小時後，所有犛牛牧人都領到了該領的錢而各自散去，僅剩十三名英國人跟一小隊雪巴人挑夫的探險隊，「在現場孤芳自賞。」

這個營址不算太理想。能讓牲畜覓食的草地不多，而且由於地面還凍著，所以唯一的飲水用來源就是絨布冰川的湧泉，而那水流湍急而危險。在刺骨的寒意連同凜冽的風中，那裡竟沒什麼材料可燒。眾人七手八腳地在巨大補給堆的背風面搭起了用餐跟睡覺的帳篷。約翰・諾艾爾在距離溪流不遠處搭起了他沖洗底片的設施，過程中為了固定支柱，他用上了大石跟繩索。那天晚上，「在冷得超乎想像的夜裡」，莫里斯回憶說他開了瓶香檳，大夥兒一人一口敬了將軍，肯定他帶他們安全穿過了圖博。隨著夜幕降臨，雲破天清，聖母峰北壁在他們眼前出落得無比壯麗。雖然在山的面前相形見絀，但他們的基地營以一萬六千五百英尺的海拔高度，仍硬是比白朗峰高出將近一千英尺。

在季風的魅影縈繞下，布魯斯將軍一天都不想浪費。根據惠勒繪於一九二一年的地圖，幾無疑義的事實是基地營若設在東絨布冰川的下方有些距離處，則他們會需要三個前進營才上得了北坳的側腹，而不是原本計畫中的兩個營，畢竟你不可能期待挑夫負重走超過三個小時。在五月二日星期二的那第一個早上，將軍派了史卓拉特、諾頓與芬奇沿東絨布冰川而上去為一號營選址。威克菲爾與隆斯塔夫看完了排隊的病號，並設法為隨隊醫療做好準備，為此他們把箱子一個個打開，用各種必備的醫療用品湊出麻雀雖小五臟俱全的醫療工具箱，供前進營每營放一個。約翰・諾艾爾獨立作業著，而他的一點點成就感來自他組裝出世界第一高的攝影工作室。他在漆黑的帳篷裡組裝了表面有塗覆的三夾板箱，還把燒犛牛糞的爐子安裝到定位。後來那些箱子讓他得以處理了數千張靜照，跟大約一萬七千英尺長膠捲底片，而爐子則讓他可以把洗好的負片弄乾。他只在夜裡進行攝影的後製工作，環境溫度常常在冰點以下。所有的沖洗與處理都必須趕在破曉前完工，因為天一亮，風勢就會再起而捲起沙塵雲，底片上的乳化劑就會毀於一旦。

將軍花了整個下午前半在把一份要呈給辛克斯跟《泰晤士報》的任務報告建檔，這是他憎恨但又不得不為的苦差事。他在飯堂帳篷裡來回踱步口述，打字的事則交給莫里斯。「這是布魯斯的一個弱點，」馬洛里提到，「那就是他討厭書寫；要是他明白口述出來的東西有多慘不忍睹，或許他就會勉強自己提起筆了吧。」惟事實上布魯斯將軍要擔心的事情，比自己的文筆嚴重多了。他迫切地需要人手。地方上的青稞麵粉、肉乾，還有要給挑夫的穀物供給，外加開火燒灶需要的牛糞燃料，都得從大約四十英里外取得。這些補給可以由犛牛載到山上來，只要你得找得到牧人就行。但東絨布冰川上的幾個高地營可就需要由挑夫接力來補給了。大部分的物資與設備，包括氧氣鋼瓶、呼吸設備、繩索、雪樁、釘鞋、攀岩用具、帳篷與高海拔用靴跟衣物，都必須往上送到北坳的腳邊。三號營做為倉庫，將是補給線通往北坳頂端的樞紐。紮在坳部上的四號營將是人類有史以來睡過最高的地方，而它也將擔任後盾來支持一個位於東北肩部上的輕便營地——攻頂聖母峰的跳板。

招募挑夫比想像中困難得多。此時適逢耕作的季節，而圖博的田地也需要人手。英國人有所不知的是五月前幾天辦在絨布寺前的傳統儀式，被佛教徒認為會驚擾到山中的魔鬼，所以這時節靠近珠穆朗瑪峰的任何地方都是很不吉利的事情。而這也讓將軍抱怨連連，因為探險隊永遠不知道打了合約的苦力這天會按時出現的，會有「三個、四個、還是三十個」。布魯斯原本想把大吉嶺的雪巴人留下，帶到高地營繼續用，但在確定辦不到之後，他只能讓隊上所有軍官與人員都親自動手。這個人手不夠的問題最終獲得化解，是因為消息傳到了尼泊爾，於是有願意冒險犯難的雪巴男女，從索盧坤布跨越一萬九千零五十英尺的囊帕拉而來，惟兩項立即與嚴重的傷害已然鑄成：這讓登山隊員耗費了無謂的體力，也讓氧氣設備耽誤了關鍵的數日才送抵三號營。而事後證明這兩項不安定因素，都對探險任務的結果產生了不良的影響。

剛過下午四點，勘查營址的幾人回到基地營，而據芬奇說他們找到了一處臨溪的「絕佳」的地點可以用作一號營，位置就在東絨布冰川鼻頭西邊約四分之一英里處的溪流北岸。在一萬七千八百英尺的高度上，該地點距離基地營大約三個半小時的路程，也就是約莫三英里遠。這段路「單調到有毒」，但走起來難度不高，就是有一個地方讓芬奇得切出幾道垂直的冰階。讓他吃驚的是，當他用自己新買的「美麗的申克牌（Schenk）冰斧」敲下第一刀，其刀刃處就折彎到幾乎與冰斧的把手平行了。這算是喜馬拉雅山冰給他的見面禮。

隔天五月三日星期三早上，芬奇奉命要把高海拔用的開伙套件準備好，而森默維爾、克勞佛跟姪子傑佛瑞則被布魯斯將軍派回到一號營，同行的有四十三名挑夫跟他們肩上約一千兩百磅要當燃料燒的犛牛糞。這天天冷但不失晴朗，聖母峰的美景懾人。他們利用停留的時間搭起四座後來會用油布或帆布覆蓋起來的露天石屋，主要是帳篷有些不夠用。正午變天是每天的固定行程，而流程不外乎浮雲蔽日，然後「像瘟疫一樣可怕的風勢」照例從西邊吹起。在此同時在基地營，馬洛里心情十分焦躁。他已經快兩個月沒收到家書了。一聽說芬奇打算對整個探險隊發表演講，讓他飛也似地逃到山丘上。他跟森默維爾說服了將軍，他們需要去哪裡走走才能把高度適應得更好。

星期四一早，芬奇還在組裝他的道具——普里姆斯爐與各種燃料：煤油、汽油與無水酒精——森默維爾跟馬洛里就出發要去爬二一八五〇英尺高，在絨布冰川西岸上方的一座山峰。這趟行程差一點就以災難收場。在上升過程中，馬洛里靴上的釘子在花崗岩板上滑了一下，而在掉落的過程中，他嚴重磨擦到了自己的右手背，然後在山上較高的地方，就在他沿破碎山脊上行的時候，馬洛里動到了一顆大石頭，結果大石重重落下他的腳上，嚴重瘀傷了他的大腳趾。他使盡吃奶力氣把大石推下山坡，所幸沒弄斷骨頭，但那股痛讓馬洛里在好不容易回到營地後，會很感激自己的茶裡加了些可以麻痺痛覺的威士忌。

芬奇的這一天也不怎麼好過。他的烹飪與爐具操作演示算是順利。圖博人與「嗨起來的苦力」都對於這火的科技大表驚奇，惟英國的登山同伴就沒那麼少見多怪了。問題出在第二場實驗出了大包。除了氧氣瓶、調節器，還有面罩以外，芬奇還設計了備用的氧氣復甦法。這牽涉到一種名為「生氧素袋」(oxylithe bag)的道具跟過氧化鈉的化學反應。這實驗的概念很簡單：休息的時候，疲憊的登山者可以臉朝前面對袋子，在袋中加進冷水，然後吸收從化學反應噴出來的氧氣。就為了這事兒，芬奇在穿越圖博時還特地帶上了一塊塊總重不少於一百二十五磅（超過五十六公斤）的固態過氧化氫。前一晚在密不透風且烏漆墨黑的帳篷裡忙了一整夜的諾艾爾，發現這種反應會讓空氣一下子變得缺氧，搞得他呼吸困難。他跑去跟在晨間演講結束後給了他一罐生氧素的芬奇抱怨，原來諾艾爾這製片家確實照著芬奇的指示去操作了，但水加進去還不到十分鐘，內容物就連同罐子一起爆炸還閃出火焰，弄得帳篷裡烏煙瘴氣地都是嗆鼻的鈉味。

「我發現對於從生氧素生成的氧氣，我們不能掉以輕心。」芬奇在日記裡坦承不諱，「明天我會拿個萊諾・希爾（Leonard Hill；生氧素的發明人）的生氧袋測試一下，但我不會再冒險亂來了！」芬奇很快就發現吸入富含氧的鈉噴霧，會引發「劇烈咳嗽，並產生……嘴裡一種反胃而黏稠，必須要接連吐痰才能舒緩的滋味」。芬奇在眾目睽睽下失敗得這麼慘烈，讓原本就排斥整個供氧計畫的人員又更沒信心了。而雪上加霜的是，明明已經狠狠砸了一次鍋，芬奇依舊堅持要把袋裝的過氧化氫送上最高的營地。所以說，他會在旁人看來就像個氧氣狂人的路上背影愈來愈孤單，恐怕也不值得奇怪。

五月五日星期五，根據威克菲爾所說，是「迄今最棒的一天」，晴朗的陽光一直維持到午後漸晚，只有入夜了才有微弱的風。史卓拉特、隆斯塔夫、莫斯海德與諾頓早早出發去進行了詳細的偵察，任務是要為二與三號營選址，並評估北坳側邊的冰況與雪況。前一年，惠勒曾經勘查並繪製出東絨布冰川大部分的地圖，並曾偕馬洛里與布洛克，一起從拉克帕拉出發走過了冰川頂部的巨大冰斗來攀爬北坳。惟至今仍未有誰能走完整座谷地的長度。史卓拉特、莫斯海德與諾頓會成為第一組這麼做的人。帶著十六名挑夫，他們在下午十二點四十五分抵達了一號營。隆斯塔夫在三十分後也到了，但看得出非常虛弱。就在他休息，而史卓拉特陪著他休息的時候，諾頓與莫斯海德繼續向前挺進。

在此同時，一如以往穩居基地營坐鎮的布魯斯將軍，朝一號營派出了第二組人，這是由五十名重裝挑夫組成，並由莫里斯跟威克菲爾押隊的補給縱隊。確保這隻小部隊持續前進的責任，落在了殿後的威克菲爾身上。「這真的是上帝造物最有趣的事情了，」他回憶說，「從殿後的位置上控場，確保沒有『迷途羔羊』脫隊，且一切狀況都進行得很順遂。我們發揮著耐性從後方趕著羊，哄著有點要脫隊的人開心。我感覺自己就像威斯特摩蘭（Westmoreland）的老農夫，趕著一群羊要去市集。我們身邊有好幾名廓爾喀士官幫忙，而他們的角色就是視情況負責吠叫（跟作勢要咬人）的牧羊犬。但每個人都揹負著八十磅重物的圖博人，可一點都笑不出來了。就在他們來到通往一號營的溝槽頂部時，他們停下腳步發起了第二次罷工。最後還是靠著莫里斯嫻熟的外交手腕，加上隆斯塔夫答應要減輕負重，潛在的悲劇才被拆除了引信。人手已經十分拮据的探險隊需要至少九十名挑夫，他們承受不起一口氣失去五十名。

在莫里斯跟威克菲爾朝基地營回去的同時，史卓拉特與他的人馬則在五月六日開始挺進，在正午前抵達了惠勒位於一九三六〇英尺的舊營地。因為發現這舊營地不足以容納大隊人馬，他們決定繼續前行，最終把二號營營址設在一萬九千八百英尺的山谷西側，位置就在終結了聖母峰北脊的山嘴下面，距離一號營大約是四小時的路程。

在這個點上，就像是有人下了指令一樣，累積了數週的餐風露宿與操勞讓數名隊員的壓力來到臨界點。隆斯塔夫在體能耗盡的情況下，已經難以為繼，於是發了信給布魯斯將軍告知他的情形。在基地營，除了克勞佛也不行了以外，芬奇也在星期六因病倒下，並按醫囑一直臥床到星期二，由此供氧作業的籌備進度也延誤了三天。

五月八日星期一，在把隆斯塔夫留在二號營的狀況下，史卓拉特、諾頓與莫斯海德帶著五名挑夫，繼續攀爬東絨布冰川的行程。一開始的地面非常開闊，路徑非常清晰，但走出兩英里之後，他們便遭遇了崎嶇冰塔構成的迷宮，而這也迫使他們踏上了真正意義上的左岸，也就是谷地的西側。最終他們找到了一處深溝穿過重重冰塔，連接上了冰川的光滑表面，那兒的冰面光亮且堅硬到他們必須穿上冰爪來應對，不過上升的角度倒是不難應付。從二號營到最終建立於兩萬一千英尺處，通往北坳的陡坡正下方一片寬闊雪原上的三號營，距離僅三英里半，但這一小段路可不容人小覷。被冰隙弄得支離破碎的這三英里半路有風與雪席捲，外加有高大的冰塔扭曲著感官，所以走這條路需要真正的登山技術，而這也是挑夫們必須要補修的學分。

在基地營，威克菲爾與將軍持續掛心著探險隊的健康狀況。先遣的偵察隊在五月九日午餐過後不久回返，並帶回了消息表示隆斯塔夫勉力下行到一號營，就再也走不動了。同一天早上，傑佛瑞·布魯斯、莫里斯與十二名挑夫帶著補給上了山，他們帶的東西裡有旗幟、木樁，還有用來在冰塔之間標註向上通道的繩索。史卓拉特通報將軍說莫里斯也倒下了，他說他最後一次看到的莫里斯人在嘔吐，而且還因為「高山倦怠」而嚴重虛脫。

五月十日早上，布魯斯將軍命令威克菲爾率一支擔架隊前往一號營疏散隆斯塔夫。這是一個明亮的早晨，溫度在華氏冰點以下不超過五度，挑夫一馬當先，而威克菲爾也不慌不忙地動身前往救人，就這樣在兩個半小時後，他接應到了帶著傷員沿路而下的挑夫。在基地營，森默維爾放下了他在威克菲爾帳篷裡的職務，專心照顧隆斯塔夫。這形成了一個很微妙的狀況：森默維爾身為一名優秀的外科軍醫，千方百計逃避著給早上排隊的病號看診；隆斯塔夫身為探險隊的隊醫，這會兒成了病人；威克菲爾身為一名被遺忘的醫師，反射性地挑起了職務的缺口。

隆斯塔夫自此在床上躺了三天，直到五月十三日才重出江湖，但仍舊說不出話來，而且非常虛弱。雖然是隊上經驗最豐富的登山者，但他自此再也無法恢復到百分之百，也基本上形同退出了探險隊的行列。「他孱弱的身體跟不上一顆雄心，」深受打擊的馬洛里寫道，「讓人非常遺憾。」莫斯海德擔心「凱拉斯的慘案會重演，為此將軍必須要堅持讓他留在基地營。很遺憾大家就是不懂爬喜馬拉雅山是屬於年輕人的遊戲」。事實上，隆斯塔夫從一開始就不該獲准來到圖博。他在哈利街由安德森醫師進行於一九二一年十二月二十日的體檢，已經下過一個結論是他「體能承受不了重度的緊繃操勞」。隆斯塔夫獲准加入探險隊，還被指派了關鍵的隊醫職務，顯示了英國對於聖母峰三個字所代表的挑戰與危險，還沒有真正的認知與了解。

即便是在得知隆斯塔夫倒下之前，布魯斯將軍就已經在擔心探險隊的士氣問題了。結合流感與腹瀉的某種「傳染病」在挑夫之間蔓延。芬奇在日記中記錄說許多人直接對這任務「敬謝不敏」，因為他們「害怕在雪中陰魂不散的惡魔」。來自家鄉也都沒什麼好消息。三大袋信件在五月六日送達，當中最新的信件是三月二十九日從英格蘭寄出的，其中一封給威克菲爾的信裡提到他的夫人梅姬（Madge）在頭顱的乳突腔中罹患了嚴重的感染，而這症狀在抗生素還沒發明的年代是有可能要命的。在丈夫們前往探險而不在身邊的同時，馬洛里的妻子茹絲也染上了重病；隻身一人在一號營的莫里斯總結了他百無聊賴跟與世隔絕的挫折感，漫漫長夜幾乎無事可以打發。吃過不冷不熱的燉菜當晚餐以後，下午五點就早早上床，空氣冷到他既不可能讀書超過幾分鐘，睡起覺來也是一陣一陣地沒辦法睡好。「我真的很希望自己能說，」他後來回憶道，「在那樣的狀況下，我腦子裡想的是對宇宙本質的思索，但事實並非如此；事實是我滿腦子想的都是食物。」

遇到不知該如何是好時，將軍永遠都選擇行動，做了再說。就連在五月十日，威克菲爾動身去營救隆斯塔夫的那個早上，布魯斯都憑著一股衝動執行了一個新的計畫：他命令馬洛里與森默維爾帶著手邊所有的挑夫在那天下午出發，目標是要在兩天內於北坳的頂端建立四號營。從那裡，一如馬洛里告訴茹絲，他們會「盡可能往山的最高處爬」。這會是「這階段一個非同小可的任務，」馬洛里表示。事實上，他會在匆忙間直接撕下日記寄給茹絲，因為他這時根本沒有寫信的餘裕。

回過頭來看，這是探險任務的一個轉捩點，一個最終會決定任務結果的瞬間。將軍一直以來的盤算都是讓不帶氧攀登的馬洛里與森默維爾第一個嘗試攻頂聖母峰；而這對遠在倫敦的辛克斯與聖母峰委員會，也等於是沒有說出口的要求。但就在馬洛里跟森默維爾忙著整理裝備，並在出發前隨手吃點午餐之際，喬治・芬奇仍以為自己跟諾頓會帶氧一起攻頂。「馬洛里跟森默維爾在今天下午出發向上。」他在五月十日早上的日記裡寫道，「幾天後就輪到諾頓跟我帶著氧氣出發。」芬奇主要擔心的是供氧裝備與補給會送不到二號營，因為「我們自身只有大約三十五名苦力可用」。純粹只論攻頂一事，他是這麼寫的：「個人而言我很樂觀（只限對帶氧的登山者），若是講到馬洛里與森默維爾，我覺得他們最多就是爬到兩萬五千英尺，多一英尺都上不去。」

不論芬奇在個性上有多少奇葩之處，也不論隊員間的小心眼，或是芬奇主持的演練跟實驗遭遇了多少嘲諷，探險隊直到五月十日都還是樂於給氧氣登山隊一個公平的攻頂機會。事實上，正是為了公平起見，對芬奇與整個供氧計畫都存著保留之心的布魯斯將軍，還是指派了諾頓這名經驗與力量都不缺的登山者到芬奇的團隊。然後在五月十日晚上，慘事發生了，芬奇的痢疾嚴重復發，搞得他有五天的時間在帳篷裡動彈不得，連寫日記都辦不到。等到他的腸胃終於聽話了，整個探險隊的動能與風向已經不同。諾頓與莫斯海德已經上山去跟馬洛里與莫斯海德會合了。芬奇已經被貶為就算不是次要的配角，也是一個很不利的位置上，由此他若想要大逆轉，需要的不只是努力，更是奇蹟。「一直以來我對攻頂都樂觀得不得了，」他後來回憶道，「但當我看到探險隊最後的登山者離開基地營後，原本懷著希望的我心沉了下來。如今我若還不想對攻頂聖母峰死心，就只能選擇跟一堆沒受過訓練的人員組隊了。」

剛過下午一點，馬洛里與森默維爾帶著四十名挑夫從基地營出發，並在一號營的下方與威克菲爾跟營救隆斯塔夫下山的隊伍擦身而過。他們平安無事地在五月十二日星期五抵達了三號營，然後就立刻把所有人遣回一號營多搬些東西過來，身邊只留下兩名挑夫跟一名廚師。隔天早上在僅一名挑夫的陪伴下，馬洛里與森默維爾帶著一頂馬默里帳篷、四百英尺長的繩索，還有一綑木製的冰樁，出發去建立一條向上通往北坳的路徑。他們的挑戰不單純像一九二一年那樣僅在於抵達北坳的高度，而在於定下一條可以讓挑夫反覆把補給向上方營地送的路徑。也算意料之內吧，馬洛里很快就體認到雪況與雪的方位出現了劇變。去年那條路的下半部，如今在藍冰裡閃閃發光。就算切出雪階在實務上辦得到，那條路也會讓人在自然環境中暴露得太嚴峻，腳下的立足之地對沒有登山經驗的圖博人來講也太不穩定。

馬洛里於是選擇了一條通往左邊並越過扎實積雪而達到一條陡坡的路線，然後這條自一九二一年以來就沒有變過的陡坡，最終又會通往北坳頂端正下方的冰架。這路走起來不輕鬆，他們在正午筋疲力盡地到達。風勢對比前一年的狂風顯得溫和許多，但仍稱得上強。擔心風勢的馬洛里與森默維爾綁起了繩子，才通過寬廣的雪瀑，朝坳部的最低點前進，但他們很快就發現前路被寬到跳不過去的冰隙阻斷，而且那之後又是另一個沒有梯子就無法跨越的障礙。有一瞬間馬洛里絕望了，按他後來回憶，他覺得這條路可能正是那條曾經讓他們一路挺進，並如此接近聖母峰的道路，而這些個阻礙就是這條路上的斷點。

重整旗鼓後，他跟森默維爾沿著冰架退回到他們把圖博旅伴達斯諾留下躲避風勢的地點。他們歇了會兒吃了點口糧、薄荷蛋糕與甜餅乾。他們上方的雪壁無法通行，但馬洛里辨識出了一個由巨大冰塔做為地標的間隙，而那兒有個從聖母峰北峰章子峰降下來的陡坡。由此他們上到了山脊，抵達了坳部。自此他們跨越積雪而過，朝著東北肩部而去，且每一步都打開西邊更加開闊的驚人美景：聖母峰的北壁與其基底的絨布河谷。某個點上，他們在躍過兩個要命冰隙之後停下腳步，單純地以嘆為觀止的心情，對眼前的絕景行起了注目禮。「有那麼一瞬間，」馬洛里回憶說，「我們完全忘記了自己原本的追尋。」

但就在此時，即便在風勢增強的同時，他們也可以看到東北脊上的吹雪。聖母峰看來既近在眼前，又遠在天邊。退回到冰架處後，他們才像是恍然大悟，後知後覺地架起了馬默里帳篷，但也在這麼做的過程中，他們創下了登山史上的營地高度紀錄。疲累到無法檢討思考的他們默默回到三號營，而下坡途中他們只在兩處斜度太陡的地方為了固定繩索，才稍微停下腳步。他們下午五點半就各自進了睡袋，也各自都苦於頭痛欲裂跟食不下嚥。但最終總歸有找到路可走的成就感，陪著他們進入了夢鄉。

有三天的時間，他們一邊忍受寒冷一邊等待其他探險隊員。為了打發時間，他們要麼打撲克牌，要麼拿起書朗讀。馬洛里身邊有兩本書，一本是莎士比亞的劇本，一本是勞勃·布里吉斯的戰時文選《人類的精神》，當中集結了這名桂冠詩人創作於一九一五年，用來支持國內民心與前線士氣的詩作與短篇散文。馬洛里視森默維爾是他在探險隊上最推心置腹的摯友。他不似森默維爾有一股堅定的宗教信仰，但他佩服這個朋友不受教條拘束的開放心靈，還有他發自內心想要服事上帝並熱愛世人的熱忱。「基督教的問題，」森默維爾在朗讀《李爾王》跟《哈姆雷特》間的空檔告訴馬洛里，「在於它從來沒有經過考驗。」森默維爾後來憶起在三號營這短短幾天跟漫漫長夜：「關於跟馬洛里討論的大部分話題，他的看法中有哪些細節我想不起來了，但我記得整體而言，他都是採取比較宏觀而自由的觀點……他憎恨任何一丁點偽善或欺瞞，而珍視所有真正的良善。」

就在馬洛里與森默維爾於兩萬一千英尺的雪地裡等待之際，其餘的探險隊開始為第一波的攻頂一一就序。五月十二日，流感痊癒但仍有點虛的克勞佛動身朝一號營前進。隔天威克菲爾押著十九名挑夫去加入他，然後在同一天返回了基地營。五月十四日，史卓拉特、莫斯海德、諾頓與克勞佛在一大隊挑夫的同行下，上到了二號營，然後繼續朝更高處的營地挺進。馬洛里與森默維爾也在同一天穿越了位於東絨布冰川頂部的寬闊積雪盆地，掌握了從拉比烏拉（Rapiu La）來襲的季風狀況。拉比烏拉是正南峰兩英里處的一處山口，可以俯瞰進入卡馬河谷並瞭望到馬卡魯峰。暫時一切安好，他們如此回報給在五月十六日正午後來到三號營發號施令的史卓拉特上校。

午餐時登山者聚集成一團，各自用手上的湯匙吃著同一大盤義大利麵。這慣常的做法嚇壞了史卓拉特，但他們還是邊吃麵邊擬定了攻頂的計畫。馬洛里很自然地想要組成一支最強的隊伍。克勞佛身為運輸官，則知道下面還需要人手。雙方妥協的結果是克勞佛有八名挑夫會留在三號營，其他十名挑夫加上廚子則與登山隊同行。本身因為高山症而狀況欠佳的克勞佛，會帶著剩下的人手下山來繼續進行高地營的補給，還有氧氣設備的搬運。考量到早上的操勞與接下來要面對北坳，他們的另外一個決定是讓一名預訂要一同攻頂的挑夫這天直接收工。這除了讓挑夫們養精蓄銳，也是要爭取時間，好讓他們可以用彈簧秤把負重拆成每一份不超過三十磅的小分量。三號營的各項事宜由獲得布魯斯將軍授權的史卓拉特說了算，而他會拍板的事情除了攻頂的時機，尚有探險隊最終的陣容。探險隊的任務又一次懸在半空中。史卓拉特跟將軍一樣擔心季風。雖然有馬洛里的保證，但他可以看到南邊的天候危機四伏。在挑夫下午放假的同時，他偕含馬洛里在內的幾名登山隊成員越過了東絨布冰川的頂部，為的是從拉比烏拉的高度上看進卡馬河谷第二眼，而他們所看到的畫面並不能讓人樂觀一些。「雲朵，」馬洛里後來回憶說，「從廣大而驚人的釜鍋中沸騰出來，色調不亮不白就算了，還灰得令人悲從中來。向下往山谷中一看，你會發現雲層下是讓人警醒的藍色閃電，而那就代表天氣又要頑皮了，而穿過間隙瞥見的馬卡魯峰，模樣既冷冽又陰沉，而這也意味著麻煩即將找上門的證據，並不僅存在於卡馬山谷。」隨著他們從山口離開，馬洛里表示：「就連在圖博都算極強的風勢，猛烈地灌過了山口，打到我們背上。我們回頭迎著風，心中不禁想著我們能有多少風平浪靜的空檔可用。」

史卓拉特回到三號營，心中確信機會稍縱即逝，成敗在此一舉。急於想上山見真章的諾頓與莫斯海德，非常歡迎史卓拉特這份急切的心情。馬洛里則堅持認為四人組隊會比兩人組隊有更大的成功機會。而說起組隊，他仰慕諾頓，對森默維爾有信心，且對莫斯海德的尊敬有如江水滔滔不絕。在時間的壓力下，對爬到北坳頂端以上沒有任何個人幻想的史卓拉特，授權了諾頓與莫斯海德去與馬洛里跟森默維爾組隊。這個決定會讓芬奇落單，也會讓芬奇的供氧登山隊裡連一個有經驗的成員都沒有，但史卓拉特顯然並不特別擔心這一點。

在五月十七日早上，他們出發去進行四號營的補給，隊伍中有十名挑夫扛著大約三百磅的裝備與物資，而五名英國人則無物一身輕，但隨時準備在圖博人軟腳時跟他們換手。晚間吹得很強的風勢，隨著黎明升起而有所舒緩，明亮的蔚藍天空預示著冰面上的熱度與眩光。馬洛里為此戴上了兩頂呢帽，史卓拉特與森默維爾則分別戴上了他們的木髓帽。諾頓與莫斯海德則犯蠢地沒有攜帶任何遮陽工具，為此他們將後悔不已。挑夫任勞任怨地在長長的坡面上踽踽而行，但「似乎比平日更加安靜」。馬洛里驚異於一個在一九二一年還是整趟任務最高潮的目的地，如今只不過是他們達到更高的目標之前，補給線上的一個環節。

他跟森默維爾都沒想到舊地重遊，第二次攀上北坳竟然相對變容易了。挑夫輕而易舉將物資扛到負重者從未到達過的兩萬三千英尺，力量與體能展露無遺，而這也讓接下來的考驗顯得很有一拚。當喘著氣的史卓拉特上校終於登上北坳的最高點，他的第一股衝動是想臭罵諾艾爾一頓他為什麼該在的時候不在。「我多希望現場能有攝影機，」他發揮了少見的幽默感高呼，「如果真的相由心生，如果我的外表真的能反映我此刻的內心，那他們就應該設法讓我永垂不朽來供英國民眾享受。」登頂後的挑夫們放下負重，便掉頭往三號營回返，而登山者也在不久後來到北坳頂端。被史卓拉特發言弄糊塗了的馬洛里看著他「那張泛著油汙的灰黃臉龐」，表示說被強風摧殘，也被太陽曬黑的他們看起來都是一塌糊塗。「我們得多想不開，才會想把你拍成電影？」他問。

約翰·諾艾爾五月十五日晚在一號營與莫里斯共度一夜後，如今其實也正在上山的途中。隔天星期二，威克菲爾、傑佛瑞·布魯斯與芬奇，加上最後一批氧氣設備，也動了起來，由此在基地營就只剩下隆斯塔夫跟布魯斯將軍。瓊該（Chongay）做為一名極受敬重的圖博人，向將軍保證等絨布的儀式在五月十七日完成後，天氣就會緩和下來。而果不其然事情也按瓊該所言發展。威克菲爾在他的日記裡回憶到隔天的天氣多美好，空氣多靜謐，還有上午的陽光有多溫暖。將軍頗為樂觀地宣稱，這改變或許將啟動季風季節前那三週例行的好天。隆斯塔夫則不敢這麼斷言。

此時已經完全康復了的芬奇，在五月十七日讓挑夫休息，而他與傑佛瑞·布魯斯則忙著檢查氧氣瓶。所有的瓶子都保持住了壓力，沒有哪一瓶的壓力小於一百一十個大氣壓，這是個好現象。五月十八日星期四，馬洛里與其團隊於三號營偷得浮生一日閒，等待著隔天五月十九日要向山上挺進，而芬奇、威克菲爾與傑佛瑞·布魯斯則上行到二號營。途中芬奇給「G·布魯斯、一名廓爾喀人，還有兩名被挑中的苦力惡補了一下助爬釘的使用方法，以便抵達三號營後不用浪費寶貴的時間」。

芬奇還沒打算放棄。在五月十九日早上八點剛過便離開二號營的他，率挑夫隊伍在四個半小時後的十二點三十分到達三號營。此時那兒只有史卓拉特跟廚師。馬洛里、諾頓、莫斯海德與森默維爾，外加九名挑夫，已經在當天早上八點四十五分帶著最後的補給前往四號營，他們的計畫是要在北坳上過一夜，然後隔天出發前往聖母峰高處的側邊。他們會在兩萬六千英尺處建立一個小營，過上一夜，然後嘗試攻頂。他們的低標是爬到人類前有未見的高度。

對芬奇而言，這些新計畫——包括人員與後勤補給的配置，或是登山隊的組成——都肯定是極大的打擊。辛苦了幾個月，他終於把全數氧氣設備送上了兩萬一千英尺處的聖母峰側邊。設備的設計有其缺陷，且經過陸運穿越圖博後，有些損傷也在所難免，但最重要的氣瓶本身保持完好，且芬奇手邊的工具齊全，所有的修理工作都可以進行。他身上每一個身為科學家的直覺都告訴他說唯有靠著氧氣的補充，登山者才有機會攻上聖母峰。他還很確定一件事情，那就是每個人都只有一次的挑戰機會，因為暴露在聖母峰高海拔的惡劣環境下，第二次嘗試基本不用想。在他抵達三號營前不到四小時，史卓拉特已經上把探險隊全部的蛋都押在了一個籃子裡，因為他已經把除了芬奇以外隊上每一個兼具經驗與體能的登山者，都送上了北坳去挑戰無氧攻頂聖母峰。為什麼不按照原本的計畫，起碼也保留一點人才的籌碼呢？為什麼要孤注一擲把四張王牌都一口氣打出去，一點機會都不給供氧的爬法呢？

芬奇值得肯定的一點，就是他對史卓拉特這項決定的解讀非常正確：這是一次身為領導者的誤判，而這樣的人謀不臧除了白白葬送了一次攻頂的機會，也嚴重損害了他們達成最終目標的勝算。在芬奇看來，這與其說是一場出於惡意的陰謀，更像是一次愚不可及的差錯，但不論怎麼說，他都被激發出怒火而更有了不想輸的念頭。而被說威克菲爾有資格當他的登山搭檔，更是對他最終極的污辱。那天晚上被他劃掉的筆記，反映的應該是他真實的心情：「威克菲爾跟著我們上了山，但我不知道他以為自己能做些什麼。他連用爬的前進都很吃力，要求一堆，還老是給人添麻煩。他活像個忙進忙出的老太婆，但正事管不了一點用。」芬奇真正青睞的是傑佛瑞．布魯斯這個年輕人。他有四十八個小時的時間把將軍的姪子改造成一名登山者，而且是一名身心都準備好接受聖母峰挑戰的登山者。

出於不可思議的巧合，馬洛里、森默維爾、諾頓與莫斯海德加上九名圖博籍挑夫，在跟芬奇抵達三號營相差不到幾分鐘的時刻，抵達了北坳正下方冰架上的四號營。他們第一個想法是要有地方休息，而由於陽光仍舊溫暖，於是他們紮了五個輕型的帳篷，三個給挑夫，兩個微微分開的給英國登山客，在台地上排成一排。馬洛里注意到映照在雪的背景上，那帆布的綠色跟山冰的藍色，而也不知怎地，這讓他聯想起海浪碎裂在「洶湧的汪洋上」。「為了怕有人夢遊會危險，」他堅持帳篷的開口要朝內對著冰壁，免得一出帳篷就是毫無遮蔽的懸崖。除此之外，帳篷排成一排也可提供他們面對西風更好的屏障。

在森默維爾與莫斯海德動身去固定繩索，以確立從冰架到北坳高點的通道時，馬洛里與諾頓負責處理起食物跟飲水。他們有兩種燃料：無水酒精跟急用時的筒裝白色聚乙醛（metaldehyde），其中簡稱 meta 的聚乙醛是一種火柴一點就著的固態燃料，無煙且燃燒效率極高，但就是存量不多。所以為了把雪融成水，他們必然還是得用酒精燈燒酒精，但這就會是一個冗長而辛苦的過程。光是為了隔天所需那六個大保溫瓶的茶水，就得忙上幾乎一整個下午。吃食的部分，他們有可可亞、豌豆湯、餅乾、火腿，還有起司。填飽肚子後，他們七早八早地在四點半剛過就去睡了，這時太陽也慢慢離開了山頂，氣溫開始驟降。諾頓與馬洛里睡一頂帳篷，森默維爾跟莫斯海德睡另外一頂。他們睡的時候是頭朝帳篷開口，這樣空氣比較流通。從羽絨睡袋往外瞧，馬洛里可以望見聖母峰頂銳利的輪廓。所有的徵象看來都是吉兆。「我們得到了一名登山者所能尋得最令人心安的預兆。」他寫道，「若用桑塔亞那先生[5]的說法，就是黑暗夜幕下，發自群星那悸動的火光……惟我們還是不僅要問，命運之神真的會溫柔以待嗎？」

他們的計畫是要盡可能輕裝上山，負重一共就四包，每包不超過二十磅，並由九名挑夫分

5 指喬治・桑塔亞那（George Santayana，一八六三～一九五二），著名哲學家兼文學家。他出生於西班牙，但八歲起即在美國受教育並長大，有著美國人的認同但未曾放棄西班牙護照。在思想上，著述甚多的他常在哲學與文學作品中流露濃厚的自然主義氣息暨美學觀點。

擔：兩頂小帳棚各重十五磅、兩副雙層睡袋、兩個保溫瓶、最低限度的烹煮用具、夠生活一天半的食物。他們打算趁太陽的熱度完全吞噬白天之前，斬獲一千五百英尺的上升高度，然後再以打游擊戰的方式伺機向上，最終在兩萬六千英尺處紮營。馬洛里並未心存自己可以登頂的幻想。「我們怕是到不了山頂，」他在五月十八日給茹絲的最後一封信裡說，「但只要我們能攻上兩萬七千四百英尺處的肩部，就已經能曠古絕今，超越隊上所有人的預期。」

正如許許多多挑戰聖母峰的計畫一般，這次的嘗試也在黎明這一關就踢到了鐵板。第一個起來的馬洛里在五點過後想把挑夫叫醒，才發現這些人全都因為高山症而一副病懨懨、要死不活的樣子。而這有一部分也是因為他們把帳篷的門簾封死的關係。狀態適於攀登的挑夫只有五人。然而這之後行程又耽擱了一下，則是因為一個不起眼的疏忽：要當早餐吃的義大利麵罐頭被留在了冷天裡沒收，一夜下來凍僵了，所以他們現在得先解凍，又得浪費時間。登山隊員終於能夠啟程，已經過了早上七點。眾人在心情甚好的莫斯海德配速下，沿從東北肩部一路降至北坳的那條陡峭雪坡而上。馬洛里跟在兩名挑夫身後，諾頓與森默維爾在另外一條繩子上領著其餘人前進。他們沿著一條石礫邊緣，進展得很理想，主要是那些石頭充當了他們有實無名的台階，讓他們可以穩穩當當，順遂地爬升一千兩百英尺。

主要的挑戰不在於地形地貌，而在於低溫與風勢。馬洛里發現自己會不自覺地在暫停時用腳尖踢地，只為了讓腳趾末梢的血液能流通。他算是聰明還知道要多穿幾層，包括謝德蘭毛衣跟絲質襯衫各一件；莫斯海德就只是在脖子上圍了一圈羊毛圍巾。他們的禦寒能力又受到一次不必要的打擊，是因為有點笨手笨腳的馬洛里在他們第一次停下休息時幹的好事。諾頓一個人坐得離其他人有些距離，背包置於雙膝之上。而在整理某條過鬆的繩子時，馬洛里一個不小心弄倒了那背包，諾頓急忙一撲，但跌落的背包還是脫離了掌控。在每次彈跳中不斷累積動能的背包，很快就消失在人的視線以外，直抵數千英尺底下的東絨布冰川。諾頓失去了背包，也失去了背包裡他所有的保暖工具，由此他所有的禦寒衣物就只剩下身上穿著的那些，包括他跟馬洛里借來的睡褲。幸運的是另外三個人有足夠的備用衣物，所以靠著互通有無，四人仍能繼續行程。

但此刻太陽已經溜到了雲層的背後，而風勢則益發有暴風雨的架式。他們辛苦地爬著坡，並前傾著身子迎向強風，且都在與呼吸奮鬥。世上不曾有登山者面對過這樣的狀況。風吹過來，讓原本的嚴寒氣溫更添華氏冰點以下四十度（華氏零下八度，約當攝氏負二十二度）的體感。馬洛里盤點了一下自己的各種知覺，結果發現他的四肢麻木了。凍傷是對人手腳的一大威脅，而且每分每秒都會更加危險。莫斯海德終於想到要穿上雪橇裝——雖然暖和不了多少，但起碼可以擋點風。他們亟需進入山脊的背風面，但向東走代表他們得在堅硬的雪上切出上下達三百英尺的台階，在這種海拔上是殘酷的體能考驗。

等馬洛里、森默維爾與諾頓終於在一道石牆後面找到遮蔽處，時間已經來到中午。氣壓計顯示海拔高度為兩萬五千英尺，暫時無法考慮再往前進了。莫斯海德在下方有段距離處徘徊著，身邊陪著三名挑夫。他們帶的兩頂帳篷只夠登山者用。而隨著天候每況愈下，他們必須要趕緊紮營，才能讓挑夫有時間下山回到四號營躲避天氣，而這難就難在他們得找到一塊勉強稱得上平坦的地面。終於等到了莫斯海德的森默維爾，經過整整兩個小時的搜尋，終於找到一處風吹不到的地點，有石頭可以砌成一座矮牆，也能夠建立起符合一座馬默里帳篷大小的平台。諾頓與馬洛里也在大約五十碼外發現了一塊有坡度的岩板，尺寸大概是他們帳篷的一半，不完美但也只能湊和。

挑夫們在下午三點半開始下山，此時森默維爾已經搭建起了簡陋的廚房，位置就在他帳篷的擋片外面。他們三兩下解決了一餐，菜色是罐頭火腿跟熱過才喝的保衛爾牛肉精。他們誰都沒有太好的食慾。這天稱得上慘烈，諾頓的耳朵因為嚴重凍傷而腫到正常的三倍大。馬洛里的三根手指也沒能免於冰霜的荼毒。但比這都嚴重許多的，是莫斯海德的狀況：他不僅僅四肢受到凍傷，而且還從體內深處受天寒所苦，甩都甩不掉，還因高山症而身體倦怠，噁心想吐。

沒人有本事睡好。諾頓與馬洛里一起擠在帳篷的底部，前者劇痛纏身而只能側躺，而馬洛里則輾轉反側等著天亮，該是枕頭的地方變成了塞在濕掉的背包裡的登山靴一雙。結算起這艱辛的一天，他們雖然有些負重要揹，但還是用三個半小時攀登了兩千英尺。這使他們這天結束時的高度比他們希冀的水準要低，但若想多爬一千英尺，需要的時間將會是三個小時，而那完全不可能。雖然距離峰頂還有四千英尺，但他們紮營處已是人類有史以來睡過最高的地點，而這點成績也讓馬洛里內心得到了一絲慰藉。風勢在夜裡緩了下來，偶爾還會有星星出來眨眼睛。但雪在黎明時重新降了下來，接著是冰雹，至於在東邊的濃厚雲層，則隨著天光現蹤而黯沉下來。

馬洛里是第一個醒來的人，而被他吵醒的同帳室友則發出了一個壓抑的哈欠。「我在想，」諾頓就像在濱海豪華小木屋裡醒來似地說，「我們是該起來了。」他們都為了要離開共度了一夜苦寒的溫暖睡袋而呻吟不休。兩人頭都很痛，而諾頓的耳朵看起來不是很妙。一如在晨間寒意中的慣例，他們一開始都需要暖機，否則做不成任何事情，而最後因為只找到一個保溫瓶（挑夫耍笨帶走了其他保溫瓶），他們因此得先融雪才能泡茶。紮營處地無三里平，而就在他們跌跌撞撞走來走去時，其中一人不小心擦到了裝著他們全數物資的背包，從落腳處往下滾了百來英尺，所幸途中遇到一處狹窄的平台才停了下來。

莫斯海德主動請纓，要去把背包取回來，而這一去也讓他付出了代價。等他們終於在上午八點開始登山，莫斯海德只勉強走幾步就停了下來。「我想我就不跟你們去了，」他說，「我滿確定我只會拖累你們。」莫斯海德的退堂鼓讓人深感意外，因為他對前一天遇到的麻煩一直是輕描淡寫，而且外表也看不出任何身體不適或受傷的跡象。在簡單與森默維爾交換意見後，四人一致同意莫斯海德可以獨自留在帳篷裡一日且安全無虞。於是沒再多說一個字，森默維爾就把自己綁進了諾頓的繩子，然後三人一體開始前進。

事實上，馬洛里曾猶豫過他們是不是四個人都不應該繼續前行。他後來坦承說從一出發，他就覺得自己連撐起自身重量的力氣都沒有，他只是默默想說先勉強自己一下，然後以拖待變，寄望身體機制會一步步重新入檔。聖母峰頂依舊是他們的目標，但他們光是要從所在地向上八百英尺達到北脊的頂端，就已經非常拚命。他們前進的節奏是爬二十分鐘休息五分鐘，然後從一個傾斜角度不利於攀爬的岩架，移動到下一個角度不利於攀爬的岩架。上攻的角度非常嚴峻，但又沒有陡到可以讓他們的雙手派上用場，想到就讓人心累。他們說是在用爬的，但又不是真正在爬，再加上地表覆蓋著幾英寸的新雪，使他們的進度甚是緩慢。

等終於上到北脊，他們稍微多休息了一點時間。馬洛里的腳冷到發痛。因為擔心凍傷，他褪去了靴子。諾頓幫他把腳揉搓到熱，然後建議他把腳上的四雙襪子脫掉一雙，不然靴子太緊了。問題解決，他們繼續直直沿山脊上行，朝一座標記了聖母峰東北肩部與東北脊交會處的巨大岩塔而去。他們的速率按照馬洛里的回憶，不會比「可憐兮兮地爬行」好多少，而他們的垂直上升速度——據他估計是每小時四百英尺——也隨著二人踏出每一步而不斷減緩。

他們在晨間的明晰理智中決定，不論進度如何都要在下午兩點半折返。兩點十五分，他們來到了一處陡坡的高點，再過去就是相對比較好走的地面。他們休息了一下，吃了點以甜食為主力的點心——巧克力、薄荷蛋糕、水果糖、葡萄乾，還有洋李。沒有人真正覺得氣力放盡，而聖母峰頂的驚人美景從無人來到過的制高點望過去，也召喚著他們繼續前進。他們按照馬洛里在入山後的第一份報告中估計，或許距離東北脊只有六到七百英尺的高度，一個後來他在正式探險隊誌中修正數字為四百英尺。惟不論這個垂直距離是六、七百還是四百，他們以當時的上升速率，都還需要起碼四個小時才能上到山脊，而東北脊做為一個目的地並不具備什麼太特殊的意義。

攻頂是不用想了。撤退是唯一的選項。如馬洛里後來表示，「我們當時已經準備好把夜訪聖母峰的機會讓賢給日後的勇者。」氣壓計顯示他們的高度是兩萬六千八百英尺。因為確定自身位置高過他們可以在西邊看到的卓奧友峰，馬洛里後來估計他們真實的高度，應該是在二六九八五英尺之譜。不論如何，他們都很顯然創下了新紀錄。他們沒有一個人樂於在山側野營第二晚，還有他們當然也不能丟下莫斯海德不管。於是他們決定就待一下下，喝點白蘭地算是

「補補身體」，然後就要開始朝肩部下行。

下行之路由馬洛里領軍，後頭跟著諾頓與森默維爾。下降大約兩千英尺後，他們在大約下午四點後回到了莫斯海德身邊，並看到他神清氣爽地急於下到相對舒適的四號營。留下帳篷與睡袋不動，他們帶上了少數幾個隨身物品，沿昨日走過的一個個岩架踏上了緩慢的返程。要回到四號營得再下降兩千英尺，但考量到日照只剩下三小時，他們預期這會是一場苦戰。因為不確定莫斯海德的體能狀況，所以他們四人共綁在一條繩子上，由馬洛里再次走在最前面；諾頓與森默維爾夾在莫斯海德的左右兩翼，以便隨時可以照應。

由於新雪抹去了來時的腳印，馬洛里一不小心走了條較低的路線，最終來到了一處棘手的破碎地面：上頭有冰與舊雪，還有隱藏在粉雪底下的深色岩石。在他們越過深邃雪谷頂部的時候，莫斯海德滑了一跤，而且還好死不死滑在負責殿後壓陣的森默維爾跨出一步的時候，讓他措手不及地一起失去了平衡。他倆摔倒的動能讓諾頓兩腳踩空，一時間三人都沿著雪溝開始溜滑梯，朝著下方三千五百英尺處的冰川而去。馬洛里原本就提防著這段路會出事，而他在經由聽覺察覺到苗頭不對時，人正在挖出雪階。而聲音刺激還來不及在他腦子形成意義，馬洛里就已經本能地揮出了冰斧到雪面上，並將一卷繩索纏於其上來構成一確保點（belay）。森默維爾的反應是把冰斧砍進坡面來設法煞車，一如諾頓，但追究起四人何以能從鬼門關回來，仍得歸功於馬洛里的本能反射之快。最終四人均毫髮無傷，但也都嚇得魂飛魄散，莫斯海德僅存的那一點點精力也全數用盡。

雖然四號營已經不遠，而且天黑前還有一小時的時間，但他們現在身邊拖了個每走幾步就要停一下，而且理性判斷力也已經流失的傷員。在他思緒混亂的衰弱狀態下，莫斯海德堅持要在只能小心步行通過的坡面上用滑的。為此，其他三人不得不攙著他並一路哄著他，才能讓他願意聽話慢慢前進。此時的他已經進入由失溫引發加上由高山症激化的昏沉狀態。而人一旦進入這種狀態，就會心滿意足地想躺在雪上死去。諾頓守在他的身側，一面拿肩膀讓他靠，也一面用手摟住他的腰，而馬洛里則設法思索最容易的下山路線，森默維爾繼續負責殿後。天光開始消退，而在慢慢聚攏的黑暗中，他們爬下了山。這天沒有月亮，只有黑雲跟偶爾的閃電劃過天上，馬洛里只能勉強在雪的背景中看到同伴那模糊的身影。最終他們抵達了他們從北坳上到肩部時走過的石頭階梯。他們接下來只需在漫漫長夜裡沿著石階而下。

等終於抵達了北坳的雪地，他們的旅程還沒有結束，仍得摸黑穿越上頭被一系列危險冰隙劃開的寬廣冰原。森默維爾在包包裡有一盞提燈，而老天也很幫忙地在此時讓空氣中沒有太強的風，於是他成功劃起一根火柴，點燃了蠟燭。在搖曳的火光中，他們繼續前進，最終來到了一處得垂降十五英尺（約四點五七公尺）的小懸崖邊緣。他們用繩索把莫斯海德放了下去，然後沒了繩索的他們只能牙一咬跳下去。在雪中摸索了一陣後，他們終於找著了固定繩可以導引他們下到上頭還整整齊齊搭著他們五頂帳篷的平台。此時已將近是午夜時分，他們始於十八小時前的這天終於可以告一段落，而他們從中午以後就滴水未進了。他們這天光是下降僅僅兩千英尺，就花了七個半小時，而不過是爬完最後三百碼（兩百多公尺）穿過營地上方危機四伏的冰隙，就耗掉他們將近四個小時。但如今讓他們陷入恐慌的是一個壞消息：從坳部要前往三號營的挑夫帶走了所有的鍋具，而這就代表他們沒了解渴需要的工具，所以也只好把諾頓隨機應變出的「罐頭牛奶、草莓果醬跟白雪」飲品喝了下去。而果不其然，這麼亂來的東西讓胃痙攣的痛苦四起。

但他們的考驗還沒有完畢。夜裡降下了大雪，模糊了所有的舊腳印，逼著馬洛里與諾頓隔天早上在雪裡切出新的台階。由此這趟下山之路該花的一小時，變成了累到讓人「難以忍受」的四小時，從頭到尾都在烈日下曝曬，而別忘了這些人對水的渴望都還在。等終於抵達北坳底部，他們的紀律一夕瓦解。為了衝去喝水，帶頭的兩個人不小心扯倒了還在下坡過程中的另外兩個人。屬於後者的馬洛里在冰上滾了八十英尺，才用手中的冰斧讓自己在坡面的基底停了下來。用照相機拍下他這一摔的沒有別人，正是要偕傑佛瑞・布魯斯率一打挑夫上山救援的喬治・芬奇。「我原本想就默默認了這個自摔的奇恥大辱，」馬洛里後來寫到，「沒想到山坡底有芬奇拿著柯達相機，拍下我的醜態。」

芬奇與布魯斯背上都綁著氧氣筒跟呼吸器，也都各自有兩個保溫瓶的熱茶，被他們拿出來招待了這些又累又渴的登山隊員。「他們大部分人，」芬奇後來說，「都幾乎說不了一整句話。飽經風霜而看得出吃了苦頭的諾頓，對我們簡要說明了這次攀爬的經過。」芬奇對於馬洛里等人的成績除了佩服還是佩服，他們「創下傲人佳績」不說，更重要的是還能夠平安歸來。沒人再多說什麼。登山隊員只想喝水。威克菲爾此時上來，是要連同史卓拉特跟莫里斯一起陪登山隊員回到三號營，那兒有諾艾爾在等著要拍攝歸途。森默維爾一張嘴就灌下了十七個馬克杯的茶。莫斯海德等不及進到營地再解渴，他直接在一條融雪的溪流邊喝了個過癮。就這樣等到他抵達營地，整個人氣色已經煥然一新。「我會這麼狼狽就是口渴而已，」他說，但明明同時威克菲爾正在幫他包紮那發黑又腫脹的雙手。

11

芬奇的勝利
Finch's Triumph

喬治・芬奇與傑佛瑞・布魯斯，再加上亞瑟・威克菲爾，已經在五月十九日來到了三號營，時間正好來得及目送喬治・馬洛里一行人黯淡而遙遠的身影在北坳最終幾道冰壁上攀爬。雖然自尊心有點受傷，但他還是咬著牙立刻開始上工。原來他看了一下，氧氣設備確實有好些個地方需要修理或調整。裝備著焊鐵、手鋸、鉗子等工具，他跟布魯斯打造出了肯定是全球海拔位置最高的露天鐵工廠。這可不是能被小看的事情。在遠低於零度的氣溫下作業，鐵製工具往往凍到人手無法掌握，但他還是找出了好幾個漏洞，並提升了氧氣設備的運作效率，甚至還設計出一套全新的呼吸機制，主要是面罩的閥門在寒冷中硬化得太嚴重，以至於完全發揮不了原本該有的作用。早預期到事情不會那麼順利的芬奇，從大吉嶺帶來了T字形的玻璃管與玩具足球的內膽，用這些材料變出了一套效率極高的替代品，而且只花了一天，他就在布魯斯這名年輕人的協助下做出了四套。五月二十日下午，正當馬洛里等人掙扎著朝高地營前進時，芬奇第一次在實際的高海拔野外環境中測試了他的發明。午餐過後不久，他們就出發越過了東絨布冰川的頂部，朝拉比烏拉而去，其中威克菲爾與史卓拉特這組不靠氧氣輔助前進，而芬奇跟布魯斯則使用氧氣。「氧氣的效果十分顯著，」芬奇後來在日記裡寫道。雖說供應裝備重達約三十磅，「我們倆前進的速度卻快得像『火燒厝』。」

一夜的強烈暴雪，讓他們隔天只能困守營內，但芬與布的表現之亮眼，已經讓擔心馬洛里團隊命運的史卓拉特派遣了兩人在五月二十二日早上攜帶氧氣，啟程進行救援任務。雖然登山隊員從北坳下山的身影終究映入了眼簾，但芬奇與布魯斯決定還是按原計畫向上走，一方面是要重新給四號營進行補給，一方面是要對供氧設備進行第二次測試。與他們同行的是准下士（即上等兵）泰吉比・布拉（Tejbir Bura），芬奇評價他是「最值得期待的廓爾喀人」，並因此將之延攬到氧氣團隊中。他們於十一點前後與馬洛里在北坳腳邊碰頭後繼續上行。芬奇岔出了固定的路徑，因此得在新雪中進行「大量的切階作業」，但他做起來卻彷彿不費吹灰之力。他在報告中說，氧氣的效果把攀登高山時的艱苦跋涉變得「行雲流水」。他們迅速超越了負重比他們輕的挑夫，並僅費時三個小時就抵達了四號營。回程的下坡更幾乎像是在散步，一共只花了五十分鐘，途中他們就像觀光客似地走走停停，還趁隙拍了三十六張照，回到三號營時一整個「神清氣爽」。

他們一個人耗用了三瓶氧氣，而供氧設備則表現得無懈可擊。圖博人至此終於理解了他們為什麼得一路把這些鋼瓶從大吉嶺扛過來。英國人能強到這種境界，靠的就是這種「英國空氣」。布魯斯也同意這種觀點，並為了證明瓶中裝的不是普通的空氣，他讓一道純氧飄過了自己一根點燃的香菸，結果菸頭閃出了耀眼的白光，挑夫們為之驚艷。如芬奇後來所寫，「所有人心中對氧氣好處的疑慮，至此畫下了句點。」

隔天全營休假一天，只有芬奇不得閒，他仍繼續用鐵工技術在精進氧氣設備，這包括有些金屬接點需要焊接，有餘氧計量器故障需要修理，有墊圈太乾需要更換。威克菲爾幫莫斯海德包紮了傷口，並幫馬洛里的手指凍傷看了診，才遣這兩個人偕諾頓、森默維爾跟史卓拉特一起下山到基地營。史卓拉特尤其急於把攀登任務的各種見聞傳達給布魯斯將軍。布魯斯將軍將會把這些消息交由達克驛站的跑者送往帕里，再從帕里發電報至倫敦的辛克斯跟聖母峰委員會。大家都很欣喜於他們在不靠補充氧氣下，打破了一九〇九年阿布魯茲公爵創於喀喇崑崙山脈喬戈里薩峰上的登高紀錄。「我最高興的莫過於，」辛克斯寫信給森默維爾說，「聽聞六月八號傳來並於隔天見報的捷報，也莫過於看到上頭寫著未帶氧抵達兩萬六千八百英尺處。」惟辛克斯不會為了這則捷報高興太久。

五月二十四日，也就是帝國國慶日（Empire Day，即維多利亞女王的生辰，現改為大英國協日）當天，喬治・芬奇與傑佛瑞・布魯斯，再加上諾艾爾跟泰吉比・布拉，四人一起使用氧氣重回到北坳之上。泰吉比跟布魯斯曾一起於西北邊境服役於第六廓爾喀步槍兵團的第二營，所以彼此相知甚深。他們曾出生入死地在一次次浴血奮戰中活了下來，唯一旦上了山，兩人面對的就是跟戰場性質完全不一樣的全新挑戰。這兩個人都完全沒有任何登山經驗，結果第一次的嘗試就獻給了世界最高峰。布魯斯站著有五呎十吋半（約一七九公分）高，體重一百六十五磅（約七十五公斤），比起六呎又多半吋（約一八四公分）高跟一百五十九磅（約七十二公斤）重的芬奇這根竹竿要矮一點也重一點。嬌小但厚實的泰吉比壯得跟牛一樣，重點是他肩膀的寬度幾乎跟身高沒兩樣。芬奇選擇他是出於一個很簡單的原因：「能在山上走最遠的人，往往就是那個笑口常開的人。」沒打算走超過北坳的諾艾爾只是跟著去記錄他們的啟程，接著守候他們的歸來。諾艾爾已經成為芬奇後來筆下所說，「皈依了真實信仰的改信者」，而他所說的信仰就是氧。

他們在四號營度過了一個不怎麼舒服但倒也無風無浪的晚上，並醒來在風強而清澈的早上。芬奇對氧的效果就是這麼有信心，以至於他先派了自己的十二名挑夫走在前面，他很篤定自己跟布魯斯、泰吉比會三兩下就跟上。早上八點，圖博人挑著氣瓶、帳篷、睡袋、廚具跟一天份的物資，展開了雪原上的長征，目的地是聖母峰的東北肩部。芬奇一行人晚圖博挑夫正好九十分鐘出發，而雖然他們一個人要揹負重達三十磅的供氧裝備，比挑夫的平均負重都還辛苦，但他們還是很順利在兩萬四千五百英尺處成功超車，距離北坳的垂直距離還有一千五百英尺。「他們用平日的開朗燦笑迎接我們的後來居上，」芬奇回憶道，「但已經沒有人覺得吸氧氣的點子是傻子在發神經。」就在芬奇與氧氣團隊把挑夫甩在身後，繼續朝山上挺進的瞬間，不只一個圖博人嚷著要試吸一下他們的「英國空氣」。

這些英國登山者原本希望能在接近兩萬六千英尺處紮營，但下午一點後不久，在距離目標只剩下海拔五百英尺處，天候丕變並開始降下大雪。芬奇察覺到風暴將至的危險，而考慮到挑夫得回到位於北坳的四號營，他於是下令立刻停止行進。隨著風勢不斷變強，他們勉力尋找任何還算平坦的地面來搭起他們的那一頂馬默里帳篷。他們位於東北肩部的背脊上，面風的那一側會暴露在風暴的威力下，所以完全不用考慮，但東邊高地的背風面，地形又一概都是陡峭而沒有遮蔽的坡地或混雜糾結的巨岩。他們迫於無奈，只能直接在肩部的背脊上鏟出一小片平台，然後將帳篷搭在懸崖的邊緣，懸崖一邊會向下急墜四千英尺到主絨布冰川，另一邊則下降到東絨布冰川的頂部跟他們位於三號營的前進基地。

等最後一名挑夫也趕忙下了山坡後，芬奇先是檢查了固定帳篷的繩索，然後爬進了帳篷，加入已經在裡頭的布魯斯跟泰吉比來等待風暴過去。空氣異常冷冽，帳篷裡滿滿的是小小的雪晶附著在每個表面上。把所有衣物都包在身上的他們抱在一起來取暖。靠著固體燃料，他們設法熱了些燉菜，熱飲是不用想了。在這種高度上，水的沸點低到連茶都泡不成。芬奇一邊抽了根菸當成對自己的慰藉，一邊安撫同伴說他們絕對可以將聖母峰手到擒來。

但隨著太陽下山，風暴仍繼續肆虐，並擴大發展成颶風的等級。強風猛烈拉扯著他們的帳篷。芬奇後來回憶說，鋪在地面上的帳篷布即便有三個人壓著，都還是被風從厚實的積雪中抬了起來。他們必須刻意用體重去壓住帆布，並用全身的力量去抵銷風的來勢，才不至於讓帳篷被整頂吹落山崖。但就算勉強壓住了帳篷，他們也不禁擔心帆布會隨時被風像刀一樣剪成一條條緞帶。三人都不敢睡，因為稍有睡意都是在玩命。「我們是在為了生命拚戰。」芬奇寫道，「我們很清楚自己的小帳篷一旦落入強風的無情掌握中，就一定會被掀起來，然後連人加上帳篷的下一站就會是幾千英尺下方的東絨布冰川。」

等到午夜，帳篷的每一個表面都已經覆上了一層霜，凍結的吹雪鑽入到了衣物的每一個角落，包括他們睡袋的裡襯，由此睡袋很快就變得潮濕到會產生危險。一個小時之後，風暴達到了強度的最高峰。「風拍打著帆布，」芬奇寫道，「發出了宛若機關槍的噪音。其震耳欲聾的程度讓我們幾乎無法交談。」凌晨兩點風勢稍歇。芬奇奮力來到帳外，並設法將高山繩索繞過帳篷的背脊與柱子，然後把繩子的兩頭牢牢綁在巨石上，藉此來鞏固帳篷。大功告成回到帳篷裡的他顯得精疲力盡且冷到骨子裡。有了這條固定繩，他們多少稍微放心休息了一下，但還是沒有一個人真正睡著。

「黎明破曉在荒涼與冷冽中。」芬奇後來寫道，「雪已經不再下了，但風勢仍未曾稍減。」在漫長的早晨中，他們以每次不超過幾分鐘的長度輪流跨出帳篷來把繩索拉緊，並在迎風面堆起了一小面石壁來多少提供一些屏障。他們一直困坐帳篷中，任由命運被掐在山的手裡，直到風勢終於稍歇。但此時就算他們願意放棄攻頂，想撤退也由不得他們。表面上布魯斯與泰吉比站得抬頭挺胸，嘴裡沒有一句怨言，但芬奇依舊不禁想著，「血肉之軀可以承受這樣的壓力多久？」他們又準備了一餐，而冒自酒精爐的火焰讓芬奇心中產生了「一種逼近於痛苦的焦慮，他擔心的是帳篷做為將他們與死亡隔開、薄弱的棲身之所，會不會不小心著火」。風暴在中午時分「勢頭再起，並一舉爆發出了前所未見的怒火」。一顆石頭砸中了帳篷的側邊，在帆布上劃出了大大的一個口子。他們的處境變得異常艱難，但也只能咬牙苦撐。「暴露在狂暴到這種程度的強風之下，再加上此等的嚴寒，應該沒有人類可以撐超過幾分鐘吧。」芬奇如是想。

最終在接近下午一點的時候，風勢開始出現破口。風暴最壞的時候已過。這時候還有點理智的人，都會想要一路取道北坳回到二號營安全的懷抱裡吧，畢竟他們才剛剛從死裡逃生，但芬奇打算多待一晚並於隔天嘗試攻頂。他試探性地對布魯斯提出了這個建議，也準備好跟隨他的決定。結果，布魯斯對撤退完全沒有興趣。接著布魯斯操著旁遮普語，把他跟芬奇的想法分享給了泰吉比，而他唯一的反應就是「綻放出了比原本更加燦爛的笑意」。

這瞬間的欣喜，馬上就被他們身處的現實環境所平息。由於燃料已將近見底，他們煮了最後一頓有點寒酸的餐點，吃盡了最後的存糧。換句話說，如果他們堅持要爬聖母峰，那就得餓著肚子爬。他們窩在僅存的帳篷裡，然後很意外地在下午六點時聽到了外頭有些動靜。六名雪巴人在他們「不屈不撓的特吉歐（Tergio）」帶領下，自願在午後風暴一停就從北坳出發。約翰．諾艾爾在擔心之餘，讓他們用保溫瓶裝好熱保衛爾牛肉汁跟茶水帶上。芬奇謝過了挑夫的辛勞，但考量到時間已晚，他讓他們立刻掉頭下山，並指示他們隔天中午再來。他看著挑夫三步併兩步離去，心想不知道他們能在天黑前趕路到何處。上山時挑夫們是在下午四點離開北坳，很明顯是冒著生命危險來給登山隊員一些安慰。下山時他們果真不幸迷路，由此足足花了五個小時才回歸四號營，他們能活下來說是奇蹟也不為過。

登山隊員對特吉歐等人遇到的麻煩一無所知，只是自顧自就寢來迎接悲慘的第二夜。精疲力竭且忍著吃了跟沒吃一樣的飢腸轆轆，加上嚴寒讓他們感覺槁木死灰，這種種壓力都明明白白掛在他們的臉上。聖母峰在那一瞬間遭到了遺忘，他們的挑戰是活到隔天早上。他們按照芬奇的觀察，全都「餓到變成能把彼此吞下肚的食人族」。他們手上倒是拿得出菸草。芬奇愛抽菸，且發自內心相信抽菸「有助於高海拔的呼吸」。他就是有本事把一些可笑的想法，用一些專業用語說得煞有介事。「菸草裡有某種成分可以代換掉血液裡欠缺的二氧化碳，並產生神經興奮劑的效果。」他說得信誓旦旦，「香菸的好處可以維持三個小時之久，而我們運氣很好地不缺香菸。」但事實上，煙霧瀰漫的帳篷絕非又弱又餓又苦於高山症的人該待的空間。

在他們的最低潮，芬奇想到了一個點子。他拖著一組氧氣設備到了帳篷裡，並堅持要所有人都來一口。泰吉比先是婉拒，但等他態度一軟化，他的臉就亮了起來。布魯斯也馬上就產生了很深刻的反應。芬奇在吸了一口之後，感覺到「刺刺地、有種生氣都回來了的感覺，手腳也都暖和了起來」。這似乎便是在極端的高海拔上要能好好睡一覺的關鍵了。芬奇很開心地設置好了氧氣筒，以便讓每個人都能整夜吸到少量的氧氣。這麼做產生了奇蹟般的效果。真正休息到了的他們睡得很好，而且身體始終保持溫暖。芬奇後來寫道，氧氣是他們的救命恩人。

他們在黎明前醒來，感覺比前一天早晨更有力量。芬奇睡時穿著靴子，其他人則沒有，而燒蠟燭來軟化皮革就足足花了他一個小時。反正早餐沒得吃，他們索性在早上六點半出發，這時第一道陽光才剛落在他們的營地上。布魯斯與芬奇帶著水瓶、相機、保暖裝置與供氧裝置，各自要揹負四十磅的重量。泰吉比帶著額外兩瓶氧氣，則肩負將近五十磅的重量。他們的計畫是讓泰吉比陪伴登山隊員到東北肩部跟東北脊的交會點，屆時芬奇跟布魯斯會換上新的氧氣瓶，然後繼續行程，而泰吉比則會掉頭回到高地營等待兩人回歸。

但計畫總趕不上變化，因為他們從營地出發也才幾百英尺，看似強悍的廓爾喀士兵就證明了自己不是這塊料。布魯斯鼓勵他為了兵團的榮譽要堅持下去，而羞恥心也推著他一路上到了兩萬六千英尺，但此時泰吉比說崩潰就崩潰，臉朝下地倒在了岩石上，而他這一倒，也同時撞碎了供氧裝置那脆弱的玻璃材質。比起擔心人，更擔心設備有沒有怎麼樣的芬奇氣炸了。布魯斯再次挑戰了泰吉比的自尊心，但廓爾喀人已經力不從心。泰吉比在被用氧氣救醒後奉令下山，並被告知不得離開此時還在視線內的高地營。

芬奇與布魯斯為了減輕負重而拋下了一條繩索以外的所有行李，但即便如此，他們還是從泰吉比的背包中接手了額外的氧氣瓶。沿著難度不高的岩石前進，他們繼續上行來到了肩部，沒花多少時間就抵達了兩萬六千五百英尺處。但如今風勢又捲土重來，且其強度逼得芬奇不得不放棄肩部，而前往背風面尋求庇護。他們開始跨越聖母峰北壁前行，並很快就發現自己身處在「黃帶」(Yellow Band)，也就是掃過聖母峰那道沉積岩層的巨大砂岩板上。雖然技術上不算太困難，但岩層延伸出向下急墜的陡坡，再加上積雪會使其變得濕滑，種種惡劣的環境因素使得簡單摔一下也可能變成致命的災難。為了節省時間，芬奇沒有綁上繩索，由著布魯斯在沒有保護的狀況下走在「坡度極陡且平滑得像要殺人的岩板上」，這對一個從未有過高山經驗的傢伙來講，算是相當了不起的成就。

穿越在北壁上，他們朝著目標愈來愈接近，但就是海拔高度沒什麼增加。這段路爬起來對體力的考驗極為嚴苛，他們是因為有背上的氧氣筒才爬得了。一個氧氣筒用完了，他們會開開心心地將之扔下山坡，減輕自己大約五磅的負重，然後聽著金屬滾下岩石撞出的鏗鏘聲，「硬梆梆的鋼鐵就像教堂的鐘聲，每碰撞一下就敲響一下。」芬奇特別去注意了他的氣壓計，為的是測量自己的前進速率，來看他能不能成功挑戰馬洛里。在兩萬七千英尺處他先超越了馬洛里，然後開始把心思對準了聖母峰頂。他開始離開了路徑，帶著布魯斯上攻，以對角線的方式斜向朝東北脊上的一個點前進——那個點就在東北脊與東北肩部交點跟聖母峰峰頂金字塔基底之間的中點。

他們爬了大概有三百英尺，然後芬奇突然聽到年輕的布魯斯一聲驚呼：「我吸不到氧！」芬奇從大概距離二十英尺的上方衝下來，及時一把抓住了慌張的布魯斯肩膀，否則他差一點就要往後一倒，掉到山下去了。芬奇把他往前一拉，救了他一命，一邊還把自己的氧氣管插到布魯斯的嘴裡。在一個多數人連思考都成問題的海拔高度上，芬奇成功分析了問題。「我根據系統的組成檢視了從氧氣瓶通往到壓力計跟流量表的各個連接點，結果發現後兩者都運作正常，其中後者顯示氧氣流速是每分鐘二點四公升。」戰犯是面罩裡的T型玻璃。

就在布魯斯重新站穩腳步的同時，芬奇首先調整了自身的供氧設備，好讓兩人可以從同一個氧氣瓶裡呼吸。他接著著手修復布魯斯的裝備，將損壞的部分更換成他從大吉嶺帶來，專門為了這種場合而準備的備用零件。等雙方的供應設備都運作健全後，危機正式宣告化解，而這時他確認了自己的氣壓計，他們的海拔高度是兩萬七千三百英尺——人類有史以來爬上的最高點。從一開始就因為其澳洲人身分被嘲笑的芬奇，除了一路以來被貶低為科學界的怪胎，更因為是個特地獨行到讓人看不順眼的殖民地居民而遭到邊緣化，但這樣的他卻完成了不可能的任務，並在這過程中改寫了人類的登山史。阿布魯茲公爵的紀錄矗立了十三年，才被馬洛里用兩千兩百英尺的差距刷新；但馬洛里的紀錄只維繫了不到一星期，就被喬治·芬奇與傑佛瑞·布魯斯帶著輔助的氧氣瓶打破了。

芬奇很自然地想要更上一層樓，但他知道這麼做沒有意義。峰頂還在一千七百英尺之上，若發動攻擊，成功安全回返的機率是零。事實上，即便只是再往上挑戰五百英尺，他都能體認到那等同於自殺。剛與死神擦身而過，驚魂未定的傑佛瑞·布魯斯，根本不處於能繼續爬下去的心理狀態。這名年輕的軍人才在人生第一次登山就創下了世界紀錄，你叫芬奇還能苛求他什麼？他們距離聖母峰頂只剩下半英里不到。芬奇可以清楚辨識出個別的石頭散落在雪面上，石頭再往上就是通往峰頂的斜坡。聖母峰頂可以說近在眼前卻又遠在天邊，但他唯一合乎倫理的選擇就是撤退。「這層體認一拳打在我的身上。」他後來回想：

我的感性始終是我自己的東西，我不願白紙黑字地把自身情緒所歷經的天搖地動化為冷血無情的心理分析，我只能提供自己在起訖兩點上的不同心境。符合理性的決心、自信、對成功勝算的把握、內心懷抱的希望——都在我們一步步上行的途中慢慢累積；在高地營上連著兩晚的掙扎，並沒有使我們的熱忱變得黯淡無光，泰吉比的崩潰也沒有打擊到我，惟那也無疑帶來了嚴峻的衝擊，引發了深沉的焦慮。我不曾須臾覺得失敗是種可能性；我們的進度穩定，不遠的前方就是山頂；那怕再堅持片刻，我們就能站上聖母峰。然後——說時遲那時快，那幅願景出奇不意地，消失在轉瞬間。

他們在中午掉頭，這次他們綁起了繩索以策安全。芬奇雖然擔心供氧設備可能再次失靈，但也確認了帶氧來到極端海拔處的人類可以活過突然而短暫的供氧暫停，讓他著實鬆了口氣。生理學者最大的恐懼——供氧暫停會導致人猝死——顯然並非事實。但即便如此，這名經驗老到的登山者仍在通過北壁時小心翼翼，從頭到尾保持只比布魯斯多一兩步的距離。這種地方誰都難保不會一失足成千古恨，何況這兩個人已經相當疲憊。

他們在下午兩點抵達了東北肩部的背脊，並在此丟棄了四枚氧氣瓶來減輕負重。天氣已不再晴朗，為此芬奇感謝上蒼沒有讓他一時衝動去挑戰聖母峰。他們一步步沿著破碎的石頭階梯而下，並同時面對著風勢把小片的雲層趕到他們的路徑上，所幸雪並沒有繼續下，而他們也在短短不到三十分鐘內就回到了高地營，並在那裡看到泰吉比好端端地在睡覺，身上裹著他們盡數三張睡袋。聽到正下方的霧裡傳來人聲，讓他們大大鬆了口氣：那是挑夫上來回收他們的裝備。他們搖醒了泰吉比，並指示他在原地等待救援。布魯斯與芬奇接著繼續下行，並很感激地在不久之後看到圖博挑夫用溫暖的臉龐歡迎他們歸來。

惟此刻開始，他們才要正徹底扛起考驗的重量。他們的身體已經達到物理上的臨界點。膝蓋在他們蹣跚下山的過程中發軟。布魯斯的腳則徹底變得麻木。他就像用殘肢在走路，腳完全感受不到地面的回饋。芬奇沒說什麼，但暗暗地擔心著自己的年輕旅伴會因為凍傷而失去一或兩隻腳。等他們終於來到北坳的碎雪之上，約翰．諾艾爾已經在那兒等著迎接他們。布魯斯將軍後來會形容這名神出鬼沒的製片家是「無所不在的諾艾爾」，並說「這次探險任務中最稱得上無役不與的，就是他了」，因而廣為人知。會有這樣的名聲，正是許多個像這樣的瞬間所累積出來的。在長達四天三夜的時間裡，諾艾爾持續緊盯著四號營，用長鏡頭對準山脈的高坡，監看著登山者的一舉一動。他知道在這樣的高度上，從未有欠缺食物與後勤的登山者連著準野營兩個晚上。芬奇跟布魯斯會豁出去選擇這麼做，讓他大吃一驚，更讓他充滿恐懼。他擔心遲歸逾數小時的他們會遭遇不測，於是隨著雲層掃過東北肩部，他時不時會把一堆堆未曝光的膠捲拿來燒，藉此讓芬、布二人能看到信號。等這兩人終於踏上了北坳的平野，他馬上端上了熱義大利麵跟保溫瓶裡冒煙的茶水。

威克菲爾與克勞佛在五月二十五日上到北坳，時間正好比芬奇跟布魯斯出發挑戰攻頂晚幾個小時。雖然有了年紀且擔任重要的醫官一職，但威克菲爾仍自視是一名登山者。他跟克勞佛原本也打算挑戰聖母峰，但隨著他不小心給搭檔施用了過量的嗎啡，這個計畫也隨之冰消瓦解。威克菲爾後來在給妻子的信中做了如下的解釋：

> 我給了克勞佛過量的嗎啡，所以寫信的此時，藥效未退的他仍在昏睡，不然我們好幾個小時前就應該出發了。我們因為海拔高度的關係已經四晚完全沒睡，所以兩人都想說在攻頂前好好睡一覺，對他應該會比較好。而當時我正好手邊有一些被當成安眠藥交給我的嗎啡。於是我讓他口服了零點一公克，並告訴他（若）沒有效果，則隔一小時再服用零點一公克。他吞了第二劑，轟轟烈烈地睡了一夜，但如今他卻睏到無法去思考爬山的事情，即使喝水困難的問題已經不影響我們出發。我如今想起好像在某處聽說過在高海拔上，各種藥劑的用量都要減少。他一兩個小時後就沒事了，但我們想攻頂的計畫也已經告吹。

惟塞翁失馬，焉知非福，威克菲爾的醫療疏失很可能救了他們兩個一命，因為不論是他或者克勞佛，都遠遠談不上做好了面對山上惡劣環境的準備。不過他們放棄攻頂確實產生了一個有點嚴重的後果：由於五月二十七日的威克菲爾與克勞佛仍在北坳紮營，芬奇跟布魯斯沒有帳篷可用，所以他們倆必須要繼續下到三號營。體力看似用不完的諾艾爾伴他們同行，「確保他們安全無虞，」芬奇如此回憶。由此，他們三人在四十分鐘內抵達了北坳的基底。他們接著在下午五點三十分來到了相對舒適的三號營。在生死交關的風暴裡苦熬了兩夜，既沒辦法睡覺也沒辦法吃飽，又冷又虛的他們，這段時間是先從兩萬五千五百英尺的高度上升了一千八百英尺，緊接著又在不到八小時內下降了六千多英尺。他們「累，累斃了」，但比起疲累，他們更是飢腸轆轆。諾艾爾送上了盛宴，當中有四整隻鵪鶉，再來是九大條香腸，但吃完這些他們還是喊餓。那晚芬奇帶了一罐太妃糖，將之夾在他的臂彎裡就寢，就這樣他動也不動地睡足了十四個小時。

芬奇逃過了嚴重的傷害，惟冷氣灌入了他靴子半英寸的鞋底加上三層襪子，將四小塊凍傷烙在了他的皮膚上，而這已經足以讓他走起路來相當痛苦。布魯斯的腳狀況很慘，其中左腳廢了。結論是這兩人都沒有力量自行下山。五月二十八日星期天早上，他們被放在雪橇上，由四名挑夫拖下冰川。在前往二號營的途中，由於地面實在太過崎嶇，芬奇只好下來由一名圖博人攙扶著蹣跚前進，至於另外三名挑夫則搶著要揹負他們眼中「不屈不撓」的布魯斯，那對他們是一項殊榮。勇氣、力量、處變不驚跟堅忍毅力不但是圖博人自己所象徵的特質，也是他們欽佩的特質。就在他們盡數離開山脈的陰影之後，年輕的布魯斯回頭看了一眼。「你等著，老東西。」他說，「很快就有你受的了！」

一有機會就到處蹭飯，加上在二號營嗑了一頓大餐的芬奇與布魯斯，終於在五月二十九日星期一回到了基地營，時間正好趕上午餐。他們刷新攀高紀錄的消息已在前一天由諾艾爾跟森默維爾帶下山來，傳到了布魯斯將軍耳裡。這是一項沒有人能挑戰的成就。如英國山岳會的波西・法拉爾後來寫道，芬奇與布魯斯「在聖母峰的歷史上增添了一篇無須擔心有人能匹敵的新頁。」道格拉斯・弗列許菲爾德做為另外一名英國登山界的代表性人物，則形容芬、布搭檔這趟攀爬是「登山史上最勇敢的一次壯舉」。

五月二十四日，就在這趟歷史性攀登的數日前，亞瑟・辛克斯寄了封口氣頗差的信給布魯斯將軍興師問罪，他不高興的是倫敦已經整整四星期未得知探險隊的動靜：《泰晤士報》編輯在苦等的電報也已經連三則逾期。辛克斯第一則等到的回應是芬奇應將軍之要求而撰寫的陳述，當中還算精準地詳述了氧氣分隊的成功。在從其高地營出發的六個小時內，馬洛里率隊垂直上升了一千九百八十五英尺，來到了兩萬六千八百英尺的海拔高度，垂直上升速率是每小時三百三十英尺。在最高點，他們距離聖母峰頂只有一又八分之一英里，高度只差大約兩千英尺。

芬奇與布魯斯上行到其高地營的垂直速率是每小時一千英尺。而在嘗試攻頂的過程中，他們的垂直上升速率也還有每小時九百英尺，將近是馬洛里的三倍，似乎未受到他們負重超過四十磅的影響。他們最終的位置是在聖母峰下方一千七百英尺處，移動距離只剩下半英里。他們的高點更高，距離聖母峰頂也更近。馬洛里的隊伍有食物、所處的天氣相對較好，且只在山上過了一夜。相形之下芬奇與布魯斯先是野營了兩晚，而且是在半飢餓與要死不活的狀態下出發。惟即便如此，他們的成績還是比較優異。但這種差異很難說是來自於兩人的經驗落差。馬洛里、諾頓與森默維爾都是身經百戰的登山家，且都正值他們的巔峰。相對地，傑佛瑞·布魯斯根本是個菜鳥，泰吉比則無異是個包袱般的素人。所以說唯一合理的解釋只有一個。心知自己的報告會被登在《泰晤士報》上，芬奇很顯然是帶著愉悅的心情寫下了這樣的評語：「我們這支弱旅能取得這樣的優異成果，只能歸功於人為供氧技術的應用。」

探險隊的命運，如今繫於了醫官的意見上。這次探險隊實質上是雙醫官的配置，一個隆斯塔夫，再加上威克菲爾。在基地營，湯姆·隆斯塔夫雖然仍多少苦於消化不良與失眠，但他總算是稍微打起了精神來樹立他的權威。馬洛里、諾頓、莫斯海德與森默維爾在五月二十三日午後向晚回返的時候，第一個出來打招呼的就是他。在替四人檢查傷口的時候，隆斯塔夫也沒忘了努力鼓舞他們的精神，要他們別忘了自己能以令人驚豔的兩千英尺差距刷新高懸多年的攀登紀錄，可以說表現得非常令人欽佩。

隆斯塔夫身為一名登山老將，很清楚爬高山是在玩命，也知道失敗得付出什麼樣的代價。他知道成功與慘劇之間，只隔著一條細細的線。二十歲時在圖博攀爬的他，曾經在兩萬三千英尺處的洞穴躲了兩夜，才活過了那次將他從山上掃下三千英尺的雪崩。他親身體驗過什麼叫做頭痛，什麼叫做理智無法正常運作，什麼叫做缺氧的身體會更容易受到凍傷，什麼又是登山者的肌力與耐受力都會在高山上一點點蒸發。從高地營下來的這些人，狀況讓他看得提心吊膽。諾頓的耳朵很糟糕，上半部非切除不可。另外寒氣鑽進了他靴子裡，傷及他兩隻腳。還有他的心臟也遭到壓迫。莫斯海德注定要從根部的指節進行截肢而失去三根手指。沒辦法走路的傑佛瑞・布魯斯在五月二十九日星期一被抬進基地營，隆斯塔夫看著他受到重創的雙腳，下定了決心要做點什麼。他決定要替每個人仔細檢查一遍。「身為醫官，我不能眼睜睜看著他們這樣而毫無作為。」他在日記寫道，「他們現在的狀況都處於危險邊緣。史卓拉特也同意我的看法。」

就在那天，他呈交了一份完整的醫療報告給將軍過目。在所有人當中，只有森默維爾的狀況算好。莫斯海德苦於劇痛不退而必須要立即在一名醫療人員的陪同下後送。諾頓與傑佛瑞·布魯斯只勉強能走，兩人都不可能再為探險隊效力，就如氣力放盡的史卓拉特大致上也不再是探險隊的戰力。芬奇同樣虛弱，主要是缺氧而使得心臟出現代償性的擴大。馬洛里以其受到凍傷的手指加上清晰可聞的心臟雜音，也被認定不宜繼續登山。隆斯塔夫將這些意見寫成白紙黑字，一方面是保護自己，一方面也是要確保不會有探險隊員被安上懦夫的汙名。「請給各方一個印象，」他在給老朋友榮赫鵬的信裡說道，「亦即這次的冒險就是惡魔本尊。光是高海拔的嚴寒與食慾全無，就不是一般人能夠輕易承受。這些登山隊員都是英雄與聖者。他們挑戰的是人類耐力的極限，而這比前往兩極探險更有難度。爬的過程一點也不容易，因為那本就是一座非比尋常的山頂。」隆斯塔夫很顯然認為探險隊已經使出了渾身解數，是該回家的時候了。他表示再對北坳發動攻勢已經沒有意義了，因為不論是考量到隊員們的體能，山上的狀況，還有迫在眼前的季風，這時候想要登頂成功都是癡人說夢。

但馬洛里還不打算放棄。有將近一星期的時間，他都在基地營等待山上傳來的消息與氧氣團隊的命運。「我覺得他們肯定會打破我們的紀錄。」他在回返的三天後，也就是五月二十六日給茹絲的信中說，「他們遇上了極佳的天候。但我不覺得他們可以第一次嘗試就抵達峰頂……我一點也不會嫉妒他們的任何成功。因為帶著氧氣爬山，原本就跟我們做的事情非常不一樣，所以也無從競爭、無從比較起。」

這無疑是人在欲蓋彌彰的極佳案例，而這也不是馬洛里第一次在給妻子的信裡粉飾太平。芬奇與布魯斯根本談不上得到好天氣的助力。事實上，就在馬洛里寫著這封信的同時，芬奇跟布魯斯正被困在沒有登山者經歷過的惡劣環境中，進行著第二日的野營。在基地營的人不是瞎子。如果不帶氧氣登山的做法有這麼高尚，這麼了不起，那馬洛里何必一得知芬奇的成功就立刻規畫第三次嘗試，而且毫不避諱地打算使用供氧設備？馬洛里其實只在乎一件事情，那就是成為第一個登上聖母峰的人，至於用氧還是不用氧，他根本沒有那麼關心。至於在醫療的疑慮上，馬洛里直接不把烏鴉嘴的人當回事。「隆斯塔夫偶爾心血來潮，就會這樣沒事找事。」他在六月一日給茹絲的信中說，「這種時候的他特別煩、特別愛管閒事，也特別自以為是。」

醫療官意見的問題迎刃而解，因為在五月三十日，也就是威克菲爾從高地營回到基地營的那天，隆斯塔夫感染了嚴重的結膜炎，有好幾天無法履行職務。芬奇的日記內容顯示他「聽到隔壁帳篷在計畫一個小小的陰謀」。馬洛里打算讓威克菲爾重新給芬奇、森默維爾跟自己重新體檢一遍，為的是讓隆斯塔夫的診斷無法「得逞」，並另外從威克菲爾手中取得健康證明書。隔天，當馬洛里接受心臟檢查時，威克菲爾宣稱他復原的狀況令人滿意，他聽不出任何異音。威克菲爾這麼做有他的私心，因為一如他在五月三十一日給妻子梅姬的信裡說：「老實說，我很懊惱自己已經過了可以參與最後攻頂的年紀……但沒有一個我的同齡者曾到過比我更高的地方。事實上，在同輩中，只剩我曾經堅持到兩萬三千英尺處，其他到過這個高度的同齡者都已經列名在傷員清單上，準備跟那些沒到過同樣高度的傢伙一起跑回家，而且是『*quam celerrime*』（拉丁文，意為「有多快就多快」）。」威克菲爾無疑已察覺到，而且很憤慨於其他人對他能力與貢獻的看法（我們可以從他們的一本本日記中看到）。他原本希望跟克勞佛一起做出點成績，所以五月二十七日的他才會出現在北坳。那天如果謹慎一點，他應該是要待在三號營等待芬奇跟布魯斯回來才對，畢竟三號營不論是位置或裝備，都遠遠更適合可能得進行的急診。上到北坳不論從任何角度看，都是一種唐吉訶德式的暴虎馮河。但對在戰爭中遭受過打擊的威克菲爾而言，高山給了他一個自我救贖的機會。為此他得寄望於馬洛里，因為只有馬洛里有影響力能夠左右布魯斯將軍的想法，進而壓倒反對嘗試第三次攻頂的隆斯塔夫跟史卓拉特。

威克菲爾一整個五月三十一日下午，都在將軍的帳篷裡撰寫跟閱讀報告，並向布魯斯打聽那天早上體檢的各種結果。將軍顧忌倫敦與聖母峰委員會的期待，同意了第三次的攻頂嘗試，但這是個誤判。五月二十七日，駐亞東英國貿易代表大衛・麥當諾之子約翰・麥當諾（John Macdonald）帶著給探險隊的郵件跟資金，來到了基地營。他帶來了關於拉薩政治局勢的消息。英國提供的武裝、步槍與彈藥終於慢慢到位，但局面尚且稱不上穩定。查爾斯・貝爾做為聖母峰任務的被動支持者，已經於前一年的十月份離開了圖博首都。沒有人能保證圖博當局會繼續放行探險任務。若英國探險隊於此時掉頭離開，下一次機會也許永遠不會再來。

在場看著布魯斯做成這個決斷的約翰．諾艾爾，後來用戰爭的語言做了比喻：「在這樣一場人與山的爭鬥中，一如任何一場戰鬥……臨陣退縮都是大忌，尤其在你已經提出挑戰並開啟戰端後，這對士氣會產生致命的殺傷力。」但布魯斯將軍並不這麼看。在六月一日致函辛克斯時，他表達了對於人員體能虛弱的疑慮，並質疑起有沒有登山隊員能從頭到尾再一回撐過大自然的考驗。「我肯定得等到這最後的一次嘗試結束，才能大大地鬆一口氣，」他坦承，「因為老實告訴你，我一想到季風季節不日即將朝我們撲來，就對眼下的聖母峰充滿恐懼。」

為了安撫隆斯塔夫，不要讓他因為身為醫師與登山者的意見都被無視而暴怒，將軍准了讓他這位老友即日在加爾贊這名希爾達的隨行下前往印度，為的是陪同莫斯海德跟史卓拉特接受像樣的醫療。他們打算輕裝簡從地取道色波拉到拉亨，並可望在二十天內抵達大吉嶺。為了騎馬，莫斯海德得讓人把他慘不忍睹的雙手用皮帶綑在肩膀上，受傷的腳則得踩著隨機應變做出的腳蹬，伸展在自己面前。他需要用鴉片來止痛，但除此之外並無不適於旅行之處。步行的諾頓與傑佛瑞這兩名傷者則會偕泰吉比前往喀爾塔，主要是將軍打算在穿越圖博的歸鄉長征前讓探險隊主體在那裡休息。將軍一公布了他放行第三波攻頂的決定，一種莫名的平靜便降臨在原本焦躁不安的營地內。接下來就是大家各行其是，也各安其職。

外表看起來，馬洛里稱得上樂觀，他唯一擔心的是絨布寺的住持喇嘛預判會在六月十日爆發的季風。但私底下他掙扎於謹慎與愈來愈強的執念之間。六月一日，他寫信給好友大衛·派伊分享他對茹絲說不出口的疑慮：「大衛，這座山就像地獄，冷冽且危機四伏。老實說，這場遊戲勝算不是很大：被逮個正著而動彈不得的風險太高；在崇山峻嶺上，人的體力只有極小的餘裕。或許再上去愚不可及，但我怎麼能在這場追擊中脫隊……我這種口氣，彷彿登山不是運動而是戰爭——或許這還真的是場戰爭。」

六月三日星期六，在揮別了他們負傷的同志後，馬洛里、芬奇與森默維爾朝一號營前進，而一早比他們先出發的是要去提供後勤支援的威克菲爾與克勞佛。狀況比想像中孱弱的芬奇走得很勉強，並在一抵達營地後就徹底崩潰，當時時間是下午剛過三點半。他被迫退出任務，並於隔日朝基地營回返。急於與妻子重聚的他開心地接受了將軍的提議，由此他將於六月五日與降斯塔夫的醫療隊一同長征回大吉嶺。這是令人意想不到的命運轉折。前一天他還在朝聖母峰邁進，後一天卻已經加入了一群傷員，踩著噠噠的馬蹄聲踏上歸鄉之路。

雪在他們抵達一號營的週六當天稍晚開始降了下來，並持續下了一整夜到隔天。縮減為四人的登山隊湊在牆壁只有半個人高，屋頂是溫珀帳篷外帳的一間小石屋裡，而這便是他們用來撐過季風開場暴風的陋室。所有人心裡想的同一件事情，就是在這種天氣下嘗試攻頂究竟合不合理。由於沒人想把這個送分題的答案給說出口，因此四人變得沉默寡言。約翰．諾艾爾在傍晚時分來到，成為了新的第五人，但也無助於打破這樣的沉悶。

六月五日破曉在若干希望中。雖然積雪又濕又重，但他們還是在六小時內一路挺進到三號營。但當他們在霧中抵達營地，並發現所有帳棚都被吹趴在地上，所有的物資都被深埋在十八英寸的新雪裡時，大家的士氣又是為之一挫。所幸老天保佑，隔天的天氣晴朗明亮到堪稱是他們所有人在高地營上歷經過最溫暖的一日，於是雖然沒什麼風，但他們還是設法在被將軍派上來的莫里斯幫助下，弄乾了大部分的裝備。太陽對積雪產生了作用，而在晝熱夜冷的交替作用下，地表硬了起來。他們的計畫是要在六月七日星期二上到北坳。威克菲爾會暫且留在三號營預備，等馬洛里從北坳發下預訂的訊號，他再於六月八日把需要的物資帶上北坳。克勞佛與諾艾爾會陪同森默維爾跟馬洛里到四號營，外加十四名挑夫負責扛食物、燃料與十瓶氧氣，外加兩組供氧設備。森默維爾跟馬洛里會在高地營所及範圍內無氧攀爬，把氧氣留到兩萬五千英尺以上使用。這種沒什麼根據的決定顯示馬洛里固然不排斥使用氧氣，但他也尚未從芬奇破紀錄的攀登過程中吸收到教訓。

威克菲爾回憶在一團混亂裡，馬洛里、克勞佛、森默維爾與諾艾爾和挑夫在早上剛過八點鐘成行。他們很快就發現太陽辜負了他們，由此每跨出一步，他們就會踏破一片冰殼，然後整個人陷入到及腰的積雪中。串在三條繩子上並頻繁更換帶頭者的他們，等於是在劃出一條雪徑來通向北坳的基底，由此他們花了整整兩小時才只不過穿越了雪原來到北坳底。在令其他人休息的同時，森默維爾、馬洛里與一名圖博挑夫，還有克勞佛以這個順序綁在一條繩上，開始緩緩找路爬上被埋在溼雪裡的冰坡。他們之前的舊路已經完全看不出輪廓。但讓馬洛里吃驚的是，即便是至為陡峭的斜坡，積雪都穩穩當當地巴在底下的冰面上，穩當到他根本不需要去切出雪階。他小心翼翼地測試了幾面斜坡，刻意掏空積雪去誘發滑動，看能不能人為製造出雪崩。而如果說連最陡峭的坡面都無動於衷，那他們遇到再往上坡面較平緩的地方就可以安心通過。「我們在內心排除了雪崩會發生的念頭。」他報告說。

但這趟路走起來仍舊不減高度的艱苦與緩慢。森默維爾在一條長繩上領頭，接著由克勞佛接手，最終的第三棒則是馬洛里——這個輪值讓人感到十分的枯燥而疲勞，疲勞到眾人每一步都得停下來喘大氣。在兩萬兩千五百英尺處，諾艾爾掉了頭。積雪的鬆軟讓帶著沉重攝影機的他寸步難行。他於是選擇了改從北坳的基底處用長鏡頭拍攝登山隊。這個決定，救了他的命。

下午大概一點鐘，登山隊停下了腳步。奮戰了將近六小時，他們的位置依舊在坳部下方六百英尺處。繫於三條繩索上的圖博挑夫聚集到前方，好讓十五個人身體在雪中湊緊。他們人在一處和緩的山側，若非時間已晚，這裡會是他們休息的好地方。但他們沒有喘口氣，而是在森默維爾的帶領下趕進度，朝上坡挺進了或許有一百英尺。空氣中保持著沉靜，無風的狀態下聽不見疲累的眾人無謂的閒談。明亮而炫目的陽光反射在雪地上，唯一的聲響只剩人的呼吸聲。突然間打破這片靜謐的，是馬洛里後來喻為「沒搗實之火藥爆炸」的轟隆一聲。一瞬間整個坡面鬆動移位。第一時間馬洛里還能踏在浪頭上，但隨之而來是繩子纏緊在他腰上，然後便是巨大的雪浪將他活埋。他甩出了雙臂，像在泳水似地掙扎於黑暗的崩雪與混亂中，直到老天保佑在幾秒之後，事情終於沒有釀成大禍。他的雙臂可以自由移動，兩腿也距離雪面不遠。積雪的壓力開始慢慢增強，而短暫的掙扎讓他來到了表面，腰上的繩索依然繃緊著。此時宛若奇蹟，跟他同一條繩子的挑夫毫髮無傷地爬出了雪面，接著森默維爾跟克勞佛也陸續脫身，而他們剛剛的經歷都與馬洛里大同小異。

經過在四周瘋狂找尋，他們看到大概坡面下方大約一百五十英尺有一群共四名挑夫，都是跟他們同一條繩索的成員。至於另外兩條分別綁著四人跟五人的繩索，則都不見蹤影。英國人開始拚命挖掘，但圖博人遲遲沒有加入他們，馬洛里這才意識到他們的同伴又被雪帶到山的更下面了。他趕忙衝下坡面，卻發現跟自己一條繩的幾名圖博人站在四十到六十英尺（約十二到十八公尺）高的冰崖邊緣，這掉下去也稱得上是重摔。原來這場雪崩其底部的冰隙填滿了雪，也同時將另外九名人員推入了空洞。克勞佛與四名倖存的圖博人開始重新挖掘。馬洛里與森默維爾則從冰隙的邊緣垂降下去。其中一人很快就被發現而且還有呼吸，他身邊那位則不幸在墜落時殞命。馬洛里沿著繩子，順藤摸瓜地找到了第二具遺體，但第四個人還有微弱的氣息，頭下腳上地倒吊在把他手腳固定住的雪中。這人之前負責揹負的是一副鋼架上四個氧氣瓶，而為了把人從雪裡拖出來，這些東西得先從他身上切開。至於跟他同一條繩子的其他人，英國人只找著一位，而且已經死亡。

從三號營，諾艾爾與威克菲爾一直在看著——身為製片的諾艾爾透過攝影機，威克菲爾醫師則靠他在一九一六年七月一日——他的紐芬蘭子弟兵在博蒙－阿梅爾爬出壕溝的那天——用過的同一副雙筒望遠鏡。威克菲爾目睹了雪崩的完整過程，而他在信中對妻子是這麼講的：「我一直用望遠鏡看著他們沿陡峭山壁蜿蜒而上。然後我撇開了眼睛一下。等我再回來，整面山壁已經是一片白，原本三條繩索上的登山者已經一條都不剩。一開始我以為他們全都被雪崩淹沒了，但繼續往下看，我發現積雪慢慢停止了騷動，然後我逐漸能辨識出大部分的身影都還在坡面上。我趕忙組成了一支救援隊，帶著急救用品朝山上直奔。」威克菲爾令諾艾爾煮水泡茶，然後偕四名圖博挑夫帶著鏟子、繩子、包紮敷料，還有白蘭地上了山。下午三點半，他在途中遇到了下山來求援的克勞佛。「白人都沒事」是克勞佛開口說的第一句話。威克菲爾很快就意會到自己上去也無忙可幫。活人已經安全了，死者則不能復生。

在九名被掃進冰隙裡的圖博人當中，兩名被馬洛里發現還有氣息的傷者會活下來。無甚外傷的他們還會自力步行下到三號營，並在休息一天後完全復原。同時，他們看起來都做到了心無罣礙，完全不像英國人那樣無法放下。馬洛里曾問倖存者要不要去收屍，好讓他們的朋友與兄弟們入土為安，而他們的回答是不用，讓朋友與弟兄們躺在原處就好。英國人聽了覺得這是登山者之間的普世精神，但圖博人只是認為事情過了就過了，沒必要解釋什麼，懊悔更是沒有意義可言。

相對之下，馬洛里就一直走不出追悔的心魔；森默維爾則飽受一種不平感受的折磨。「我清楚記得，」森默維爾後來寫道，「那個執念在我腦中啃噬。死的全都是雪巴人跟菩提亞人——為什麼，噢，為什麼我們英國人當中沒有一個去分擔他們的命運？我多希望自己是當下躺在那裡的一員，是雪中的一具屍體，哪怕只是為了讓活下來的那些好傢伙們，感覺到我們跟他們一樣失去了夥伴，一如我們的風險也是共同承擔。」馬洛里在筆下寫到那種苦是「命運的捉弄」。他跟森默維爾曾為了芬奇對挑夫過於放任隨便而看不順眼，像是芬奇會讓挑夫在上山時打頭陣且沒人壓陣，也不用綁繩索。在得知五月二十六日的救援隊是走夜路從芬奇的高地營回返時，他們更是驚駭不已，因為那代表挑夫得摸黑穿越北坳那些危險的冰隙，才能在晚間十一點回到四號營。馬洛里與森默維爾曾公開譴責過芬奇的這種「行徑」，並為此覺得自己是在「仗義執言」。

莫里斯猶記得雪崩倖存者回到三號營的光景：「我曾覺得他們在上山去的時候看起來一臉倦容，但如今的他們不僅在驚魂甫定中顯得氣力放盡，氣色看來更是一夕之間老了許多。很顯然，我們那年不可能再繼續嘗試攻頂了。」一個讓所有人都無法釋懷但又無解的問題是，那第三次嘗試是不是太勉強了，是否一開始就不該考慮。馬洛里尤其壓不下內心的這股聲音。

布魯斯將軍在幾小時內就得知了山難的消息。一名雪巴跑者銜莫里斯之命跑完了整條東絨布冰川的距離，在晚上九點抵達基地營。自認非常懂亞洲人想法且引以為豪的將軍，認定了雪巴人的反應會是宿命論：「如果命中註定他們要葬身於聖母峰，那他們就應該葬身聖母峰。如果他們註定不會死在聖母峰，那他們就不會，此外這事也就沒有什麼好說的了。」

布魯斯讓人帶話給莫里斯，要他立即開始撤下各個高地營，然後便著手讓跑者去通知絨布寺住持喇嘛此事，並以書面表示將撫卹罹難者家屬，就像他會撫卹陣亡的士兵一樣。他決定每個家庭將獲得兩百五十盧比，大約是十三鎊的撫恤金，並自八月十五日期按季分期發放。七位罹難者的姓名都被詳實記錄了下來：坦蓋（Thankay）、桑給（Sangay）、譚巴（Temba）、拉克帕（Lhakpa）、帕桑．納姆金（Pasang Namgyn）、諾布（Norbu）與佩瑪（Pema），其中為人父的諾布與帕桑會按身後每個孩子多領到五十盧比。遇繼承人已亡故時，將軍明訂由在古姆負責招募廓爾喀人的官員在與副行政首長與警察總長商討後，進行撫恤金的分配。在布魯斯一九二二年探險隊的正式帳目中，雪巴人死者的姓名並未被提及。

罹難者裡有好幾個人曾冒著生命危險，運送熱飲跟物資給身陷危機中的芬奇與布魯斯，而其中桑給跟譚巴則是在整趟任務中都與威克菲爾合作密切。諾布曾任森默維爾的僕役。意外發生的隔日，深受打擊的馬洛里直奔基地營去向將軍報告，而威克菲爾則留在三號營為死者堆起紀念的石堆，用的石頭都由森默維爾在上頭銘刻了詩句跟死者名諱。下午他們偕克勞佛下到了一號營，只留莫里斯一人去收拾其他高地營。那天晴朗炎熱，天際萬里無雲。季風的風勢帶來了較暖的空氣。等到莫里斯帶著能帶走的補給放棄三號營之際，整個山谷已經煥然一新。貫穿冰川中路的黑冰谷底，變成了激昂的洪流。原本巨人的冰塔一個個崩塌，冰面則漸次解體，直到整片地景在他的回憶裡形似「一大團被滯留在陽光底下的冰淇淋」。在山谷裡走動已不再安全，更別說要爬上雪崩不斷的山坡坡面。

接下來的幾天，基地營裡的氣氛非常肅殺低迷。撤退的傷員已經早就送走了；隆斯塔夫、芬奇、史卓拉特要到七月中在多佛靠港時，才會得知雪崩意外的事情。諾頓與傑佛瑞・布魯斯曾陪了他們兩天，然後在命運之第三趟嘗試的那天早上往南越過多雅拉，去到了喀爾塔靜養。他們要在事發十天後才會得知這宗慘劇。六月八日晚上，與將軍一同在營的馬洛里，對出了人命非常自責，他怎麼也放不下有跟他的小孩一樣大的孩子，在一夕之間成了無父的半個孤兒。「我的失誤所造成的後果是如此嚴重，」他寫信告訴茹絲，「我簡直無法相信這是事實，也無法接受自己完全無力去彌補。比起去照顧那些後人，世上再無我更想要去履行的道義之責。」他在給榮赫鵬的信中扛起了全責，並承認若他對雪況有更好的掌握，這宗意外根本不會發生。在給亦師亦友的傑佛瑞・楊恩信中，他用誠懇而像個家長般的口吻吐露了心跡：「這次意外讓我頗受打擊。七名勇者就這麼去了，而他們事前根本不知道高山的凶險。他們就像是交到我們手中的孩子，我有照顧不周之責。」

六月十日星期六，也就是悲劇發生的三天後，馬洛里、威克菲爾、森默維爾與諾艾爾造訪了絨布寺。他們去前都不確定僧侶們會如何反應。之前在他們三顧茅廬後，札珠仁波切曾捎信恭喜了挑夫，肯定了他們能無私地為芬奇跟布魯斯服務。但當時仁波切也曾特別警告過探險隊，要他們離開山中。他已經用天眼預見到意外。當被告知眾人的死訊後，他在回應中流露出感同身受的慈悲。莫里斯回憶說，他只請求登山隊員們出席一場祈禱的儀式，來「榮耀那些我們拋下的靈魂。」

那天隨著登山隊員接近寺院，他們很驚訝地看見許許多多朝聖者聚集起來，為的是一場別開生面的慶典。馬洛里將之比喻為莎士比亞的圓形劇場；諾艾爾稱之為「惡魔的舞蹈」。但那實際上是「僧侶舞蹈節」（Mani Rimdu），一個會連續進行將近三週，參加者會全心投入的儀式活動，為的是要紀念並慶祝佛教傳進圖博。登山隊員的來到恰好趕上了最高潮，那天會有戴面具的舞者極盡誇張之能事，以各種舞步呈現出由惡魔或神祇所對應著，每一股光明與黑暗的力量。英國人只待到午後不久，但離開前他們全都獲贈一枚紅色的藥丸做為神聖的獻禮，吞下去就等於把佛教諸法給吃進肚子裡。

四天後，一九二二年的聖母峰探險隊終於踏上歸途。他們刻意途經絨布寺來最後一次謁見住持喇嘛，也就是他們如今在日記裡形容的「圖博至聖」。酥油被拿出來招待，諾艾爾也喝了一些，令眾人側目，一舉成為了第一個這麼做的英國人。札珠仁波切送了一張綠度母（Green Tara）的肖像給將軍避邪，然後降福給了死者、遺族，還有所有活下來的人。廓爾喀人對於與尊貴的住持喇嘛身處在同一個空間裡，顯得手足無措，鮮少有人敢為了接受賜福而來到他面前，甚至好幾個人還因為仁波切把哈達披在他們頸子上而感動落淚。

喀爾塔與下卡馬河谷的溫暖與美景，讓布魯斯將軍與剩下的隊員流連忘返了快三個星期。他們在騰恩（Teng）的一間寺院遮陰裡歡慶了馬洛里的三十六歲生日，然後隔天一起跑到阿龍峽谷的入口處享用了午餐，原來是諾頓在那裡找著了一處美不勝收的澗谷。諾艾爾跟莫里斯與起前往卡馬曲的下游探險，而同時間其他人則在高山草原上要麼當起植物學家，要麼在那兒懶洋洋地享受著百花齊放。畢竟被冰雪風霜折磨了好一陣，所有人都很開心能在這樣的環境下享受一下人生。他們最終在七月一日重新集合，心中陰霾仍在的馬洛里，則是在兩天後獨自啟程。

其他人在隔天早上出發，然後因著繞路或延誤，而在八月初先後抵達大吉嶺。這趟路大致上平靜無波，頂多就是身為運輸官的莫里斯得時不時費心節制一下挑夫的紀律，喝酒尤其是個問題。「我們判斷一個人沒醉，」他報告說，「只看他能不能躺在地上再爬起來。我們感覺這已經是非常客氣寬鬆的標準了，但有一名挑夫老是連這麼簡單的測驗都通不過。」算是給這名挑夫一點教訓，他們讓他揹上一百磅的行囊，讓他一路扛到帕里，當中得穿過三處一萬八千英尺高的山口，而這名圖博人也興致勃勃地衝上了第一個山口，讓汗水的揮灑帶走了他的醉意。

在這趟他們下降進入春丕河谷前的最後一趟行進中，他們遇見了讓人屏息的一幕：一名從拉薩前往加德滿都的朝聖者，在行五體投地的大禮。那讓人想起霍華－貝瑞在他一九二一年前往定日時曾有過的經歷。這名年輕人雖然穿著破破爛爛，但看起來身強體壯而且吃得不差。他來自於蒙古北部的屋爾格（Urga；後來的庫倫與今日的烏蘭巴托）。他的旅程已經消耗了他一年的生命。「這在我看來是對時間無謂的浪費，」莫里斯後來寫道，「只是對生命的一種讓人難堪的否定。但我後來細想，比起某些基督教修會所操持的苦修，很難說哪一邊更讓人反感。」

約翰．莫里斯從聖母峰回返之後，就對枯燥的軍旅生涯失去了耐性。最後，他終於取得了早就該放的休假，暌違多年第一次返回了倫敦。「我沒有誰特別想見。」他寫道，「不論怎麼說，我都屬於那個受到戰爭打擊最大的世代，而我在那期間所結識的少數幾個朋友也都死了。偶爾我會想，自己會不會也死了比較好，因為在那段日子裡，曾被捲入戰爭的一群人，跟沒有被戰爭影響到的另一群人之間，似乎存在著一條無法跨越的鴻溝。我羨慕那些可以輕鬆麻痺自己的人，但我既討厭酒的滋味更討厭喝醉。此外，也沒有愛情找上門來。」八個月後，他將從嚴重的憂鬱中振作起來，然後再一次把心思放到了亞洲。最終，他移居到了日本，並學習精通了日文，自此在東京以教授問學維生，直到一九四一年珍珠港事件前夕，才不得不選擇逃離。

泰迪．諾頓在從圖博帶回來約四百種植物標本跟一百二十種蝴蝶跟蛾類標本之餘，則等不及要回歸軍旅。辛克斯邀他代表聖母峰委員會發表演講，但他對這種構想嗤之以鼻。九月份他歸建所屬的兵團，並立刻被派駐到土耳其，而他也在君士坦丁堡與查納克（Chanak）過了冬，見證了英國與俄國在那裡朝戰爭邊緣愈靠愈近。

莫斯海德撐過了好幾次作戰，並終於得以繼續他在德拉敦的調查工作。芬奇儼然已以英雄之姿返回了英國；就連辛克斯也不得不在六月二十二日的一封信裡，心不甘情不願地承認了芬奇創下的攀高紀錄。威克菲爾根本懶得繞經倫敦，他一股腦直奔自己的愛妻跟在湖區肯爾德的診所。湯姆・隆斯塔夫在健康受到重創之後，再也不想跟聖母峰有任何瓜葛。「我的天啊，」他寫道，「那該死的東西我算是爬過了，以後還是回歸真正的登山運動吧。」

森默維爾在任務完成後留在了印度。他帶著口袋裡的六十英鎊，在印度漫遊了幾個月。假以時日他會在南印度的楚凡戈爾（Travancore）土邦加入了內伊尤爾（Neyyoor）的傳教會醫院。為此他放棄了大學學院醫院（University College Hospital）在倫敦給他預備的優渥職位。但在那個時刻，他單純只是一名朝聖者，一名從事精神追求的旅人。

在印度的停留期間，森默維爾開始為諾艾爾的電影處女作《攀登聖母峰》創作配樂。這部電影一開始的票房表現頗令人失望，但慢慢地隨著口碑的累積，事情有了轉圜。就這樣，隨著於倫敦愛樂廳為期十週的播映檔期接近尾聲，《攀登聖母峰》開始場場完售。

馬洛里由於已經辭去了在查特豪斯公學的教職，回到倫敦的他發現自己不但失業，而且還有個年輕的小家庭要養，他唯一的收入來源成了演講，以及從辛克斯跟聖母峰委員會處擠出一點經費。由此，在極其現實的層面上，他的命運與聖母峰綁在了一起。諾艾爾在電影的尾聲加入了肯定能讓英國媒體滿意的煽情橋段：「雖然此次壯志未酬，但我們的登山隊員不會就此洩氣。他們會在不久的將來重新踏上旅途，完成對聖母峰的征服。他們會返回這場與大自然的經典戰役中，無畏於危險、風暴與寒冬，取得最後的勝果。他們會以征服者之姿站上聖母峰——

站上世間的巔峰。」

馬洛里當時沒有這麼篤定，但隨著慢慢入秋，他將會率領第三次探險任務向前衝刺，已經是擺在眼前、無庸置疑的事情。山已經化身為他，而他也已經化身為那座山。聖母峰就等於馬洛里，這個想法不僅深植於英國民眾的腦海中，也已然是他內心的執著。

12

生命之索
The Thread of Life

七月十五日，當蒸汽船馬其頓號（SS *Macedonia*）在破曉後不久接近馬賽港時，湯姆・隆斯塔夫感覺到如釋重負般地放鬆。自從在絨布揮別了布魯斯將軍與探險隊之後，他帶著亨利・莫斯海德平安回到大吉嶺的家，但為此他們連走了十九天，完成了將近四百英里的艱辛旅行。莫斯海德在過程裡非常吃苦耐勞，毫無怨言地爬過了無法騎小馬通過的好幾個一萬八千呎山口，即便他受了凍傷又長了水泡的腳十分刺痛。惟如同隆斯塔夫後來回憶說的，莫斯海德「承受了極大的痛苦」，而且差點就一命嗚呼；血液中毒（即敗血症）是揮之不去的風險與擔憂。鴉片止不了多少痛，而如同霍華・森默維爾在基地營注意到過的，這名硬漢探險者會在夜裡偶爾「一個人躲起來哭得像個小孩」。最終，莫斯海德能夠只失去右手三隻手指的前段指節但保全了性命，真的得大半歸功於隆斯塔夫。在把需要休養的莫斯海德交到他妻子艾薇與大吉嶺的醫療機構手上之後，隆斯塔夫便偕史卓拉特中校與喬治・芬奇於六月二十九日推進到加爾各答，趕上了跟孟加拉總督利頓爵士（Lord Lytton）的午餐會，然後於晚間搭上了駛向孟買的夜車。他們緩緩地從孟買出航途經亞丁港（Aden），然後在七月十日抵達蘇伊士運河，接下來就是和緩的地中海，帶著他們來到希臘的克里特島，穿越義大利本土與西西里島之間的美西納海峽（Strait of Messina），最後抵達了南法。在馬賽海關的一點問題耽誤了他們的登岸行程，由此直到午後稍晚，他們才趕赴聖夏爾車站（Gare Saint-Charles）搭上前往加萊的夜車。睽違英國五個月之久的他們，從加萊出發後，在七月十六日週日晚上八點，終於登上了多佛的土地。

隆斯塔夫的妻子朵拉（Dora）在倫敦的帝國飯店（Imperial Hotel）候著他，但他們的久別重逢被一件事弄得有點掃興，原來是亞瑟．辛克斯緊急捎來了命令，要隆斯塔夫、史卓拉特跟芬奇明早出席一場聖母峰委員會的特別會議。聖母峰雪崩的消息與七名雪巴人的死訊，早在馬其頓號駛入馬賽港時，就已經在倫敦的報紙上傳開，反倒是在災難發生前離開基地營的隆斯塔夫、芬奇與史卓拉特都對此一無所知。其中堅決反對第三次攻頂的隆斯塔夫尤其震驚，為此他甚至對布魯斯將軍提出了正式的書面抗議。在邱布，也就是他們返家之路的第一站，他曾經回首看著聖母峰披覆在新雪中，然後為此鬆了一口氣。「現在的聖母峰是一團積雪，」隆斯塔斯在六月六日晚上的日記裡寫道，「會需要三到四天的日照才能清出一條路來。所以攻頂應該是免談了。」就此他將心思轉到了前往龐拉的緩慢攀爬跟通往協格爾的路途上，因為他確信北坳的狀態會迫使馬洛里放棄未經深思熟慮的硬拚。

如今在《泰晤士報》頭版上讀到布魯斯的說法，隆斯塔夫氣炸了。報上登的是布魯斯寫於事發之後四日的六月十一日遲發回來的報告。將軍在訊息中能言善道地把責任推卸一空：「聖母峰是個可怕的敵人，攻頂的勝算原本就不高。」事實上，一如隆斯塔夫帶著遺憾坦承的，他的多年老友有其領導不周的責任該擔。布魯斯將軍在這份報告中承認了季風季節已經展開，且即便在他在授權馬洛里最後一次挑戰攻頂的同時，他也曾出於安全考量令東絨布冰川上的高地營撤回。登山隊於六月三日離開基地營時，是冒著「讓人飽受威脅的天候」。他們怎麼能從布魯斯那兒獲得出發的首肯，馬洛里又何以會在三號營處明知成功無望卻打死不退，隆斯塔夫百思不得其解。

姑且不論兩人的理念差異，隆斯塔夫對布魯斯可是滿懷著敬意。同時隆斯塔夫也相信從辛克斯跟榮赫鵬那裡，布魯斯接收到很多要做出成果來的不當壓力。尤其七月十七日星期一早上那場特別會議中的調性，更是讓隆斯塔夫對將軍遭施壓這點堅信不疑。榮赫鵬是那天開會的主席，辛克斯則扮演發問者的角色，至於三名與會者則儼然有種在受審的感覺。隆斯塔夫很積極地反擊，譏諷辛克斯堅稱他與其他人拋棄了探險隊，事實上他們是千里迢迢穿越了圖博，救回了亨利・莫斯海德一命。隆斯塔夫在一封給山帝・沃拉斯頓的信中表達了他的憤怒，原來沃拉斯頓除了是一九二一年探險隊的老將，也是聖母峰委員會的會員，更是那天早上的火爆會議中唯一溫和理性的聲音。隆斯塔夫表示將軍做為探險隊的指揮，表現得非常傑出，一如約翰·莫里斯跟傑佛瑞·布魯斯身為運輸官的表現也著實令人稱道。泰迪·諾頓手握鏡頭取得了亮麗的成果，而芬奇身為一名優秀的登山家，更是克服了萬難，創下了人類登高的新猷。「只要天時地利稍微配合，他搞不好就站上那終極的山脊了。」隆斯塔夫表示，「他只差點運氣就可以攻上聖母峰。」

隆斯塔夫把怒氣留給了那些他認為帶著雪巴人踏上死亡之路的登山隊員。「馬洛里是個有顆強大心臟的人才跟寶貝，」他在信中對沃拉斯頓說，「但相當不適合管理任何東西，包括他自己。森默維爾是我見過最自以為是的都會新貴——但也是當中極為強悍的一個……說實在的，他已經準備好把命豁出去，也不放過一丁點能夠成功攻頂的機會……馬洛里則是連眼前的狀況都彷彿視而不見。在新雪過後硬闖喜馬拉雅山，根本就是弱智的行為。就算真的上到了北坳，他們以為自己可以在那樣的狀況下把聖母峰怎麼著？由於他們的無知與剛愎，馬洛里跟森默維爾傷害了老布魯斯的清譽——所以我們前幾天才會氣到如此失態。」

隆斯塔夫生氣是有道理的。他身為醫官的威信在絨布的基地營被打了一巴掌；他做為喜馬拉雅大前輩的建言被當成了耳邊風，結果搞出了人命；他的人格遭到了擅離職守的影射質疑；最後就連他返鄉與愛妻重聚的春宵，都毀於他眼中辛克斯的歇斯底里。但即便如此，他的反應強度跟那種自我防衛的態度，似乎還是讓人覺得他在劃清界線時做得稍微超過了一點。隆斯塔夫不屑地說，亞瑟．威克菲爾是個「完全面對不了高海拔的懦夫，程度比我還差，而且對登山這門藝術一無所悉」。這話說得既不厚道也非事實，反倒是凸顯了一個年邁的登山者是如何不能接受自己的能力侷限，如何不能接受失敗的羞愧，又是如何不能接受在山上體能崩潰，必須由圖博挑夫扛下山的這種——他眼中的——「奇恥大辱」。畢竟這種結果，對於在一九〇七年的全盛時期曾僅花一天就在喜馬拉雅山脈攀升六千英尺，一舉攻上特里蘇爾峰（Trisul）的隆斯塔夫而言，真的是情何以堪。截至一九二二年，特里蘇爾峰都還是人類爬過最高的山巔，但經此一役，特里蘇爾那二三三六〇英尺的頂點，已經被聖母峰登山隊的高點給刷新將近四千英尺，就連之前完全沒有登山經驗的傑佛瑞．布魯斯都成功超越了他。對於在下方營地無能為力的隆斯塔夫而言，不難想見登山隊的成功是如何讓他五味雜陳，不是滋味。

但馬洛里與森默維爾的頭頂也同樣烏雲一片，而這兩人都還在圖博而無法為自己申辯。七月二十一日，辛克斯寄了封信給身兼英國山岳會理事長與聖母峰委員會委員的諾曼．柯利，當中表示「所有回來的人都覺得馬洛里在純屬高山事務上的判斷甚是差勁，跟眾人讚不絕口的諾頓不在一個等級」。

按馬洛里私底下寫給妻子跟好友的信件顯示，他對雪崩意外的發生一直耿耿於懷，一如森默維爾也始終無法釋懷。「你知道那種想要回到過去，讓事情重新來過但做不到，那種無論做什麼都改變不了事實的感覺有多痛苦嗎？」馬洛里在給傑佛瑞・楊恩的信中說。「我不怎麼在乎外界的閒言閒語，但我不可能不在乎你們幾個人的想法。」在一封於馬洛里返回英格蘭數日後寄達他手中的回信裡，他這位恩師兼老友要他好好放下為悲劇自責的心情：「你已經在自己的經驗範圍內，盡量周全地考慮到了一行人的安全……你身先士卒地承擔了理應承擔的最大風險。這已經比在戰爭中好太多了：打仗的時候，我們時不時得因為職責在身而派人去前線賭命，而我們自己則在後邊好好的。於是我們都肯定學到了一件事情：事後為了弟兄的死自責，跟自己在內心爭論『要是當時能怎樣就好了』，只會把自己逼瘋。」

在返英後不到兩個禮拜，馬洛里終於有了機會可以為自己平衡報導：九月四日，《泰晤士報》頭版刊出了他的一篇文章，名為〈聖母峰的風險：多拚最後一趟的理由〉(Mount Everest Risks: Why the Last Climb Was Attempted)。這篇文章與其說是為了替自己辯護而慷慨陳詞，不如說是心平氣和地陳述事實。登山者在高山上必須做出決斷，而為了決斷，他們得承擔經過計算的風險。天候很明顯在好轉，將軍的意見也是「第一場雪後會接連數日都是好天」。再者，他們已經奮戰了這麼久，從「眼看著就要征服的山上」撤退，實在是讓人難以接受。他們已經盡可能小心翼翼地前進，不斷測試著雪況。惟即便盡了這些人事，意外還是發生了。逝者已矣，而倖存者只能把追思埋藏在記憶裡，繼續活下去。

事情就此告一段落。在聖母峰委員會裡聲援馬洛里的除了榮赫鵬，就是辛克斯了。畢竟辛克斯不可能眼睜睜看著七個挑夫的死，拉著馬洛里的形象去陪葬，要知道馬洛里如今已是聖母峰攻頂大業的門面。在政治正確地憑弔著挑夫們的同時，辛克斯也沒忘了這是一個很好的宣傳機會。一如史卓拉特在八月二日的一封信中市儈地提醒了馬洛里：「英國大眾、中產階級、開店作生意的，還有各種僕役，這些真正對聖母峰探險感興趣的人，他們可是挺樂見有意外發生的（屍體總是那麼吸睛），為此他們也視我們為真正的英雄。」

辛克斯憑藉著約翰・布坎的支持不減，繼續利用媒體來建立外界對聖母峰的興趣。光《泰晤士報》就在一九二二年四月到九月間刊登了約六十篇報導，當中不少都登在頭版。而看到《泰晤士報》領頭，其他倫敦日報也往往有所迴響，然後英國各地數十家地方報都會轉載。當時的頭條新聞競爭很激烈，所以聖母峰的消息能脫穎而出並非等閒之事。須知同一時期在俄羅斯，革命以來的蘇維埃政策引發了飢荒。《泰晤士報》曾報導說放眼俄羅斯大地，民眾已經淪落到要吃草跟橡實，由此光是一九二一年，死去的餓莩就有五百萬人。另外在義大利，墨索里尼在義軍肆虐利比亞的同時上位掌權；埃及脫離英國獨立；摩洛哥起義反抗西班牙統治。而在愛爾蘭，邁可・柯林斯（Michael Collins）[1]遇刺導致該國爆發內戰；德國局勢一片混亂，惡性通貨膨脹逼使家庭主婦用推車運鈔票只為了買一條麵包。在倫敦，艾略特（T. S. Eliot）出版了詩集《荒原》（*The Waste Land*）。在巴黎，小說《尤里西斯》問世，而作者詹姆斯．喬伊斯（James Joyce）也很知名地與畫家畢卡索（Pablo Picasso）、作家馬塞爾．普魯斯特（Marcel Proust，著有《追憶似水年華》〔*À La Recherche du Temps Perdu*〕），還有作曲家伊戈爾．史特拉汶斯基（Igor Stravinsky，寫出《春之祭》〔*Le Sacre du Printemps*〕）在宏偉酒店（Majestic Hotel）用餐聚首。這是四人第一次，也是僅有的一次邂逅。英王喬治五世第一回巡視了法國當時最不受歡迎的觀光景點，也就是一戰西部戰線的壕溝。在十一月十一日對其選民發表的演說中，溫斯頓．邱吉爾在言談中濃縮了英國舉國的憂鬱心境：「多麼令人失望啊，這樣的二十世紀。一串串漫長的災難讓新世紀的頭二十年陷入黑暗之中，那是多麼地令人憎恨，令人鬱結。放眼每一個國家，我們都能看到有什麼東西在消解，人們之間的連結在弱化，有原則被下了戰帖，有信仰在覆滅，有希望在衰滅，而少了這些東西所架起的結構，我們將無以延續人類的文明社會。」

辛克斯與布坎努力把聖母峰的故事定位為一種心病的良藥，一種讓英國舉國可以分一下心的目標。更要緊的是，他們希望累積出一種讓人無法忽視的動能與風潮。在馬洛里的文章見報兩天後，九月號的《地理學報》宣布第三次聖母峰遠征任務開始啟動規畫。九月底，隨著將軍搭的瑪爾瓦號（*Malva*）在馬賽靠岸，辛克斯派了一名記者去採訪他。「大自然仍藏有她無論如何也不願示人的祕密。」布魯斯將軍對在十月一日登上他北上列車的《泰晤士報》記者如是說，「但凡人類尋求要穿透世間的謎團，這些謎團的戍衛就會以某種形式出現，來阻斷我們的去路。那戍衛有時是寒冰，有時是熱氣。而在聖母峰之上，那東西是風，詭譎多變的風。那風吹起來時而是冷冽的狂風，時而是溫暖的陣風融化了冰塊，導致了意外的災難。沒有什麼是人能預料的。我沒有遇過比大自然更加難纏的敵人。」

被問到會不會重新對尚未征服的聖母峰發起挑戰，將軍回答說：「會，也許隔個兩年。」此時記者對英國人的韌性發表了一點評語，而布魯斯將軍則笑著給出了一個（名）字當作回應：「薛克頓！」[2]。

這次訪問的內容在隔天十月二日早上見報，而同一版報紙也刊載了約翰．諾艾爾發自江孜的來函。這名攝影師還逗留在圖博，紀錄該篇文章標題上寫的「佛教喇嘛們的駭人習俗」，好為他這部聖母峰電影增添些地方色彩。除了前面講到的「惡魔之舞」裡有喇嘛會穿著人骨圍裙（rus gyan）演奏分別以頭骨與大腿骨製成的鼓與號角以外，諾艾爾還見識到了天葬。他寫道，

1 一八九〇～一九二二。領導愛爾蘭脫英革命的新芬黨人，曾參與簽署於一九二一年將愛爾蘭與北愛爾蘭一分為二的《英愛條約》談判。

2 指因率領多次南極探險為人稱頌的厄尼斯特．薛克頓爵士。

「在一名喇嘛對著一絲未掛的屍首唸完禱詞跟咒語後，職業的屠夫就會揮刀分切遺體，把死人支解成兩手兩腳，最後再加上顆頭。他們接著會持斧頭並以石頭為砧板，把各部分的遺體剁打到爛，然後扔給在五英尺外等著大快朵頤的兀鷹，而這些大鳥也會不暴殄天物地把肉塊跟碎骨啃得乾乾淨淨……雖然電影攝影機就在手邊，但我選擇不把這項習俗拍攝下來，因為那過程實在是太悽慘，也太震撼。」

斷送在山坡上的七條生命、一次薛克頓南極探險等級的求生歷險記、挑戰感官尺度的各種殘酷但又炫目的儀式或節慶，還有第三次探險的可能性、英雄式的逆轉與反擊——報章雜誌還能不滿意什麼？聖母峰委員會的構想非常完美，重點是要如何實踐。想要再發動第三次探險，眼前有一堆需要排除的障礙。榮赫鵬瘋狂地提出了一個不切實際的想法，是立即在一九二二年秋派出一支先遣隊來建立營地，並為一九二三年春的登山隊清出一條路來，而布魯斯則一邊看著波西．法拉爾很令辛克斯欣慰地辭退了委員職位，一面很溫柔地以新任聖母峰委員會主席的身分讓榮赫鵬的提案安樂死。很顯然，辛克斯與布魯斯打的是一九二四年的主意。

錢，是他們的第一項挑戰。一九二一年的偵察任務花了四千兩百四十一英鎊的成本，但捐款與各種權利金收益則創造出了七千八百四十五鎊的淨利，而這筆錢也被存起來做為一九二二年任務的基金。這筆不算小的錢只部分支應了由布魯斯率領的探險任務，因為較好的後勤補給加上將軍的揮霍享受，導致第二趟任務的支出高達一萬兩千五百四十八英鎊。假以時日，來自演講、照片、出版品的收入與諾艾爾電影處女作的票房，仍將使得第二次任務轉虧為盈，但金額只有寥寥兩千四百七十四英鎊。唯一九二二年秋天，聖母峰委員會面臨到短期間數千英鎊的資金缺口。布魯斯堅持在英國成員方面，預算至少要一個人頭一千英鎊。這個數據其實沒有什麼根據，只是將軍信口那麼一說，但將軍的話就是一言九鼎，畢竟他說什麼也還坐在聖母峰委員會的主席寶座上，另外直到一九二三年初他都還是英國山岳會的理事長。

聖母峰委員會已經破產了，還在負債累累之餘屢遭意外的支出。亞瑟・辛克斯曾因其不眠不休的工作付出而獲承諾一筆兩百五十英鎊的報酬，話說這筆獎金是該給，但金額未免高了些。至於另一筆三百六十鎊的錢，可就來討得比較莫名其妙了。這筆錢根據找上門的印度高級專員所說，是一九二一年讓霍華－貝瑞傷透了腦筋、那批廢物公家騾子的費用。禍不單行的還有西姆拉聯盟銀行（Alliance Bank of Simla）的垮台，造成了委員會七百磅的存款不翼而飛。但真正最糟的危機發生在一九二二年秋，當時皇家地理學會有一名辛克斯請來的二十八歲的會計職員查爾斯・艾瑞克・湯普森（Charles Eric Thompson）被爆出侵吞公款七百餘鎊。

已婚育有二子的湯普森在切爾姆斯福特被捕時，正與一名不是他妻子的女人同居，而最終他被判處十二個月的有期徒刑，監禁期間還得服勞役。這個案子之所以格外令人難堪，是因為湯普森做為一名精神極不穩定的年輕人，曾寫過一封等於是認罪書的信函給了辛克斯，而也正是因為這封信，組織內的貪汙腐敗情事流傳了出來。艾德華．索莫斯－考克（Edward Somers-Cock）身為聖母峰委員會的財務長，滿心愧疚到說要自掏腰包還個三百五十鎊，前提是這事可以就此打住，家醜不要外揚。這件醜聞就此被掩蓋了一段時間，但最終紙還是包不住火，消息傳到了《泰晤士報》耳裡，而報社也在一九二三年二月七日的一則快報中公開了這事情，內容包括將侵吞金額誤植為兩倍，一千四百英鎊。這種消息對委員會的捐款收入是一大打擊。

除了錢以外，人員也繼續是個大問題。隆斯塔夫在山上的崩潰與威克菲爾的不適任，加上一九二二年有瑞彭與凱拉斯的折損，終於讓頑固到不行的老派人士認清了聖母峰就是給年輕人玩的遊戲。但這又凸顯出了另外一道持續擴大的嫌隙，一邊是還覺得登山是一種紳士運動的傳統陣營，另一邊則是屬於新世代，各類行動完全自成一格的族群。傳統陣營形容他們在山上的努力與意圖用的是戰爭的語言，而新世代則在活過了戰爭之後，得以優雅而堅決地走在死亡邊緣，他們是一群為了成功可以不計代價的登山者，而喬治．芬奇一如馬洛里與森默維爾，都是新世代中的佼佼者。在他為一九二二年任務的官方隊誌所寫下的文字裡，芬奇曾主張「應該要盡量縮減安全的餘地，甚至可以完全沒有。」他認為登山者上了聖母峰，就應該把自己逼到極限而超越疲憊，「必要的時候可以走向毀滅。」

這樣的決心震撼了、也嚇壞了許多在皇家地理學會跟英國山岳會裡的傢伙，尤其是那些坐辦公桌的官僚，像是辛克斯，還有那些因為太老而不曾親上前線體驗戰爭的老頭。氧氣瓶的爭議始終無法化解，也是一個世代鴻溝存在的指標。把老掉牙的運動精神與公平競爭搬出來質疑氧氣瓶的使用，讓人腦海中浮現海格將軍對於戰馬的迷戀，還有他是如何在西部戰線堅拒承認機關槍的殺傷力與作戰效益。但其實氧氣並不能把人送到山頂。一如芬奇所寫，「氧氣只能讓（登山者）取用更多他儲備於自身的能量，加快他的步伐，而不能把墨丘里[3]那雙翅膀裝在他的腳上。」

圖博政府正式核准了第三趟聖母峰探險一事，宣布於一九二二年十月十六日星期一晚間一場皇家地理學會與英國山岳會合辦在西敏寺中央廳的聯合會議上。這對辛克斯來說是勝利的夜晚。中央廳是倫敦少有地方能出其右的宏偉場地，也是英國愛德華時代的偉大建物與進步象徵。雖然建成於一戰前夕，但這裡的巴洛克風格卻讓人想起建築師克里斯多夫・雷恩（Christopher Wren，一六三二～一七二三）的諸多傑作。在劇院上方，盤旋著人類史上名列前茅壯觀的穹頂天花板。

朗諾薛爵士身為皇家地理學會的會長，啟動了會議流程，為此他移駕到了舞台中央，介紹

3 Mercury，希臘羅馬神話中眾神的信差。

了布魯斯將軍出場，並由布魯斯簡要地概述了一九二二年的探險過程。做為致詞的結語，布魯斯引用了他在返回大吉嶺路上聽一名雲遊聖者說過的話：「我聽說你們用繩索去爬了喜馬拉雅，」那名聖者說，「那無疑是一條生命之索。」第二個發言的馬洛里，措辭內斂地提及了風勢與寒冷的挑戰。「人類要登上聖母峰，並非不可能，」他說，「但除非天氣能夠一改我們今年在山上觀察到的惡劣習性，否則人要安全地上去再下來，機率非常微小。」芬奇接棒發言，簡短地回憶了他與傑佛瑞・布魯斯是如何靠氧氣活過了那一夜。讓眾人莞爾的是，他在結語中引用了傑佛瑞最後對山脈發出的豪語：「你等著，老東西，很快就有你受的了！」

哪些一九二二年探險隊成員缺席了今晚的場面，有目共睹。莫斯海德在大吉嶺恢復。傑佛瑞・布魯斯跟莫里斯一樣，歸建了他在印度西北邊境的兵團。約翰・諾艾爾留在了圖博。森默維爾人在印度南部。身染靜脈炎的隆斯塔夫在他位於新森林（New Forest）的鄉間別墅靜養，而威克菲爾則直接返回了他在坎伯蘭（Cumberland）的家，倫敦被他徹底跳過。一點也不想曝光的諾頓很開心地重返了軍旅生涯，被派駐到君士坦丁堡。這麼一來，還能找的就只剩下馬洛里跟芬奇，而這也正合辛克斯的意。傑洛・克利斯提（Gerald Christy）做為經手所有演講邀約的經紀人，曾堅持只讓這兩名明星登山手登台講話。

十月十七日週三早上，《泰晤士報》的一則公告宣布馬洛里與芬奇將於三天後的週五重返西敏寺的中央廳，然後隔週二的十月二十五日還有一場。三天後，馬洛里會在下午三點開講，而芬奇則是晚上八點半。隔週三那場則兩人對調，馬洛里講晚場，而芬奇負責午場。以此為起點，馬、芬二人的公開活動有如秋風掃落葉，光算到十二月底就多達五十場，搞得兩人幾星期都沒有家庭生活不說，最終更是拆散了這對搭檔，這組英國想要征服聖母峰最大的希望。

首先浮現的問題是錢。在前兩趟任務中，隆斯塔夫、沃拉斯頓、史卓拉特、霍華－貝瑞都是自費前往印度，而他們都是有錢人。軍人與調查員如傑佛瑞・布魯斯、莫里斯、諾頓、惠勒與莫斯海德都是請假參加探險隊，事後也都已經回到原部隊或原單位，像是調查員就會回任他們在印度調查局的職位。居伊・布洛克直到一九二二年春天都還好好地待在勒哈佛爾當他的外交官，並且很快就要榮升，調動到衣索比亞的阿迪斯－阿貝巴（Addis Ababa）。威克菲爾與森默維爾則都是訓練有素且成就斐然的內外科醫師。

相形之下，馬洛里這個英國國教牧師之子則有點落寞，因為從聖母峰回來的他只是個待業青年，而且還只是一九二二年英國那兩百五十萬失業大軍中的一員。在他身為知名建築師的老丈人幫忙下，他跟茹絲一年有七百五十英鎊可以花，而這筆錢也是他們住家跟社會地位的保障，但他本身的出身並不算富裕。這一點，他巡迴演講的搭檔也一樣。芬奇在皇家科學與技術學院（Imperial College of Science and Technology）裡有一份教職，但薪水並不高。他沒有東西可以繼承，只有一個家庭得養活，還有若干必須承擔的責任，包括每年要給他的第二任妻子一百鎊的贍養費。在聖母峰上的五個月，花掉了他半年的薪水，而這還沒算他砸了兩百鎊在電影底片上。辛克斯也承認這兩個被挑出來向大眾述說聖母峰故事的成員，也正好是隊上兩個財務最拮据、最沒有能力在金錢上犧牲小我的人。

跟在一九二一年一樣，辛克斯也會讓講者從演說的收入中抽成，比例是扣除費用後的三分之一收益。這種抽成加上整個秋天滿滿的血汗行程，讓馬洛里的荷包賺得挺飽。他十一月進帳七十五英鎊、十二月兩百二十五英鎊，隔年一月又添了一百英鎊，這樣的收入是他在當學校老師時所無法想像的，畢竟查特豪斯公學給他的年薪不過兩百七十英鎊。芬奇截至一九二三年春，已累計在英國國內外發表了八十三場演講，但他還是不滿足。不同於馬洛里，芬奇早在前往聖母峰探險之前就已經是成名的職業演說家，演講原本就是他主要的收入來源。在歷經好幾場演講乏人問津之後，他要求聖母峰委員會除了負擔交通費與提供抽成以外，還要保證他二十五英鎊起跳的出場費。辛克斯與榮赫鵬拒絕了這項要求，而這也為無可避免的衝突推倒了第一張骨牌。

聖母峰探險隊的每一名成員，都曾經簽署過義務性的保密協定，亦即他們不但宣誓會在野外忠於指揮鏈的調度，也同意了非經聖母峰委員會直接批准，不得與公眾或媒體在私下接觸或交流。這份合約還明文規定任何選集、照片或「觀察」不論出自哪一名隊員之手，都必須要「交由」委員會處置。換句話講，探險的故事從出發到結束，都不屬於個別的隊員，而是探險隊與委員會全體共同的財產。在短期間內，這些條款都言之成理。除了對特定新聞媒體所負有的法律義務外——如委員會與《泰晤士報》簽署的獨家新聞協議就是一例——控制消息絕對符合聖母峰委員會的利益。這麼做完全符合約翰・布坎在戰時所學到的所有宣傳功夫，也讓辛克斯獲得了最大程度獨占所有收入來源的正當性。沒有哪個登山者想簽這份文件，但為了聖母峰三個字，他們沒有太多選擇。

喬治，芬奇也心不甘情不願地簽了這份保密協議，但在一九二一年十二月二十一日一封給辛克斯的信裡，他給自己的立場加上了但書：「我承認我不是探險隊的官方攝影師，由此任何我隨手拍下的快照或是手繪的素描，都跟之前一樣是我必須接受委員會管制的私人財產。」芬奇這種有如在打迷糊仗、模稜兩可的但書，也得到了辛克斯一個同樣讓人霧裡看花的回覆。在隔天的回函裡，祕書長咬文嚼字地認同任何為了私人用途而拍下的照片，最終還是屬於攝影師的財產，惟他也同時堅持，只要委員會有意願取得這些照片的權利，則所有人還是不能私自處置這些影像。於是在芬奇開始為聖母峰之行做準備的同時，這事也就不了了之。

但一九二二年的秋天，這件事又重新浮出了水面，而且這次不再有打迷糊仗的灰色空間。

事情的開端是馬洛里隨口想借幾張芬奇的玻璃負片，希望將之當成道具來為演講增色。芬奇的拒絕讓辛克斯跟馬洛里都大吃一驚，而芬奇的立場十分堅定。畢竟他是投入了可觀的個人花費才取得了堪稱一九二二年任務中最棒的影像集，大大小小共有兩千幅值得印出來的畫面，而他可不打算將這些心血結晶拱手讓出，或讓馬洛里平白占他的便宜。一九二一年探險任務的尾聲發生過一次類似的事情，當時是居伊．布洛克拒絕出借他的日記給馬洛里。這件事很顯然造成了馬洛里與芬奇的緊張關係，由此當霍華－貝瑞在一場皇家地理學會的會議上兩次點名馬洛里是一九二二年探險隊上「最優秀的登山者」時，芬奇非常不是滋味，並以書面向辛克斯提出了抗議。他在影像出借一事上把立場踩得很硬，並在十月五日致函馬洛里說「經過深思熟慮，我認為假他人之手把我的照片當幻燈片在公開場合播映，並不符合聖母峰委員會的利益，而且也嚴重違反了我的個人權益。你應該知道，我的演講先不談其他東西，光風格就與你大相逕庭，我有我的一套方法彰顯出幻燈片的優點。只要不是用我的這套方法演講，幻燈片的效果出不來不說，還等於是在眾目睽睽下抄襲。這我是不能允許的，畢竟我還希望等有朝一日恢復自由之身，把它們用在我自己的演講中。」

馬洛里應該鐵定有將這封信的內容告知了辛克斯。信中的最後一句話算是踩到了紅線。在於中央廳的處女秀之後的好幾週、好幾個月裡，芬奇會遵守他的法律義務，但一如這封給馬洛里的信函所示，他完全有要盡快回歸獨立講者生涯的意圖。在芬奇的心中，他對於聖母峰委員會的承諾僅限從一九二二年任務回返後的一季。但辛克斯則認為協議的約束力會延續到探險隊成功登頂。芬奇覺得這種想法實在太無稽，畢竟聖母峰搞不好永遠都不會有人上去。不過想歸這麼想，他還是信守了合約，一直在聖母峰委員會的名義下演講直到一九二三年的春天結束，期間還無償為官方隊誌《攻頂聖母峰》（*The Assault on Mount Everest*）貢獻了文字三章，而且書中也用上了不少他的攝影作品。

一九二三年初夏，成長於歐陸而德語流利的芬奇受朋友之邀，準備去瑞士發表系列演講。此時他在英國的演說邀約已經驟減，而一如往常，他需要金錢的進帳。事情的前因後果至今仍不清楚。芬奇的女婿兼傳記作者史考特·羅素堅稱芬奇問過辛克斯的意思，並表示願意跟委員會分享報酬，但還是遭到辛克斯的堅拒。其他的聖母峰史家則表示芬奇自顧自接受了邀約，事後也拒絕了辛克斯提出要分享報酬的要求。不論真相為何，這次衝突還是導致芬奇尋求了法律諮商。而不意外地，由於合約原件的用語不是很清楚，他的律師認為其在法律上根本沒有約束力，而芬奇也在一九二三年六月二十八日的一封信中，把此結論傳達給了辛克斯。而由於辛克斯正好人不在倫敦，這封信被轉給了在英國山岳會的聯席祕書長席尼·史賓瑟。史賓瑟立刻就將這信轉給了布魯斯將軍，而將軍則把信的內容告知了榮赫鵬。將軍與榮赫鵬去諮詢了他們也是英國山岳會一員的律師J・J・維勒斯（J. J. Withers），而他基本上認同芬奇的法律立場。惟這並沒有能平息布、榮二人的怒火。芬奇惹到這兩人，不光是因為他將事情變成法律問題，而是因為他違反了約定俗成的社會規範。

在一九二三年，威脅採取法律行動是嚴重至極的事情。有頭有臉的紳士是不上法院的；有品格的男人不會陷他們的同僚到如此可恥的羞辱中。在布魯斯將軍的眼裡，芬奇寫的不啻是一封勒索信。布魯斯推測芬奇肯定知道聖母峰委員死也不會讓這樣的家醜在法庭上外揚，變成社會大眾與報章雜誌上的笑話。所有主要的關係人——布魯斯與辛克斯、榮赫鵬、史賓瑟，甚至是芬奇最堅定的支持者波西・法拉爾——更別提從霍華－貝瑞到馬洛里的一票登山隊員，大家基本上都認為這份引發爭議的文件是項同儕之間的約定，其解讀理應按辛克斯所主張的，「採取最廣義的立場，來成就其做為一份君子協定，訴諸法律是千不該萬不該的事情」。看來芬奇在做的事，就是鑽法律漏洞來爭取自身的利益，「手段卑劣還沾沾自喜」，是「營房律師」[4]才會有的行徑，其唯一目的就是要讓聖母峰任務的光榮蒙上陰影。

早在一九二二年十月，布魯斯將軍將繼續擔任第三趟任務隊長的事情就已經敲定，而任務時間也確定將延後到一九二四年春天。諾頓上校將擔任二把手兼登山隊隊長。一九二三年三月一日，將軍致函席尼・史賓瑟並附上了初步的登山隊員建議名單：「森默維爾、馬洛里、諾頓、芬奇（我很抱歉），還有布魯斯。」加上「我很抱歉」這四個字的提名，對一個才在前一年創下登高紀錄的隊員來講，實在不是很有面子的肯定。在三月十六日的下一封信裡，經過修改的登山隊名單上已看不到芬奇的名字。

三週後，聖母峰委員會公布了遴選小組的組成，當中包括英國山岳會的布魯斯將軍、史賓瑟、柯利、法拉爾；聖母峰的老將史卓拉特、隆斯塔夫與馬洛里；還有諾艾爾·歐德爾這名有不少北極長征經驗的地質學者。最終的登山隊名單要到一九二三年底才會確定，而沒有人知道芬奇到底還有沒有出線的機會。他搞不好早在三月就已經被排除出考慮的範圍。法拉爾於五月底辭退了聖母峰委員會，表面上是因為工作壓力太大，但其背後恐怕反映了委員會對芬奇的態度，畢竟法拉爾視芬奇為英國最優秀的登山者。事實上，在六月二十八的那封信件內容曝光後，芬奇被封殺的命運恐怕就已經註定。法拉爾當時就對信的內容相當震驚，並立刻敦促他收回成「信」。雖然芬奇也從善如流地照做了，但傷害已然造成，覆水難收。在倫敦，布魯斯將軍於六月三十日寫信給史賓瑟說：「不管怎麼說他都已經搞砸了。凡事都有因果，而我想他的這種行為已經讓他確定無緣於下一次探險。這人真的徹底是隻豬。」

4 Barrack-room lawyer。軍隊俚語，指那些其實沒有律師資格，但喜歡拿著法律問題高談闊論的傢伙。

那年夏天在律師的建議下，芬奇無視於辛克斯的反對，以獨立學者兼登山客的身分去瑞士發表了演講。他在三個月內賺到了兩百二十五英鎊，其中三十三英鎊進了他經紀人的口袋。一封姍姍來遲的信從聖母峰委員會寄來索討五成的獲利，但沒有得到芬奇任何回應。至此雙方的嫌隙確定再無轉圜的餘地。

在一九二三年九月最後一次信件的交流中，芬奇確認了自己的獨立地位，並且正式為自己關上了通往聖母峰的大門。他從蘇黎世寫信給辛克斯說：「如果我可以將您回信中第二頁第三段理解成我對委員會再無義務要承擔，那我也就心滿意足了。我側面得知出於委員會無疑認為充足的理由，我將不會受邀加入下一次的探險，即便我所率的團隊曾取得了一定程度的成功，加上我後續在供氧設備的改良上也展現出了極大的服務熱忱。」

喬治．芬奇除了是全英在冰雪上進行攀登的第一把交椅，也是放眼全球在帶氧登山技術上的首席科學權威。直到一九二三年的六月十六日，聖母峰委員會的成員都還曾邀請他來分享最新的研究進展，即便他們顧忌他的個人特質而不願讓他在探險隊上有一席之地。在兩夜一天不眠不休且餓著肚子只喝了點水的條件下，芬奇還是克服了當時在山上所遇到最惡劣的天候詛咒，達到了比所有當代登山者都高，也都更接近聖母峰頂許多的地方。若非他順從良心與人性拯救了登山搭檔的性命，芬奇很可能已經是登頂聖母峰的天下第一人。這項事實，或許遭到一九二三年春在倫敦進行人選討論的布魯斯將軍所遺忘，但將軍的姪子傑佛瑞可忘不掉。傑佛瑞在五月三十一日寫信給芬奇說：「對於你選擇了帶我上山，還像變魔術似地拉著我一路上平安過關，我的感謝這輩子都說不完，那是我人生中美好的一段。」

帶著芬奇遭到不公平對待的想法，喬治・馬洛里將在一九二四年朝聖母峰出發。在啟程的前夕，他安排了讓茹絲去邀請芬奇伉儷過來作客一晚，時間就在他預定返國後的第一個週末。這是個很體貼的動作，因為這代表如果登山隊員得以凱旋，芬奇也不會被晾在一邊。但在芬奇被除名的那幾個月當中，馬洛里其實始終與這整件事保持著距離。「La question Finch m'ennuie，」他在一九二三年十一月二日一封給辛克斯的信中用法文這麼說，意思是他覺得芬奇的問題很無趣。「你可能會有興趣，」他說，「聽到他開給我一張兩英鎊的支票經由我的往來銀行被退回來了，上頭赫然寫著R.D（refer to drawer，請洽開票人）。他後來有用郵局匯票把錢確實補給了我……但這或許可以說明他的其他行為。」

辛克斯無疑聽這樣的八卦聽得很開心。跳票在他們的社交圈裡不是件小事情，而眾所周知的是芬奇花了好些時間，才還完跟布魯斯將軍的一筆小錢。此時辛克斯與芬奇的衝突已經變成了私人的過節。一九二三年的經驗幾乎確定了一件事情，那就是未來能登上聖母峰頂的團隊，注定是要靠氧氣幫助的。就算是隆斯塔夫，也慢慢改變心意接受了這項事實。芬奇是最堅定的氧氣支持者，也是使用供氧裝備經驗最豐富的人，這一點也給了他很大的優勢。辛克斯可以對氧氣的使用睜一隻眼閉一隻眼，但他無論如何不能眼睜睜看著芬奇成為登上聖母峰頂的天下第一人。於是辛克斯打著守護聖母峰委員會原則的幌子，做的事情實際上卻是寧願犧牲登山隊的實力、安全，乃至於勝算，也要把芬奇拒於門外。

對比辛克斯，馬洛里對芬奇並無敵意，但也不特別有好感就是了。他之所以不選邊站，既不幫芬奇緩頰也不加入圍剿芬奇的行列，只是因為他自己的生活於公於私，也是一團亂。跟茹絲結褵八年，他跟妻子只有一半的時間能廝守在一起。他大女兒克萊兒不過六歲，就已經五次看著父親出遠門，每次一走就是好幾個月。在馬洛里一九二二年從聖母峰回來後，這種讓人心碎的模式依舊沒有改變。他只在家中住了六星期，就開始為了演講而巡迴全英。從倫敦到李茲，從伯明罕到布里斯托，再從卻斯特到劍橋，這種每兩天就換一座城市的日子，他過了七個禮拜。聖誕節假期他回家過了兩個禮拜多一點點，然後就又獨自動身去海外巡迴了三個月，地點是他素昧平生的美國跟加拿大。

這一切的開端都讓人十分憧憬。辛克斯訂了奧林匹克號（*Olympic*）這艘白星船隊（White Star fleet）旗下的豪華郵輪，鐵達尼號的姊妹船。美國方面的經紀人精心安排了十分講究的著陸典禮，還在華爾道夫－阿斯托里亞（Waldorf-Astoria）飯店預訂了他在紐約下榻的房間。在渡海的過程中，馬洛里盡了一切努力要贏得這次挑戰。他很努力要搞懂晚餐夥伴們的方方面面——他們大多是要返鄉的美國遊客，不少人出身美國中西部。他們的餐桌禮儀嚇壞了馬洛里。他寫信對茹絲說有個傢伙粗魯到「動不動就用叉子去叉他妻子餐盤上的食物」。因為不確定前面有什麼在等待著他，所以他在艙房中獨自一待就是幾小時，練習著美國口音，心想這可以讓服務生跟鐵路挑夫比較聽得懂他在說什麼。郵輪在一九二三年一月十七日靠港後，他第一次見識到了現代的摩天大樓，並在信中對茹絲描述說它們就像『巨大的剪影映照在天幕上……一棟棟都在玩具巨人的醜惡世界裡軋上了一角』。紐約城也給人一種不真實的感受：君臨天下的大廈宛若巨大蠟筆，俯視著底下在雨中顯得陰暗的狹窄橫街，還有上頭有電車線跟車流的寬闊大道。「紐約給人的印象，」他在美國的第三天寫道，「就像在空虛的背景中展現著各種輝煌燦爛。」

馬洛里發現他的經紀人李．基迪克（Lee Keedick）是個好人，只是有點驚訝於他的第一場演講排在了十天之後。他善用了這段空檔，為官方的隊誌寫了篇幅很長的兩章，總共有三萬字，然後才在一月二十五日從紐約動身前往華府。他隔天午後的美國處女秀不算太成功。現場既沒有人笑，也沒有人鼓掌——那堪稱是他演講生涯中最沒有反應的一群聽眾。所幸晚場的演出表現無懈可擊；馬洛里覺得他表現得好到不行。這天的票房有一千美元，這在一九二三年是一大筆錢。費城是下一站：兩處不同的展演廳，兩場的門票都售罄，聽眾的總數來到三千人之譜。一切徵兆看起來都很有利於整趟巡迴中最重要的一場，二月四日在紐約布羅德赫斯特劇院（Broadhurst Theatre）的演出。這場演出出席率不錯，填滿了現場一千一百個座位的半數，但很可惜的是評論家沒有出席。由此這場演講沒有引起報紙太大的關注，最後結算也以賠錢收場。

吞下了自己的自尊後，馬洛里動身前往加拿大，卻發現多倫多場已經被取消。蒙特婁的票房所得只有區區四十八美元。他在底特律的狀況好一點，在劍橋的哈佛則獲得熱烈回饋，然後移動到中西部晃了一圈，期間途經托雷多（Toledo）與愛荷華市（Iowa City），接著重新向東回到了羅徹斯特（Rochester）與壓軸的新罕布夏州漢諾威（Hanover, New Hampshire）。這些都並非美國第一流的文化中心。基迪克把基本演出費降價到兩百五十美元，但還是沒辦法約到額外的演講機會。在美國待了一個月，他們只再約到了三個確定的演講場次。「馬洛里是個好人，演講也講得不錯，」基迪克在一封給聖母峰委員會的信中說道，「但美國人對這個主題似乎不太感興趣。」

馬洛里帶著焦躁的心情返回了紐約，一心想要踏上歸途。不過就是想爬一座山沒有爬成，這樣的故事顯然沒辦法引起美國人的遐思紛飛，重口味的他們想聽的是登在二月十七日的紐約各報上，圖坦卡門法老的寶藏在埃及出土的八卦，或是佛教學者威廉·蒙哥馬利·麥高文（William Montgomery McGovern）是如何喬裝為僧侶潛入拉薩，期間他把皮膚與頭都染成黑色，卻仍被關進牢裡，最後被迫上演一場驚天大逃獄。美國媒體對聖母峰唯一感興趣的事情，似乎是馬洛里在兩萬七千英尺處暢飲了一口白蘭地。酒，讓當時的美國人魂牽夢縈，因為禁酒令才剛開始撼動這個國家。

怪的是，美國報紙上關於馬洛里巡迴最具記憶點的報導，是關於他在某場演講尾聲所隨意講的一句話。在第無數次被問到為什麼想爬聖母峰時，馬洛里據稱回答了：「因為它在那兒啊。」這彷彿在說山在等著他爬的神來一答，觸動了某條神經，產生了某種幾近形而上的迴響，就好像馬洛里在不知不覺中發揮了智慧，為登山的目的提煉出了某種虛無與純粹並存的完美概念。這句發言首見於三月十八日的《周日版紐約時報》（*Sunday New York Times*），成為了半頁特別報導〈攀登聖母峰是超人們的工作〉（*Climbing Mount Everest Is Work for Supermen*）中首段的一部分。假以時日，這話會被銘刻在紀念碑上，引用在佈道中，被王公貴族與國家元首琅琅上口。惟那些真正認識馬洛里的人，包含他的兩名作傳者，摯友大衛．派伊與女婿大衛．羅伯森，都沒有把這句話想得那麼嚴重。對他們來講，這只是又累又氣的馬洛里一句輕佻的回答，因為馬洛里的個性大家都明白，就是受不了笨蛋。又或者像登山家兼作家阿諾．朗恩（Arnold Lunn）所言，已經成為紐約地下酒店常客的馬洛里，只是想趕緊擺脫「眼前這個礙事的無聊傢伙，趕緊去喝兩杯」。

不論這話的起源為何，這句話風行了起來是一個事實，主要是它確實捕捉到了某種精髓。「聖母峰是世界上最高的山，」馬洛里後來寫道，「而且從來沒有人爬上去過。所以聖母峰的存在本身就是在對人下戰帖。所以我的回答只是脫口而出，只是在某種程度上反映了人想要征服宇宙的慾望，我想。」馬洛里後來在其他地方補充說，「我想，我們一有機會就想前往聖母峰，一言以蔽之，是因為我們無法忍住不這麼做。又或者換種講法，那只因為我們是登山家。」

馬洛里並不後悔來美國一趟。他在此獲得了熱情的接待，其中美國英國山岳會的一大群新朋友更是使人感覺賓至如歸。此外一個人的時候，他甚至會溜到摩根圖書館（Morgan Library）去翻閱英國傳記作家詹姆斯·博斯韋爾的一些親筆信函。在讓他成為榮譽會員的大學俱樂部（University Club），他會喝著茶閱讀《衛報週刊》（*Guardian Weekly*）來掌握倫敦最新的時事。更多時候他會漫步在城市的街頭巷尾，享受美利堅所有新鮮的聲響：爵士音樂跟沒有階級之分的豪放笑聲，送報少年的宏亮呼喊，各式一時間聽不習慣的口音，以及五湖四海的移民手勢，外加傳自糾結交通中刺耳的摩擦聲與各種不諧和音，須知對一九二三年的英國人而言，繁忙的車流仍是件新鮮事。等終於在三月三十一日，他登上了薩克森尼亞號（*Saxonia*）上準備返鄉時，馬洛里腦中只有一件事讓他憂心忡忡。在商言商，這趟美國行算是以失敗收場，花了這麼多時間橫越重洋卻只賺到這麼點錢，根本不划算。回到妻小身邊的他跟去之前一樣，既沒工作也看不到前途，同時也跟與他命運相繫的聖母峰委員會一樣，阮囊羞澀。

然而，馬洛里回到了霍特宅這棟位於韋河（river Wey）河畔的老石屋，也就是岳父買給茹絲的結婚賀禮，在那兒的春天花園中徜徉不過短短數日後，他的命運就出現了轉圜。在馬洛里人在美國之時，亞瑟·辛克斯遇見了一位老朋友，大衛·克雷納吉（David Cranage）牧師。牧師對他提到劍橋大學的校外實習委員會（Board of Extra-Mural Studies）開出了一個教職職缺。克雷納吉對辛克斯解釋說這個職位有點另類。他們在找一名歷史學者，希望這人可以設計出符合男女勞工需求的課程，同時這人還得願意在大劍橋地區一個村一個村地巡迴，主動去服務那些早年沒機會好好上學的工人。這是跟勞工教育協會（Workers' Educational Association）合作的計畫。

這些課上起來跟查特豪斯公學大異其趣，而這也是馬洛里對其感興趣的原因。這些課程可以讓他做為講者的強項、對於新式學習的熱情，還有他所秉持的進步價值，統統派上用場。他第一次擁抱這些進步價值，是在就讀劍橋大學期間，當時他就曾曖昧地傾心過費邊的社會主義。馬洛里在回到鄉間還不到一個星期，就在四月二十日提交了申請。競逐這個職位的還有另外二十四個候選人，而且當中不少人都比馬洛里有著更豐富的教學經驗，但別人不像他有大量的推薦信。亞瑟·班森從劍橋捎來了推薦，榮赫鵬與喬治·特里維廉則從倫敦給予馬洛里聲援。更別說還有強大的奧援來自溫切斯特與查特豪斯公學。馬洛里擠進了最後五人的決選名單，接著以五月八日的精采面試確立了優勢。十天之後，他得到了這份工作。這工作的待遇是基本年俸三百五十英鎊，外加講課的津貼，年薪最終可來到很體面的五百英鎊，而這肯定會讓每年繼續在拿錢給茹絲的岳父非常開心。

但很不幸地，這差事不是沒有缺點。短期而言，這代表他又得拋妻棄子好一段時間。他得在六月底之前抵達劍橋，而且是單身赴任，因為茹絲得先留在薩里，直到他們成功賣出霍特宅。即便等妻小在十月份加入他，他的開會行程與夜間部課表也預告了他不可能過著正常的家庭生活。他每天得在下午四點離家，並鮮少能在午夜前返家。他們面對著所有年輕夫妻面臨的挑戰。為了整修他們劍橋的新家赫歇爾宅（Herschel House），所需的花費比他們想像中要高，由此他們銀行的帳戶經常透支。馬洛里在劍橋的老友都很開心於他的回歸，但有些人對於他帶著另一半來不是特別滿意。克服了萬難，喬治與茹絲終於在一九二三年的秋天第一次體驗到什麼叫安穩的婚姻生活，不需要為了未來提心吊膽。他們三名年幼的孩子克萊兒、貝里姑與約翰都很開心能終於天天看得到父親。

但在風平浪靜的家居生活中，聖母峰的狂風還是找到了縫隙呼嘯而入。約翰・諾艾爾的第一部電影《攀登聖母峰》首映出師不利，巡迴全英的表現也差強人意。雖然其最終累計的票房有一萬英鎊，但聖母峰委員會分到的淨利只有寥寥五百英鎊。惟這樣的挫敗絲毫沒有讓這名製片家氣餒。一九二三年六月，就在馬洛里在適應新工作與新生活之際，諾艾爾出其不意地對聖母峰委員會表明了一個前所未見的提議。只要委員會願意用一九二四年任務的所有靜態攝影跟動態錄影的權利來交換，那他就願意負責籌到八千英鎊，這在一九二三年不是筆小數目。雙方合約的內容寫得非常詳細。他會一簽約就先付一千英鎊，年底的十二月三十一日再付五千英鎊，尾款兩千英鎊則將在一九二四年的三月三十一日付清。至於聖母峰委員會這邊則要一來保證前往圖博之路不會遇到外交上的阻礙，二來保證只要他的田野工作不違反探險隊的目標與安全，就都可以順利進行，三來還得提供他所需的相關設備：三號營處要有三頂帳篷、北坳兩頂帳篷，外加一套氧氣呼吸設備跟五千公升的氧氣儲備。聖母峰委員會將有權使用照片做為宣傳與多本出版品刊登之用，包括期待中的官方隊誌，惟這些影像資料的所有權仍將歸屬諾艾爾建立來進行聖母峰拍攝工作的公司——探險家影業（Explorer Films）。在諾艾爾公司裡的私人股東中有阿迦汗（Aga Khan）[5]與榮赫鵬爵士，其中榮赫鵬爵士也是這家新公司的董事長。

這在世界登山史上是一個奇特的轉捩點，主要是對於世界最高峰的追逐從高高在上的帝國冒險行動，落入凡間成為了一種單純的商機，但聖母峰委員會只能無奈地接受。現金的挹注讓

5 阿迦汗為伊斯蘭什葉派伊斯瑪儀派（Ismā'īlism）的一種領袖頭銜。十九世紀，阿迦汗一世因逃避當時波斯政府的迫害而來到印度，後來成為全球伊斯瑪儀派公認的宗教首領，也成為定居於印度且具有政治影響力的伊朗裔家族。

委員會的結餘得以改觀。諾艾爾的提案不光帶來八千英鎊的進帳，還另外讓委員會現省兩千英鎊，因為拍攝影片與照片將不再是委員會需要另行出資的責任。諾艾爾此舉等於一口氣扛下了所有的財務風險，因此讓委員會得以騰出手來積極推動第三次入山探險的計畫。

布魯斯將軍獲選為探險隊長的結論，算得上眾望所歸。即便有雪崩意外帶來的挫敗，將軍依舊廣受各界愛戴且散發著某種光環。留意著自身狀態而從未離開基地營一步的將軍，在一九二二年從聖母峰回來時，原本的肚子少了一大塊，外貌也一下子老了十歲。惟在探險隊的所有成員間，只有他一個人不曾染病或不舒服，而這也是他逢醫生便要拿出來獻寶的傲人紀錄。他在野外那充滿個人魅力的威嚴，加上在面對原住民挑夫時那種帶兵帶心時不可思議的輕鬆寫意，使隊長除他以外仍不做第二人想，即便各方對於他實際身體狀況的疑慮一天比一天高。

在一九二二年睜一隻眼閉一隻眼的同一批哈利街醫師，在一九二三年底再次幫他體檢時，也不敢不說實話了。布魯斯雖然大言不慚地虛張聲勢，但其實他的血壓已經高得危險，左側心臟膨脹，二尖瓣的雜音也愈來愈嚴重。另外他也呈現出腎病的徵象。

安德森理論上准了讓他前去，前提是他不可以爬超過一萬五千英尺，但這個條件就等於預先排除了他的參與。拉金斯值得稱許地沒有在診斷中粉飾太平，因為他在報告中說：「我之前

（在一九二二年）對他放行，是因為覺得他即便有著各種生理缺陷，體能上仍適合登山，但這一次我實在無法昧著良心讓他上去。」

布魯斯的回應是忽視哈利街專家的意見，改尋求他個人醫師克勞德．威爾森（Dr. Claude Wilson）的看法。十一月九日，身為全科家醫的威爾森從倫敦東南屬於肯特郡的坦布里奇韋爾斯（Tunbridge Wells）致函拉金斯說：「我不希望讓布魯斯將軍去看現代的心臟專科醫師。他的心電圖恐怕不會太好看，由此他們恐怕任誰都會以此或以高血壓為由拒絕讓他上山。我不想嚇到他，也不想讓他過不了體檢。為此我願意負全責。」威爾森不出人所料地讓布魯斯過了這關，但一個小前提是他得同意在從大吉嶺出發前往圖博前再做一遍體檢。拉金斯跟安德森在得知這項決定後，因為相信將軍的性命危在旦夕，因此「金盆洗手地退出了整件事情」。

聖母峰委員會並不覺得這有什麼好擔心的，但他們還是選了諾頓上校來擔任副手，也算是買個保險，以防萬一。萬一將軍真的倒下，探險隊必須要有個可以接手的備位隊長，而且這人得習慣指揮若定，得有能力在這場愈來愈像是軍事行動中的登山任務中調度複雜的後勤補給與外交安排，否則他們將打不贏這場與高山的戰役。馬洛里即便在一九二一與一九二二年的兩趟任務表現突出，但他從來不是有力的隊長競爭者，畢竟他鮮少能管好自身的裝備，遑論讓他管理一整支探險隊，更別說他壓根不是個職業軍人。聖母峰探險隊做為英國的精神標竿，在軍隊裡更有其獨特的地位。當在一九二三年春天尾聲，覲見過比利時國王與皇后之後的史卓拉特上校去訪問駐在科隆（Cologne）的萊因占領軍（Rhine Army of Occupation；從一九一九到一九二九年，因為德國還不出賠款而占領德國領土的英軍）時，四千餘名軍官出席了他的演說。隔天六月二十日，又有三千名英軍官兵擠進了在瓦恩（Wahn）的飛船機棚來聆聽同一場演講內容。征服聖母峰的壯舉已經超越了登山的運動層次，成為了國家級的任務。由此攻頂的最後一哩路若由不具軍官身分的人來執行，是英國人無法想像也不能接受的事情。

一九二二年，諾頓已經在各方面都證明了自身的卓越。處變不驚而堅忍不拔的他是一名洋溢著自信的領導者，其經過深思熟慮的命令總是能讓接受他指揮的人義無反顧而毫無猶豫。諾頓的心思——不同於許多隊員們在戰時見識過的高階軍官——並不會死板板地像鐵軌一樣不能轉彎。他對討論抱持開放的態度，也不排斥與人進行理性辯論，更重要的是他能讓人感覺他的決斷也是全隊的決斷，不會讓人感覺他在一個人硬幹。身為一個名人兼登山者，他真正做到了鶴立雞群。馬洛里、森默維爾、傑佛瑞．布魯斯，乃至於大多數的高山登山者，都有著極為相似的身形。每個人的身高都差一吋就六英尺（約一百八十公分），衣服穿好穿滿後的體重也差不多就一百六十磅（約七十二點五公斤）。但諾頓相對之下則足足有六呎四吋高（約一九三公分），又高又瘦，以至於他開玩笑說自己就彷彿是「歐幾里得定義中的直線」。受到眾人擁戴且尤其受馬洛里欣賞的他，在一九二二年十月獲得了非正式的任命，而這件事在僅僅一個月後就顯得意義非凡，主要是此前六個月的體力透支，終於讓布魯斯將軍在此時陷入重病，而這也導致連辛克斯都思考起在一九二四年派他重返聖母峰到底明不明智。

招募一九二四年探險隊的其他成員，最終耗費了大半年的時間。最早在一九二二年的秋天就開始有各個名字被當成玩笑話掛在嘴上，但最終是到了一九二三年六月，諾艾爾挹注的資金到位後，最終預期將派人踏上聖母峰頂的登山隊陣容才終於被當成一回事在討論。當然在這個時間點上，芬奇已經出局了。凱拉斯已經不在人世。瑞彭已經精神耗弱，他後來將活不過三年。隆斯塔夫、威克菲爾、克勞佛與史卓拉特就算有興趣（事實上是沒有）也不具備攻頂能力。山帝・沃拉斯頓身為霍華－貝瑞在一九二一年任務中的親密戰友，這次自告奮勇說要擔任探險隊的博物學家與醫官，但最終因為年齡因素而被刷了下來。居伊・布洛克穩穩當當地在勒哈佛爾當著他的領事，壓根不想為了座山放棄他的外交職涯。霍華－貝瑞把熱情跟可觀的財富轉移到了托利黨的政治運作上，並已於一九二二年當選國會議員。一九二三年夏天，他的心思全在愛爾蘭、印度，還有甘地引發的紛紛擾擾上，包括他曾在七月底一場尖銳的國會辯論中，嚴詞譴責了甘地的主張。休完長假後從加拿大回到印度的奧立佛・惠勒，在遺憾中回絕了布魯斯將軍，主要是印度調查局實在不能再讓一九二四年的探險隊占用他們一名寶貴的調查員。做為交換，萊德上校表示願意派出一名顯有實績的印度下士（naik）地形測繪員哈里・辛・塔帕（Hari Singh Thapa），編號二三〇四，隸屬第五廓爾喀兵團第二營。萊德的禁足令不僅適用於惠勒，也同時適用於體能無極限的亨利・莫斯海德，否則莫斯海德雖然上一次受了重傷，但還是躍躍欲試地想要再試一次。約翰・莫里斯在一九二三年春獲准休假八個月後，大半個夏天都跟布魯斯將軍在瑞士四處的山上跑來跑去。他也一腔熱血地想要重返聖母峰，而將軍也樂見他的加入。只是很可惜，他的兵團指揮官嫌這事兒很麻煩。這麼一來除了布魯斯將軍、諾頓上校與攝影師約翰・諾艾爾以外，前兩趟任務的二十名老將裡只剩下傑佛瑞・布魯斯、霍華・森默維爾與喬治・馬洛里還在第三次任務成員的候選名單中。

森默維爾在印度待了三個月之後，已經在一九二二年十一月中返抵倫敦，並立刻就投身於一個艱鉅任務：要在幾星期內為諾艾爾的電影完成配樂。這是相當有挑戰性的工作。為了省錢，辛克斯堅持找來的交響樂團只能是迷你編制，至多不能超過九人。並不氣餒的森默維爾還是勇敢往前衝，而給他力量的正是一股覺得天下音樂出圖博，而且愈來愈強的信念。剛在倫敦西城的俱樂部中現身的現代爵士樂，在他的解讀中不過是朝著存在於喜馬拉雅太初音樂衝動裡那些聲音與編曲的根源，一次狂野的回歸。布魯斯將軍對森默維爾的音樂理論嗤之以鼻，說那些不過是胡說八道，但他也確實很敬重森默維爾在音樂創造上的衝勁，就像他曾經很折服於森默維爾展現於聖母峰上的力量、勇氣與決心。

在一九二三年的夏天，將軍敦促森默維爾前往義大利的多洛米蒂山區（Dolomites），為第三次探險評估兩名潛在的候選人。其中一個是法蘭克・史密斯（Frank Smythe）這名甚具潛力但尚未經過考驗的二十四歲登山者，另一名則是班特利・畢瑟姆（Bentley Beetham）這個名字被將軍當口頭禪唸了好幾個月的傢伙。三十八歲的畢瑟姆對鳥類充滿熱情，且曾於一九一一年有過一趟北極行。在六週當中，森默維爾率領了三十二趟的成功登頂，期間他遭受過雷擊，差點被巨石擊中而殞命，並在腓骨（小腿骨一部分）骨折後忍痛持續登山到骨頭自行癒合。他個人在山間有著十分傲人的紀錄，但他呈給將軍的結論報告卻是驚人的誤判。他給了畢瑟姆高分，讓這位他的老朋友在聖母峰之旅中獲得了一個位子，但畢瑟姆最終只是在山上徹底崩潰而毫無貢獻。畢瑟姆在他兒時的母校，位於德罕（Durham）鄉間的伯納城堡學校（Barnard Castle School）當了四十年的老師，而他的登山生涯會因為不幸從黑鴉岩（Raven Crag）墜崖造成頭骨六處挫傷，在湖區畫下了句點。一九二四年在聖母峰上，走得像個瘸子的他將止步於三號營。

相對之下，法蘭克・史密斯可能是因為年輕而沒被森默維爾放在眼裡，但事後證明他是一顆明日之星。受到馬洛里典範的直接啟發，英國會在一九三〇年代再發動三次聖母峰探險，三次都以身犯險的史密斯會在一九三三年循著一九二四年任務的英魂，像是追隨恩師似地登上他之前沒有人達到的高點。在死亡區域待了兩夜之後，加上被高海拔折磨了數週，他會在攻頂前掉頭，並於下山途中出現幻覺，堅信著身邊有個盤旋在自己頭上的旅伴，如霧中的魂魄一樣脈動著。就在數日前，他曾經遭遇一個「孤寂與悲悽到難以言喻的場景」：馬洛里的最後一處營地。「他們去了哪裡？」他迫切地想要知悉。聖母峰會不會透露自身的祕密呢？站在使人驚心動魄的高度上眺望，他只感覺到痛苦。他不是那麼在乎馬洛里是否達到了聖母峰頂，他在乎的是自己能不能得救，是那種登山者攻頂失敗但活了下來後，洋溢於內心的平靜。他在日記裡提到自己「為了不用繼續往上走而鬆了一口氣」。聖母峰頂前的最後一千英尺，他說，「不是給血肉之軀走的」。假以時日，史密斯會凱旋而歸，不是從聖母峰，而是從數十個喜馬拉雅山的其他山頂歸來，並一舉成為甚為傑出的登山家，以及在某些人心中二十世紀最偉大的登山作家。這樣的他沒能把高山登山家的精神與天賦注入到一九二四年的探險隊上，稱得上憾事一樁。

總之就這樣，結論是畢瑟姆上，而法蘭克·史密斯下。這個選擇可以說是看了走眼，但這還遠遠比不上選拔委員會所犯下最嚴重的失誤。李察·葛拉罕（Richard Graham）跟畢瑟姆一樣是小學教師，也是湖區長大的孩子。他從小就很熱中在山丘間漫步，十來歲就成為具有實績的攀岩能手，乃至於在一九二三年的三十歲生日前，他已經是踏遍歐洲所有知名高峰的老將。身為牛津大學莫德林學院的畢業生，他原本就是所有人在挑選聖母峰任務成員時排名拔尖的口袋名單，畢竟整個登山界都知道他是個樂天而慷慨的夥伴，一個找起路來眼睛十分銳利的天生領導者，也是個腦筋靈活、善於在冰雪上進行應變的謀略家。他一看上去就是頂替喬治・芬奇的不二人選。一九二三年三月十六日，布魯斯將軍在一封給英國山岳會跟席尼・史賓瑟的信中，提出了葛拉罕的姓名，但官方的決定要到十一月六日才宣布，那天他們會為此在俱樂部裡召開一場大會。

葛拉罕在得知被推薦的時候有多喜不自勝，他在後來被除名時就有多失落。原來在名單正式公布的剛滿一個月後，聖母峰委員會就正式撤回了對他的邀約。葛拉罕是一名貴格派教徒，他的父親是隸屬桂格派的公誼會（Society of Friends）高階幹部。父子倆都出於宗教信仰而屬於和平主義者。在一九一五年從牛津畢業後，李察成功註冊為一名良心反戰者（conscientious objector）[6]，而這並不是軍方高層會隨隨便便就授予的身分。由此他在整個戰時都在畢夏普（Bishop）的斯托福寄宿學院（Stortford College）擔任校長。這樣的貢獻或許能滿足軍方，但顯然不能滿足

6 指出於個人理念、道德觀、或是宗教信仰等「良心」而主張有權拒絕軍事義務役徵召的個人。史上較著名的良心反戰者有拳王阿里，他曾在一九六六年因為拒絕參加越戰而被捕並遭吊銷拳手執照。另外如二〇一六年的電影《鋼鐵英雄》（*Hacksaw Ridge*）講的則是二戰美軍戴斯蒙・杜斯（Desmond Doss）的真人真事，他曾因為宗教信仰與對生命價值的信仰而拒絕拿槍殺生，只願意在槍林彈雨中捨命救人。

聖母峰探險隊上一名神祕成員，因為這人說除非那個「康奇」(conchie，對良心反戰者的蔑稱)被趕出去，否則一九二四年的任務他將不克出席。而布魯斯將軍與榮赫鵬、辛克斯、史賓瑟與柯利就這樣如懦夫一般，卑鄙地默許了這樣的霸凌。深受打擊的葛拉罕決定主動辭退，以免有傷登山隊內的和諧。但他被屏除在探險隊名單以外的消息後來還是見了報，對他造成了二次傷害。

葛拉罕寄了封信給馬洛里說明一切，而馬洛里也立刻就跳出來仗義執言，並氣沖沖地將意見寫成一封信，在一九二三年十二月十七日寄到了布魯斯將軍手裡。馬洛里怒不可遏地在信裡表示如果葛拉罕能得到選拔委員會的大老們肯定，而大老們又都知道他在戰時的經歷，那他肯定也應該得到全體探險隊成員的肯定。強迫已經通過提名的葛拉罕辭退，然後又公開在報紙上羞辱人家，是「說什麼也不該做的事情」。對於多數登山隊員都「強烈反對葛拉罕加入」的影射性說法，馬洛里直指是胡說八道。他斬釘截鐵地警告布魯斯說不論是誰「在鼓動讓葛拉罕退隊」，都該知道他非常憤怒，且要有與他為敵的心理準備。馬洛里說他並不清楚這幕後的藏鏡人是誰，但他宣稱不論對方是誰，「我都在此宣示與他勢不兩立！」這無非是馬洛里最帥氣的時刻之一。

但看不下去的可不只有馬洛里。在得知這件醜事後，如今早已回到內伊尤爾的醫療傳教會，在南印度服務的霍華・森默維爾，也二話不說就寫信給席尼・史賓瑟，語帶威脅地說要從英國山岳會辭退。他說，對葛拉罕用上「這種卑鄙的手段」、「下三濫的做法」，絕對是「外人心懷不軌，想要透過這種辦法來在探險隊內卡位。我個人參與了整場大戰，也不認同所謂的良心反戰者，但今天如果是英國山岳會的所做所為（導致這種不光彩的結果），那我恐怕就不應該在山岳會裡待下去了。」

只是抗議歸抗議，這個有爭議的決定依舊成立。史賓瑟與榮赫鵬都解釋說是葛拉罕出於聖母峰委員會無權透露的個人因素而堅持要求退隊。在一九二四年二月二十二日一封給布魯斯將軍的信中，辛克斯大言不慚地說委員會的決議不涉及葛拉罕在戰時的身分。這當然是睜著眼說瞎話。弄了半天，抹黑葛拉罕的聲譽而毀了他聖母峰之夢的傢伙沒有別人，正是班特利・畢瑟姆這個除了（太年輕而沒被徵兵的）山帝・爾文以外，一九二四年探險隊中另一個沒有在大戰中服役過的成員。跟葛拉罕一樣，畢瑟姆也逃過了那些佇前線的慘烈戰事，去當了小學校長，但他的動機無疑不是出於宗教信仰，而是赤裸裸的恐懼。

在排擠了喬治・芬奇、法蘭克・史密斯跟錄取了又被撤銷資格的李察・葛拉罕這三名當代登山界的翹楚，更別說屏除了兩名未來的聖母峰登山者修・拉特列吉（Hugh Ruttledge）與喬治・伍德－強森（George Wood-Johnson）之後，聖母峰委員會令人費解地找上了約翰・德・瓦爾斯·海澤（John de Vars Hazard）這個嚴肅陰鬱的三十六歲工程師，話說他大部分的職業生涯都在西非興建橋梁、浮橋碼頭、突堤與海堤。生於奈及利亞而長於法國，受教育則在日內瓦的他，已在登山界出沒了好一陣子。他盤算著要從戰後的倫敦逃往印度，然後希望在那裡過上許多年。最早在一九一九年的十二月四日，他就曾致函辛克斯，表達了對前往聖母峰的濃厚興趣。雖然從來不是英國山岳會的會員，但他算是諾艾爾·歐德爾的舊識，並曾在一九二〇年受邀加入凱拉斯前往卡美特峰探險。他在聖母峰探險隊裡最熟的朋友，是亨利·莫斯海德，因為莫斯海德曾是他在戰時的皇家工兵指揮官，兩人一起熬過了戰鬥中最辛苦的時刻。因為作戰英勇而獲頒軍功十字勳章的海澤曾兩次負傷。流彈撕裂了他的背部，機槍擊中了他的大腿與後臀，留下了一些聖母峰委員會不知是視而不見還是真的沒看見的後遺症：基本上海澤的傷從未徹底復原。在一九二四年探險中最危急的時刻，他會無助地發現自己虛弱到不行。後來被揶揄為假貨的他，會相當不公平地變成一九二四年任務的替罪羔羊。事實上要說誰有錯，錯的是聖母峰委員會，是委員會不該排除了李察·葛拉罕這個成績斐然且以耐力聞名的登山者，選擇了無懼、勇敢，但身體卻飽受了戰爭摧殘的海澤。

喬治·芬奇的離隊，讓探險隊損失了他的登山技能、科學頭腦與一雙巧手，也讓聖母峰委員會有個大洞得填，而委員會為此想到的人選是他們自家人：諾艾爾．歐德爾。諾艾爾．歐德爾跟馬洛里一樣，都是選拔委員會的正式成員。對科學無知到可憐且公開對科學不屑的辛克斯，一想到歐德爾是個服務於英伊石油公司（Anglo-Persian Oil Company）的地質學家，就想當然耳地以為他可以輕鬆挑起所有關係到氧氣跟裝備重新設計的職責。歐德爾當然不可以，而且也沒興趣，惟這不等於他對探險隊不是一項極珍貴的資產，而事實也將證明他會對隊上貢獻不小。終於有一回，聖母峰委員會沒有搬石頭砸自己的腳，挑到了一個正確的人選。兩年前，已經答應要前往北極圈斯匹茲卑爾根島探險的歐德爾，只能婉拒一九二一年的聖母峰偵察邀約；而這一次，他除了將不再與聖母峰緣慳一面，更將在人類登山史上確立自己的地位。

一八九〇年聖誕節生於懷特島（Isle of Wight）的歐德爾是英國國教牧師之子，而他第一次在湖區登山闖出名號時，不過是個十三歲的孩子。三年後已然是英國山岳會成員的他，進階到威爾斯北部登山，先在伊德瓦爾冰斗（Cwm Idwal）的平滑板岩上磨練他的技術，然後才前往白朗峰連峰挑戰，並在那兒攀上了圖爾峰（Aiguille du Tour），這年他十八歲。在發現了自己對冰雪的熱愛後，他花了十二季的時間在阿爾卑斯山上培養技巧，這些技巧將讓他得以在一九三六年成為在喜馬拉雅山區登上楠達德維山（Nanda Devi）山頂的第一人，而那二五六四五英尺的人類登高紀錄，也自此高懸了十四年。兩年後在一九三八年，他將重返聖母峰，爬到距峰頂只剩一千五百英尺的地方，才因讓他寸步難行的過深的粉雪，被迫無奈地掉頭。稱得上奇才而生性溫暖的歐德爾，終其一生都展現著用之不竭的能量與深不見底的耐力，由此他直到八十七歲的高齡，都沒有放棄嘗試一等一的崇山峻嶺，更別提他曾以九十三歲的耆壽在冰川上走來走去。假以時日，地表上有三片大陸會以他為山區地形命名，外加天琴座（Lyra）裡一顆遙遠的恆星也用來紀念他。在他那段前後橫亙四分之三世紀的登山生涯裡，歐德爾啟發了一代又一代的年輕英國登山家。晚年的他在眾人間有個小名，是他自己也覺得很親切的「諾亞」（Noah）。

當然，時間拉回一九二三年，這一切距離歐德爾都還很遙遠。戰爭是讓歐德爾，也是讓他那一代多數年輕人受到重大影響的人生經驗。隸屬於皇家工兵第五十九野戰連的他，初次抵法是在一九一六年七月。他首次接受炮火的洗禮，發生在索姆河之役。他在第八黑衛士兵團（Black Watch）擔任中尉的弟弟艾瑞克（Eric）也在同一個戰區服役，但年僅二十二歲就陣亡在阿拉斯附近，時值聖誕節前夕。在他的戰爭日記裡，歐德爾鮮少提及弟弟的死去。一九一六年十二月十八日星期一的整篇日記，裡頭寫的是：「在營舍裡待到午茶時分，然後跑去食堂待到了就寢時間。扁桃腺炎有好一點。艾瑞克被壕溝迫砲炸傷，死於二十號。」

這篇謎樣的日記代表什麼意義，或是究竟有沒有任何意義，我們不得而知。歐德爾的日記不論在戰時或聖母峰上，都是出了名地短到讓人生氣。但就是當中有一個羅生門十分有趣。諾艾爾．歐德爾到死都堅信自己在戰時受過三次傷；這一點除了清楚載明於好幾份訃聞中，也寫在了《國家人物傳記大辭典》（*Dictionary of National Biography*）的官方小傳裡。但英國陸軍部（War Office）的紀錄卻指出他只受傷過一回，而且是發生在後方阿盧涅（Allouagne）的一場意外。那天是一九一七年八月十四日，歐德爾一不小心把鐵鎬敲在了埋在土裡的炸彈上。炸彈引爆後造成的腦震盪，讓他眾所周知地當了兩天瞎子，但醫療委員會的資料顯示他只受到輕傷：一小片鋼片從他的左邊太陽穴被取出，外加一小片金屬卡在了他鼻子的皮下。這是前線傷兵夢寐以求的受傷類型，因為這等於是回家車票的兌換券。在歷經漫長的復健，當中也包括去蘇格蘭高地爬山健行之後，歐德爾以接受訓練的名義進入了英軍編制中的「國土保衛軍」（Home Service）服役，由此他甚至不用與妻子跟襁褓中的兒子分隔太遠。跟威克菲爾一樣，他也丟失了自身的基督教信仰。他的父親與岳父都從事神職，而當戰爭來到最後一年，他與妻子葛拉迪絲．莫納（Gwladys Mona）都對讓他們的獨子受浸並命名顯得興趣缺缺時，還鬧出了相當嚴重的家庭革命。

畢竟在前線待了數月的歐德爾，在面對戰爭恐怖時，他的因應之道是讓自己飄浮在衝突之上，設法讓自己培養出一種態度上的疏離——而這種特質也讓他在聖母峰上如魚得水。他在一九二四年任務中的一名同伴艾德華．奧斯瓦．薛貝爾（Edward Oswald Shebbeare）是由布魯斯將軍在大吉嶺聘來的運輸官，而他曾在筆下寫道，「歐德爾，在山上是個神人，在日常生活中則挺廢的。」但薛貝爾接著提到歐德爾的優點在於他拒絕為了任何事情擔心：「遇到我們在旅程中算是家常便飯的緊急狀況時，他從來不會給一些蠢建議。相反地，他會心平氣和地找塊岩石坐下，讀起他總是放在背包裡備著，早就過期幾個月的《泰晤士報副刊》，慢慢等，也慢慢讓局面澄清。你會一邊為了自己的氣急敗壞而感到羞愧，一邊獲得勇氣去做點什麼去相挺他那股不知道哪裡來的自信。」

諾艾爾．歐德爾帶到聖母峰上的，還有另外一項重要的資產，那就是在牛津大學墨頓學院（Merton College）修習工程學的二年級學生，年僅二十一歲的安德魯．柯明．爾文（Andrew Comyn Irvine）。在朋友間小名「山帝」（Sandy）的爾文是個英俊的青年，包括燦爛的笑容與豐厚的金髮都一應俱全。身為一名傑出的運動員，他是八人座槳船的牛津校隊（Oxford Eight），並才一年級就以新鮮人之姿參與了與劍橋的對抗賽，獲得了代表牛津划船選手最高榮譽的藍色表彰（rowing Blue）。毫無疑問地，他能在校園風雲人物中享有一席之地，很大程度上靠的是他的運動能力，因為在課業上他可就落於人後了。他文筆頗差，拼字也很糟糕，如果來到今天，他更很可能被診斷為某種學習障礙，而其中最可能的就是「失讀症」（dyslexia，即閱讀障礙）。但事實上他有著屬於發明家的聰慧腦袋，精準、善於分析且井然有序。十五歲時的他從無到有，獨立設計出了一款射擊斷續器，藉此解決了機關槍要如何在螺旋槳飛機上發射的技術問題，極具戰略意義。當他不請自來地把斷續器的草圖外加另一項發明（穩定飛機用的陀螺儀）送過去時，英國陸軍部嚇到說不出話來。他並非敲敲打打在亂湊一通，而是學有專精的少年機械專家。不管是任何一種機械，他都有本事將之先拆後組。他的寶貝是雙V引擎且排氣量達七百五十毫升的一九一四年克萊諾摩托車含側車組（Clyno 750cc）——軍方就是在這款車前方裝上維克斯（Vikers）機槍來作戰。十六歲在威爾斯的斯諾多尼亞（Snowdonia）山區度假時，他在卡內多（Carneddau）山脈裡偏離了山路然後一路前行，最後在朝三千兩百零五英尺的葛拉奇山（Foel Grach，foel是威爾斯語的山丘之意）峰頂挺進之時，他巧遇到了來登山的諾艾爾．歐德爾，然後隨口跟被嚇了一跳的歐德爾問了路。

他們的人生之路在一九二三年春再次產生交集，地點是在泰晤士河畔的普特尼（Putney），原來是爾文跟他的隊員一起在那兒為了一年一度的牛津－劍橋划船比賽訓練。山帝的好朋友喬治．賓尼（George Binney）當時正在組建第二支牛津團隊要前往斯匹茲卑爾根島探險，出發時間定在一九二三年夏天，而為此他們已經聘了歐德爾與湯姆．隆斯塔夫分別擔任地質學家與隊醫。山帝已經簽字報名了這正式名稱為「墨頓學院北極探險隊」的壯舉，而此時的歐德爾已經敲定要在一九二四年前往聖母峰，且非常積極地在尋找年輕的人才。而從他們一開始在伊爾伊斯法山壁（Craig yr Ysfa）上的大溪谷（Great Gully）進行初步攀爬訓練時，爾文的表現就在眾人間顯得非常突出。他無時無刻不表現得精神抖擻、足智多謀、肌力驚人且與人為善。很欣賞他的歐德爾將其納入了羽翼之下。在斯匹茲卑爾根的一次行動中，他單獨與爾文一起走過了隆姆灣冰川（Lomme Bay Glacier）而來到了一系列從冰面上拔起的高峰之前。山帝沒有過真正的登山經驗，但他還是無所畏懼地偕歐德爾在堅硬的變質岩間上升了三千英尺，抵達了史篤本多爾夫山脈（Stubendorff Mountains）中一處山峰的東南脊，而這座山峰後來也被歐德爾命名為「爾文山」（Mount Irvine）。那一日，世上誕生了一位新的登山家。

歐德爾對爾文的評價非常高。若像傑佛瑞・布魯斯這樣白紙一張的士兵登山者都可以跟在芬奇身邊創下登高紀錄，那以爾文的條件沒理由不適合挑戰聖母峰。他們需要年輕人，而山帝的機械技術更是老天送來的禮物。被交付了氧氣任務的歐德爾原本覺得非常恐怖，而如今能夠把燙手山芋傳給一個比他勝任許多的人選，他再開心不過了。在他們於一九二三年九月回到倫敦後，歐德爾立刻推薦了爾文。一個月之後，十月二十四日，正式的邀請函外加墨頓學院准假兩學期的公函，寄到了這個大學生的手裡。就像馬洛里在一封給傑佛瑞・溫斯羅普・楊恩的信中解釋說：「選擇爾文，反映的是我們希望有位『超人』能加入我們，惟對他較不利的是經驗的欠缺。」不久之後，山帝就拿到了一九二二年的供氧裝置樣品，而他也把東西帶回家，拆成了一個個零件。不出一禮拜，懶得去請聖母峰委員會授權的他，就把一張改進清單寄給了原廠

「希比格爾曼」這家專門做潛水與呼吸器具的業者，上頭洋洋灑灑羅列了等同是重新設計的大小修改。

新血爾文的加入，考量到後來在山間等待著他的悲慘命運，始終是一九二四年團隊一項充滿爭議的決定。但在決定的當下他是個不僅符合邏輯，而且是非常理想的人選。關於他從未登山過的批判並無根據，因為歐德爾已在威爾斯跟斯匹茲卑爾根島測試過他，並對他的天分十分驚異。別的不說，光論他渾然天成的力量與敏捷性，就足以讓他與眾家登山老將分庭抗禮，尤其是在聖母峰上，因為比起登山技術加上一條繩子，聖母峰上更需要的是強大的耐力。馬洛里對這名年輕人有非分之想的下流觀點——被部分聖母峰史家提出並當真的一種理論——顯示有人徹底誤解了馬洛里的性向與爾文之慾求。馬洛里對其他男性的情緒牽絆，甚至於生理上的吸引力，都只是反映了他身處時代的精神跟劍橋大學在戰前的實驗文化；這些東西跟我們現在所認知的同性戀，關係真的微乎其微。此時三十七歲的馬洛里早已是個好爸爸跟專情的丈夫。山帝·爾文更是不論從哪個角度看都是個不折不扣的異性戀。

如果說這些男人——馬洛里與歐德爾，以及假以時日的諾頓與森默維爾——看似對爾文非常熱中，而且不只是因為他為探險隊帶來的技術支援——那可能的解釋或許存在於另外一種沒有說出口的情緒裡。生於一九〇二年的山帝從未在軍中服役，因為戰爭很慈悲地結束在他滿十六歲之前，必須要接受徵召的前夕。但這並不表示他完全沒受到戰爭的波及。他的表哥艾德華在法國陣亡，他的兄長修（Hugh）因為一枚德軍砲彈落在他不遠處的儲氣槽，結果搞得芥子氣濺得他一身，使他的頸部與背部深深遭到灼傷侵蝕。這些開放性的傷口始終沒能痊癒，修因此過起了每天都得換藥兩次的日子，直到一九六五年他去世為止。歐德爾跟諾頓都有戰死在前線的親兄弟。森默維爾曾在索姆河走過數以英畝計，由垂死少年鋪成的傷兵迷宮。馬洛里與他們所有人都是殺戮戰場的見證者，包括許多人在前線一待就是數年。若說他們真受到年輕的爾文吸引，那或許是因為在某些不足為外人道、點點滴滴的細節裡，他以青年的生命力代表了純真，代表了無窮無盡的可能性，而曾經他們就是了為了這些東西而戰。曾經他們那麼多的朋友付出寶貴的生命，就是為了這樣的一個未來。

在爾文收到委員會官方邀請的兩天之後，一則簡短的報導出現在《泰晤士報》上，正式宣告第三波探險在布魯斯將軍的領軍下，將於一九二四年朝聖母峰出發。報導中並無確切的名單，但外界咸認攻頂之舉將由喬治．馬洛里親率。確實，全英國只有一個人懷疑攻頂的隊長不會是馬洛里，那就是馬洛里本人。早在一九二三年五月就在探險隊上確保了一席之地的他，其實還沒有把回函擲回委員會。而在十月十六日一場選拔委員會的會議上，他被敦請擬出一張準隊員的決選名單，結果他草草寫下了自己的名字，但也隨即在後頭打上了一個問號。他在一封給恩師傑佛瑞・楊恩的信裡也做了類似的事情。

這說明了他內心非常糾結，他糾結在摯愛家人與登山夥伴之間，而聖母峰則始終陰魂不散地占據著他的每道思緒，召喚著他回去，但他又擔心自己這一去就無法再回來。猶豫不決讓一九二三年秋天的他飽受折磨，而這甚至動搖到了他與茹絲原本沉靜的婚姻。他身邊的朋友開始非常擔心。傑佛瑞・楊恩的親弟弟希爾頓（Hilton）娶了凱瑟琳・史考特（Kathleen Scott），而凱瑟琳的前夫正是前往南極探險而在痛苦中死去的英國海軍上校羅伯・法爾肯・史考特（Robert Falcon Scott）。在馬洛里的請求下，他跟傑佛瑞加上楊恩的妻子蓮，一起去拜訪了凱瑟琳。蓮對此回憶說，當他們搭著計程車離開時，馬洛里「對我們坦承說他不想再回去聖母峰」。傑佛瑞・凱因斯偕馬洛里這名老友離開一場會議時，也有極為類似的感受。凱因斯回憶說：「他對我說他要是重返聖母峰，等著他的與其說是冒險，還不如是說是戰鬥，而他並不覺得自己能在這場與山的戰爭中存活。他知道自己即便拒絕成行，也不會有人多說什麼，但他總覺得有壓力。這樣的馬洛里在文學作品裡有一個難兄難弟，他就跟梅爾維爾的小說裡的亞哈船長一樣，也在追逐著一頭名為莫比・迪克的白色抹香鯨。」

楊恩跟馬洛里的姊姊瑪莉（Mary）都敦促他要去這一趟。他的妻子茹絲則有大禍臨頭的不祥預感。馬洛里本人期望著外在局勢可以替他化解這個兩難，主要是他才剛到劍橋赴任教職，而他覺得大衛．克雷納吉牧師肯定不會讓他這麼任性地剛到職就把工作拋下。但牧師那邊當然不會沒有接受到辛克斯與聖母峰委員會的強力施壓，於是在兩方拉扯下，牧師最終還是准了他用半薪休假半年，而這麼優渥的條件又把困難的決定丟回到馬洛里身上。辛克斯與榮赫鵬拚了命地遊說，為此他們也訴諸了馬洛里的愛國情操，但他們說什麼對馬洛里都不重要。馬洛里想聽的是父親的意見，於是他提筆寫了封信。「這場內心的拔河很是煎熬，」他說，「一想到要離開這裡，不能夠繼續跟茹絲在新生活中安定下來……（但）我必須從忠於探險隊的角度去看這件事，任務開始了，應該就要有始有終。」

十二月十五日，《泰晤士報》的頭版頭條是一則大新聞，「第三次聖母峰探險將於來年春啟程」。三週半後在一九二四年一月十日，接續的報導刊出了探險隊的點將錄，其中光環最耀眼的莫過於馬洛里，但其實直到此刻，他都還沒有下定決心。惟到了最後，聖母峰的狂熱席捲了所有的個人意願。在一月二十五日開幕於法國夏慕尼（Chamonix），有史以來第一屆的冬季奧運上，史卓拉特上校代表一九二二年的探險隊，獲頒了十五面銀牌，並被褒揚為「過去四年來，人類最偉大的攀登壯舉」。為了不被冬奧比下去，教廷透過其擔任國務卿的紅衣主教加斯帕里（Cardinal Gasparri）發了封信，意思是年輕時也很熱中登山的教宗庇護十一世（Pope Pius XI）也要頒發一面金牌給探險隊。放眼英國上下，每家被辛克斯「凹」過免費服務的製造商與商號都開始收穫起回饋；聖母峰與登山英雄們的形象一擺出來，從撲克牌到香菸、報紙、柯達底片、薄荷糖、（Burberry創始人湯瑪斯．波博利〔Thomas Burberry〕在一八七九年發明的）軋別丁（gabardine）材質風衣、工作靴、果醬或果凍、奶油、粗鹽醃牛肉，沒有一樣東西不賣。當大英帝國博覽會（British Empire Exhibition）這場為期兩年的盛會於一九二四年春在溫布利（Wembley）開幕時，印度攤位最大的賣點就是其壯觀的聖母峰模型。約兩千七百萬人次的遊客慕名而來，成就了有史以來最轟動的一屆帝國博覽會。

一月二十八日，《泰晤士報》的重點社論登高一呼說，即將來臨的探險任務不只是對整個英國的一種啟發，它更是英國價值與英國精神的具體化身，更是整支大英民族的精髓所在。「不論這場探險將終於凱旋或是失敗，」這篇社論提到，「這第三次想征服聖母峰的嘗試都將跟前兩次任務一樣，發人深省地意味著一種決心與毅力的展示，一種面對艱辛與危險的大無畏，正是這種精神證明了這片大小島嶼上的我們身上淌流著冒險急先鋒的血液，亙古以來如此，天涯海角亦復如此。布魯斯將軍說聖母峰的冒險至此已儼然是一場朝聖之行，所言甚是！」

在已經經歷了那麼多，也投入了那麼多以後，任誰也無法想像馬洛里會在最後的最後缺席。二月十三日，就在航向印度的船班就要出發的兩個禮拜前，他終於正式簽下合約，承諾成為探險隊的一員。一個內心不可能更掙扎的人，決定要挑戰一場再凶險也不過的任務。

一九二四年，眾家登山者從帝國的各個角落集合到了大吉嶺。諾艾爾・歐德爾從波斯的油田東行抵達了印度。霍華・森默維爾搭火車從他位於特拉萬柯的傳教會北上，途中貫穿了整片印度次大陸。新任醫官李察・辛斯頓少校（Major Richard Hingston）向他於巴格達任職的皇家空軍告假，自巴斯拉（Basra）在二月十五日出航。

從英格蘭，諾頓與布魯斯將軍率先出發，並乘郵運的汽船在二月十六日到達孟買。他們立刻奔赴到德里去會見羅林森爵士，也就是印度陸軍的總司令。話說親自代表布魯斯去跟皇家空軍借調辛斯頓醫官的人，正是羅林森爵士。三十六歲的辛斯頓是愛爾蘭裔的醫師，也是第五廓爾喀兵團的老鳥跟將軍的舊識。辛斯頓參與了整場一戰；跟森默維爾跟威克菲爾一樣，他在戰時處理了讓外科醫生也大開眼界的種種創傷，見證了成百上千官兵的死亡，但也救活了無可計數的寶貴生命。一九一六年在美索不達米亞服役之際，他因為在近距離的猛烈敵軍炮火下拯救了一名負傷的印度士兵，而獲頒了軍功十字勳章，並以此英勇的表現激勵了各廓爾喀兵團全體戰士的士氣。時間相隔八年，布魯斯將軍會直接跟最高層交涉來爭取辛斯頓的加盟，實在不足為奇，畢竟你找不到更好的人選了，辛斯頓就是那種你知道愈是遇到危機，他就會比誰都更堅定的那種人。對辛斯頓而言，將軍的破格邀請是天賜的良機。因為歷經了多年來的酷熱、霍亂與沙塵暴，他真的很嚮往印度的山區。「我們每個人都在內心渴望著的，」他戰爭日記裡的最後幾行寫道，「是山丘與谷地，是綠野跟林蔭，是河川激流，也是冰川雪地，我不時會在眼前望見喜馬拉雅山與其所有的動人美景。」

布魯斯將軍在向在德里的指揮總部致過意，並向羅林森就辛斯頓之事表達了謝忱後，便令諾頓繼續取道加爾各答，然後前往西北邊境與將軍的姪子傑佛瑞及烏瑪．古朗（Umar Gurung）、胡克．古朗（Hurke Gurung）與泰吉比．布拉這三名都從第六廓爾喀步槍兵團第二營被借調到探險隊的廓爾喀士官會師。將軍自己也有一個不足為外人道的祕密任務：他要跑一趟阿伯塔巴德，在那兒他的一家愛店買到一種牌子特別不凡，取材自喀什米爾的細密羊毛綁腿，因為那對他而言是高山旅行必備的配件。布魯斯對這類事情出了名地龜毛。還是個年輕軍官的時候，他就曾發現他穿著制式長褲的邊疆斥候（Frontier Scout）在陡峭的地形上舉步維艱，於是他便下令要他們把長褲從膝蓋處截短，藉此將短褲引進了英國陸軍。假以時日，這種款式將成為英軍在熱帶地區服務的制服。

在此同時在加爾各答，諾頓安排了讓探險隊物資與設備的主力——根據英國「陸軍與海軍福利商店」（Army and Navy Stores）的紀錄有近一千箱東西——由鐵路直接發貨到卡林邦。探險隊成員的個人配備則取道西里古里被送抵大吉嶺，由取代約翰・莫里斯擔任運輸官且出身印度森林局（Indian Forest Service），同樣是號人物的艾德華・薛貝爾來負責處理。

身為約克郡的英國國教牧師之子，並在查特豪斯公學接受了教育，薛貝爾在二十歲那年逃離了英格蘭，並自一九〇六年抵達印度以來便投身象群的研究，包括已馴服跟野生的象群都是他研究的對象——其中又以野生的更吸引他。他的另外一個身分是以北孟加拉做為棲地的鳥類與魚類權威。印度斯坦語、孟加拉語與好幾種地區方言都很流利的他，以三十九歲的年紀，已經是個一點也不拘泥於繁文縟節，山裡來水裡去的博物學者。他晚年有一件眾所周知的軼事是他曾銜命陪孟加拉總督前去獵老虎，而當天他出現的時候，身上穿的是一件叢林襯衫跟破爛的短褲，赤腳插在一雙從戰俘營裡一名日本衛兵徵集來的靴子裡，話說他在一九四一年於新加坡被日軍俘虜後，就在那個戰俘營中一待三年。在合影當日他穿的就是這同一套粗獷的行頭，只加了一雙襪子。「這個嘛，你懂的，」他對一名夥伴解釋說，「這種場合你總是得稍微耍點帥。」他唯一出版過的一本書，是從動物的角度述說象的一生。薛貝爾的一切都討布魯斯歡心。「他曾經是，現在是，將來也會是工作上的餓死鬼，」將軍寫道，「對他來說辛苦不算什麼。」

二月的最後幾天，布魯斯將軍與傑佛瑞在大吉嶺與諾頓與薛貝爾合流。辛斯頓在三月七日抵達，諾艾爾則晚他兩日。將軍的計畫是要在其他人於三月第三週抵達前把大部分的物資整理好，隨時可以出發。按照這樣的計畫，他命令諾頓與薛貝爾在三月十三日下到卡林邦去處理已經送抵該處的行李與補給，包括總計三千磅要帶上山的食物、帳篷、裝備。在這些補給品中有六十罐鵝肝鵪鶉罐頭，外加四十八瓶香檳，而且還是將軍最鍾愛的牌子與年份，一九一五年的蒙特貝羅（Montebello）。

諾艾爾．歐德爾續留在大吉嶺，顯然是為了尋開心。他在日記中詳實記載了精采的社交生活：先在私人會員制的運動俱樂部打完壁球，然後去歡聚酒店（Hotel Rendezvous）喝下午茶，含舞會在內的晚宴則辦在可容納一百五十人的種植者俱樂部（Planters' Club），他會在那兒跟年輕小姐打完草地網球後，再接著打撞球或繼續跳舞。這樣的夜晚鮮少結束在凌晨兩點前。三月二十日星期四，也就是森默維爾終於抵達大吉嶺的那天，歐德爾一整個下午都在自然史博物館（Natural History Museum）內欣賞鳥類標本，晚上則在德里體育館俱樂部跳舞。

在歐德爾玩得樂不思蜀的同時，布魯斯將軍與辛斯頓則忙著招募挑夫。他們面試了大約三百人，並打算錄取其中七十人。辛斯頓對高海拔缺氧的生理性影響做過了科學調查，並打算透過對聖母峰登山者進行觀察來延續始於飛行員的研究工作，由此他盡可能客觀地去評估了挑夫的狀況，包括在面試與體檢時用上了各種測量與能力測試。布魯斯將軍對這樣的做法嗤之以鼻，他請人憑的是直覺與口碑。卡爾瑪．保羅會續任翻譯，加爾贊則將出任希爾達，而廚子老蒲則將簽字加入他的第三趟探險隊任務。憂鬱的鞋匠莫提（Moti）會帶上他的兄弟。辛斯頓請來當他助理的是一名雷布查的博物學者，名字叫做榮姆布（Rhombu）。在為了高地營作業找來的雪巴人當中，有一個是安塔凱（Angtarkay），他的另一個身分是一九二二年雪崩的兩名生還者之一。布魯斯還在最後一刻嘗試把約翰・莫里斯跟亨利・莫斯海德都拉進來，惟兩人都請不到假，且其中莫里斯還在布魯斯寄給榮赫鵬與辛克斯的第一份進度報告中被提到苦於腳部拉傷而需要外科手術治療——「腳踝版的網球肘」，報告裡是這麼形容的。

布魯斯將軍很開心地表示攝影師約翰・諾艾爾已經抵達大吉嶺，而且他不改其智多星的本色，為了宣傳這次的任務，新企畫了一個大英帝國轄下每位學童都可以參與的活動。此時在聖母峰飯店裡的除了諾艾爾，還有他的妻子西碧兒（Sybille）這名專攻神話的民俗故事學者，外加夫婦倆的共同朋友法蘭西斯・海爾帕斯（Francis Helps）。其中身為藝術家的海爾帕斯替諾艾爾設計了一款紀念明信片，上頭除了有印度信仰裡的古老萬字符號，還有一幀攝於基地營的聖母峰身影。只要給一點點錢並附上回郵地址，孩子們就可以收到一封從聖母峰山腳寄出的明信片。對當時的英國年輕人來說，那種興奮感不輸收到蓋有月球郵戳的信。在諾艾爾的安排下，成千上萬枚這樣的明信片被揹過了圖博來到聖母峰山腳，接著再由聖母峰發出，最後靠挑夫與配合的印度郵局送抵英國孩子的家中。

諾艾爾趁著在大吉嶺的短短幾日，還有幾樣比明信片的噱頭更重要的挑戰要完成。一九二二年的他曾嘗試在野外進行底片的沖洗與處理，但事實證明那難度極高。灰塵與風沙對底片上的乳化層造成了莫大的傷害，水跟化學藥劑放隔夜都會結冰。防光帳篷會因為空氣不流通而累積毒氣，造成人無法呼吸。針對一九二四年的任務，他決定把所有工作集中在大吉嶺。運用投資人提供的資金，他購置了一片土地，並在那兒蓋起了一座攝影實驗室，裡頭不論是顯影盤、化學藥劑，還有提供電力的發電機都一應俱全。他另外聘了一名在地的攝影師亞瑟・佩瑞拉（Arthur Pereira）來負責實驗室的運作，由亞瑟跟一名助理共同一週工作七天長達四個月的時間。拍下的影片膠卷會放在於倫敦訂製的氣密／防水容器裡，再由挑夫跟馬伕接力送到大吉嶺。諾艾爾合計共有十四台攝影機，包括一台膠卷只夠加兩分鐘，準備讓登山隊帶去拍攝攻頂的口袋型攝影機。

諾艾爾的技術創新令人咋舌。在必須要使用黑白底片拍攝的前提下，他參照標準色圖把每一張靜照的色彩記錄下來，以便日後轉換成玻璃負片時，這些影像可以精準地用手上色。他的電影攝影機有特殊功能可以降低靜電的影響，還有電動馬達可以供操作者進行縮時攝影與慢動作的曝光，而這兩者在當時都是很新鮮的玩意。他的相機上夾著一支六倍的望遠鏡，而那支望遠鏡又與相機鏡頭內最理想的光軸（optical axis）同步，也就是說望遠鏡裡的影像也在相機鏡頭的光圈之內。於是靠著一款二十英寸的庫克（Cooke）望遠鏡頭，他得以隔著三千碼（約兩千七百公尺）的距離捕捉靜態影像，這在當時是攝影史上空前的遠距。從三號營一處海拔兩萬兩千英尺的落腳處，他將得以隔著三英里（約四點八公里）的距離拍攝登山者往上攀爬的過程，而且清晰度幾乎無可挑剔。為了運送相機，他帶了騾子跟特製的馬鞍。在兩名受過訓的挑夫協助下再加上熟能生巧，他發現自己可以迅速地把相機從箱中取出裝好在三腳架上，前後不用三十秒。最終送到百代新聞社（Pathé News）並在英國各地戲院播放的影片，展現了過往新聞影片極為罕見的高畫質。

馬洛里在二月二十九日乘加利福尼亞號蒸汽船（*SS California*）從利物浦出發，那是一艘剛從格拉斯哥出廠的一萬噸級新船，上頭的旅客萬頭鑽動。許多人都認出了馬洛里，並纏著他要合照或要他說聖母峰的冒險故事。為此他躲進了艙房，讀起了安德烈．莫洛亞（André Maurois）的小說《艾瑞兒》（*Ariel*）或自修起他的印度斯坦語，甚至還針對不久後要進行的攀登工作及高地營進行各種補給與組織，進行細部的確認——他在那些高地營上所說的每句話，將有著極大的分量。這一年的探險不會有個人的攀高紀錄要追求，唯一重要的只有站上聖母峰。他與海澤是艙房的室友，但他吃飯大都是找年輕的爾文，並在信中對茹絲形容這年輕人「十分懂事穩重，完全不會緊張得像驚弓之鳥」，並補充說「他除了不太好聊，其他的事情都非常可靠」。畢瑟姆也在船上，並與爾文一起睡在臥鋪。他們打發時間的辦法不外乎上健身房，或是拿著藥球[7]互傳，不然就是在甲板上繞圈跑步——反正都是些能用來保持體能的活動。

縈繞在馬洛里內心揮之不去的，是此前幾個月的記憶：家中的緊張氣氛與無法化解的難處，還有讓他覺得愚蠢至極的種種事態。他最晚直到一月二十七日都還在巡迴演講的路上，而他兩天後就要出發了。「我在想自己是不是沒有讓妳幸福。」他在三月八日給茹絲的信裡說，而那也是加利福尼亞號抵達塞得港（Port Said）的前一日。在出發的當天，一陣強烈的西風讓船身撞上了茹絲在那兒站著揮別的碼頭，結果拖船費了好一番工夫才把船隻拖出海，時間久到茹絲直接放棄並轉身返家。所以馬洛里看到她的最後一眼，就是她緩緩步行離開的背影。

加利福尼亞號在三月十七日抵達孟買。當被記者問到對攻頂的展望有何看法時，山帝・爾文回答說：「英國山岳會的使命，就是要盡可能往上爬，盡可能貼近天堂！」馬洛里相形之下，有點因為酷熱而活潑不起來。在花五天穿越印度的鐵道之旅中，溫度計一直到鐵軌從西里古里升起至大吉嶺的雲霧裡後，才降低到華氏一百度（將近攝氏三十八度）以下。他們在三月二

7 指健身用球，起源於古希臘名醫希波克拉底提議用球類來強身健體，而當年 medicine 與 health 意思互通，藥球之名遂沿用至今。早年是用布料或皮革裝沙製成，現代藥球則多為塑膠製。

十二日抵達聖母峰飯店，距離探險隊預定要啟程前往圖博只剩三天。

馬洛里一與其他探險隊員會合，精神就獲得了提振。他對諾頓深感景仰，對森默維爾有強烈的情感聯繫，對剛認識的辛斯頓隨即產生好感，還在歐德爾身上看見了「出類拔萃」。他總是能因為約翰・諾艾爾的存在而心情為之一振，而這次他發現諾艾爾玩起老把戲「幹勁更甚以往」。在長途航程的相處中，他發現畢瑟姆與海澤都很無私且好相處。爾文討人喜歡不只是因為他是機械神童，還因為他是個兼具技術與熱情的攝影師。最後一刻找來管理郵件的約翰・麥當諾感覺會成長很快。但或許比起這些，更是讓人振奮的消息來自醫官這一環。「將軍，」還沒來得及幫布魯斯體檢的辛斯頓有點倉促地報告說，「感覺精神奕奕，氣色看起來無可挑剔。」在當晚由孟加拉總督的妻子萊頓夫人（Lady Lytton）所設下的接風宴席上，眾人發自內心地不停相互舉杯。「沒有比這更好的陣容了。」馬洛里在信中對茹絲說。諾頓話說得比誰都有自信：「我相信再不會有比這強大的隊伍，聚集在聖母峰了。」

隔天馬洛里與爾文趕忙去安排裝備。每名隊員分配兩頭騾子，一頭可揹一百六十磅（約七十二公斤）。溫珀帳篷重六十磅，由此爾文還剩兩百六十磅的額度可以塞進三箱行李、一個大背包、一盒四支裝的冰斧，每支冰斧都用山區的地圖包著，外加一個小盒子用來放照相機跟雙筒望遠鏡等較為脆弱的裝備。輕裝簡從的人一個都沒有。為了把握最後時分與萊頓夫人打場網球，爾文直到三月二十四日的凌晨時分才把裝備打包好。他們即將在隔日出發前往卡林邦，整支探險隊將在那裡全員集合，而諾頓與薛貝爾，加上諾艾爾，已經在那兒駐紮了幾日。

前往圖博的長征，在三月二十六日正式展開，一行人同樣為了不要把達克平房塞爆而分成兩隊，一前一後出發。布魯斯將軍、森默維爾、海澤、畢瑟姆、諾艾爾與傑佛瑞·布魯斯打頭陣，隨後出發的則有諾頓、辛斯頓、馬洛里、歐德爾、爾文與薛貝爾。十頭騾子被夾在兩隊人馬之間，身上只揹著錢。這之前的一年，圖博當局強制回收境內了所有的銀兩，逼得探險隊這會兒只能使用銅錢，共有七萬五千枚。

最有趣的印象來自於那些第一次參加任務的夥伴。辛斯頓饒富興味地觀察到藏傳佛教的經幡「又高又細，綁定在修長的竿子上」，上頭寫著「謎樣的字眼」，並且永無止息地飄動。「每擺動一下，」他在第一天走到古姆後寫道，「一千遍的祈禱就會飄入微微的山風中。」六天後，在他拚了命於扎勒普拉山口的高度上攀爬之際，疲勞讓他換上了一副鄙夷的口氣：「山口的頂峰裝飾著幡旗。我們的挑夫除了往上頭多添了些旗子，也在已有的石堆上加了幾塊石頭，然後口吐聽來甚為單調的唵嘛呢叭咪吽。惟在這這一片深山的雪鄉中，這樣的宗教儀式顯得如此虛弱。他們前後左右的高山峻嶺儼然是紀念著宇宙力量的碑塔，而他們卻只知道崇拜區區一串幡旗。」

山帝・爾文不是在讚嘆蝴蝶、拍下照片、品嚐新食物的口味，或在騷擾薛貝爾對在地居民的奇特習俗進行講解，就是在卯起來扮演行動修理站的角色，一會兒在處理歐德爾的三腳架，一會兒在敲敲打打自己的腕表。在卡林邦，他初次經手了氧氣儲備，包括把背架跟上面的氧氣筒都裝好來預備之後的行程。讓他駭然的是，他發現希比格爾曼完全沒有照他的指示去修改。在三月二十八日一封在佩東寫給朋友的信中，他很不滿意地說，「他們沒有照我的意思改就算了，送來的東西又爛得可以，一碰就壞、就漏，更別說整個設計很誇張地既不就手又笨重。」在一共九十枚氧氣筒中，他發現有十五筒是空的，二十四筒還沒到加爾各答就嚴重滲漏。「我的天啊！」他驚叫，「我今天不過是把其中一筒從包裝盒裡拿出來，東西就壞了。」三天後他報告將軍說，氧氣背架在運送過程中幾乎全壞了，能用的只有一個。

靠著手邊有限的工具，爾文開始設法搶救損壞的氧氣設備並加入新的設計，而最終的事實證明由爾文回收再利用後的成品不但更輕，用起來也比原廠那令人狐疑的產品更像回事。事實上，爾文利用一個月的時間，就完成了原廠工程師們花兩年都沒做到的事情，而且一想到他是邊步行穿越圖博、邊對抗早春的凜冽風勢，還能一邊有這種成績，就著實讓人感覺到不可思議了。不過爾文會不得不急就章把東西修到堪用，也是一個警訊，我們不能想像在接下來的行程裡，大家會多麼想念喬治・芬奇。

爾文向希比格爾曼公司提出的需求會被無視，基本上是因為一個二十一歲的毛頭小子既沒分量也沒權威可言。聖母峰委員會在與芬奇決裂後，也就沒怎麼把高山供氧當回事了。被選進一九二四年探險隊的登山者中，沒一個人有過使用供氧設備的任何經驗。蹉跎了六個月，聖母峰委員會才只是把氧氣相關工作指派給歐德爾，而他完全興趣缺缺，因為他壓根就反對登山者吸氧。要不是山帝．爾文在最後一刻獲選且身懷機械才能，探險隊這趟上山就會少了氧氣筒這項讓一九二二年探險隊脫胎換骨的實驗性創新。聖母峰委員會明擺著這樣一項已經有實績的發明不去搭理，其用心幾乎可以說令人髮指。道格拉斯．弗列許菲爾德比喻委員會這種對氧氣的頑抗，就像羅伯．法爾肯．史考特拒絕在極地讓狗兒幫忙拉車一樣：「只要能攻克聖母峰，你帶不帶氧氣筒誰在乎啊？你乾脆說你不帶繩子跟冰斧，西裝筆挺還穿著皮鞋爬上馬特洪峰，會比較了不起好了。舉個更慘一點的比喻，就不能不提有人因為固執地抗拒在南極使用雪橇犬而造成的那場不幸。」他說的是史考特上尉幹過的知名蠢事，結果賠上了全隊隊員的性命。

隨著探險隊在四月二日於亞東集合完畢，他們面臨到了一件當務之急。因為對聖母峰委員會有過要在離開大吉嶺之前完成體檢的承諾，布魯斯將軍終於在旅程的第十天為此騰出時間來。在他口述並由取代莫里斯擔任隊打字員的約翰．諾艾爾做成紀錄，然後發給倫敦的第二份進度報告裡，將軍的口氣顯得十分樂觀。「悉遵收到的指示，我服從地將自己交到了辛斯頓的手中，任由他處理，而他也在我每一吋身體上用盡了數不清的器具。最終辛斯頓得到的結論是拉金斯卯起來治療了我，而我繼續行程應該沒有大礙。太好了。」

惟實際上，一點都不好。第二隊出發的辛斯頓對布魯斯在亞東的狀況非常擔心。「很不幸地，」他報告說，「我發現將軍的健康狀況不是很理想。他在過山口時受了風寒，由此在穿越圖博的時候不能太勞累。」同一天爾文在日記裡寫道布魯斯「有點憔悴」。森默維爾表示將軍很顯然「不在最佳狀態；發著燒，氣色也不好」。馬洛里在給茹絲的信中口氣憂心忡忡，他說辛斯頓形容布魯斯的脈搏「不太規律」。

就這樣，頂著頭上的陰霾，探險隊爬上了春丕河谷，並在四月六日抵達了帕里。歐德爾與薛貝爾都掛了病號；畢瑟姆因為慢性腹瀉而顯得虛脫。將軍在五十八歲生日當晚故作鎮靜，打開了一瓶家傳珍藏的一百五十年老蘭姆酒，但現場的氣氛十分低迷，而令此雪上加霜的則是帕里那不堪入目的街景。薛貝爾在筆下寫到「穢物及膝的溝渠、陰暗的房舍、煙霧瀰漫如兔洞的巷弄、因髒污而顯得漆黑的居民」。辛斯頓在巴格達的幾個月已經看慣了都會的貧民窟，但他依舊被眼前的景象給震懾住了：一落落的堆肥散落四處，犛牛糞積在牆邊與屋頂，垃圾、犛牛骨與屍骸腐爛成一堆堆小山。「帕里，」他寫道，「根本就是個汙穢到難以言喻的地方。黑鴉與胡兀鷲是當地僅有的食腐動物兼清道夫，而在地人則完全可以融入這樣骯髒的住處。」

就連生性熱情開朗的山帝・爾文也一蹶不振；四月六日，電報傳來了劍橋在一九二四年的八人座划艇校際對抗中痛擊了牛津的壞消息，讓他直到兩天後都還走不出來。「我還是不能接受，牛津輸了就算了，」他在日記裡坦承，「竟然會慘敗四個半船身！」失望之餘他埋首工作，修好了隊上一個壓力鍋，減輕了工具箱的重量，還整理了馬洛里的冰斧與營床。

傑佛瑞・布魯斯與生病的薛貝爾則在此同時處理了運輸事宜，包括他們決定捨棄通往江孜跟拉薩的幹道，改聘請大約兩百五十頭犛牛跟八十頭騾子來載他們從西邊入藏。當將軍得知馱獸的費用自一九二二年以來上漲了兩成五以後，他氣憤且公開地威脅要發電報向圖博總理抗議。在地方政府因為他的暴怒而讓步後，將軍便戲劇化地撕毀了電報，把碎片撒向天空。但這是他在這次任務中最後一次這麼活潑了，因為跟布魯斯同帳篷的諾艾爾・歐德爾通報給辛斯頓說，將軍當晚一整夜「都在哮喘、咳嗽，而且發抖發得像在地震一樣。」

天亮之後將軍虛弱到辛斯頓提議兵分二路：探險隊主力將按原計畫直接向前越過高山山口，前往崗巴宗，而他與約翰・麥當諾則會陪著將軍繞遠路取道堆納，繞過多慶錯（Dochen Lake）與達倉，花六天的時間抵達目的地，而這段路程原本只預計需要四天。隨著雲層匯集，辛斯頓、麥當諾與布魯斯終於在過午啟程，而前方有二十二英里的路程要騎。從頭到尾都陪在將軍身邊的辛斯頓吃了一驚，因為他沒想到這一路上的路況都如此嚴峻，土地如此荒蕪與貧瘠：「搬開散落在地面上的石塊，再把左右兩側的山丘切掉，我們眼前活脫脫就是伊拉克的沙漠。」

他們有點晚才冒著霜雪與風勢，在一萬四千五百英尺處的堆納紮營。辛斯頓隔天天一亮就跑去賞鳥，回來時他發現將軍「整裝完畢，但身體因為瘧疾而瘋狂發抖。很顯然他今天是無法前進了。我們把他扶上了床，幫他蓋上毯子，用兩個肥皂盒幫他做出了熱水瓶，然後拿杜佛氏散[8]、阿斯匹靈與奎寧給他服用。屋漏偏逢連夜雨，約翰・麥當諾在此時因為高山症倒下。一封訊息被發給了探險隊主力：「將軍病重，辛斯頓用壞了所有溫度計。」

時間來到隔天四月九日星期三早上，診斷已經非常明朗。布魯斯將軍在探險隊出發前去獵過老虎，而歐德爾說「他順利讓老虎入袋，但也染上了瘧疾」。後撤是唯一的選擇。布魯斯的脾臟已經腫大到危險的程度，而他的身體則高燒到將在一週內瘦掉將近三十磅。

辛斯頓派了一名跑者帶信到帕里，然後透過電報請求江孜能十萬火急地送擔架過來。擔架在四月十一日送抵，靠的是連夜快馬：不到二十四小時跑了六站。主力那邊也傳來了壞消息。畢瑟姆因為嚴重痢疾而幾乎垮掉，而馬洛里得的則不知道是不是在一九二四年會要人命的盲腸炎；為此森默維爾在計畫著要動緊急手術。辛斯頓能做的不多，頂多就是替馬上要挑起重責大任的挑夫們打氣。他挑選了十八名壯漢，由他們在四月十二日早上出發前往環境安全很多的亞束。「我在上午九點把將軍挪到了擔架上，然後我們就開始步行穿越平原朝帕里前進。某種意義上這是個送葬的行列式；擔架由六個人扛在肩上，累了再換另外六個。但我們移動的速度不慢，而圖博挑夫則用活潑而有節奏的吟唸讓無聊獲得紓解。」

空氣在辛斯頓的眼前抖動。疲累加上緊張，再加上必然擔心凱拉斯的悲劇重演，他彷彿騎著馬朝著海市蜃樓或某種幻象前進著，整條地平線在他的注視下，彷彿不停地改變著形狀與顏色。「地面上，」他寫道，「舞動著的空氣宛若波光粼粼的一層，又像是水汪汪地鋪開成一片。想像中的湖泊要麼掩蓋著高原，要麼在圓丘底下安歇。在這片幻影中我們能看見山峰的倒影，還有倒影中垂簾一般的冰雪。猛烈的風一吹，我們便會看見作動中的霧靄；海市蜃樓就像席捲著高原的浪花泡沫在繞著圈旋轉。我們觀察到物體動輒被扭曲，其輪廓不再規律，眼前只欠令人困惑的形體，那是由顫動之空氣所創造出的幻想曲。」

他們在一天內抵達了被新雪覆蓋在白毯之下的帕里。隨著他們繼續朝山谷下行，辛斯頓感覺他們的隊伍沒那麼像送葬的行列了。隨著腳步邁入峽谷，來到不受高原凜冽風勢侵襲的林中，他們的精神為之一振。圖博挑夫繼續著誦唸聲。「單調歸單調，」辛斯頓記得，「那調子算

8 Dover's Powder。用來治療感冒與發燒症狀的傳統成藥，發明人是英國醫師湯瑪士．杜佛。一九六〇年代後在現代醫學中銷聲匿跡。

是悅耳，而且冥冥中與潺潺溪流十分契合。將軍的身體這下子應該會很快好起來。」

這一點，還真被辛斯頓料中了，但這也讓辛斯頓在他們於復活節星期一（Easter Monday）抵達舒適的亞東之後，手上又多了一個燙手山芋。不過他起手先是重賞了挑夫，畢竟他們這次的表現不可謂不傑出；短短兩天，他們就把將軍這個非同小可的壯漢扛了五十英里從圖博高原下來，而這毫無疑問救了將軍一命。騰出手來後的辛斯頓便看向了新的挑戰：將軍。雖然剛從鬼門關回來，但將軍還是堅持要回歸探險隊。辛斯頓發了封電報給聖母峰委員會說：「布魯斯返亞東；瘧疾恢復中；諾頓指揮。辛斯頓」然後他再補了一封措辭較嚴重的手書交付郵寄：「布魯斯將軍急於重返探險隊。但對此我認為非明智之舉。他身子仍很虛弱，脾臟腫脹也未消，瘧疾感染還沒有徹底排出他的體外，只要他再稍微接觸到圖博的風寒就會捲土重來。萬一這發生在高原上的荒郊野外，沒法立即被送到低海拔的地方，搞不好就會變成憾事一樁。我因此已經提醒布魯斯將軍他重啟探險的危險性，如果他不聽，恕我無法對可能的後果負責。」

辛斯頓身上的壓力可想而知。一封由諾頓遣跑者送來的信中催促他身為醫官，最好能火速歸隊。畢瑟姆的行動力已經低到諾頓考慮把他送回在拉亨的瑞典傳教會；馬洛里的腹痛也有所惡化。森默維爾為暫代的醫官，但他非常可能得抽身去撐起登山隊，尤其馬洛里正面臨被迫退出的危險。辛斯頓的計畫是最遠陪將軍到江孜，讓他在那兒的英國政治專員F·M·貝里的官邸中休養，畢竟貝里是莫斯海德的探險老搭檔，也是一九〇四年若林將軍探險隊上的老將。等安置好將軍，辛斯頓便能快馬加鞭越過色波拉，最快五月十五日可於絨布與探險隊會合。

但很不幫忙的是，辛克斯在此時發了封電報來，意思是行動方針最終還是得由將軍拍板。等到在亞東的第三晚，將軍已經徹底待不住了。他斷定自己是跟太太在一九一六年染上過的版納熱（Banna fever）復發，雖然版納熱自一九一九年五月起就幾乎銷聲匿跡，僅一九二一年有短暫的疫情。他向辛斯頓誇口說自己的心臟好到一個不行，還說自己體重減輕根本是塞翁失馬的好消息。

雖然如此嘴硬，但將軍心知肚明自己已經難以為繼。早在四月十二日的危機高峰，他就命令約翰・麥當諾把一批貨品從亞東送到在崗巴宗的探險隊手裡：他視若珍寶的十二瓶家傳威士忌。那一瞬間他其實已經認輸投降，而最後一擊則是落在四月二十二日，辛斯頓在計畫返回圖博的同時。辛斯頓租用了九頭騾子、兩名圖博騾夫、一名名喚譚洽德（Tenchadder）的廚子、一個叫做達伯拉（Dabla）的小馬馬伕加一匹小馬，還有一條藏獒。就此他做好了要以一個月的時間行過圖博，穿越一片陌生土地的準備。「我與將軍的夥伴關係到此為止。」他寫道，「今早我陪他跟貝里一起走到拉惹（Rajah；印度土邦酋長）的宮殿。在入口處我向他道了別。我想將軍應該感受到了那一別的重量；對他而言，那肯定就像自己與探險隊的最後連結，被一刀兩斷。」

將軍身體垮掉的消息在四月十三號被約翰．麥當諾帶到了崗巴宗。威士忌做為禮物受到熱烈的歡迎；多數香檳都已經凍到瓶身裂開。探險隊主力從帕里一路上來歷經了嚴寒，期間連墨水都結凍，以至於森默維爾放棄了草繪卓木拉日峰的念頭；事實上，連他的畫筆筆頭都僵得跟石頭一樣。雖然芬奇的羽絨衣設計沒有流行起來，但大部分隊員還是起碼把花呢換成了防風的衣物，木髓帽也換成了呢帽。所有人都有溫珀帳篷可住，而那代表大家還不至於毫無隱私可言。諾頓安排了一處寬敞舒適的食堂。靠著一對小名為傑克（Jack）與吉兒（Jill）的騾子，諾頓提前部署了這座食堂，而那也讓隊員們在千辛萬苦來到目的地，第一眼看到的是能讓他們獲得些許安慰的東西。惟即便如此，在氣溫只有華氏四度左右（約攝氏零下十五點五度）的環境下，這趟路還是走得異常艱苦，特別是對蠢到從低地一路上來，每條小溪都跑去喝水的畢瑟姆而言。

剛接任探險隊的隊長的諾頓，首先就要決定是否讓畢瑟姆撐下去。下痢七天讓他深受重創，而且還不曉得這肚子要瀉到何時。歐德爾與爾文也同樣不舒服。馬洛里與盲腸炎的擦身而過，證明了是虛驚一場，但這並不代表他不虛弱。在於崗巴宗等待新馱獸與將軍消息的四天中，馬洛里幾乎都在床上度過，而陪伴他的不是詩人濟慈的書信，就是《人類的精神》一書的段落。一封姊姊瑪莉寄自可倫坡的信裡提到季風今年可能會提早兩週，而這只是徒然讓不安在營地裡擴散。

在辛斯頓缺席期間，森默維爾挑起了晨間的看診，而諾頓讓畢瑟姆繼續待在隊上，憑的也就是森默維爾的一家之言，但那也是在要離開崗巴宗的早上才掙扎出的決定。「畢瑟姆被留在了隊上。」馬洛里在信中告訴茹絲，「（他）看起來老了好多，就像（一九）二一年的瑞彭一樣。雖然比起瑞彭他還算在初期的階段，但他原本的幹勁已幾近蕩然無存，而你要知道原本整個隊上最活躍的，就是畢瑟姆。」畢瑟姆自此沒有徹底好起來。他對李察．葛拉罕固然做了讓人看不起的事情，但他畢竟是實績與經驗兼具的登山者，而他的崩潰，也讓戰力已經大打折扣的探險隊，又多出了一個空缺。

事實證明布魯斯將軍的脫隊，並沒有造成太大的問題。一如馬洛里在信中對榮赫鵬所說，大家會很想念「在廚房裡的將軍，同時後來很遺憾的是沒有他在挑夫身後扮演督促的道德力量，再者就是他那些親切的玩笑」。但一旦上了山，有沒有將軍在其實已經無關緊要。薛貝爾與傑佛瑞．布魯斯的各種本地語言都很流利，所以經手挑夫與運輸事宜完全沒有問題。必要時約翰．麥當諾也可以充當通譯。沒有一個隊員為了任命諾頓為新隊長的決定後悔，而諾頓也在各個方面表現得更為嚴謹、更有條理、更令隊員放心。諾頓獲得拔擢一事，使得馬洛里得以騰出手來專心擔任登山隊的隊長，那才是他全心珍惜而且完全適任的職位。雖然遭遇了些挫敗且折損了些人員，但四月十五日從崗巴宗出發的探險隊，從某些角度看來要比三週前離開大吉嶺的隊伍更強大、更專注。隔天晚上，在他們一行人抵達亭吉宗，並用烈酒灌下梅子布丁來慶祝起森默維爾的三十四歲生日之際，眾人已經解決了各種相互衝突的提議，讓如何征服聖母峰的方案獲得確立。

從一開始就縈繞在一九二四年探險隊頭上的，是一九二二年的鬼魂。那一年，他們躊躇滿志地帶著自信上山；而如今，他們懷著更高的期望前來，但也有更多的不安在內心揮之不去。他們對聖母峰的認識告訴他們，聖母峰上唯一能預期的，就是一定會發生無法預期的事情。布魯斯將軍在一九二二年任務中發出的最後一則訊息，寫於七月二十四日的協格爾宗，信末他說自己想讓信結束於「一點小心得裡……喜馬拉雅山上只適用一條座右銘：不確定的時候，一靜勝過一動」。

在一年多當中，每一名一九二二年探險隊的要角——馬洛里與諾頓，當然還有森默維爾跟傑佛瑞．布魯斯——都回首檢討過他們明明預期到了該怎麼做才能成功，但最終卻還是做錯了什麼。他們一個個回返到山野，所有人都懷抱著想要成功的意圖與專注，而他們各自的強烈主見，必須要先能被調和成單一的共同策略。早在一九二三的聖誕節，諾頓就向眾人提議過一份攀登計畫，結果引發了馬洛里的批評與反駁，一直到往印度的船都開了，都還沒有個定論。爭議在大吉嶺與帕里再起，而得在朝崗巴宗出發前化解所有歧見，也讓愈來愈大的壓力在探險隊身上積累。英國媒體的面前聳立起一條截止線：登山隊的陣容最最起碼，也得在探險隊抵達絨布前宣布。把事情挑明，也是為了確保探險隊的士氣。

從一開始，大家的默契就是登山隊會分別以帶氧與不帶氧的方式攻頂，而所有人都有充分了解的一點是，登山者在高地營上會需要由人員與設備共同構築出極繁複的支援體系。維持高地營運行所需的後勤補給，亟須講究精準性。而馬洛里與諾頓看法的基本歧異，牽涉到北坳以上需要幾個高地營。諾頓的初始計畫是要讓不帶氧的兩人，從兩萬六千五百英尺處的五號營攻頂。馬洛里正確地建議在北坳之上需要有第二或第三個高地營，這點對不帶氧的攻頂者尤其關鍵。事實上，馬洛里已經下了結論：任何人不帶氧攻頂都是宛若唐吉訶德之舉。見證了芻議過程的爾文在四月十四日早上提到：「我們全體對於該採何種方式攻頂，進行了漫長的意見交換。諾頓建議先以不帶氧的方式打頭陣，隔一天再進行帶氧的嘗試。馬洛里則希望相隔一天共進行兩次帶氧攻頂。至於過幾日再進行第三次嘗試則是兩人的共識。」

解決辦法在從崗巴宗前往亭吉的路上降臨在馬洛里身上，宛若一道靈光，他迫不及待想跟妻子分享。「我剛剛突然靈機一動，」他在四月十七日星期四晚上寫道，「除此以外沒有文字能形容我完成發想的過程，但我剛剛得出了攻頂方案的另外一種可能。」

他的新想法是兩隊人同步攻頂，一隊帶氧從六號營出發，另一隊不帶氧從比六號營高一點的七號營出發。目標是兩路人馬可以殊途同歸地在山頂會師。諾頓一眼就看出了這個計畫的高明之處，所以便爽快地同意了。四月十九日於前往協格爾宗途中的奇布隆（Chiblung），他寫下了接手探險隊指揮權後的第一份正式報告，並在當中勾勒了馬洛里提案的細部內容。

第一天，在離開了北坳上海拔兩萬三千英尺處的四號營之後，兩名登山隊員會偕十五名挑夫，在兩萬五千五百英尺處建立五號營，然後在完成部分氧氣儲備後返回坳部。隔天，打算不帶氧的那一隊會直上五號營，一樣帶著十五名挑夫在那裡完成物資和氧氣的儲備。這之後他們遣回七名挑夫，留下八名跟他們一起在五號營過夜。隔天，也就是第三天早上，他們預定將爬到兩萬七千三百英尺處建立七號營。到時候他們會把所有挑夫遣回五號營——或條件允許的話一路回到北坳——然後兩名無氧組的登山隊員會獨自在七號營過夜。同樣在第三天，有氧組的登山隊員會偕無負擔一身輕的挑夫，從四號營上到五號營，然後連同設備跟氧氣儲備一起把該營地運到兩萬六千五百英尺處去建立六號營。完事後一樣把挑夫遣回北坳。

由此到了第三天晚上，四名登山隊員將分別進駐極高海拔的據點：有氧組在六號營，無氧組在高八百英尺但看得到六號營的七號營。隔日第四天早上，兩隊人將分別出發。他們會伺機在有個什麼萬一的時候相互幫忙，但又同時把登上世界之巔的終極目標放在心上。若這兩隊四人代表的第一波攻擊沒能一舉成功，其餘四名隊員會在三或四號營待命發起第二波攻頂，而其人員、氧氣與裝備的流動也將按原本的計畫再複製一遍。

至於攻頂的人選，全隊的決議是馬洛里與森默維爾將是一號跟二號先發。森默維爾在一九二二年的傑出表現，讓他成為無氧組組長的當然人選。萬一無氧組踢到鐵板，他可以快速恢復，然後從兩年前的探險任務學到經驗，重整旗鼓帶氧再試一遍。跟森默維爾搭檔的會是諾頓。馬洛里因為認定人無法不帶氧突破兩萬八千英尺的關卡，因此二話不說接下了有氧組組長一職，而副手人選他再次很合邏輯地挑了山帝．爾文。此外畢瑟姆根本起不來，海澤夠不夠力讓人充滿質疑，傑佛瑞．布魯斯的經驗很難說比爾文多多少，但對供氧裝置的了解卻差一大截。諾艾爾．歐德爾做為僅存一個可以認真考慮的對象固然經驗豐富，卻在穿越圖博的路上表現欠佳。他晨間的委靡，已經嚴重到會讓隊友無法專心，其中擔任運輸官且負責拔營的薛貝爾更是困擾莫名。馬洛里只在意最終的成敗。身為氧氣的支持者，且得為兩隊人從山頂下來時的安全負責，馬洛里並不打算放著爾文這個人才不用，畢竟他是這次隊上體能最強的一個，也是唯一一個對供氧設備了解到能夠在危急中就地取材或隨機應變的人。

所以事情就這麼定了。傑佛瑞．布魯斯與諾艾爾．歐德爾會負責建立五號營，無氧組的森默維爾與諾頓會從七號營出發攻頂；馬洛里與爾文會於同一天從低八百英尺，但有「英國空氣」助陣的六號營出擊。第二波攻頂如果有需要的話，則會分別由帶氧的歐德爾與傑佛瑞・布魯斯跟不帶氧的海澤跟畢瑟姆挑大樑，其中不帶氧組還要看海、畢二人的狀況如何。諾頓從石靈發出了正式的宣布是在四月二十一日，而同一天馬洛里與爾文爬到了他們的紮營處上方，年輕的山帝因此第一眼看到了聖母峰的廬山真面目。雖然很興奮於可以跟馬洛里並肩作戰，但他暗暗地有點失望被分到帶氧組。

大勢底定後，馬洛里感覺到無比輕鬆。接下來一切只要按部就班就好。在奇布隆重新加入主隊的卡爾瑪・保羅帶來了郵件，包括布魯斯將軍從印度寄來報平安的信函。茹絲寫於馬洛里離開利物浦才短短幾天的暖心書信，洗滌掉了馬洛里對茹絲愛意殘存的任何懷疑，由此他得以掙脫心魔，在茹絲的祝福中專注眼前的挑戰。在寫給聖母峰委員會的信中，他表達了對諾頓的完全信任，因為諾頓於他是一名睿智的領袖，對各種細節都了然於胸，而且還是個「一心想要陪無氧組同仁衝一波」的大無畏冒險家。在此同時，他卻又虛懷若谷地願意把權限讓給馬洛里與森默維爾，讓馬、桑二人去決定怎麼用他。「這不就是人來到聖母峰最該有的心態嗎？」馬洛里嘆道。森默維爾也令人讚嘆不已，因為他既能把用筆把音樂記錄下來，能用就地取材的鉗子幫某圖博挑夫拔掉智齒的蛀牙，還能跟人暢談現代藝術——這是他四月二十二日早上跟馬洛里在走到吉雄村的六英里途中所做的事。

隨著探險隊一天天縮小與目標的距離，馬洛里的信心也一天天增強。即便是季風會提早降臨的前景再一次被親姊從可倫坡寄來的又一封信確立，他也老神在在。在寫給湯姆．隆斯塔夫的信中，他僅憑一股衝勁就對「氣象人」做出的嚴峻預測嗤之以鼻：「那些話是什麼意思？我們這次絕對要一帆風順地攻頂，願上帝與我們同在，否則就算是咬著牙含著風，我們也要一步步踩到聖母峰。」

「山脈的征服是一件偉大的事情，」他在四月二十四日從協格爾寫給茹絲的信中說，「而整個計畫都是出自我的手筆。我在當中所扮演的角色非常有趣，由此登上聖母峰的機會搞不好比誰都高。在這個計畫下，我難以想像自己會到不了山頂，垂頭喪氣地走下山來。而我對於無氧組能否登上山頂也十分樂觀；我希望我們四個人都可以登峰造極，而我堅信這是做得到的。」

協格爾宗一如以往，讓他們逗留了三天，其間諾頓四處去跟官方致了意，而布魯斯與薛貝爾則安排了要載他們穿越龐拉前往絨布跟山區的新馱獸。爾文這幾天都在擱於自身帳篷外的長椅上坐著，手中拿著氧氣設備敲敲打打。他成功救回了好幾組設備，並將其重量減輕了五磅。馬洛里想知道新版本比舊版本好在哪裡，便戴著新設備爬上了協格爾宗的堡頂。回來之後他甚是滿意，但就是這（有兩支氧氣筒的）裝置仍重達三十磅（約十三點六公斤）——只要一個人只帶不超過兩瓶氧氣進行最後的攻頂，那這負擔就還「過得去」。這可能意味著氧氣會在最後的關鍵時刻供應不足的疑慮，暫時沒有被爾文放在心上，主要是他對旁觀者惡作劇了一下，逗得所有人哈哈大笑。他回憶說：「我拿嘶嘶作響的氧氣瓶追著一群圖博人。我從來沒看過跑這麼快的人——他們一定以為是惡魔從瓶子裡跑出來了。」

隔天早上，爾文在寺院裡待了三個小時，大開眼界，眼前的一切都讓他著迷。他拿了兩個半滿的氧氣筒去給喇嘛當銅鑼用，並解釋說兩個瓶子內各裝著一隻惡鬼，而牠們的呼吸會引起火花。他在發光的薰香上示範了一下火花的部分。在某個點上，約翰・諾艾爾發現爾文正專心致志地審視著一個巨大的轉經輪。「他那是在幹什麼？」諾艾爾問。「我想，」森默維爾回答說，「他是在思考如何幫他們設計一款機械化的轉經輪。」

四月二十四日，在英王喬治五世在倫敦為大英帝國博覽會揭幕的當日，也是探險隊要離開協格爾的前夕，馬洛里匆匆給茹絲寫了一封信：「明早算起再推進四趟，我們就可以抵達絨布寺了！我們離目標愈來愈近了。五月三日，我們四個人就會離開基地營開始上行，而在五月十七日左右，我們應該就能踏上聖母峰頂……順利的話，宣布我們成功了的電報將會比這封信更早到，我想；但那當中將不會提到個別的姓名。妳應該很希望我能躋身征服者之列吧！我不會讓妳失望的。」

13

生命的代價是死亡

The Price of Life Is Death

探險隊在四月二十六日星期六通過了龐拉，然後在隔天晚間抵達了前往聖母峰之路上最後一個村落，邱布。在山口，他們壓低身體湊成一堆，耽擱了一會兒時間，主要是他們拿單雙筒望遠鏡對著三十五英里外的聖母峰高坡進行了觀察。但讓他們失望的是，從兩萬五千到兩萬八千英尺之間，都看不到任何像是平地的地方可以讓他們設立高地營。在過了龐拉的下坡路上，他們得頂著強風，任由夾帶在風中的小石頭劃破他們的皮膚。山帝．爾文說這片土地「怎麼看怎麼像月球表面，完全不存在任何植被」。邱布的一片柳樹花園讓他們在夜裡得以喘了口氣，但隔天在走上絨布河谷的過程中，他們又回到了那片像斯巴達一樣嚴酷的鄉野，令諾頓回想起了戰時的西部戰線。「從邱布到絨布的這一段，」他寫道，「接壤身後的廣袤平原與前方的巨大冰川，有點像是在大戰行軍的過程中一片有如廢墟的區域，接壤後方的肥沃法國土壤與前方滿目瘡痍的戰場，因為那就是一片了無生趣的荒蕪谷地，預示著每一個彎道後方將通往的寂寥空虛。」

他們的這支小小軍隊，包括三百頭馱獸與一百五十名本地挑夫，加上十名英國薩博跟他們的小馬，在四月二十八日星期一下午三點之後抵達了絨布，並於晚間在寺院前的岩架上紮營過夜。諾頓上校得知了一件憾事是住持札珠仁波切人在病榻上而無法「主持給整支探險隊賜福的儀式，但那是我們連同所有挑夫，都認為是很重要的事情」。惟儘管如此，他們還是派了一個小代表團去向僧侶們致意，並帶了若干禮物要給喇嘛，包括了由一頭犛牛所揹負，要給寺院修復其地標舍利塔的波特蘭水泥。戰時曾是皇家工兵的海澤，給僧侶們示範了要如何攪拌水泥跟砂石，而其他隊員則去參觀了各廟廳與禱堂。

約翰·諾艾爾率先注意到一幅顯然繪於一九二二年探險隊離開後，讓人看了惶惶不安的壁畫。他後來回憶說，「一名面目扭曲猙獰且臉上只剩二齒的老者身披紅棕色衣袍拖著腳步，領我穿過庭院進了寺院入口，然後在暗到我一開始分不清東西南北的內牆上，他讓我看了一幅新繪成的畫作」。那幅壁畫，一幅「至為引人入勝的圖畫」，諾艾爾寫道，描繪了踩著偶蹄的惡魔手拿長叉，將一隊登山者抛向冷冽的淵藪裡那深不見底的漩渦當中。話說對圖博人而言，地獄不是火的煉獄，而是冰雪與能殺人的強風。畫中的猛犬戍守著聖母峰山麓，而在最底下則有一具五體投地的白色屍體，承受著長角惡鬼的長矛肆虐。

諾艾爾描下了壁畫還拍了照；他妻子後來補充了評語，並據說是引用了札珠仁波切的話說：「令人敬畏且強大的地母神珠穆朗瑪，將永遠不會讓白人爬上她神聖的山巔。雪中的惡魔會將你徹底摧毀。」仁波切究竟有沒有這麼說過，沒有人能確定。對圖博人而言，聖母峰是米堯朗桑瑪（Miyolangsangma）的領域，而米堯朗桑瑪又是名為「長壽五姊妹」（Five Sisters of Long Life）的女神之一。這些山中的小神都在許久之前就被古魯仁波切降伏，並轉化為佛陀的追隨者，由此祂們會以財富與好運，慷慨地降福給佛法的萬民。事實上米堯朗桑瑪的恩情，正是本地挑夫甘冒入山的身心煎熬跟危險，為英國人效力的一項原因。

唯一九二四年的挑夫很遺憾地得知這幅壁畫背後的機緣，並不是七名雪巴人因為雪崩罹難，而是因為在一九二二年的探險隊離開後，當地發生了一件可怕的事情。兩年前英國人在撤退時留了大量的烤糌粑、米、油等物資在各高地營，由此在地的牧民與村民想要分一杯羹。札珠仁波切懷著對神祇心思的了解，警告說這麼做是不智的行為。惟無視於仁波切的警語，二十名來自平地村落的年輕人摸黑溜過了寺院，緩緩朝著東絨布冰川而去，連著數日在危殆的冰面上以命相搏。等他們終於來到北坳的基底，其中一人看到七名雪怪從雪中一躍而出。擔心小命不保的少年們衝下山谷，直到絨布寺前才放緩腳步，並急忙進到寺中求取了仁波切的寬恕與祝福。仁波切告訴少年說神魔的鬼影是一種訊息，意思是「祕境的保護者不高興了」。他接著只告訴這些走偏了的年輕人要以「完滿與淨化自我的儀式」去向山神們賠不是，而他們也很受教地在接下來的許多天裡照辦了。

一九二二年，札珠仁波切以慈悲跟好奇心接待了英國探險隊，包括為布魯斯將軍祈禱，盼他能重生為一個「佛法領域中孺子可教的靈魂」。一九二四年，仁波切面對探險隊的到來依舊懷著慈悲，但當中也摻雜了一絲不解。他們回來幹嘛？上次吃的苦還不夠多嗎？圖博人為這些愚昧的英國人感到可憐，包括札珠仁波切也曾在水狗年（一九二二）的書寫中，花了不少篇幅描述這些英國人是如何當局者迷。相對之下，在木鳥年（一九二四）重返的探險隊，則沒有讓轉世五十八年的仁波切想在自傳中發表隻字片語。

登山者的動機，對圖博人來講始終成謎。山是他們朝拜的對象，他們日復一日用各種儀式來安撫諸神靈的怒火；而用轉世而來的寶貴生命去冒險，只是為了爬過冰面與岩石去到什麼也沒有的目的地，對他們來講就是徹底的無知跟妄念。在圖博的高原上，死亡離你永遠不會太遠；它始終徘徊在每個游牧的營地上，也在每個村落裡有著一席之地。刻意在山間的冰凍荒原裡追求自我毀滅，簡直不可思議。在圖博，他們不會用任何字彙去描述「山頂」這種東西，亦即英國人如此熱切想要達到的地點，聖母峰的山巔，在雪巴人挑夫的語言裡是根本不存在的東西。在諾頓與布魯斯親手挑選的「猛虎」，也就是為最高海拔處的艱難工作預備的菁英挑夫之中，不少人都相信英國人其實是來尋寶的，因為當地傳說聖母峰頂住著黃金的母牛或犛牛，而他們覺得英國人會在奪走金牛後將之熔成金幣。祖輩世世代代在喜馬拉雅山兩邊進行貿易的他們，胸懷將本求利的熱情，由此圖博人想當然耳地覺得英國人是來發財的，而這麼想也不能說是錯，因為只要能率先爬上聖母峰，等著他們的就是名利雙收。事實上直到今天，登山客也仍舊是利之所趨或懷著一顆雄心，才在聖母峰的山麓群集。

當然上述這些圖博人的想法，那第一夜離開絨布寺的英國登山者都不會知道，他們只覺得收到糌粑跟肉乾當禮物很棒，然後就回到他們的帳篷裡了，即便隨著夜幕落下，讓他們開了眼界的強烈寒風也開始從冰川朝山下吹。隔天早上，諾頓二話不說就帶著全隊往山谷上方挺進，到達了基地營。「我們辛苦地走了五英里，當中經過坍落的冰磧，還有凍結的水道，才在有如利齒的寒風中來到就在絨布冰川鼻子底下的營地。」他報告說。他的目標非常精確，對時刻的要求則一絲不苟。回想一九二二年，季風的第一天是六月一日。諾頓希望最遠到北坳基底的每個營地，都可以抓在五月十七日前完成建立與補給，屆時攻頂任務就會認真展開。每個人都有職責所在：馬洛里與畢瑟姆負責高山裝備還有北坳以上的高地營補給；薛貝爾主掌所有的物資與儲備，但就是氧氣裝備由歐德爾跟爾文另外負責；海澤管食堂。

傑佛瑞．布魯斯負責組織運輸作業，目標是讓預計要前往最高幾個高地營的挑夫得以保留實力。一到三號營的位置與一九二二年無異，大致的海拔高度分別為一萬七千八百英尺、一萬九千八百英尺跟兩萬一千英尺。不同於一九二二年的是一、二號營的建立不是由登山隊員監工，而是由廓爾喀士官胡克．古朗跟泰吉比．布拉這兩名一九二二年的老將挑大樑。為了讓留著要建立五、六、七號營的雪巴菁英保留力氣，布魯斯招募了一百五十名當地人，由這些日薪十二安那（anna：英屬印度時期的通用貨幣，相當於十六分之一盧比）的臨時工把東西挑到北坳。是說十二安那還不到一盧比，而當時樵夫的週薪是十盧比。這種待遇，自然不能保證這些被找來把八十磅的重物揹過冰原，也揹過屬於魔鬼地界的男男女女，能有多麼忠心。

在四月三十日這個天氣晴朗而地上覆蓋新雪的星期三，布魯斯遣一百五十一名挑夫負重前往一號營，其中半數會在一號營過夜，以便隔天早上前往二號營，另一半則預定於當天返回基地營。結果，回來的挑夫中有五十二人直接棄探險隊而去，逼著布魯斯不得不用上他預留的高海拔專用雪巴，而事後證明這對登山任務是一項重大的挫敗。五月一日在薛貝爾與諾頓的陪伴下，他讓另外七十五綑物資上到了一號營，就這樣隔天結束，一、二號營都已經整備完畢，於是布魯斯解散了所有靠不住的本地挑夫，開始用五十二名雪巴人負責三號營的運補——兩支他口中分別有二十人編制的「攻擊組」，外加十二名後備。

還在基地營的馬洛里對諾頓跟傑佛瑞．布魯斯的準軍事紀律深感折服。「妳不曉得，我對今年的成績真的是充滿了期待。」他在五月二號的信中對姊姊瑪莉說，「這次感覺非常不同於（一九）二二年，當時我們無時無刻不因為欠缺詳實的登山計畫而下意識感覺不甚滿意……五月十七日，我們四個人將在金字塔基底的某處會師，然後不論我們最終上不上得去，我都要把所有人平安帶下來，責無旁貸……我絕不會眼睜睜看著任何一個人在山上丟掉性命，不論是登山者或挑夫。那會讓其他的事情統統失去意義。」

跟馬洛里一道的是爾文，他在山上的頭幾日還沒調整到最佳狀態。他感覺身子骨虛已經有段時間。在絨布，別人都去拜訪僧侶了，他則一個人窩在帳篷裡縫補睡袋跟修理馬洛里的馬鞍。那天晚上他一口氣服了四顆蓖麻油藥丸，結果「適得其反」。從絨布寺沿山谷而上的路程讓他精疲力盡，而建立基地營的作業則比他想像中更為艱辛且「非常不吸引人」，頂多就是有岩鴿、渡鴉與山鴉等一票奇鳥可以欣賞。他第一篇日記中的開頭寫著：「要死了的晨間、微吹雪、極冷，且感覺頗為軟爛。」

雖被身體微恙與高海拔弄得頗虛，但爾文並沒有扔下工作，他還是分秒必爭地完成了氧氣設備的準備。這工作並不輕鬆，零件缺的缺，壞的壞。鑽子、絲攻（製造螺紋的工具）、弓鋸在寒冷中說斷就斷，天候環境惡劣到他不得不找個有遮蔽的地方進行作業。雖然動輒被焊接的煙弄到反胃，但他還是設法在兩天內翻新了六組完整的氧氣裝備。此外他還騰出時間來處理了畢瑟姆的相機，順便修復了探險隊的四十磅煤油汽化爐，然後他再把這個汽化爐當成鍛爐，藉以把馬洛里兩隻鞋底的冰爪縮短了兩英寸，惟他也在這過程中狠狠扎傷了一隻手，灼傷了另一隻手的兩處。此外，就在他的思緒於五月一日飄回牛津歲月，懷念起該校傳統上一年一度的盛事——「五月早晨」（May morning）[1]的慶祝活動之際，爾文還是免不了「因為吃了畢瑟姆的生日蛋糕」而鬧起肚痛。

但在五月三日早上，年輕爾文的情緒出現了大逆轉，因為他得知了由森默維爾進行的血紅素檢查結果。在所有人當中，爾文擁有單位血液中最多的紅血球，而這強烈顯示他的體能良好，且已經適應了高山環境。他的恩師諾艾爾・歐德爾即便排第二，卻也落後他很多。「希望這是個好兆頭。」山帝在為上山兩週準備裝備時這麼想。那天午飯後不久，他跟馬洛里偕歐德爾與海澤朝一號營出發，途中超前了當天早上派出去的二十名挑夫。這群挑夫心情不太好，數人抱怨起包含幾組氧氣設備在內的負擔太重。爾文後來在日記裡坦承，「我很高興自己不用揹他們揹的東西，那光走一百碼我都會嫌重」，更別說要沿東絨布冰川上行數英里了。一號營因為不受風吹且長時處於日照下，因此被那天晚上的歐德爾形容說，「這營地實在有夠舒服」。在好好吃了頓晚飯後，原本臭著臉的挑夫們找回了身心的平衡，煩惱與抱怨也暫且拋到九霄雲外。

眼前的目標是要讓馬洛里跟爾文上到三號營，讓這對搭檔在那裡測試氧氣設備，並為了最後的攻頂適應環境。歐德爾與海澤則會利用此時前往北坳探路，順便把四號營弄起來。屆時約翰・諾艾爾也會為了拍影片而加入他們。於是在五月四日早上，廓爾喀士官烏瑪・古朗領著第二組二十名挑夫從基地營上來之際，馬洛里等人開始朝二號營前進，並在過午抵達，其間山帝第一次見識到馬洛里衝上山有多快。「馬洛里應該是被惡魔附身了吧，」他後來寫道，「否則他怎麼會每個小小的下坡都用跑的，踩著冰磧向上則全力步行。要跟上他，簡直跟划船一樣艱辛。」他們紮下了兩頂溫珀帳篷，然後在馬洛里與歐德爾尋找上到三號營有沒有更好的路徑時，爾文去督導建成了一處有兩個房間的遮蔽所，說白一點就是幾面可以覆蓋上帳篷外帳的矮石牆。他忙了將近三個小時，其間他會「為了當苦力的楷範」而跳下來搬動笨重的石塊，結果弄得自己鼻血狂流。那天夜裡氣溫降至華氏零度，天氣也變了。

他們醒來聽到的第一樣東西，是圖博式鼓風器把空氣吹在用犛牛糞生火上的嗶剝聲。廚子已經起身了，但挑夫們還在遮蔽所裡冷到動彈不得，其中一人明顯病了。馬洛里去把他們搖醒的時候，氣氛緊繃了一陣；他甚至把拳頭伸到了一名挑夫的眼前來威脅那人。最終他們啟程的時候，已經快中午了，其中爾文那條繩子上含他有六個人，海澤領著一條共十一人的長繩，歐

1 每年五月一日早晨，英國夏令時間六點，眾人會聚集在牛津大學的莫德林橋下聽墨頓學院唱詩班在塔樓頂上詠唱。

德爾則跟另外五個人綁於第三條繩。馬洛里一個人在前方開路。某個點上，爾文實在快被一名挑夫的速度搞瘋了，便索性表示要幫忙揹。馬洛里見狀阻止了他。爾文於是將那人從繩索上解開，並搬出了冰上的惡鬼之名來威脅他、咒罵他。這之後局面就開始嚴重惡化。

他們在晚間六點抵達三號營，而天氣仍舊嚴寒。「我的靴子凍僵在了腳上，」馬洛里寫道，「而我知道我們現在根本不可能紮一個舒服的營地。」他們趕忙搭起了兩頂米德式帳篷，而廚師卡米（Kami）像變魔術一樣弄出了一頓熱飯，裡頭有羊肉跟燉蔬菜，還有可以幫助把食物往下嚥的冰咖啡。這，是他們早上以來的第一頓飯，只是菜色沒有一道湯，起司與果醬則被凍到超硬，於是口渴又沒吃飽的爾文才八點半就早早就寢，但很難睡的石頭地讓他只能翻來覆去。「那睡袋，」他寫道，「怎麼好像縮水成一半……我轉來轉去都只能呼出一片片結霜的空氣。」

馬洛里醒著躺在那裡，腦袋裡想著不同於爾文的事情。他提到：「那一幕的記憶於此時被喚醒，感受還真是奇異。作廢了的氧氣瓶，被堆在兩年前七名罹難挑夫的紀念石堆邊上。這舊地幾乎沒變到不可思議。」惟比起放不下的過往，他更迫切的憂慮是眼前冷到不像話的天候。在打包行囊要前來三號營之際，他們優先考慮了氧氣設備，結果莫名其妙地沒有為挑夫帶足被褥。二號營是有高海拔睡袋，打算嚴格限制僅供上層高地營專用，但他特地下令讓第二波挑夫隔天不要把這些睡袋帶上三號營，但顯然在這種冷天裡，他們需要這些睡袋。由此他唯一的選擇，就是隔天一早趕回二號營攔住挑夫，讓他們重新調整負重的內容。他盤算著以當下的狀況，下方二號營的挑夫最早不會在上午九點前出隊。

五月六日星期二，馬洛里起了個大早要趕下山谷。「全身無力的我，」爾文在紀錄中說，「有氣無力地問要不要幫把手，但內心絲毫沒有想要從溫暖睡袋中爬出來的念頭。他英勇地謝絕了我的好意。」於是爾文一路睡到九點才起來，吃了很不稱頭的罐頭牛奶跟一條香腸當早餐，同時，馬洛里將展開整次任務中算得上命運的一日。事實上，二號營的挑夫一早就動身了，所以等馬洛里跟他們在途中遇見時，他們已經走了很長一段路了。他們移動在冰川的雪地中，對抗著即將在下午演變成強烈暴風雪的天氣。每個挑夫都身負重物，其中一人費勁扛著汽化爐，光那一樣就四十磅重。有些人帶了毯子，看起來就是有要在三號營過夜的覺悟，而那可是馬洛里最不樂見之事。事已至此，他不得不掉頭陪著挑夫們朝山谷上走，內心默默期待著能盡快上到三號營，好讓挑夫們有時間全部返回二號營，只是降雪與呼嘯的寒風讓這一切變得難上加難，由此他們不得不把東西放在冰川上一處距離三號營還很遠的倉庫中，這才讓挑夫們勉強在風雪抹去山谷中所有地貌之前，趕回了二號營。

自己回到三號營的馬洛里，看到所有人不是昏昏欲睡就是徹底崩潰。挑夫咬牙硬撐了一晚上，既沒啥東西吃，又沒像樣的床褥可睡。在二十三名挑夫當中，狀態可以上工的只有四個。

多數人都被高山症徹底擊垮。午後向晚，歐德爾與爾文帶著能動的挑夫往下走了一英里的冰川，帶上來了六綑馬洛里留在倉庫裡的東西。爾文把六磅重的溫珀帳篷扛在背上，然後加快配速在天黑前回到三號營。只可能他們最需要的不是遮風避雨的帳篷，而是更多能讓他們睡好吃好的床褥跟物資補給。那天夜裡的氣溫降至華氏零下二十一度（攝氏零下二十九度），相當於華氏冰點以下五十三度，而所有挑夫都只能靠壓在背下的衣物跟身體上的一條毯子來自我保護。在吃的方面，他們只能每個人分到一小把沒煮過的青稞，但反正多數人也不舒服到沒有食慾。就這樣到了早上，挑夫們有的陷入昏迷，還能動的則吐個不停。「他們其中一人，」馬洛里寫道，「已經要死不活地完全無法自理，一雙腳也腫了起來，我們不得不幫他赤腳套上靴子。他幾乎走不了路，我攙著他走了一段距離，然後讓另一名挑夫接手。」

在歐德爾「明顯狀況不好」而爾文又頭痛欲裂的狀況下，馬洛里在五月七日早晨令海澤下到冰川上的倉庫，與十名來自二號營的挑夫會合，因為三號營的全數挑夫都已經動彈不得，什麼也不能挑；事實上，他們大多連路都走不了，必須有人扶著才能搖搖欲墜地下山。馬洛里陪要下去二號營的他們走到半途，然後回頭在儲物處跟海澤會合。當爾文帶著熱食與喝的抵達時，他眼前看到的是淒涼的一幕：臉上寫著絕望的海澤、三個累癱了的二號營挑夫，還有狼狽得很徹底的馬洛里。靠著山帝扛起一綑八個高海拔睡袋，他們勉力搬回了七綑東西，於是算是老天垂憐，還滯留在三號營的少數挑夫於五月七日晚上睡得溫暖些，也舒服些了。隔天早上，就在歐德爾與海澤出發要替北坳探路時，馬洛里下到二號營去跟諾頓與傑佛瑞．布魯斯會商。

諾頓、森默維爾以及復活了的班特利．畢瑟姆，對三號營的危機一無所悉，已經在五月六日星期二早上朝東絨布啟程，只留薛貝爾在基地營主持事情。隔天當薛貝爾在營地正上方的隱士洞穴附近追蹤三頭岩羊時，傑佛瑞．布魯斯帶著僅剩的十一名備用挑夫出發，而諾頓與森默維爾直到當天下午抵達二號營後，才得知了亂象的全貌。此時不少疲弊的雪巴人已經步履蹣跚地下到二號營，而這不僅塞爆了營地，還迫使英國人打開了原本小心翼翼打包好，希望能在最終攻頂時派上用場的補給箱。

狀況的惡化持續到了隔天。原以為二號營會空空如也的布魯斯，帶著十二名挑夫抵達，而十二名挑夫就是十二張嘴要餵跟十二個人要睡。此時按照約翰．諾艾爾的回憶，整支探險隊的運輸與補給體系已經是廢墟一片。馬洛里在信裡對茹絲說不過短短兩天，「挑夫的士氣已經蕩然無存。」隨著一個個無精打采的挑夫從諾頓跟森默維爾的面前走過，諾頓憶起了他在戰爭中最不堪回首的時候。他在五月十三日發給《泰晤士報》的消息中說，從山上下來的挑夫看起來「完全就是一九一四年八月二十七日，我在勒卡托以南口睹把道路阻斷的英軍殘兵……就跟在一九一四年法國戰區裡的聖康坦（St Quentin）、紹尼（Chauny）與努瓦揚（Noyen）一樣，現在不是計算損失的時候，也不是想太遠的時候。」

換句話說，面對這場危機，他們眼前需要的不是反省、不是究責，而是實際的做為。諾頓立刻令森默維爾帶著所有能用的挑夫上山，趕緊先去把三號營的儲備完成。而在現在形同探險隊基地的二號營裡，他需要有人精通本地語言。海澤因此先被從三號營召回，然後被派至基地營接替薛貝爾。薛貝爾則被派至二號營。銜命要讓補給狀況恢復正常的薛貝爾很吃驚地得知兩件事情，一是馬洛里曾優先搬運氧氣設備而捨棄睡袋，二者是馬洛里從一開始的計畫就是讓挑夫在三號營至少過一夜，且只有毯子可以蓋著取暖。

三號營的狀況在接下來四十八小時內急遽惡化。五月九日星期五是「徹徹底底該死的一日，」爾文寫道，「我只能這麼說了。」坐困各自帳篷裡的是沒能跟海澤到達北坳的歐德爾，還有前一天抵達的森默維爾。有三個雪巴人還待在營裡，廚子也是。現場沒有熱食或飲品。風勢強到爾文即便冒著被凍傷的危險，也沒辦法把爐子點起來。

那天早上，諾頓與傑佛瑞．布魯斯，外加馬洛里與二十六名雪巴人，從二號營出發前往救援三號營。他們在途中遇到下山來的海澤，但在強風中幾乎無法溝通。事實上，愈演愈烈的風暴讓諾頓不得不讓大部分挑夫在冰川上放下負重，即刻朝二號營掉頭。剩下的隊伍帶著最強的八名挑夫繼續奮力前進，並在剛過下午一點時抵達了三號營。那慘況在傑佛瑞·布魯斯的描述中是這樣的：「營地裡無人走動，感覺一片死寂。那兒的挑夫看來慘不忍睹，而這場嚴酷的暴風雪對前幾日才歷經了磨難的他們而言，可說是禍不單行，徹底地壓垮了他們的精神與氣力……風勢之強勁讓帳篷外的移動變得幾乎不可行。」

馬洛里爬進了由歐德爾、森默維爾與爾文共用的溫坦帳篷中。令森默維爾莞爾的是，馬洛里褪去了靴子與燈籠褲，套上了他最愛的那雙茹絲織給他的無腳長襪，然後從背包中抽出了一副撲克牌跟一本被翻到爛的《人類的精神》。在場只有爾文對這本書不熟。「我開始這裡讀讀那裡讀讀。」馬洛里後來寫信給茹絲說，「霍華提醒了我說，兩年前他跟我躺在一頂帳篷裡時，我也曾做過一模一樣的事。我們一致同意〈忽必烈汗〉(Kubla Khan)是好詩一首。爾文對詩感覺怯生生的，但似乎也有感於格雷[2]〈墓園輓歌〉(Elegy)裡墓誌銘的妙處。歐德爾對詩就很有熱情了，而他喜歡的是〈被鬆綁的普羅米修斯〉(Prometheus Unbound)的最後幾行。森默維爾對英國文學知之甚詳，但卻從來沒有讀過艾蜜莉·布朗特(Emily Brontë)的詩作，由此他很開心地接受了引薦。」

2 湯瑪斯·格雷(Thomas Gray)，英國詩人。

就在他們朗讀著這本在戰爭最艱困時，被編纂來當成宣傳工具的詩集之際，外頭的風雪如傑佛瑞・布魯斯所寫「暴虐絲毫未減」。所幸他們有熱湯可喝，靠得是爾文以巧思點燃了哈達克（Haddock）爐。但如馬洛里在五月十日給茹絲的信中所說，「猛烈的強風」折磨了他們一夜無法闔眼。「我不明白帳篷是怎麼撐下來的。」在漫長的黑夜中，降雪「飄進我們的帳篷，所有東西都被掩蓋了一兩吋厚。這一夜的不舒服讓人非常有感。天亮後雪停是停了，但積雪被從冰川表面刮起，產生出的效果跟暴風雪沒有兩樣。」

星期六早上他們耗盡了存糧。馬洛里與爾文開始出現了異狀，於是被命令下到二號營，由諾頓跟森默維爾帶十七名挑夫送他們到冰川上的補給堆放處，順便扛十九綑物資上來，惟拚這一趟讓雪巴人徹底氣力放盡。布魯斯回憶，當他們回三號營時，雪巴人挑夫「直接垮在帳篷裡躺平。我們強迫他們吃喝了點東西，脫掉他們的靴子，然後把他們一個個塞進睡袋，讓他們安全地休息。我覺得這是我第一次見識到人可以疲倦到這種程度，但也不值得奇怪就是了，畢竟他們多數人冒著風雪，連扛了五天東西都沒有休息」。

那一夜，氣溫降至華氏負三十九度（攝氏大約負三十九點四度）。風勢如諾頓在他發回英國的訊息中所說，「像是先往上射穿北坳、拉比烏與拉克帕這三個圍繞著我們的山口，然後從天頂的某處俯衝而下，如㹴犬撲向鼠穴似地壓下我們的營地，然後把我們的小帳棚當成老鼠在猛搖……風切聲跟風拍打帳篷的聲音，讓人怎麼都睡不著。」這樣過了一夜，一早每個帳篷都被吹雪攻陷。挑夫們「聚在各自的帳篷裡生無可戀」，諾頓說。這還想上北坳只能是癡心妄想，布魯斯與諾頓於是決定他們「除了撤退還是只能撤退」。

決定既成，要讓眾人動起來便成了傑佛瑞・布魯斯的責任。諾頓在報告中說布魯斯昂然佇立於營地中央「承受著會咬人的狂風。他是怎麼讓大夥兒動起來的，只有他自己清楚。或許是他鋒利的語句割得比強風還痛，但紀錄上寫的是他騰出了時間，把握了機會，恰到好處地去慰問那些狀況真的很糟的人」。疏散過程讓挑夫們帶著殘破的身心走下了諾頓形容為「苦難之路」[3]，從冰川到二號營的那段距離，「然後再通過一哩哩由坍落冰磧鋪成的艱困路途，所有人才都回歸到基地營。那條由雪盲、病重、凍傷的弟兄所連成的憂鬱行列，就是這麼一路被牧羊人似的同志導引下山。」

五月十一日晚間，馬洛里、畢瑟姆、海澤、爾文與諾艾爾同時出現在基地營，距離上方的北坳足足有十二英里。諾頓與布魯斯連同半數挑夫人在一號營，而歐德爾跟森默維爾則已與探險隊的其他成員抵達了一號營。福星高照的辛斯頓少校仕以探險隊醫官身分陪布魯斯將軍回到

3 Via Dolorosa：位於耶路撒冷舊城，耶穌揹負十字架去受死的道路。

錫金休養後，在下午四點抵達了基地營。

在一號營，霍華・森默維爾大半天都在照顧傷者。其中一名廓爾喀一等兵宣姆舍潘（Shamsherpun）據信是因為腦中有血塊而昏迷不醒；大吉嶺的鞋匠曼巴哈杜（Manbahadur）兩腳一直到腳踝處都凍成了冰棒，所以即便他活下來，也免不了得被截肢。數名挑夫病倒則是因為嚴重的肺炎與支氣管炎，包括一九二一年曾跟在凱拉斯身邊，一九二二年則效力諾艾爾的桑格拉（Sanglar）。最後要提的是譚丁（Tamding）這個森默維爾在行過圖博時所用的僕役。譚丁在撤退時跌了一跤，從膝蓋以下的地方摔斷了腿。諾艾爾、畢瑟姆、馬洛里與爾文拿背包架與撕下的帳篷外帳，拼裝出了臨時的擔架，但當他們要衝去救人時，才發現多吉・帕桑（Dorjee Pasang）已經在把譚丁扛下冰磧。原本受傷該激起的同情，被打了點折扣，原因是英國人發現他穿著從森默維爾那兒偷來的衣服。爾文尤其震驚於雪巴人對待傷者的態度。在下山的過程裡，他在一號營發現曼巴哈杜「就這樣躺在冷天中，完全沒有想要保暖或照顧一下自己的意思。而三名把他從二號營扛下來的挑夫，也對他這幅模樣絲毫不在意。我擔心凍傷會讓他兩腳都保不住」。

移動了二十天才又重新歸隊的辛斯頓，五月十二日又馬不停蹄地直奔一號營來助森默維爾一臂之力。「一路上我不斷遇到下山的挑夫。」他那晚在日記裡寫道，「他們的樣子讓人看了心酸。最糟的是我擔心他們的士氣消沉。現在唯一能做的就是將他們從山區疏散，然後養精蓄銳等待天氣好轉。」當天下午回到基地營後，辛斯頓也持續治療病人與傷員直到一天結束。

五月十三日早上，諾頓派卡爾瑪・保羅前往絨布寺敦請住持喇嘛在兩天後的一項典禮中賜福給探險隊的全體成員。傑佛瑞・布魯斯與辛斯頓則於同一時間回到了一號營，希望能把宣姆舍潘撤下到基地營。辛斯頓在報告中說他們發現宣姆舍潘「狀況比他們之前離開的時候還糟。但我們必須設法將他往下搬。我們用毯子跟帳篷支柱拼湊出一副臨時擔架，找了六名圖博人來幫忙，然後盡可能舒服地將他運下了山。但這趟路還是漫長又艱辛。最終圖博人把他帶到基地營的附近，他就在那裡突然嚥氣了。」宣姆舍潘的遺體在日落後不久被送進了營地，隔天早上下葬在一處淺薄墓地中，後來被添上了個紀念石碑。

其他傷者除了鞋匠曼巴哈杜以外則是全數獲救。辛斯頓使盡了渾身解數，但曼巴哈杜的腿已經壞死到臀部，發黑的兩腳也都腐爛發臭，由此辛斯頓也只能接受他回天乏術。他撐了兩禮拜，還是在五月二十五日不敵死神的召喚。某種程度上，他的死得算在馬洛里的帳上，是馬洛里對聖母峰太過執著，或至少是馬洛里沒能在三號營為挑夫提供應有的補給，才讓曼巴哈杜賠上了一條命。我們無法確知這些人的死對英國人產生何種影響，因為英國隊員馬上就把注意力轉到了手邊的工作上。辛斯頓表示「這時發生這樣的傷亡，實屬不幸，因為這會讓我被綁在基地營，但我心急如焚地想至少前進到三號營」。在他們各自的書寫與日記裡，鮮少有人提及相關的死訊，但倒是一堆人表達了對基地營各種方便與舒適之處的滿意：吃不完的熱湯熱飯、帳篷的寬敞與溫暖，還有營床跟椅子與他們相伴。

五月十一日，也就是疏散的首日，他們聚集在爾文回憶中一場……

……非常盡興的晚宴，包括有兩瓶香檳傳遞在席間。整群人蓬頭垢面。刮了鬍子且盛裝出席的辛斯頓坐在薛貝爾對面，頂著一張壞蛋臉，後腦杓還罩著一個裡外顛倒的巴拉克拉瓦[4]頭套。海澤戴著飛行頭盔，帶著鬍渣的下巴因此突出地更明顯。畢瑟姆大都悶不作聲地坐著，又圓又黑活像是加略人猶大[5]跟蘋果派的綜合體。喬治坐在張非常矮的椅子上，讓人幾乎只能在桌面上看到他那頂用超大別針別在腦側，上頭布滿蠟燭油汙的布帽。諾艾爾如常低頭用布帽蓋住眼睛，靠在椅背上不知在笑什麼。大家都很開心可以回到基督徒的食堂裡享用像樣的餐點。

後撤工作讓任務出現了六天的空窗。爾文把所有時間都花在修理工作上，而馬洛里則大多時候都十分焦躁。「他感覺靜不太下來，」邀請馬洛里來他帳篷裡睡的諾艾爾如此寫道，「時時刻刻都在盤算著、計畫著。我覺得他很顯然比誰都放不下這次的挫敗。」突然的閒暇或許讓馬洛里不知該怎麼辦，但諾頓讓探險隊休整的決斷，卻出奇地遠矚高瞻。他那套先帶隊員去到高海拔處，接著把人帶下山沉澱一段時間，最後再一起重返高海拔的流程，誤打誤撞成為了日後前往極高海拔登山時的標準作業程序，因為這麼做可以讓參與者獲得最大限度的高度適應。對絕對需要大量運氣幫忙的聖母峰探險隊來講，能夠因緣際會讓好運站在自己這一邊，絕對是好事一樁。

五月十五日星期四一整天，除了森默維爾跟畢瑟姆以外，所有人都在卡爾瑪·保羅的成功安排下，從基地營步行到下方的絨布寺來覲見札珠仁波切喇嘛。沒有人知道該期待什麼。當挑夫在外頭庭院等著的同時，登山隊先共享了一頓漫長的餐點，菜色有肉醬通心粉、蘿蔔跟辣椒，然後才被帶進一處四面都排好精巧繡椅，且其中一端有木質懸簷遮蔽的小天井裡。在那兒，簷廊下的住持喇嘛端坐在他專屬的紅色聖座上，左右有人隨侍在側。「他不怒而威。」辛斯頓回憶道，「令人印象深刻的臉龐上道盡了品格與幽默，看來迥異於普通的喇嘛。他被認為是極聖之人，甚至是可以與達賴喇嘛平起平坐的存在。他據說曾在隱修的陋室裡閉關十二年。他

4 Balaclava。巴拉克拉瓦頭套是一種戴在頭上僅露出眼睛的頭罩，最早出現在一八五四年的巴拉克拉瓦戰役，當時英國騎兵曾配戴這種頭套來因應寒冷海風的侵襲。

5 Judas Iscariot，即在最後的晚餐上背叛耶穌的猶大。

的衣著是常見的深紅色材質，但此外他還戴了頂黃帽，上頭有優雅的金飾。而許多其他喇嘛圍繞著他，做為神職輔佐的他們各有職掌。」

一個接著一個，這些英國薩博們默默走向前。據辛斯頓說，「他把銀色的轉經輪抵住我們的頭，輪內盛裝著多半是佛教禱文集的聖物。接著輪到挑夫們接受賜福，而他們每個人都先在喇嘛前行了三遍五體投地的大禮，然後才向前接受轉經輪的觸碰。每名挑夫都獻上了禮物，包括一條白色的哈達，傑夫（傑佛瑞）代表所有薩博端出了獻禮，諾頓則負責向這位神聖的紳士呈上了一卷錦繡跟一只手表。」

諾頓恭請仁波切以一些話語鼓勵一下眾人，於是這位住持喇嘛指示挑夫們在山上要聽英國薩博的話努力工作，並保證他會為了他們的健康安泰祈禱。「從我們的角度看來，」辛斯頓寫道，「這正是這場儀式的重點所在，畢竟挑夫們在剛經過嚴峻考驗後，必定有些心灰意冷。接著喇嘛便進入到禱告的程序。探險隊的眾人都在莊嚴肅穆中留下了深刻印象。最終在不斷複誦六字真言的過程中，我們所有人也一同唸起了唵嘛呢叭咪吽，如同在英國時，我們也會在教堂裡跟著唱詩歌。這儀式似乎對挑夫產生了很正面的影響，我們於是滿意地結束了這日的行程，懷著對整場活動極高的評價離開。」

但顯然不是每個登山隊員都跟辛斯頓一樣感動於心。馬洛里完全沒在隔天寫給妻子跟母親的信中提到這件事。歐德爾只在日記裡草草帶過：「典型的圖博日間簡餐，吃飯用的是筷子，然後是有趣中不失莊嚴的賜福儀式，由尊貴但親民的喇嘛主持，他用銀質轉經輪碰了我們的頭頂，然後對眾苦力曉以了大義。」約翰．諾艾爾從天井的屋頂拍下了全部的流程，並有點故作文章地宣稱喇嘛發表了不祥的警語：「你們若就此回頭，魔鬼將滿心喜悅；他們曾經逼退了你們一遍，之後也會嘗試逼退你們第二遍。」

年輕的爾文對整個場面的感覺是有趣但費解，尤其他對圖博的餐飲持極大的保留態度。「在被賜福完，頭也被用……」他寫道，「……白色金屬胡椒罐（至少看起來有點像）碰完之後，我們坐了下來，而整整一大批苦力則得邊進門邊做三次薩蘭（salaam；回教的額手禮）——頭磕到地上——然後在奉上獻禮後得到了類似的賜福。喇嘛對苦力們發表了一些金玉良言，然後唸了一段祈禱文，也可能是很多段祈禱——因為聽起來都一樣，所以我無從分辨——最後在某種深刻但不令人生厭的氣氛中畫下句點。我們在大約下午三點回到營地。我剛下肚的圖博食物在回程途中，動不動就會從胃裡冒出來。」諾頓與布魯斯只在意這場活動有沒有穩固挑夫的軍心，而這項目標很顯然是達到了。「他的祈禱與賜福為他們的心注入了新的勇氣，」布魯斯回憶說，「由此在朝著基地營前進的回程裡，他們的開朗已經非常逼近原本正常的境地。」

然而在這看似歸於平靜的表面下，洶湧著名為不確定性的暗流。再多的儀式與祈禱，也無法改變生理上的現實。森默維爾後來坦承在三號營那慘烈的七日，僅僅七日，已然「削弱了我們的力量，讓我們變得既虛且弱，甚至於幾近失能，這讓我們不再像一九二二年時那樣體能充沛而強健。」

馬洛里仍舊樂觀得像個瘋子，那是他在高山冒險前夕，當所有決策都已經塵埃落定，只剩下挑戰巔峰時，照例會進入的心境。「我必須帶著對自身體能的自豪，驕傲地告訴妳，」他在走訪絨布寺的隔天寫信對茹絲說，「我自認是全隊最強的一員。不論帶不帶氧，我都是最有機會直搗聖母峰頂的一個。我沒有證據，但我相信諾頓多半跟我有一樣的想法。他跟我昨天達成的共識是新隊員或許除了爾文，其他人都看不到老鳥的尾巴，老傢伙們只好把所有重擔都扛在身上。」

而這，正是問題所在。這次的探險隊的人丁太過單薄。歐德爾與海澤遲遲無法適應高海拔環境。畢瑟姆雖然大致上算是從痢疾中恢復過來了，但人依舊很虛。海澤仍是團體中的問題人物。他跟畢瑟姆始終處不來。事實上在所有人中，也只有最不容易動氣的歐德爾受得了脾氣古怪的海澤。森默維爾寫道，戰後的海澤「在身邊築起了一道心牆，然後只生活在牆內。偶爾他會爆出一句『我的天，這也太棒了吧！』，主要是牆內的他十分享受在圖博旅行的每一個片刻，包括辛苦的時刻。但隨即他的外殼又會闔上，外人再次不得其門而入。」

在森默維爾對海澤有所質疑的同時，馬洛里則暗暗不放心他在探險隊上的幾名好友。「森默維爾在我看來，有點達不到他兩年前的體能水準，」他在五月十六日給茹絲的信中說，「而我判斷現在的諾頓不是特別強悍。但無疑他們仍會是一流的組合。我希望能趁現在的反彈氣勢把全隊撐起來。」隨著時間推移，他的認同與希望慢慢轉向了年輕的山帝・爾文。「新成員中的明星，」他對母親說，「一個很棒的傢伙……非常懂得善待挑夫……該有的常識都有，脾氣溫和但不軟弱，還懷著高度的理想性。」他在筆下對茹絲說，在所有人當中「爾文擁有過人的求勝意志，有令人高度肯定的幹勁，還有能處理氧氣設備的精湛技藝；他的劣勢在於年輕（雖然年輕在很多方面是一項極大的優勢），所以他受痛苦的事情打擊往往更大——還有就是他的確欠缺登山的訓練與素養，這一點肯定會在遇到得攀岩或得在緩坡上節省體力時多少浮現出來。惟這些都無礙於他成為一名理想的登山搭檔，畢竟他有著一顆不可多得的強大心臟。」

星期五破曉於水晶般的早晨中，一如喇嘛所料。「天氣已經大有好轉。」辛斯頓寫道，「諾頓似乎對情勢的轉變非常滿意。他打算在隔天發動新的攻勢。」星期六的天候又更好了。「完美的一天，」爾文在日記中如是說，「一早沒有風，真可惜！」五月十七日這一天，原先是安排要攻頂的日子，但如今只是要重返山區，一切歸零後重新開始。在前面等著他們的究竟是勝利或悲劇、超越或毀滅，一切都還在未定之天。「這回的撤退只是一時的挫敗。」馬洛里寫道，「行動沒有停止，只是暫緩。問題肯定很快會有個結論。下一次我們走上絨布冰川，就會是我們的最後一次。我們將集中所有資源，朝著最終的攻擊邁進。」

盤旋在所有人事物之上的，是季風的陰影。一九二二年，季風來早了兩個禮拜，諾頓回憶中那「東南風的柔軟呼吸」吹拂過了北坳的表面，吸引了七名挑夫在六月七日踏上了死亡之路，那是個黑色星期三。如果一九二四年的他們迄今所經歷的一切能告訴他們什麼的話，那就是第一階段的季風已經臨於他們身上了。五月十七日，他們就此啟動了任務的第二階段，並如諾頓所寫的「那股恐懼揮之不去……害怕我們已經太遲了，季風的主力將在我們還來不及在北坳站穩腳步前就席捲我們」。惟除了拿出毅力，堅持在原本的計畫上走下去以外，他們沒有太多選擇，他們只能一心想著從六號營跟七號營發動的最後攻頂，將在五月二十九日發起，正好比原本的規畫晚兩個星期。

傑佛瑞·布魯斯創造了奇蹟；他一直是營地裡最強大的一股聲音，更是森默維爾口中這次危機裡最關鍵的一道聲音。「有些人天生就知道怎麼做才是對的，」森默維爾後來寫道，「有些人則是有能力讓其他人跟著他們去做該做的事情。而傑佛瑞是少數我知道集兩種能力於一身的人。他完全知道如何讓挑夫發揮出最大的潛能，而且還能在這過程中做到恩威並施。」馬洛里對諾頓也有類似的評價。「我樂見第一擊能掌握在我手裡。」他在最後幾封家書裡的一封中如是說。「這次有這樣的組織做為後盾，我們將不會輕言被擋在最終的目標之前。」而對這樣的組織，他補充表示，諾頓居功厥偉。如果他們終能踏上聖母峰頂，那也是踩在兩名勞苦功高的戰士背上——布魯斯與諾頓。

五月十七日星期六晴空萬里。在簡單的午餐後，諾頓、歐德爾、森默維爾、薛貝爾與馬洛里偕十一名挑夫開始朝一號營進發，預計以星期天晚上為目標抵達二號營。爾文雖然中了痢疾而身體不適，但還是英勇地服下了含鉛鴉片，設法在隔天早上加入了海澤跟諾艾爾的行列，只留辛斯頓在基地營照顧戰力外的隊員，包括因為坐骨神經痛而寸步難行的班特利・畢瑟姆。時間來到週一晚間，諾艾爾與布魯斯已經來到一號營，準備隔天直奔三號營；爾文跟海澤在二號營，準備著要挺進三號營；薛貝爾在完成了把四名兼具經驗與實力的王牌——諾頓、森默維爾、馬洛里與歐德爾——安頓在高營的使命之後，已經從三號營返回二號營。即便經歷了稍早的種種挫敗，諾頓仍僅用短短四十八小時就讓探險隊重新在北坳基底就好定位。

五月二十日早上，就在爾文與海澤上到三號營之際，馬洛里與其他人出發前往確立前往北坳的路徑。他們沿著營地上方的側邊冰磧奮力前進，氣喘吁吁地來到了兩萬一千英尺處，這時天空打了開來，讓他們第一次有機會用望遠鏡觀察北坳的上半部。不出他們預料，那兒已經完全不是他們記得的北坳。一九二二年時，那兒曾有一道寬僅數英尺的狹窄冰隙橫亙在北坳上，位置就在當時的四號營下方。短短兩年，那道冰隙的整個下半部已從北坳表面坍落數百英尺，曾經的冰隙上半部現已暴露在外，看上去是一道由藍冰構成的巨大斷崖，黝黑而易脆。

馬洛里與諾頓選擇了一條比一九二二年任務偏北的路線，但他們沒有找路繞上去，而是直上北坳。這麼做看似比較困難，但最終其實比較安全。森默維爾不到一個小時就因為發燒虛弱而脫隊了。馬洛里在最前面領路，後頭跟著諾頓，最後則是歐德爾與拉克帕．策靈（Lhakpa Tsering）這名一九二二年的老將，其中拉克帕負責的是揹負用來固定路線的木樁與繩索。不一會兒他們被一個巨大的障礙擋住了去路，那是一處繞不過去的煙囪地形，從冰崖的垂直表面拔起兩百英尺高。冰牆本身不算無解，但那條狹窄的煙囪兩側都很光滑，完全看不出有可以讓人放上腳趾的立足點，而且其根基還朝著黑暗的無底裂縫一瀉千里，由此諾頓稱之為「魔鬼」（the deuce）。諾頓觀察了一下他的同伴。「面對登山路上的嚴峻阻礙，」他後來寫道，「馬洛里的舉措還是不改其本色。你可以清楚看到他把神經繃緊成小提琴弦。他束緊了那條看不見的腰帶準備作戰，直覺反應衝向前面去。他身先士卒地爬上了冰壁與煙囪，並在過程中露了一手他正字標記的小心謹慎、乾淨俐落與美不勝收。」諾頓補充說，那與其說是爬山，更像是體操表演，「問題是在兩萬兩千英尺以上，不是一般人適合從事體操運動的地方。那整段兩百英尺的攀爬過程，最終來到一處讓人感激涕零的小小平台上，我想應該讓我們死命爬了有一個小時。那種辛苦，應該是破了我自己的紀錄。」

歐德爾吃足了苦頭，這點馬洛里注意到了，但最終歐德爾還是跟拉克帕一起跟上了隊伍，然後一行人便繼續往上往北坳推進，包括一度跨行在一條狹窄冰脊上，一側是朝無底黑暗冰隙滑落，另一側則是朝開放空間跟數千英尺下方的冰川頭部而去。最終在下午兩點三十分，也就是出發約七小時後，他們抵達了探險隊在一九二二年紮營的高山冰架。他們已經看不出冰架兩年前的模樣，因為冰雪的組成已歷經翻天覆地的變化。雖然仍在高牆的屏障下不受北坳的風勢侵襲，但原本寬敞的平台，如今只剩下一條細帶，最寬處不到三十英尺，宛若「一條沒有人跡，只閃耀著白雪的豬背脊」，諾頓回憶說，「勉強能為我們計畫中一排小小的六平方英尺帳篷提供平地。」

在諾頓暫且鳴金收兵，享受著不用被風吹日曬的片刻，而歐德爾與馬洛里則繼續挺進，沿著一條山徑穿梭於隔在冰架與北坳表面之間，那迷宮般的雪脊跟冰隙。對一路上把多數冰階切割工作都攬在身上的馬洛里而言，接著一個小時的操勞是「對疲倦者的酷刑」，諾頓回憶說。走在前面的歐德爾發現了一條冰橋，橫跨在最危險的一道冰隙上。這條天然拱橋將在探險期間成為他們前往高地營的通道。下午三點四十五分，在與諾頓跟拉克帕在新的四號營會師後，累到失去理性而什麼都無所謂了的他們，趕忙下山到三號營。「關於那次下山的過程，」諾頓後來打趣說，「我一個字都不想說。」

事實上，他們能活下來實在是幸運。下山時的他們不顧一切走了一九二二年的路線，也就是最後以災難作收的那條路線。諾頓與馬洛里沒綁繩子；拉克帕負責殿後並綁在歐德爾身上。四個人都沒穿釘鞋。諾頓途中滑了一跤而一時間失去控制，拉克帕也是，其中拉克帕還很恐怖地一路往坡面下滑，還好最後停在了一片軟雪之上。不知道什麼原因，歐德爾准許他綁了個果然撐不住的平結。某個點上馬洛里還莫名其妙失蹤了一會兒。他寫道，「積雪鬆動了一下，造成我往裡頭一摔，四周的雪朝我身上滾落，所幸我只摔了大約十英尺，就在半瞎半窒息的狀態下發現自己被忠心的冰斧給救了下來，原來它不知怎地正好卡在冰隙之間，而我的右手又沒有將之鬆開——此時我的正下方是個看來非常不樂觀的黑洞。我先驚險地調整了好一會兒，才確實把自己的姿勢卡好，開始朝我剛剛掉下來所經過的圓洞呼救，透過那個洞我還能瞥見藍天。」一如他所說，馬洛里開始大聲呼救，但其他人都已經往下坡走了一段，根本沒人聽得到馬洛里的呼喊。最終馬洛里明知任何動作都可能導致自己危如累卵的支撐鬆開，也還是只能自行鑿著冰隙的側面爬出。這當中只要稍微一點差錯，他就會萬劫不復地落入深不見底的黑暗深淵。

當晚剛過六點半，吃足苦頭的他們終於從鬼門關回到三號營。但在營地等著他們的，也完全談不上是熱烈的歡迎；相反地，三號營冷得要命。一九二二年那些能夠捕捉陽光、在寒夜裡輻射熱能的黑色石頭，如今已全數覆蓋在積雪當中。溪水已然凍成冰，而這種海拔根本煮不出熱食，更別說一杯像樣的茶了。諾頓曾於筆下提到過「可恨的晚餐只有營地裡的寒冷陰影陪伴，而兩隻腳則硬得跟石頭一樣。」食物嚐起來有煤油味，而伴隨著冷風，弟兄們的喉嚨內襯都生澀到吞嚥困難。在長期頭痛的同時，大家都還多多少少忍受著乾咳的折磨。事實上，大家都因為咳得太用力而難以入睡。

就這樣，精疲力竭卻夜不成眠的馬洛里醒了大半夜，「痛苦的根源，」他寫信對茹絲說，「是止不住的咳嗽讓人撕心裂肺。」跟馬洛里同帳篷的諾頓也一樣睡不下去，而讓他煩心的除了將至的季風，他尤其擔心挑著重物的挑夫們克服不了冰煙囪。由此天一亮他就信手寫下了筆記：「談不上睡好的一晚——滿腦子都是橫在任務眼前無法視而不見的困難與危險；天氣陰沉但暖，清晨微微下了點雪。不是很喜歡這樣的天色。祈求上蒼這不是季風的開端，因為地球上沒有力量可以讓北坳的任一部分在季風裡安全好走。」

隔天五月二十一日星期三早上，在降雪逐漸轉強的同時，海澤、爾文與森默維爾率十二名挑夫向上前往北坳進行四號營的補給。當下的環境十分惡劣，爾文猶記得「狀況完全就是非常要命」。森默維爾寫道，海澤與挑夫們「流血流汗」，才穿過暴雪切出一條路來。對海澤來說，這裡的流血流汗不是比喻，而是實情：他於戰時傷到的右臂裂了開來，由此血在他的裝備底下流了大半天。

森默維爾領著眾人上了冰煙囪，後頭跟上的是爾文。海澤從底下綁上了物資，然後在兩個半小時內，爾文與森默維爾一綑綑把東西拉了上去。「年輕力壯的爾文，」諾頓報告說，「宛若無懈可擊的力量之塔，他優越的體格在此時派上了最大的用場。」但話說回來，這依舊是漫長而累人的作業，而為了按照計畫在天黑前回到三號營，爾文與森默維爾把海澤跟挑夫們留在了北坳冰架下方只有一百五十英尺的地方，也就是四號營的營址。霧與雪讓能見度降至一百碼；爾文「在下山時狠狠滑了一跤」。又累又渴的他們抵達三號營時，黃昏剛落在冰川之上。

他們的計畫是讓海澤與他的挑夫在四號營夜宿一晚，隔天再回三號營。在森默維爾與爾文在三號營準備著第一次的攻頂嘗試時，歐德爾與傑佛瑞·布魯斯會帶著另外十二名挑夫在星期四早上前進到四號營，在那兒過一夜，然後繼續上到東北肩部，在兩萬五千五百英尺處建立五號營。但也許是命運的安排，那場讓從北坳下來的森默維爾跟爾文幾乎變成瞎子的降雪，又接續下了一整夜到星期四白天，讓所有人都只能坐困營地內。「很糟糕的一天。」森默維爾寫道，「我們原本希望能帶上北坳來讓裝備齊備的隊伍，現在根本無法出發。三號營跟地獄一樣。我想在北坳的十三個人應該比我們舒服。但這場雪讓向上之路變得非常危險。我們明天還想再派一隊人上去，但北坳的坡面實在談不上多安全。」氣溫在那晚降至華氏負二十四度（攝氏負三十一度），據歐德爾所說是聖母峰上的新低。「一整天的大雪下到下午三點，」諾頓在三號營的日記裡寫道，「除了帶著硬到像石頭的腳躺在睡袋裡以外，什麼事也做不了，頂多是再擔心一下海澤跟他忠心耿耿的十二名挑夫。」

五月二十三日星期五，天亮得又晴朗又明亮，空氣「銳利得像把刀」。布魯斯與歐德爾在上午九點三十分動身，目標是四號營，但在大雪中他們的隊伍很快就步履維艱。先是歐德爾需要氧氣，後來布魯斯也是。下午三點，他們才不過來到冰煙囪的腳邊。不得不撤退的他們很驚訝地發現在他們上邊，海澤跟一小隊挑夫正在掙扎地從坡面上下來。天色固然明亮，但吹雪模糊了他們的視線；白色的風吸收了所有的聲響。他們喊什麼都沒人聽得到，而且被迫得背對著山，率著疲憊的隊伍返回下方的三號營。

在此同時，下行的海澤於五點鐘帶著一肚子苦水，抵達了三號營。忍受了一夜酷寒，加上推想布魯斯與歐德爾會帶人在那天抵達四號營，海澤於是留下了廚子老蒲這個老實人一人在北坳，然後率他的十一名挑夫回到三號營，但途中三人突然孬了起來，並在驚慌中躲回到四號營的帳篷裡。在混亂與疲憊中，海澤顯然沒有注意到隊伍裡少了三人。所以他現在回到三號營，身邊只帶上了八個人，另外四個人得在北坳擱淺第二夜。他們的那袋食糧已經掉下了懸崖，剩下能吃的只有青稞麵粉；四號營僅有的其他物資是給薩博吃的罐頭，圖博人根本打不開。在三號營的其他英國登山隊員都很訝異於海澤能蠢到這個地步。「我們很難釐清事情的前因後果，」馬洛里寫道，「但很顯然他沒有扮演好牧羊人的角色，以至於出現了四隻迷途羔羊，其中一隻還嚴重凍傷。」

這個局面，是對諾頓身為領導者的終極考驗。隨著季風愈吹愈強勁，北坳的狀況只能每況愈下。要是挑夫沒在一天或至多兩天內救下來，他們絕對有是有死無活。但眼前他手下的登山隊員都已氣力放盡，更別說吸引他們跨越大半個地球而來的艱鉅任務，幾乎連開始都還沒開始。馬洛里與森默維爾有高海拔跟寒冷造成的支氣管炎跟嚴重咳嗽。爾文腹瀉中。歐德爾幾天沒睡了，而海澤則因為舊傷滲血而成了廢人一個。想救回在北坳的圖博人，需要的是王牌登山者的技術與體能——這說的是馬洛里、森默維爾、爾文與諾頓自己的等級。換句話說派這些人去救人，賭上的是最有條件攻克聖母峰頂的那些人。

但諾頓未曾片刻遲疑。「現在的當務之急，」他寫道，「就是把人活著救下來。」他的心境是，只要他是隊長一天，就不能讓一九二二年的慘劇重演。惟這也確實會是趟非常危險的任務。上行到北坳的速度只會慢，不會快，過程只會難，不會簡單。更別說以那雪況之惡劣，誰也說不準何時會雪崩。諾頓評估此舉的勝敗機率是二比一，成功的機率稍微大一點。馬洛里在給茹絲的信中則認為這比率應該是十比一，即十次失敗才能有一次成功。那一晚他們聚集在食堂帳篷的燭光下擬定了隔天早上的計畫。「那是場氣氛沉重的小小會議；我們不得不承認在這個節骨眼上再次背棄山脈，恐怕就等於背棄了今年想要有所成的全數希望。」

在就寢前，他們照例聚集在兩頂帳篷之間，一起在平坦的石面上跺腳取暖。他們分別給兩頂帳篷取名為巴爾莫勒爾（Balmoral）與桑德令罕（Sandringham），取其皇家宅邸之意。歐德爾與森默維爾睡在其中一頂，諾頓與馬洛里合住另外一頂。這一晚沒有人多說什麼。「那夜我們躺在帳篷裡，聽著軟雪打在篷壁上的啪啪聲。」諾頓回憶說，隊員們心知自己機會不大，「但當時我們都把這種悲觀的想法藏在自己心中。大約午夜時分，降雪停了下來，月亮探出了頭。」

五月二十四日星期六，帝國國慶日破曉在光明之中，惟在探險隊與困於北坳的挑夫心中仍是烏雲蔽日。原本排定要參加救援行動的山帝・爾文一醒來就頭痛欲裂加上胃部不適，所以他只好跟著奉諾頓之命要疏散三號營的傑佛瑞・布魯斯與海澤一起下山。他們的目的地是一號營，但爾文虛弱到他必須留在二號營接受薛貝爾的照料，海澤則會繼續挺進到基地營。畢瑟姆無視於辛斯頓的命令，掙扎地上到了二號營，但他還是孱弱到無法為探險隊做出任何有意義的貢獻。在基地營的辛斯頓晚了三個月剛得知父親的死訊，但他還是繼續照顧著病懨懨的鞋匠曼巴哈杜，染上肺炎的曼巴哈杜現在狀況非常危急。「辛斯頓不敢離開基地，」爾文在札記裡寫道，「因為那名因為凍傷而臥床的病人隨時都可能斷氣。美好的夜晚，但臉痛到不行。」爾文的白皙皮膚因為日曬風吹與低溫而長了水泡，脆弱到他手一碰臉，曬傷的部分就會黏在手上脫落。

在三號營，馬洛里、森默維爾與諾頓在早上七點三十分出發。他們奮力走在遍地完全沒有空隙、雪深及腰的新雪裡，並在抵達北坳基底後繼續前進。馬洛里盡可能率隊前進，實在不行了才交棒給森默維爾，而森默維爾則努力帶隊前進到了前一天布魯斯與歐德爾拋下負重的雪谷，才又交棒給唯一有穿釘鞋的諾頓。諾頓爬到他爬不下去了，便把領隊角色再交回給馬洛里。就這樣一棒接一棒，三人一直爬到他們精疲力竭。在朝北坳而上的這七小時當中，他們無時無刻不得以腳為犁穿過及膝的積雪，甚至很多地方的積雪都高過他們的大腿以上。等氣力放盡的三人終於抵達四號營的岩架處，受困的四名挑夫也在相互倚靠的蹣跚腳步中現身。諾頓用喊聲確認他們是否還能行走。「往上還是往下？」這群堅毅的雪巴人如此回答，但其實其中兩人那姆珈與烏仲（Uchung）已經嚴重凍傷。「當然是往下，你傻了嗎！」諾頓在驚訝中意會到這些人是如何地不知死活。

隔在四名受困挑夫跟救援隊之間的，是一條嚴重欠缺遮蔽的陡坡。這段深雪之路走起來格外凶險，因為雪崩在此顯然萬事俱備。在諾頓與馬洛里的確保下，森默維爾帶著兩百英尺的繩索，開始緩慢地朝著挑夫前進。最終他在距離目標不到三十英尺處用盡了所有的繩索。此時已經是下午四點，他們已經沒時間下去換更長的繩索，唯一的辦法就是讓挑夫自己靠過來。第一個人平安抵達了森默維爾身邊，並迅速被移送到諾頓的固定點。第二個人也一樣順利，但就在他剛來到馬洛里搆得到的範圍內時，第三跟第四個人突然冒冒失失地決定一起出發。森默維爾尖叫要他們停下來，但他們加起來的重量已經弄鬆了一大層雪，接著一起墜下了坡面，乍看之下是完蛋了。

坍方來得快停得也快，最終積雪夯實在距離崩落兩百英尺的冰崖邊緣，不到十碼（約九十公分）的地方。掉下去的兩人還站著，但害怕到全身發抖且動都不敢動。森默維爾下令要他們坐下。然後他解開了確保，把冰斧劈進雪面當固定點，然後把繩索纏在了上面。他回望了一眼諾頓跟馬洛里，確認他們沒事之後，並緩緩地把自己降了下去，一手抓著繩子，一手空出來抓住待救援的兩人。那考驗人心臟強度的程度，不下於朝著在海面上溺水的人游去：因為人在驚慌中什麼事都做得出來。森默維爾僅有的餘裕，是抓住兩人的脖子後面，然後用讓他們宛若被麻痺的權威，一一將他們帶向了安全。

此時是下午四點半，而他們仍需帶著四個全都又餓又怕又虛弱的發抖病人，包含兩名被嚴重凍傷的挑夫，從北坳往下走。馬洛里在前方領路，後頭用繩子拖著一名挑夫。森默維爾走第二位，保護另兩名挑夫。諾頓殿後，並領著兩手因為凍傷而腫得不像話，完全無法使用的那姆珈。他們設法克服了冰煙囪，然後在餘暉中搖搖晃晃地前進，最終在黃昏時抵達了北坳底部的冰川。那姆珈在那裡徹底崩潰。諾頓用肩膀將他扛起，就像在前線扶持受傷的士兵一樣。晚間七點三十分，當他們終於抵達在三號營上方長達一英里的冰磧時，兩個人影從黑暗中靠了過來。那是歐德爾與約翰．諾艾爾，而他們帶來了食物跟裝在保溫瓶裡的熱湯。一下午都在拍攝救援過程的諾艾爾，後來如此形容他們見到眾人回歸的瞬間：

我們辛苦摸黑前進了大約一個半小時，然後我們頻繁的呼叫終於得到了叫喊的回應。一跟我們會合，他們一整群人就當場陷入了雪裡面。他們全都累到了極限。挑夫一個個就像醉漢，完全不知道當下是什麼情況。諾頓、森默維爾與馬洛里則幾近一語不發。我們拿出了熱食要給他們，其中一名挑夫才剛把東西放進嘴裡，就馬上嘔吐了起來，而另外一個則得靠我們用膝蓋撐住。他們都不可能再在剩餘的探險任務中擔任任何一丁點工作了。事實上在接下來的數日裡，雪原營（Snowfield Camp；即三號營）大舉遣散了所有達不到標準的人手。

很不幸的是，根本沒有人達得到標準，所以大家都得走人。在每一天都很珍貴，而季風不斷變強的煩惱又一直折磨著他的狀況下，諾頓雖然千百個不願意，也只能在失落中第二次下令全體從北坳側邊撤退。「隔天早上，」他寫道，「我們懷著感激在三號營上掉頭，並伴著一小隊跛著的跟瞎了的淒慘成員，頂著東北風跟再起的降雪，終於抵達了二號營。」

五月二十五日星期天晚間，諾頓、森默維爾、歐德爾與薛貝爾人在二號營，而諾頓與森默維爾則預備要在隔天繼續下山。馬洛里已經持續一路下行到一號營，並在那兒與爾文跟布魯斯會合。海澤與畢瑟姆人在基地營，而也在那兒的鞋匠曼巴哈杜則還是在當天早上撒手人寰，解脫了痛苦。「探險隊真是禍不單行。」辛斯頓寫道……

……兩腳嚴重凍傷的曼巴哈杜在今早死於肺炎。這對他來講也好，不然他兩隻腳之後也是得截掉。但比起這更大的壞消息，是天氣的轉變。今日沒有猛烈的風勢從聖母峰吹來，卻有從聖母峰正對面吹來的強風，而且還是有白雲相伴的暖風。那難不成就是已經來臨的季風？是的話可就嚴重了。季風若來，就代表山甭爬了，而我們這次都還沒人去到北坳以上呢。探險隊會失敗真是令人難以想像，但事實是我們遭遇了誰都沒想到的嚴峻天候。薛貝爾從二號營捎了信給我。他說計畫有變，諾頓已經下到一號營。某個新計畫多半已經在進行研議。探險隊不可能拿著只到達北坳這種成績回去。

隔天諾頓召來了辛斯頓到一號營共商大計，名為要開「作戰會議」，探險隊的命運很顯然來到了十字路口。四名受困的圖博挑夫的救援工作讓人捏了把冷汗。當湯姆・隆斯塔夫在印度報紙上得知此事之時，他留下了這句名言：「說好的要去拔死神的鬍鬚呢——這些傢伙根本是從緊閉的牙齒缺口間爬了進去！」事後證明傑佛瑞・布魯斯被排除在救援任務之外，是因為諾頓相信有很大的機會，出發的三人將有去無回，因此他不希望讓布魯斯去涉險，他知道倖存者會需要布魯斯的知識與技能才能返回印度。

不論是官方的營誌，薛貝爾、辛斯頓、歐德爾或爾文的私人日記，馬洛里或畢瑟姆的書信中，或是任何後來的陳述或回憶錄裡，都沒有任何一名隊員以隻字片語質疑過諾頓為了營救受困圖博人而孤注一擲的決定。在此同時，沒有人不知道救援任務即便成功，它所代表的意義。運輸官薛貝爾分析說：「這是整次任務以來賭注最大、投入資源也最多的調度，而我們三名王牌登山者的狀態因此下降，可能會讓我們付出代價，與聖母峰緣慳一面。」

探險隊陷入了進退兩難的局面。諾頓與馬洛里，還有同樣是明白人的歐德爾、森默維爾與布魯斯，都非常清楚他們身上揹負著一整個國家——或者應該說是一整個帝國——的期盼，由此他們只能成功不許失敗，只能帶著勝利回來，姑且不論那種成功與勝利是什麼意涵。五月二十六日，也就是諾頓在一號營召集作戰會議的那天，皇家地理學會的會士也聚集在倫敦進行周年會議與晚宴，那是場上千人繫上黑領帶並身穿燕尾服的盛會。杯觥交錯間，他們交流的是聖母峰的消息與他們引頸期盼的捷報。這些人大都不清楚聖母峰是座什麼樣的山，更不曉得探險隊的命運是如何多舛。

從登山隊抵達絨布算起，過去了一個月，但計畫周密的他們卻幾乎一事無成。在四號營，也就是在北坳上，他們僅僅搭起了四頂帳篷，而物資只有足以供十二名挑夫跟一名登山隊員使用的睡袋。要給高地營用的食物與補給散落在整條東絨布冰川上。在五十五名「老虎」，也就是任務一開始布魯斯將軍煞有介事在大吉嶺拔擢的雪巴人菁英裡，如今只剩十二人（薛貝爾給的數字，相對於布魯斯估十五人）還有體能條件重返三號營跟北坳。馬上可以上場的只有氧氣設備，而那得歸功於年輕的山帝·爾文。惟考量到其重量與補給線的徹底崩潰，如今的氧氣設備說是資產，倒不是說是探險隊的負累。在諾頓的作戰會議上，傑佛瑞·布魯斯倡議要徹底放棄氧氣這個選項，希望藉此讓僅剩健康的挑夫能全力去搬運更要緊的資源：食物、燃料、帳篷與登山裝備。

就諾頓自己而言，他極度擔心的是天氣。他們距離一九二二年季風火力全開的日子，只剩一星期了，且各種跡象都顯示季風季節已經是現在進行式。他們當時自然沒有氣象紀錄或前例可供對照，只有前兩次探險隊的觀察資料可以參考。由此登山隊員們不會知道的是他們在五月前兩個禮拜所經歷的種種，很不尋常地跟年度季風沒有一絲關係。真相是在一九二四年，阿富汗西部的一個低氣壓系統甩出一系列強大的風暴，橫亙於整個北印度，進而為整片喜馬拉雅山區帶來了低溫與惡劣的天候。只是即便當年能掌握這項資訊，探險隊員的心裡也不會比較好過。這或許解釋了他們之前何以吃足苦頭，但也意味著可恨的季風還在前頭等著，配上性如烈火的聖母峰。

五月二十六日的會議從中午開到晚上，最終開到所有人——諾頓、馬洛里、森默維爾、爾文、布魯斯與辛斯頓——都在爾文的帳篷裡吃起了晚餐。「計畫必須重新打造。」辛斯頓在當晚寫道，「原本的打算裡有七號營，但如今最多就是六號營了。氧氣有可能被放棄。我們討論了各種的可能方案，大家也都各抒己見，但最終的定案仍被延至明早拍板。我們肯定會再嘗試攻頂一次，前提是天候許可。可以確定的是這次嘗試的規模會變小，而這當然會增加攻頂的風險，也降低成功的機率。」

這段看似輕鬆寫意的日記，流露著讓辛斯頓之所以是探險隊重要資產的沉著冷靜，但其所記述的轉捩點早已決定了探險隊的命運。直到五月二十六日之前，這次探險任務的力量始終源自於由計畫所賦予的紀律，而那項計畫又是以兩項健全而基本的信念做為根基。首先是芬奇在一九二二年的戲劇化表現，加上那之後探險隊所得知的一切，都已使人無法再質疑氧氣在攻頂成敗跟隊員能否平安歸來上的重要性。馬洛里雖然在接受氧氣的路上姍姍來遲，但他卻後來居上地相信攻頂如果不帶氧氣，那就是做做樣子，攻氣氛的而已。再者，一九二二年的經驗讓馬洛里等人堅信，北坳之上必須有第二個補給充沛的營地，而且至少紮營的海拔必須要在兩萬七千三百英尺之上，才能讓登山隊員有機會在一天之內攻頂然後下山。這個營地是關鍵所在，是馬洛里計畫的命脈，也是諾頓等人在協格爾宗為他熱切背書過的「靈感」。同時放棄氧氣跟北坳上方二號平台這兩個讓攻頂嘗試變得務實的理念核心，將意味著探險隊同時失去了專注力與理性，也意味著他們是真的急了。惟即便如此，在五月二十七日，諾頓令歐德爾、薛貝爾與約翰．諾艾爾從二號營下來一起開會，他們就做了這樣一個不理性的決定。

「我們決定，」諾頓後來寫道，「完全放棄氧氣。」他們決定將休整兩三日，然後六名登山隊員跟所有能用的雪巴人會共同進駐三號營。接下來兩天，兩個兩人小組會從四號營出發。第一組會在兩萬五千五百英尺處建立五號營，然後隔天繼續挺進到兩萬七千兩百英尺處的六號營——在目前的克難狀況下，基本上是要他們野營——然後就從六號營攻頂。幾乎獨立於第一組之外的第二組，會在萬一第一組失敗時嘗試重複上述的過程。第三個兩人小組會留在四號營當預備隊。

分組的決定算是簡單。薛貝爾想起一九二二年的傑佛瑞·布魯斯，決定自告奮勇，但「諾頓很堅定地拒絕了他的請纓」。畢瑟姆自然不在考慮之列，因為他的坐骨神經痛仍遲遲未退。海澤因為已經不被眾人信任，因此只能老實在三號營待著。爾文強歸強但畢竟年輕，因此與經驗很豐富但「很顯然不適應高海拔」（辛斯頓在五月二十六日的診療報告中如此註記）的歐德爾共組預備隊。經過這樣的一番淘汰，最終打前鋒的四人分別是傑佛瑞·布魯斯與馬洛里一組，森默維爾跟諾頓一組。

馬洛里很清楚這是個什麼樣的計畫，或者應該說他很清楚這計畫有多愚蠢跟衝動。三天前在第二次放棄三號營的前夕，他曾經在給茹絲的信中表達了對諾頓所處困局的感同身受：「可憐的老諾頓受了不小的打擊，他應該很痛恨事情搞到這步田地。」而此時在要重返三號營的前夕，他又語帶嘲諷地在信中對劍橋的老同學大衛·派伊說：「我們又馬上要上山去了，而這場冒險如今看來是再冒進也沒有了……原本健全的計畫盡皆遭到廢棄，取而代之的是要連兩次硬闖而不帶氧。只要我狀況許可，傑佛瑞·布魯斯跟我會是第一隊，諾頓跟森默維爾是第二隊，看起來是老將先上，但其實這完全是出於求勝的現實考量。萬一季風逼得我們得從四號營出發，那它幾乎就確定會在那之後的三天中追上我們。這樣的前景還真是無比光明！」

馬洛里把他私下的擔心藏在了心裡，沒有將之納入他最後一次的公開聲明中。在五月二十六日傳給《泰晤士報》並獲其引用的原句中，馬洛里在探險隊命運仍在未定之天的同時打起精神，與英國民眾進行了慷慨激昂的最後交流：「行動只是暫停，高潮還在之後的好戲。成敗不久後會塵埃落定。第三次我們踏上東絨布冰川，也將是最後一次，不論結果是好是壞。我們已經數算過傷者，所以對這支小部隊該折去多少戰力心裡有底，而我們也會帶著這樣的認知去規畫下一場戰役……我們不會期待聖母峰對我們手下留情。」

他把內心的真實感受與極其深沉的恐懼，留給了愛妻。由此在五月二十七日給茹絲的信裡，他是這麼說的：「我親愛的女孩，這段時間老天真的不太眷顧——我回頭看到的是大量的付出與累積的疲憊……向外看出帳篷是個冰天雪地與希望在消逝的世界……全體隊員的體能狀態正令人感傷地在下探……唯一氣色紅潤而無可挑剔的是傑佛瑞．布魯斯。諾頓在先挑了我到第一隊（後），便讓我負責挑選攻頂的團隊成員。但我對自己的狀態也沒有十足的把握……我們再次從此營出發的日子就在後天——六天後山頂見！」

馬洛里躺在睡袋裡，寫著這封注定要在事情已經塵埃落定很久後才寄到茹絲手中的信件，他的思緒不禁飄回了故鄉英國，也飄到了家庭與日常生活中的點點滴滴。他為家中老車給茹絲添了那麼多麻煩而心浮氣躁，也為了收到女兒克萊兒寫給他的可愛詩句而在內心雀躍。另外他把母親一切安好且精神奕奕地在普羅旺斯艾克斯（Aix-en-Provence）度假的喜訊傳達給茹絲，還特別請茹絲幫他捎信給大衛・派伊，原來這老朋友從威爾斯的佩尼通寄了信給他，而那可是戰前的他們曾一起為生活找到表達出口的地方。接著馬洛里這封最後的家書便畫下了句點，而他在結尾是這樣說的：「蠟燭就要燒完，我得停筆了。親愛的，我對妳有滿滿的祝福——我希望妳的煩憂可以在收到這封信之前化為烏有——也希望這封信裡帶給妳的是不僅最快、也是最好的消息。這次的勝算是五十比一，我們是一，但我們還是會全力以赴，讓大家以我們為榮。我很愛很愛妳。永遠是妳親愛的，喬治。」

隔天五月二十八日星期三，天色在晴朗中破曉，但事情並非樣樣順利。馬洛里帶著病懨懨的氣色，大多時間在帳篷裡獨自休息，按照約翰・諾艾爾的說法，他顯得氣力放盡。他們這位最好的登山隊員，按諾艾爾這名製片人的回憶所說，「是靠意志力在撐著」。在諾艾爾的提醒下，諾頓沒有讓馬洛里出動，而是讓他跟森默維爾與傑佛瑞・布魯斯一起休了一天。

山帝・爾文銜命前去與已經回到二號營的歐德爾跟薛貝爾會合。他們接下來四十八小時的任務，是做出一條繩梯來克服冰煙囪的挑戰。這麼做是爾文的主意，所以繩梯很自然也由他設計。每逢第三道踏腳處，他們會用上帳篷的大木樁，其餘則是手編的麻繩——編繩對於被凍僵的手是很困難的作業。在爾文與諾頓被派上去三號營後，可以在山間出任務的雪巴人僅剩十五名，且十五名都是屬於菁英挑夫的「老虎」。這看似簡單的數字對比——十名英國人、十五名雪巴人——創造出了一種特殊的平衡，一種讓英國人兩百年來在印度所受禮遇遭到挑戰的分庭抗禮。

英國登山隊員對雪巴人敬佩歸敬佩，卻鮮少做點什麼去理解他們的世界。榮赫鵬有句名言是說，數以百計的圖博人住在聖母峰的底下，他們「每年都可以嘗試登頂，但事實證明他們沒有這麼做。他們甚至連想這麼做的慾望都沒有。他們欠缺那所需的精神。」畢瑟姆也認為雪巴人的人格中欠缺一種基本的成分。「有人說過，這些人只要有心，想上到聖母峰頂並非難事。我對此深表懷疑……我是說他們的身體或許對高山非常適應，但他們欠缺需要的心境。」他如此聲言。

諾頓寫到說雪巴人「格外像是幼稚版的英國士兵。他們跟英國士兵一樣有著高昂的士氣去面對艱困與危險的任務，同樣隨時可以伶牙俐齒或耍個寶。跟英國士兵一樣，他們的堅毅性格往往會在讓柔弱者崩潰的逆境中遇強則強。」這話出自諾頓之口是極大的恭維。論及異國文化，他不是那種能看出細微差異的男人，但哪怕勇氣跟實力在他的眼前一閃而過，他也一次都不會錯過。

在所有人當中，就屬好醫生辛斯頓最接近能體察圖博超脫世界觀的境界。就在山帝・爾文與一干雪巴人在東絨布冰川路廊上攀爬，準備進行最後攻頂的同時，人在基地營的辛斯頓有了一次奇遇。他在五月二十八日晚間的札記中寫道：

今早我探索了一處有名隱士在其中安居的峽谷。我並沒有太過接近他的閉關處，但那裡似乎是一處由石牆半掩住的天然洞穴。說他是被埋在山裡一點也不過分，因為他周遭除了懸崖峭壁跟石頭以外，就是闖蕩進峽谷但現時被凍結住的激流。他於此處閉關已經三年，計畫中的修行還有兩年。每月一回，寺院會把他的糧食送至，但除此之外他斷絕了一切與人的接觸。這種貨真價實的隱修生活，在我的想像中是非常慘澹的，畢竟你得在一萬七千英尺處的寒冷荒山中獨自度日。當然他會因此備受肯定，並在回歸寺院生活後被尊為超凡入聖的喇嘛。他看著我們挑戰聖母峰，不出意料地就跟我們看著他隱修的眼光大同小異，徒勞且荒謬，而兩者的價值也無疑沒有誰高誰低，其追求的都純粹是道德上與靈性上的收穫，實質上的用途少到等於沒有。

隔天五月二十九日，也就是耶穌升天節（Ascension Day）的早上，馬洛里、森默維爾、諾頓與傑佛瑞·布魯斯動身朝二號營前進，抵達時正好還來得及吃份午間的輕食。畢瑟姆與諾艾爾原本就在那兒，同時在場的還有爾文、歐德爾與薛貝爾。海澤這天在基地營醒來，但他接獲的命令是要前往三號營。「第三次挑戰將於明日發動，」辛斯頓說，「兩路人馬將共同嘗試攻頂。馬洛里與布魯斯是第一隊，諾頓與森默維爾組的是第二隊。這孤注一擲怎麼看也希望不大，但總歸會是我們最後的嘗試。天氣有機會能撐住，但無論如何此舉還是有非常高的難度。」在二號營他們共同享受了「一個美麗的晚上，一整夜他們在冰川上熱熱鬧鬧。」

星期五天氣非常完美，登山隊員們精神抖擻地朝三號營邁進。馬洛里與爾文結伴同行，結果他們比布魯斯與諾頓或森默維爾與歐德爾都早到很多。讓眾人驚異的是，畢瑟姆悍然拒絕接受辛斯頓的命令，在時間剛進入下午時搖搖晃晃地進入了營地。他很顯然叫了辛斯頓醫師去死，還說在付出了這麼多努力之後，他說什麼也不能眼睜睜看著自己跟最後的行動擦身而過。這在諾頓眼中無異於叛變，他於是立刻令畢瑟姆返回基地營，並指示他叫辛斯頓上山來。諾頓表示山上肯定用得上辛斯頓的醫術。那天下午天氣放晴得很徹底，讓登山隊非常滿意，只是夜幕降臨時又有點風起雲湧的跡象。爾文感覺前所未有的強大。「今晚我感覺狀態好到不行。要是我是第一隊，而不是該死的預備隊就好了。」他不是唯一一個這麼想的人，馬洛里顯然也青睞爾文甚於布魯斯，但此時想收回成命為時已晚。

五月三十一日星期六，群星消逝進土耳其綠的黎明。海澤在二號營告別了薛貝爾，上行到三號營。馬洛里與布魯斯偕擔任輔助的歐德爾與爾文，在早上八點四十五分帶九名挑夫離開了三號營。厚逾兩英尺的積雪構成一層冰冷的地殼，讓前進變得更加困難，而就在雪巴人被不容小覷的負重壓得步履維艱的同時，英國人交替著在前頭當領隊。來到冰煙囪後，馬洛里與歐德爾站出來架起了繩梯，而這東西果然好用。挑夫們順利地一個個爬了上去，不再需要把負重卸下。突破煙囪之後，年輕的爾文開始在上頭領路，而隨著一行人開始接近冰架，歐德爾切出了最後的冰階。在可能的範圍內，他們希望讓馬洛里與布魯斯保留體力給在北坳之上等待著他們的挑戰。午後三時，他們平安抵達了四號營。爾文下廚弄了一頓「可可亞、豌豆湯與牛舌的大餐」。馬洛里的眼睛稍微被太陽閃到；那感覺有點惱人、刺痛，但不是個大問題。夜空給人希望，默默的星光照亮了整片穹蒼。「美好而恬靜的晚上，」歐德爾寫道，「處境非常理想。」體力不支的挑夫只有一人。

爾文在早上四點三十分起身替登山隊員們煮早餐。他不很意外地發現「這是冷天中的一項爛差事。感謝上帝我的正職不是廚師！太陽照進營地是清晨五點十分的事情。」在樂觀心情的催化下，馬洛里與布魯斯偕八名挑夫在六點十分出發，在前方領路的爾文與歐德爾預計會伴行直到坳部表面的邊界。然後他們就遇到了風勢，而且是探險隊在一九二二年所沒有遇過的強大風勢。那是一九二一年的噩夢重演，一股像鬼魅般竄出而差點讓當年的惠勒、布洛克與馬洛里被凍死的冷風。歐德爾與爾文撤退得很開心，但馬洛里、布魯斯與挑夫們仍得迎頭往風裡挺進，而不出多時，他們就被從地面吹起的飛雪抹煞成模糊不清的人影。

六月一日整個上午，就在掙扎著要沿馬洛里於一九二二年摸熟的路徑上到東北肩部之際，他們要對抗的是寒冷與風勢，由此他每一步都得把全身的重量押上前方陡達四十五度的坡面。他們的眉毛已經長時間低於他們的膝蓋了，但風勢之強還是讓他們無法確實貼在地面上。在還遠低於目標五號營的兩萬五千英尺處，四名挑夫停下腳步並把負重往地上一丟。就像打算等死的人一樣，他們只是坐在那裡，不肯再往前進。馬洛里、布魯斯與剩下四名挑夫在不屈不撓的羅布桑·雪巴（Lobsang Sherpa）帶領下，繼續奮力往前走了三百英尺，然後清出了兩方可以搭帳篷的平面。準備好之後，布魯斯與羅布桑便回到了在下方耍賴的挑夫那裡，並為了給這些人難看而在搬了一趟裝備之後又搬了第二趟。這次的負重其實相對輕盈，不過二十磅而已，但在已經爬到兩萬五千三百英尺處之後還要上下這段坡面兩趟，依舊是非常辛苦的事情，布魯斯的心臟就很危險地被逼到了極限，只是他本人當下也無從得知這一點。

馬洛里讓五名無以為繼的挑夫往下回到北坳，留下的三名經他評估還足以繼續上行到六號營——也就是兩萬七千英尺以上要做為攻頂跳板的地點。那晚，馬洛里與布魯斯共用了一頂輕型米德式帳篷；三名挑夫則擠在另外一頂。這些薄如蟬翼的庇護所——基本上也就是十磅的帆布而已——孤零零地矗立在山脊的東麓，雖然不會被風直接吹到，但其暴露在大自然外的程度仍舊十分危險。一九二二年馬洛里高地營的破落遺跡，就散落在他們底下兩百英尺的石塊之間。

隔天早上的天氣算是撐住了，甚至可說老天十分賞臉，但人的事情可就比較棘手了。三個挑夫在帳篷裡怎麼也叫不動。他們已經不要臉了，所以布魯斯不論把話講得再怎麼難聽，一心只想撤退的他們也鼓不起一點勇氣。至少根據歐德爾的回憶，馬洛里對這些雪巴人是很生氣的，只是氣歸氣，他還是草草寫下了訊息，讓多吉·帕桑帶下去。「沒戲了，」上頭寫著，「昨天的強風讓我們的挑夫徹底洩了氣。」他跟布魯斯在五號營待到兩人清出了第三處帳篷的位置為止，然後他們就回到了北坳。隨著挑夫的撤退，攻頂的嘗試也一併告吹。

令人玩味的是，馬洛里就這樣放棄了上山，沒有繼續與布魯斯往前走，否則他們起碼可以先去幫森默維爾與諾頓準備六號營，畢竟在同一天桑、諾二人正按計畫從北坳上山。事後證明，馬洛里的撤退決定可能救了布魯斯一命，但由於他在做決定的當下並不知道年輕布魯斯的心臟衰弱狀況，所以他的決定顯然只是誤打誤撞，並不是出於想要拯救布魯斯。

事實是馬洛里對六號營毫無興趣，他唯一的目標就是山頂，所以哪怕有一絲可能性，他都會豪不猶豫地帶著布魯斯繼續前進。惟既然挑夫都已經不玩了，山頂又還遠在攻頂的射程外，他唯一的想法就是留得青山在，先下得山去保住條命，之後才有機會東山再起。確實我們沒有證據顯示他對自己的無氧攻頂有多少自信，而前一天午後他沒有去幫忙羅布桑跟布魯斯把要賴挑夫的負重搬上來，也著實不像他的作風。綜合這些線索，我們可以推測馬洛里在看到挑夫一個個卻步於高海拔，因此攻頂無望後，他就已經開始為第二次攻頂保留體力。畢竟他早從一開始，就打著要跟爾文一起帶氧攻頂的主意。

在馬洛里那早淒涼地醒來於他克難野營的五號營時，爾文正在下方北坳上的四號營幫前一天午後抵達的諾頓與森默維爾搞定早餐。在此同時，歐德爾已經出發前往三號營取得補給，並在大約九十分鐘之後抵達了目的地。他在三號營與海澤與諾艾爾共進晚餐，並一起在華氏冰點以下三十九度（華氏零下七度，約合攝氏零下二十一點六度）度過了一個愉快的夜晚。沒有人注意到，但歐德爾身上出現了神奇的變化，他身上湧出了一股前所未見的力量與耐力。於是隔天早上揹負著不能算輕的重量，他偕海澤一躍而抵達了四號營。

在四號營，六月二日星期一又是完美的一日。爾文在清晨五點就離開了帳篷，而諾頓與森默維爾則帶著六名挑夫在六點四十五分出發。他們攜帶的物資有一頂輕型米德式帳篷、兩床睡袋，還有過三晚所需的食物與燃料。一人一個的背包裡有羅盤、手電筒、一雙可替換的襪子，還有若干羊毛的衣物。諾頓略為詳細地描述了自己那天早上為了擋風而穿成了什麼模樣：

我個人穿了厚實的羊毛背心與內褲、一件有厚度的法蘭絨襯衫跟兩件毛衣，外頭則包著一套防風軋別丁[6]材質的輕型燈籠褲西服，其中燈籠褲的部分縫有輕法蘭絨的內襯，小腿上是一對軟而有彈性的喀什米爾綁腿，腳上套的則是一雙用呢絨包覆、以皮革為底，並以常見的高山用釘來適度固定的靴子。最外面我套了一套非常輕巧，出自波博利先生（Messrs Burberry）公司的薛克頓系列防風軋別丁睡衣。我兩手上戴著外頭一雙不分手指的羊毛長手套，跟裡頭一雙是軋別丁材質但形式類似的手套……我頭上戴著毛皮裡襯的機車安全帽，眼睛與鼻子則保護在被縫進皮革面具的克魯克玻璃[7]護目鏡裡，那是一張完整蓋住鼻子的面具，且把沒有被我鬍子自然保護住的臉部都統統包了起來。最後為這整身裝備畫龍點睛的，是一條超大尺寸的羊毛圍巾。

森默維爾的行頭跟上述相去不遠，挑夫也是，反正所有人全身都是一層又一層的羊毛、皮革、帆布與軋別丁。諾頓坦承他們全都裹得像黑人布偶葛利蛙[8]一樣，看起來非常荒謬，但為了擋風也沒有辦法。至少他們覺得這樣應該擋得住風吧。但他們上到北坳頂峰的第一秒鐘，聖母峰盛怒下的風勢之強就讓他們的準備工夫變得像是笑話一場。「明明一天才剛開始，」諾頓後來寫道，「風卻已經讓人像跳進山湖中的冰水裡一樣無法呼吸，短短一兩分鐘，我們保護周到的雙手就在為了穩住身子而握住凍岩時失去了知覺。」為了拍照，森默維爾只能把手指露出來一到兩秒，再久他的手指就會麻木到連想按下快門都做不到。

就像前一天的馬洛里與布魯斯一樣，他們頂著風勢前行，從北坳那被風蹂躪過的漏斗地形抵達了東北肩部的基底。肩部基底處的陽光稍微緩和了寒冷，然後諾頓沿著他們在一九二二年走過的直線路徑，領著大夥兒攀上了岩石。上午過了一半，他們來到了一個熟悉的位置，諾頓笑著想起自己一九二二年是如何在那裡打翻了自己的背包，然後眼睜睜看著自己所有保暖衣物都滾下了山坡。接著往山脊上走，他們赫然發現有個人正從山上下來，而且那人還正是馬洛里與布魯斯的挑夫隊長，多吉·帕桑。累到不行的帕桑一話不說，就把馬洛里的手書交給了諾

6 Gabardine，一種廣見於軍裝、大衣或西服的堅韌布料。

7 Crooke's glass，一種防紫外線的玻璃材質。

8 Gollywog，或稱golly是十九世紀晚期童書裡的一個角色，外貌為黑臉的捲髮黑人，常以布娃娃的形式登場，創作者為佛羅倫斯·凱特·阿普頓（Florence Kate Upton），現被認為是歧視黑人的物品。

頓，信裡交代了第一次攻頂嘗試已宣告失敗。幾分鐘後大約在前往五號營的半途，他們與下得山來的馬洛里與布魯斯擦肩而過。雙方幾乎一句話都沒說。馬洛里只是提醒諾頓留意途中的布條，看到布條就代表他們該捨棄山脊，向上抄捷徑就可抵達五號營的地方到了。他們互祝好運然後繼續踽踽前行，一隊人懷著期待與希望持續上行，另一隊人在無言的失落中愈探愈低。

馬洛里在北坳的四號營逗留了一會兒，時間正足以讓他把心裡話告訴歐德爾，那就是他認為攻頂要可行唯有倚靠氧氣。在揮別歐德爾與海澤，讓他們繼續為還在山上的諾頓與森默維爾提供協助後，馬洛里繼續偕布魯斯直朝三號營下行，途中他徵召了爾文，而爾文也在沒有諾頓命令的情況下跟著馬、布二人往下走。他們在下午四點三十分到達了三號營。馬洛里隨即指示布魯斯去盡可能找一隊堪用的挑夫來。爾文則被他叫去檢查氧氣設備，而最後爾文也確認了有兩套氧氣設備的狀況最可靠。此時的爾文雖然把交辦的事情都做得很好，但他其實身處於極大的痛苦裡。他的臉，根據他在日記中所寫，「在北坳上被日曬風吹得很慘」，其中他的嘴唇「乾裂成一塊塊」，讓他吃起飯來苦不堪言。此時的馬洛里雖然身體累到不行，但內心卻十分滿意。探險隊將一如原本的計畫，由他帶著氧氣第三次挑戰攻頂。而跟他搭檔的——再次如原本的計畫——將是爾文。他對歐德爾已經跟對海澤與對畢瑟姆一樣，都失去了信心。「這三人不論哪一個，」他在最後一封信裡對茹絲明講，「都很沒種。」這個評價既不公允，也非實情，但這至少表明馬洛里在最後一爬的搭檔選擇上，從來不曾猶疑。

諾頓與森默維爾在此同時，已繼續在午後一點攀抵了五號營，亦即他們花六個半小時上升了兩千五百英尺。這種速率如果可以穩定維持下去，且中間不遇到克服不了的障礙，那他們於十到十二個小時後攻頂成功將不是夢想。由於天氣現在也似乎站到了他們這一邊，因此他們有千百個理由懷抱希望，甚至於在歷經了千辛萬苦後的此刻，他們應該要有一點感覺飄飄然才對。

但實際上的氣氛卻十分低迷，主要是疲憊讓他們變得安靜。馬洛里那兩頂選於山脊背風面紮在粗石堆疊平台上的帳篷，依舊杵在那邊。諾頓派了兩個最弱的成員回到了四號營，剩下的四個人則被塞進一頂帳篷裡：諾布・依涉（Norbu Yishé）被他比喻成一名老兵，平常很不可靠，但在生死交關的危機中固若磐石；拉克帕・切德（Llakpa Chédé）看上去是個安靜退縮的小男人，但在其唯唯諾諾中隱藏著內在的堅忍，如諾頓所寫是「在山中的優秀人才」；森竹姆比（Semchumbi）是個在軍官食堂外邊蹭飯的小無賴，布魯斯對他不屑一顧，但諾頓卻覺得打起仗來，他會是名可用之兵；羅布桑・塔什（Lobsang Tashi）是個「出身圖博東部邊境、老實善良的巨人」，但這話其實代表他屬於至今都還在奮力追求自由與獨立的康巴族（Khampa）。

在午後向晚的光線中，他們站得東一個西一個，兩腳在寒冷的氣溫中又是磨蹭又是跺地，看起來並沒有想要撤到帳篷裡的意思，反正帳篷裡既不暖也沒法睡。諾頓與森默維爾為了弄晚餐而手忙腳亂。「這過程中最可恨的一部分，」諾頓後來寫道，「就是我們多少得把這樣弄出來的那團東西吃下去，而這點真的很需要意志力，因為人幾乎沒有食慾──有時光是『吃』這個概念就會讓人噁心反胃──惟要是有酒，我們應該會千杯不醉。」最終他們只在胃裡墊了肉糜（pemmican；牛脂、肉乾與漿果的混合出的營養品）、粗鹽醃牛肉、咖啡、餅乾，就跑去睡了。

諾頓與森默維爾躺在上方的帳篷裡，又濕又冷讓他們睡不著。四個雪巴人一起擠在下方的帳篷裡。隨著凌晨時分一分一秒地流過，風的力量突然興起想要露一手，否則你無法解釋天上為何會下起雨絲一樣的石頭，將帆布割破、在森竹姆比的膝蓋上劃出一道口子，還敲裂了羅布桑的頭骨，沿著帳篷底部留下一處處結凍於清晨的血池。不知道發生什麼事情的諾頓踏出帳篷，在寒冷中展開了新的一天。他首先巡視了一下手下的挑夫，結果發現他們在帳篷裡「擠得像沙丁魚」。然後他看到了血跡，並立刻意識到羅布桑沒救了。森竹姆比則是半瘸。他試著鼓勵剩下的諾布與拉克帕，包括承諾他們若登上了聖母峰，他們的名字會被銘刻在黃金的書冊中流芳百世。

最終他們振作起來不是為了對他們毫無意義的千古留名，而是出於一份榮譽心。包含負傷的森竹姆比在內，三名挑夫繼續挑起了二十磅的負重，連同諾桑一行五人在上午九點從五號營出發，並一直走到下午一點半，來到了兩萬六千八百英尺處。森默維爾一整天都陪在受傷的森竹姆比身邊，哄著他向上向前，就像他曾在戰爭中振奮過許多人的求生意念。中午過後不久，他們通過了他們在一九二二年與馬洛里共同到達的最高點。下午兩點三十分，挑夫們開始往下走，且包括森竹姆比在內一個都不留；他們得為了回到北坳而在天黑前下降四千英尺。

隨著夕陽在六月三日星期二的晚間落下，森默維爾與諾頓獨自身處於他們豪氣稱之為六號營的地方。遠遠地，兩人可以望見下方有他們一九二二年的舊營地，看著看著他們納悶起自己究竟是如何爬到比那裡高這麼多的這裡。彷彿身處異次元的他們，凝視著——森默維爾後來寫道——「全世界都看得到的同一次日落，黑色的群山投影於紅色的天空。」那一晚他們入睡的地點，也正是當時人類無氧到達最高的海拔。只有芬奇與布魯斯曾於一九二二年爬到一樣高的地方。滿足與樂觀，是他們帶著鑽進帳篷的心情。「前面有晴天等著我們，」諾頓寫道，「各種條件也萬事俱備，我們還有什麼做不到的！」

諾頓睡了個好覺，以至於他兩個保溫瓶裡其中一個的軟木塞蹦開，他都沒醒來。結果，他的床鋪整個濕透了，原本要帶在攻頂路上喝的熱茶也泡湯。這段插曲讓他們早上沒能準時出發，主要是他們得為了飲用水而等待融雪。明亮的天色中，空氣依舊嚴寒。相依為命的他們倆在上午六點四十分輕裝動身——按照諾頓的記載是：「羊毛衫、裝著咖啡的熱水瓶乘一、背心口袋裡的柯達軟片也乘一；其他就是冰斧與短繩，別無長物。」

這天天氣不壞，風勢幾乎全無，諾頓因此表示「這天無比適合我們出任務」。在攀登的策略上，他們沒有繼續直上肩部，前往肩部與東北脊的交會點，而是乖乖地留在了天際線以下，爬在朝著「黃帶」而去的斜切路上，最終花了一小時抵達了那裡。他們的速率慢得可以：每二十步就得停一下，彷彿他們是走在海底，身上承受著整片海洋的壓力。每在痛苦中堅持五分鐘，就得休息一兩分鐘。冷到全身發抖的諾頓還以為自己得了瘧疾。他量了脈搏後，發現自己每分鐘心跳是六十四下，比他的正常值高出二十下。他步履蹣跚而讓人捏了把冷汗地穿過了上頭完全沒有積雪的砂岩平板與寬闊岩架。護目鏡阻礙了他的視線，他於是將之摘了下來，這是一個致命的錯誤。

六個小時後，他們接近了第一個目標：一處寬闊的雪溝，那是一道將整片山的表面一分為二，從遠處下方的絨布冰川一路前進聖母峰金字塔底的超長溝壑。從一開始，諾頓的計畫就是避開東北脊，也避開那條天際線上難以想像的風壓與未可知的障礙。他有一雙如特異功能般的登山眼，在山路的判斷上非常準確，那是他從早年與祖父攀爬阿爾卑斯山的經驗中所琢磨出的直覺。一條岩帶環繞著金字塔的基底，拱衛著聖母峰的最後地帶。峭壁在其與東北脊天際線相交的地方，形成了一處令人望而生畏的斷崖，而那也就是諾頓和一九二二年探險隊所認知的第一台階（First Step）。過了第一台階，在同一條山脊上還有另一處挑戰更加艱鉅的阻礙，也就是眾人口中的第二台階（Second Step）。隔著段距離，你根本不可能準確判斷出第一或第二台階的陡峭程度。而這也正說明了何以天生本不愛走稜線的諾頓，會選擇沿著山丘的側邊朝雪溝前進，內心期盼著那條溝的難度還在可以攀登的範圍內。只要能跨過雪溝，他跟森默維爾就會身處在東北脊最後的障礙物之上，來到最終金字塔的腳邊。即便隔得遠遠的，那座金字塔也一目了然，絕對爬得上去。

此時是中午時分。他們與世界之巔只相隔一千英尺（約三百公尺）的高度跟四分之一英里（約四百公尺）。同樣的數據拉到英國湖區，就是輕輕鬆鬆爬個一小時的事情，不費吹灰之力。但在兩萬八千英尺的聖母峰山上，這樣的距離大到讓人無法想像。

身體首先出狀況的是森默維爾。在前往四號營搭救受困挑夫的時候，他曾綳緊過自己每一條肌肉纖維；他的喉嚨在過程中被霜凍到宛如灼傷，生嫩到一動就痛。如今這傷上門來討債了。他愈來愈吸不到氣，只好坐在一處曬不到太陽的石頭上，催促著諾頓繼續一個人往上爬。

諾頓點了個頭，便繼續沿著黃帶的上緣前進，直到他來到了一處顯著的山牆。這山牆就地質上來講跟第二台階系出同門，都屬於從東北脊冒出來的同一條岩石帶。為此他向下走了一段，找到了一處缺口可以穿越到日後會以他為名的雪溝本體。這缺口，正是通往峰頂的開口。

毫無遮蔽的環境險惡至極。任何一個他們之前撐過來的失足或失誤，在此都會讓人萬劫不復，在轉瞬間滾落腳下深達數千英尺深的冰川與虛無。此處的立足點非常不理想，深雪更是讓人無計可施。黃帶還算可以應付，那是「一整面的板岩，如同貼在屋頂上的瓦片，包括其傾斜的角度都跟屋頂瓦片一樣」，他說。但雪溝的形狀就像冰上的閃電，人在其中既沒有地方可以伸手去抓，也沒有機會可以喘息，尤其是對一個瞎子而言。

瞎子，說的正是每踏出一步就更符合這個名號的諾頓。他第一下感覺到事情不對勁，是在兩萬七千五百英尺處，當時距離抵達雪溝還很久；他的眼睛開始滲出液體，而液體又在他的臉頰上結冰。到了兩萬八千英尺處，他眼前已經開始出現疊影。惟雖然前進變得愈來愈艱鉅，他還是堅持進到了雪溝裡，而當中及腰的積雪因為過軟而無法供人切出冰階。他回憶說，他在半盲的狀態下一步一腳印，「也可以說是一片瓦接著一片瓦往前走，每片瓦都光滑而陡峭地朝下坡一瀉千里；我開始感覺自己太依賴靴底的鞋釘插在板岩上的摩擦力了。這一段走起來不能說特別困難，但對少了搭檔也沒有綁繩的登山者來說，危險性依然存在，畢竟只要一失足，我大概就要葬身萬丈下的山谷。」

一小時後，他也不過就推進了三百碼的距離，增加了一百英尺的海拔高度。「山爬得如此聚精會神，是要付出代價的，由此我漸漸顯露出疲態。」他後來寫道，「此外我眼睛的狀況惡化到此時，已經變成嚴重的生理障礙。像這樣棘手的路段，我大概還有兩百英尺得搞定，才能站上最終金字塔的北壁，而我相信在北壁等著我的就將是安全，就會是通往峰頂的康莊大道。惟此刻已是午後一時，不用太複雜的計算，我也心裡有數自己不可能既想全身而退，又把剩下的八、九百英尺距離爬完。」

雪盲，再加上讓他感覺天旋地轉又痛不欲生的疊影，逼著萬不得已的諾頓在兩萬八千一百二十六英尺處折返，就此與只在一千英尺外的聖母峰頂緣慳一面。真正的危險此時才要展開，主要是諾頓的勇氣因為疲勞過度而繃斷了。前一秒他還大無畏地在奮力穿越深及腰部的積雪，一步步想要攀上一道玩命的溝槽，下一秒他卻已放棄了對目標的追尋，一整個世界的恐懼與威懾開始向他迫近。光是要一百八十度轉身，就已經不是可以開玩笑的事情。一小方雪地出現在他面前——照理說，這對已經大風大浪了一整天的他來講，應該是小菜一碟——但那瞬間他僵在了那邊，驚慌失措地呼喊著森默維爾來幫忙。森默維爾立刻起身回應，並拿了繩子跟確保器給他。過了會兒等諾頓冷靜下來後，森默維爾一不小心沒把冰斧握牢，然後兩人便一同在驚恐中目睹冰斧左敲右撞地墜落到山下，一圈又一圈消失在數千英尺深的虛無中。諾頓只能用耳朵追著冰斧撞擊岩壁發出的鏗鏘聲，聽著冰斧一去不返。接著，他感覺到森默維爾綁了繩子在他腰上。

他們左搖右晃下到了六號營，然後只逗留了一下子，是為了用石頭把帳篷錨定跟為沒了冰斧的森默維爾找根帳篷杜當替代品。森默維爾走在後頭，因為他知道諾頓已經慢慢陷入了盲眼的境地。在五號營，犯蠢的兩人解開了繩子。此時的地面不算難行，太陽展開了日落的程序，世界霎時感覺十分太平。此時諾頓出乎意料地把森默維爾拋在了後頭。他先是大膽溜下了山脊，然後欲罷不能地一路往下用坐姿滑降。等他回過神來，身後已經見不著同伴的身影。他想當然耳地以為搭檔是開小差去素描或拍照了，畢竟那是森默維爾的習慣。但其實森默維爾正在生死交關。森默維爾後來寫道：「我坐在雪裡等死，但諾頓只是自顧自地走著，渾然不覺於搭檔就在他身後不遠處奄奄一息。」

一整天下來，森默維爾都如同前幾天一樣苦於喉嚨裡的灼燒感，由此他不論是吃東西或說話都痛徹心扉。於是乎諾頓在前面走著走著，森默維爾突然倒地不起且不太能呼吸。下山途中一陣跟他一整週下來並無不同的咳嗽，造成了他喉頭的黏膜內襯脫落。凍傷像火一樣灼燒了他整條呼吸道，使其完全被生嫩的表面籠罩。「我一兩次嘗試呼吸，但都吸不到氣。最後我用雙手朝胸部壓下去，死馬當活馬醫地用力一擠，阻塞的地方才終於被衝開。那一下真是暢快！我咳出了點血來後，就又能順暢地自由呼吸了——我距離上次這麼舒暢也有段時日了。」雖然痛還是很痛，但森默維爾總算能加快腳步，由此他最後也趕上了諾頓。

但這點暢快，真的不值得大肆慶祝，因為天色已經慢慢暗下來，而安全的四號營根本還沒個影。已經回到四號營的歐德爾與馬洛里在晚上八點過後瞥見山上有手電筒的光線，但諾頓跟森默維爾想回到東北肩部的基底與北坳寬闊的表面，還得是一個半小時後的事情。他們呼喊著救命，但諾頓後來追述說：「我自己的喉嚨與聲音狀態也不是非常好，底下那在星光下閃爍的黯淡白色曠野，似乎在將我虛弱的哀號聲徹底吞噬。」這兩人真的只差一點就要告別這個世界，畢竟他們暴露在風勢與高山環境的折磨中，已經超過十五個小時，其間完全沒有進食，喝進的水也少得可憐。就在此時，兩個身影在漆黑的北坳上出現，那分別是馬洛里與歐德爾，惟扮演救世主的他們做錯了一件事情：來救援的他們竟然沒帶湯跟熱茶，反倒是帶了幾瓶氧氣。整趟任務就這麼一回，諾頓拋下了他身為軍人的自律沉著，一整個暴跳如雷。「口乾到不行的我們又餓又渴，」他後來氣憤難消地寫道，「我記得自己一遍又一遍地喊著，『我們他媽的不要什麼氧氣，我們要能喝的東西。』」

六月三日，當諾頓與森默維爾還在帶著挑夫朝六號營而上的同時，辛斯頓抵達了三號營，並在那兒驚異地發現了布魯斯跟馬洛里，他以為他們應該在某個更高的營地才對。同一天，原本在北坳負責後勤支援的歐德爾與海澤做了個決定，他們要爬到五號營，一方面去更新補給，一方面也是打發時間。海澤想要伸展一下腿腳；歐德爾則想去研究一下山區的地質。度過了氣勢不怎麼樣的開場之後，兩人慢慢適應了高度，而且還適應得出奇理想，於是沒花什麼力氣，他們就攀上了兩年前還被科學界認為人類不靠氧氣就到不了的高度。同時間在三號營，馬洛里看來憂心忡忡，他掛心的是一早起來就陷於痛苦中的爾文。「很不愉快的一晚，」他說，「每一件事都像在摩擦著我的臉……我差點就難過到要放聲大叫了。」

隔天六月四日星期三早餐後不久，一名挑夫從北坳上返抵三號營，帶來了諾頓與森默維爾於前一天午後攻至兩萬七千英尺並蓄勢要攻頂的消息。從他在三號營上方的制高點，約翰．諾艾爾把望遠鏡頭對準了聖母峰頂。營內引發了一陣騷動，所有人都懷抱起期待與希冀。「這是我們的一大進展，」辛斯頓說，「也是他們的一大成就。只要還有餘力，他們今天或許有機會一舉爬完剩下的兩千英尺。但我們不論用野外用的雙筒望遠鏡或以腳架固定的單筒望遠鏡去觀察，都一無所獲。諾艾爾甚至讓他的攝影機一整天都對準山頂。但這並不代表他們確定沒有成功，畢竟要隔著這麼遠的距離在岩石的背景中挑出人影，是極其困難的事情。」

時間來到六月四日中午，馬洛里再也受不了那股不確定性與緊張感。海澤那天早上莫名其妙擅離職守，回到了三號營，扔著在四號營的後勤工作讓歐德爾一個人去負責。因為擔心諾頓與森默維爾的處境，加上一心想要卡位進行第三次攻頂，馬洛里帶著爾文在午飯後不久便出發朝北坳前進。前後花不到三小時，他們就帶氧在下午五點十分攀抵了四號營，感覺「出乎意料地清新」，至少那是馬洛里的用語。

在四號營，歐德爾偕兩名雪巴同伴尼瑪跟達斯諾用望遠鏡看了一下午的上方山坡，但鎖定諾頓與森默維爾身影的他們依舊一無所獲。「我希望他們到達了山頂，」爾文那天晚上寫道，「但天啊，我也好想拚一次看看。」天黑之後馬洛里與歐德爾帶著手電筒從北坳往上走，希望能吸引到諾頓與森默維爾的注意，爾文則留在營地準備食物與茶。最後在晚上九點半，登頂第二隊總算在馬洛里與歐德爾的攙扶下，跌跌撞撞地回到了四號營。

那晚馬洛里跟諾頓睡在一頂帳篷裡，而馬洛里也於此時闡述了他想進行第三次攻頂的道理。這是諾頓第一次聽聞這個計畫。「我完全認同這個決定，」他後來寫道，「並對這人不屈不撓的精神感佩至極，明明他已經如此拚命，但只要還有一線生機，他就有絕不認輸的決心。而我必須承認——他的意志力與心理素質就是如此之強——他看起來依舊完全可以勝任這項任務。」他的這些評語固然沒錯，但他寫下這些字句，已經是很後來的事了。

當時的諾頓已精疲力盡。他質疑馬洛里選擇爾文的決定，但這質疑毫無意義，因為馬洛里已經將骰子擲了出去。馬洛里並不在乎登山經驗的多寡，他在意的是自己需要一個力量充足而能管理好氧氣設備的搭檔，而氧氣正是第三次攻頂的成敗所繫。諾頓沒有力氣跟馬洛里爭辯什麼。被寒冷與疲憊搞得渾身疼痛的他先是昏睡過去，然後赫然被眼裡的劇痛痛醒，他看不見了。一夜無眠到早上之後，他又被陽光搞得還是什麼都看不到；自此他要三天之後才能完全恢復視力。在這個關鍵中的關鍵時刻，探險隊怎能沒了隊長，馬洛里於是不得不接棒。「這個節骨眼上真的不宜推翻已有的安排，」諾頓後來坦承，「尤其馬洛里身為登山隊的隊長，又是自身任務的計畫者，反倒我暫時只是個盲眼的廢物。」

六月五日星期四，天氣依舊晴朗。眾人在四號營有所不知的是，季風開始前夕往往會有好天氣，而這天將是連續十日好天氣的首日。前一天，一封由跑者送來的電報被交到了在三號營的傑佛瑞・布魯斯的手上：「季風已經出現在馬拉巴爾海岸（Malabar Coast；印度次大陸西南沿線），但其延伸進入孟加拉的時間應該會晚於往年。」至此，探險隊之前的各種疑慮似乎都白擔心了。他們根本不需要放棄精心設計的方案，根本不用在諾頓的主導下瘋狂往山上闖，也根本不用捨棄氧氣這個選項。

又累又沒睡好的森默維爾往下朝三號營而去。諾頓的雪盲嚴重到他只能在帳篷裡待著，哪兒都去不了；其他人於是把睡袋堆在他的帳篷前來幫他遮光，他只偶爾會探出頭來對挑夫交代些事情；主要是在四號營的所有英國人裡，只有諾頓通曉他們的語言。但多數時候他仍躲在黑暗裡，任由他瘦長的身體在痛苦中蜷曲。爾文報告說，那天在陽光下的氣溫飆高到華氏一百二十度（攝氏將近四十九度），惟陰影中的空氣還在冰點以下。「我的臉痛到不行，」是他在最後一篇日記裡做的最後幾句註記，「整理了兩套氧氣設備來供我們明天早上出發。」歐德爾使用預先說好的訊號——把毯子攤開在雪地上——傳訊給三號營，好讓海澤上來替補爾文空出的預備隊之位。

六月六日星期五早上，這天依舊在晴朗中破曉。海澤與歐德爾幫登山隊員們做了煎沙丁魚、餅乾、巧克力與茶的早餐。馬洛里的穿著並不過分，棉跟絲質的內衣褲、一件法蘭絨襯衫、一件棕色的長袖套頭毛衣，還有妻子送他當禮物的羊毛西裝背心。做為擋風之用，他穿了一件軋別丁的薛克頓式外套。他還戴了兩副護目鏡、一頂有毛皮內襯的安全帽、羊毛手套，跟一條圍巾。外套口袋跟掛在脖子上的兩包布袋裡，共塞著幾樣小玩意：指甲剪、筆刀、一盒天鵝維斯塔（Swan Vesta）公司出品的火柴、備用的鞋帶跟皮帶、一管凡士林、兩條手帕，其中一條是酒紅、綠、藍色，另一條則是紅、藍、黃色，兩條都繡上了他的姓名縮寫GLM。他還帶上了一張草草寫在紙片上的補給清單，外加三封信，第一封是他弟弟特拉弗德從倫敦寄來的，標註日期是四月二日。第二封是他在可倫坡的姊姊瑪莉寄來的，寫於四月十二日。第三封是寄自他在紐約認識的一名女性史黛拉．柯柏丹－桑德森（Stella Cobden-Sanderson），但這並沒有什麼不可告人：他經常跟茹絲提起這個女人，而且信的內容也都是些搞笑而無傷大雅的乾淨八卦，一點也不羅曼蒂克，更談不上認真；他是因為在信封背面寫上了關於氧氣鋼瓶壓力的資訊，不然他根本不會在命運的這一天把史黛拉的信件帶上。

山帝．爾文穿戴了類似的裝備，不一樣的是他在薛克頓外套下方穿了七分的馬褲跟綁腿，戴了頂拉低到臉上的呢帽，為的是遮陽。他們帶了八名挑夫，每人扛二十五磅的負重，內容是：睡袋、融雪用的固體燃料，還有好幾瓶備用的氣瓶。吃的方面他們算是輕裝簡從，主力是高能量的點心：巧克力、薑餅、通心粉、切片火腿與牛舌、肯德爾薄荷蛋糕與茶。馬洛里與爾文各自帶了一套供氧裝備，但由於氣瓶數量不足，因此他們打算將氧氣留到六號營以上使用，而這也就代表他們有兩天的時間得被二十五磅的負重拖累。

痛跟雪盲都還沒好的諾頓，從帳篷的擋片處上向眾人揮別，他記得當時是早上七點三十分。歐德爾在日記裡則寫道他們的出發時間是比這晚超過一小時的八點四十分。「登山隊悶不吭聲地出發了，」歐德爾回憶說，「我們向他們道別，而他們很快就消失在了我們的視野內。」諾頓有種說不出的不安。

一小時後，辛斯頓從二號營上來，隨行的有尼瑪．湯特拉普（Nema Tundrup）與楚亭（Chutin）這兩名挑夫。辛斯頓「幫諾頓洗了眼睛」，然後在海澤的協助下（起碼至少到冰煙囪處），護送盲眼的傷員諾頓離開岩架上的白色眩光，朝北坳的下坡前進。諾頓不是不能走路，但他連自己前面那一步都看不見。辛斯頓雖不以登山者著稱，但還是從頭到尾都隨侍在側，陪著諾頓走完了整整一千五百英尺長的冰雪下坡，包括導引諾頓一步步把腳挪到爾文的繩梯踏腳上，或是把諾頓的釘鞋爪釘一次次放到從雪面切出的台階上。在北坳的基底，六名挑夫帶著一個一人用的擔架與他們會合。這之後的路並不好走，「巨石、冰與凍結的碎石」，由此他們直到下午五點才把探險隊隊長挑下冰磧，來到安全的三號營，而那兒已經有約翰·諾艾爾跟傑佛瑞·布魯斯望穿秋水。諾頓跟他們分享了對馬洛里與爾文的期待；不論這第三次攻頂看起來多麼不要命，探險隊裡沒有人覺得會發生什麼災難。

「我們跟馬洛里與爾文說了再見。」諾頓後來寫道，「我對兩位朋友最後的印象是我們握了手，互道了珍重，至於這支小小的登山隊九彎十八拐，繞著雪堆與冰隙朝北坳前進的畫面，我只能在腦海中想像了。」

隔天早上諾頓的視力開始好轉，但痛還得多痛兩天。他選擇了與布魯斯、辛斯頓跟諾艾爾留在三號營等攻頂的結果。「在接下來的四天中，」他寫道，「我們依序歷經了從滿懷希望到徹底絕望，名為懸疑與焦慮的每一個階段，而對他們的懷念是如此之強，使三號營將永遠是我們所有人在這世界上最痛恨的地方。」

馬洛里與爾文顯然在第一天爬得非常有進展；那天晚間五點，他們共計八名挑夫中的四人從五號營返回了北坳，並帶來了給歐德爾的信：「這裡沒風，局面看起來很有希望。」隔天六月七日星期五，是暴風雨前的寧靜。在沒有更多新消息的狀況下，辛斯頓在三號營偷得浮生半日閒，心滿意足地想著他們在聖母峰的苦日子終於快結束了。「我個人不太看好他們能成功，」他寫道，「除非氧氣比我們想像中更有神效。這無論如何會是最後一次的攻頂嘗試。手邊已經準備好撤除營地的安排，而季風隨時都會臨到我們頭上。隊員們積累了大量的操勞與風吹日曬後已經精疲力盡。一個星期內我們都會下山，屆時沒有人會懷著遺憾。大家都苦了一年，是需要在低海拔休息一下的時候了。」

約翰·諾艾爾扛著攝影機到了北坳，順便代諾頓傳達了如何用毛毯訊號來告知攻頂成功或失敗的指示。他在午後五點三十分返回三號營。同一時間，歐德爾則與手邊兩名堪用挑夫之一的雪巴·尼瑪（Sherpa Nema）一起離開了北坳，攀上東北肩部而抵達了五號營，又一次為的是擔綱後勤來支援那天已經挺進到六號營的馬洛里與爾文。歐德爾與尼瑪抵達五號營後不久，就遇上了要從馬洛里身邊返回北坳的最後四名挑夫。他們只稍作停留，把馬洛里交代的兩封信拿給歐德爾就走了。這些信第一封是署名給歐德爾，第二封是寫給約翰·諾艾爾。

「親愛的歐德爾，」第一封信如是說，「我們萬分抱歉留下了個爛攤子——我們的翁納爐[9]

在最後一刻滾下了山坡。明天一定會及時回到四號營來在天黑前撤離，至少我是這麼希望的。帳篷裡應該有我忘了拿的指南針——看在老天的份上幫我救救它：我們這會兒在這沒得用了。這兩天我們是花了九十人氣壓（的氧氣）來到這裡的——所以接下來我們多半會用雙鋼瓶來攻頂——但這在攀爬時真是重得要命。天氣是攻頂的完美天氣！你永遠的朋友。喬治．馬洛里。」

給諾艾爾的信要重要得多：「親愛的諾艾爾，我們多半會在明天（八號）一早出發，以便趕上好天氣。你們想尋找我們的身影，看我們是在穿越金字塔底下的岩帶，還是在沿著天際線而上，晚上八點都不會嫌太早。G．馬洛里敬上。」信中提到晚上八點是明顯的筆誤；歐德爾知道該尋找馬爾兩人身影的時間是早上八點。他說的岩帶並不是諾頓與森默維爾走過的黃帶，而是在金字塔最底部的深色岩石邊緣。馬洛里很顯然打算沿東北脊而上，即便這麼走得面對第一台階與第二台階的阻礙。他天生就是走稜線的高手，即便在兩萬八千英尺處也無畏於絕壁。歐德爾推測按照六號營的高度與位置，馬洛里不無可能在兩小時內就攻抵天際線。

歐德爾遣人把病倒了的尼瑪一起帶下山去——他們將在一天之內下降六千英尺——然後自

9 Unna cooker，當時的廠商都有給高山爐具取名，翁納對應的品牌型號應該是Phoebus 100。

已在五號營安頓下來準備過夜。一如馬洛里的信中所說，五號營沒了爐子，由此歐德爾既不能準備熱食，也沒辦法融雪來飲水，但這似乎並沒影響到他的心情。事實上他在五號營感覺既舒適又稱心。「獨自待在五號營太棒了。」他在日記裡有感而發。他享用了果醬、通心粉跟番茄的晚餐，然後悠哉地躺下欣賞起夜空中「精采絕倫的雲朵秀」。天氣看來值得期待，景緻則無比壯觀。「向西看去，」他寫道，「那兒有蠻橫而帶有野性的群峰糾集，而最顯眼的莫過於卓奧友（峰）沐浴在色澤精緻到無以復加的各種粉色與黃色中。其正對面是聖母峰荒涼的絕壁，或更精確地說是聖母峰北峰，攔截了北方寬廣地平線中的一段，並散發出蛋白石一般的亮光，使遠在圖博中部一座巨峰的輪廓顯得金碧輝煌。漂浮在東邊稀薄空氣中，出現的是干城章嘉的雪峰，接著還有外圍美麗而多變的江嘎山脈壓軸。日落起的時分在這等海拔高度上，是令人永難忘懷的超凡體驗。」

由此在最後一次攻頂的前夕，探險隊員四散在整條由高地營連成的線上：薛貝爾一如往常駐在二號營擔綱後勤支援；諾頓、布魯斯、約翰·諾艾爾與辛斯頓在三號營；海澤隻身一人在北坳的四號營；歐德爾在東北肩部的五號營；而馬洛里與爾文則睡在兩人所建的六號營，位置大抵在接近兩萬七千英尺的某處。

那一夜，爾文肯定請馬洛里對氧氣瓶的壓力值做了最後的檢查；馬洛里為此在史黛拉·柯柏丹－桑德森的來信信封背後做了相關紀錄。其中四瓶較高的有一百一十（大氣壓）、第五瓶只有一百。他們很顯然打算在隔天趕早出發。馬洛里在給諾艾爾的信中預期能在早上八點抵達天際線或甚至金字塔底的岩帶，而這就代表他們必須在早上六點從或許是兩萬七千英尺處拔營——他們抵達兩萬七千英尺不是完全不可能，但機會應該不大。按照馬洛里一貫的風格，他出發的時候一定又是手忙腳亂。他在五號營遺落了指南針；六號營輪到的則是他的手電筒——這對曾在一九二二年跟諾頓、莫斯海德跟森默維爾一起摸黑闖下山還差點沒命的他而言，是不太應該發生的重大失誤。今天這種錯誤如果不是發生在馬洛里身上，換成其他人難保不會是災難一場，因為丟三落四可能代表當事人在高海拔的專注力已經渙散。但對馬洛里而言這只是他的日常，只是代表他太過瀟灑而有點心不在焉，或迫不及待想要出發。

離營之後，馬洛里與爾文會戴上面罩而用手語溝通。氧氣面罩會讓山帝的面部感到刺激疼痛。他們選擇的路徑會領著他們走Z字形緩緩向上，最終來到與東北脊頂峰只有一線之隔的下方；在兩萬七千七百六十英尺處，他們休息並拋下了一瓶氧氣。從這個點往上他們有兩個選項，一個是像諾頓一樣向雪溝而上，另一個是持續向上抵達東北脊。馬洛里很自然地選擇了天際線。

為了從六號營抵達東北脊，馬洛里與爾文會緩步上行穿越有角度的砂岩平板，由此通過黃帶的頂端，最終他們將來到一獨特深色岩壁底部的山脊之上，而那深色岩壁又是一更高層黑岩的基底。此一比起黃帶要更陡峭許多的高層黑岩橫貫了聖母峰的北壁，正是第一台階。在第一台階的高塔之後，東北脊會持續向上，直到更令人望之生畏的第二台階挑戰出現，那是有一百英尺（約三十點五公尺）高的垂直斷崖。假如這些阻礙都獲得了克服，通往峰頂之路就會是自由開放的坦途，除了身體疲憊、海拔高度和風吹日曬外，不會再有什麼嚴重的阻礙。

歐德爾在五號營睡得很好。他在早上六點醒來，並在兩個小時後出發上山，輕裝的他東西帶得不多——大部分都是替馬洛里與爾文準備的食物與飲品，但沒有氧氣。破曉的天候十分晴朗，但隨著他沿東北肩部而上，雲霧開始從西邊飄了進來。遠方的天空透著明亮，由此他內心不禁揚起了峰頂也會免於浮雲遮蔽的希望。他認定馬洛里與爾文正忙著在趕路，或許甚至已經在攀爬最後的金字塔。若果真如此，那就代表他們已經找到了路，可以翻越或繞過那讓諾頓卻步，並讓他與森默維爾與天際線緣慳一面的兩大阻礙。

在對爾文的力量與馬洛里身為登山者的耐力都充滿信心的心境中，歐德爾以支援的角色在後頭好整以暇，並未急著要趕到哪裡去。多日身處於高海拔上的他感覺狀況十分理想，於是他離開了東北肩部，並飄飄蕩蕩穿越了北壁，一路上檢視著山脈的地質，包括令人嘆為觀止的

「各式片麻岩」，以及「高度變質的石灰岩與輕花崗質的火成岩侵入層」，他在報告中如此敘述。在將近兩萬六千英尺的地方，他面前出現了一處小斷崖，高度大概有一百英尺高。這地方其實不難繞過，但他就是有點忍不住想爬——他想這會是一個機會可以測試自己的狀況良窳。就在他攀上斷崖頂端之際，一時間霧破天清，他意外地瞥見了一眼東北脊。而他後來所稱自己這時所望見的東西，日後會遭到一輩子的瘋狂質疑，直到最後連他自己都開始懷疑起自己，開始含糊其辭，添油加醋，也開始重新想像起當年那在他眼前開展的光景。

只是在他的日記裡，你讀不出一絲的猶疑：「十二點五十分，（我）看見馬跟爾在最終金字塔的山脊上。」僅僅數日後在正式從山區發回的消息中，他再次憑著新出爐且未曾受阻的記憶執筆報告說，「大氣突然變得清澈，整條山脊與聖母峰頂露出了廬山真面目。此時在山脊上某岩階下方一處小雪峰的背景上，我發現了一個渺小的黑點，那個黑點在移動。同時間第二個黑點也愈來愈明顯，並在雪面上上行，加入了雪峰上的第一個黑點。第一個黑點然後接近了巨大的岩階，並短暫出現在了岩階的頂端；第二個黑點也做了一樣的事情。接下來那令人嘆為觀止的一幕就消失了，一切又重歸於雲層的包覆中。」

「那只可能有一種解釋。」歐德爾接續說，「那是馬洛里與他的搭檔在移動，而我即便隔著那樣遠的距離，都能看出他們拚出俐落的身手在向前捍路，因為他們肯定知道以當下的位置而言，自己沒有太多時間在天黑之前登頂，然後回到六號營。這裡我所提到在山脊上的位置，是與最終金字塔基底只有極短距離的顯著岩階，而比較難以想像的是他們怎麼會這麼晚才抵達這個位置。若按照馬洛里的排程，並按照預期時間從高地營出發，他們早該在好幾個小時前就爬到這裡了。」

歐德爾從孤立的斷崖上跳了下來，雀躍之餘也有點摸不著頭緒。很顯然根據他的目擊證言，他當下相信自己看到的是馬洛里跟爾文攻抵了第二台階的頂端，並馬不停蹄地繼續朝山頂前進。他們意外而甚至算得上危險地在進度上落後了，至於為什麼落後只能是一個謎。但如果他們真如歐德爾所回報的過了第二台階，那即便時候已經不早，他們還是會有時間可以登上聖母峰頂，前提是他們可以在剩下的日光中再上升約六百五十英尺的高度。

至於如何從峰頂下來，那又是另外一個問題了，而也就是由於驚覺到這個問題，歐德爾加速往山上前進。山雨欲來的天氣已經開始迅猛地縮小包圍圈，驟降的氣壓讓連石頭都要窒息。歐德爾爬進了風暴的齒間，而且海拔愈高風勢愈強烈。花了一小時，雖然能見度已經趨近於零，但他還是成功發現了馬洛里跟爾文的高地營，也就是屬於兩人的六號營。他進了帳篷，想找看看有沒有蛛絲馬跡或筆記可以釐清馬洛里的意圖，乃至於他們早上怎麼沒有早一點啟動。他只發現了一些食物跟一瓶氧氣。他在想，或許兩人夜裡用了氧氣睡覺，否則氧氣設備應該要留在帳篷外才對。此外有一只調節器的零件四散在地板上，看來應該是有人在這進行修理；或許是爾文把裝備帶到了帳篷裡調校，而這又進一步延後了他們出發的時辰。

風像重拳一樣打在帆布上；布擋翻飛得有如開槍一樣響。他等待了一小時。然後因為擔心馬洛里與爾文會在回程時找不到自己的營地，歐德爾於是重新回到了風暴中，並向上朝山脊的方向多爬了兩百英尺。他放聲大喊，還用約德爾調[10]唱起了充滿變化的山歌，但氣勢驚人的霰沖散了他的聲音。他只能跑到石頭後面躲著，重新等待時機。又過了一小時，他只能無奈地撤退。此時已經是午後向晚時分。就在他回到帳篷之際，風勢開始收斂。風暴一過去，隨之而來的是一道金光，掃過了整片聖母峰的上層表面。他瞄了一遍峰頂的稜線，還有底下的黑色坡面跟黃帶，而他能看見的只有新雪在他眼前蒸發，薄如蟬翼的面紗於山脈的本體升起。

歐德爾面對了一個天人交戰的抉擇。他身上每一個登山者的直覺都告訴他要留下來，好隨時準備對回返的隊友伸出援手。要是他有隨身帶上一頂小帳篷就好了；十磅的重量於他不是難事。但沒有帳篷在身的他，只能選擇放棄高地營。因為等到馬洛里跟爾文回來，小小的米德帳篷是擠不下三個人的，至於他們回不來的念頭實在太可怕了，歐德爾想都不敢想；事實上歐德

10 Yodel。源於阿爾卑斯牧民用來召喚牛羊或進行遠距交流的呼喊聲，後演變為在真假音間大跨度抑揚的山歌曲調。

爾完全沒有考慮過這最壞的狀況。

四點三十分，在把馬洛里的指南針放在帳篷裡顯眼的一角後，歐德爾闔上了帳篷的擋片，開始從山脊的頂峰往下走。他一邊下山，一邊在明亮的陽光中頻頻回首，但一次都沒有察覺有人跟在後面。晚間六點十五抵達五號營後，他沒有繼續逗留的理由。那兒沒有食物或燃料、沒有爐子。他靠一系列滑降拚下了山，短短三十分鐘就一路來到北坳。

在四號營，海澤備好了茶跟熱湯在等。歐德爾在又餓又渴之餘來了個報喜不報憂。他說，天候狀況來了又走，馬洛里跟爾文延誤了些行程，但他堅信兩人已經攻上了聖母峰頂，並很快就會凱旋回六號營。他跟海澤熬了一整夜沒睡，就為了緊盯外頭有沒有任何的跡象——手電筒的光線、蠟燭，或是登山者一般都會帶的鎂信號彈。「日落之後那原本瀰漫在我們頭頂，深色巨坡上的微弱光芒，後來佚失在從西絨布冰川的方向，由群峰反射過來的朦朧月光裡。」歐德爾寫道。他在想，萬一發生什麼不測，月光或許可以幫上他們的忙。

六月八日，也就是馬洛里與爾文最後攻頂的當天早上，約翰·諾艾爾在三號營正上方的岬角上坐著，一如馬洛里信中的指示，用他那根長長的望遠鏡頭對準了三英里外的聖母峰金塔。八點鐘來了又去，但諾艾爾完全沒見到人影。時間來到上午十點，雲霧在滾動之間爬上了山坡，覆蓋住了東北脊，也模糊掉了聖母峰本身黯淡光影以外所有的東西。中午一到，希望已然破滅。凍僵了的諾艾爾爬出了他口中的「鷹巢」，也就是他最鍾愛的制高點，然後開始往三號營回返。他在食堂帳篷裡發現諾頓在對傑佛瑞・布魯斯口述要發給《泰晤士報》的訊息。後來在諾頓的請求下，森默維爾補上了一則個人的發言：「我們正在等待馬洛里跟爾文的消息，他們於今日追加了一次攻頂嘗試，主要是他們希望人為供氧可以補足山頂上稀薄的空氣，並藉此獲得克服萬難而攻抵峰頂的能力。希望鋼瓶裡的精靈可以助他們一臂之力！我們所有人都盼著他能成功，因為沒有人比馬洛里更值得這份殊榮，要知道三年都來挑戰的，隊上也只有他了。」

這段話說得非常貼心，但出自一個為了摯友會不會遭遇不測而在揪著心的人口中，這絕不會是其肺腑之言。外表看起來，三號營的眾人還是保持著樂觀，沒有人膽敢去想那不可言說的狀況。「一雙雙眼睛黏在山頂上，」辛斯頓寫道，「馬洛里與爾文只剩最後一絲可能成功攻頂了。但今天的雲層一直很厚，我們只偶爾能恰巧在稍縱即逝的間隔中，看見雲霧後方的最終金字塔。由此大家絲毫沒看到攀登的過程，只能懷抱著最大的希望。完全沒有跡象能顯示他們是否已回到了四號營。而不論情勢如何發展，這都會是最後的挑戰，我們幾天後即將揮別這些高地營。」

唯一擠不出一絲樂觀的，是諾頓。約翰・諾艾爾回憶說，一整天下來，身為探險隊隊長的諾頓「在他的帳篷前面來回踱步，活像個啞巴，但看得出他內心受到了影響，而我想那代表他已經接受了最壞的狀況。」正午時分，諾頓令辛斯頓備齊所有醫療物資，並預備向北坳發動救援任務。他口述了一段嚴厲的訓斥，要給人還在四號營的海澤。「我這是替諾頓代筆，」布魯斯寫道，「因為他眼睛還沒好。他無法理解你昨天晚間為什麼把人趕下山到只剩一個。萬一山上有個什麼萬一，我看不出你身邊才一個人能有什麼鳥用。你現在把這兩個人跟你已經有的一個人給我好好留在山上，薩博沒有統統下山，他們就也不准下來；遇到雪盲、凍傷跟斷腳的人要從北坳下山，一個傷者起碼得三個人搬。關於撤離營地的事宜，一根線頭也不用從四號營帶下來，唯一的目標就是人給我安全迅速地離開。」

六月九日星期一早上，馬洛里跟爾文都還是音訊全無，歐德爾前一天下午十二點五十分的驚鴻一瞥仍舊是全隊跟他們的最後一面。現在大家唯一的希望就是老天保佑，他們已經不知何時在大家的眼皮底下溜回到六號營，畢竟在那樣的高度上野營，九成九會送命。上午十一點，諾頓發了第二封信到北坳，署名給歐德爾說：「一直沒收到你傳來的消息，我擔心就是凶多吉少了。」他指示歐德爾全天繼續監看以東北脊與六號營之間為重點的山區，並在天黑後安排兩小時的崗哨。他強調，除非有把握在當天內回到四號營，否則誰也不准貿然上山救援。而歐德爾則將持續待命支援直到隔天下午四點。「我寄這封信給你，主要是給你一個確切的截止時間，」諾頓寫道，「並讓你清楚明白我們現在的最高指導原則，就是絕不能再為了挽回不可挽回之事而孤注一擲，進而危及任何一條英國人或圖博人的性命。你人在現場，在我上述的指示範圍內還盼你妥為見機行事。我可以想見你的立場萬分艱難，兄弟，我的心與你同在。拇指凍傷致字跡潦草，還請海涵。」

諾艾爾在此同時，已經在營地中間架起他的望遠鏡，並派人輪班在白天的每個瞬間監看上方的坡面。而帶著諾頓第二封信的挑夫才剛抵達北坳的基底，三個身形就立刻被看到出現在四號營的上方朝著山上而去。

歐德爾與海澤天還沒亮就醒了，而他們起來後就立刻用爾文的雙筒望遠鏡瞭望起通往峰頂的路徑。他們開始擔心起最壞的結果。他們信手發明了一系列溝通系統：包括夜間使用閃光密碼，白天則用攤開的睡袋來打訊號。沒等諾頓指示，歐德爾就跟尼瑪・湯特拉普跟敏瑪（Mingma）兩名挑夫一起在中午十二點十分朝五號營而上，並在午後三點二十五分到達，上升速率是驚人的每小時六百英尺。五號營跟歐德爾離開的時候毫無一致。一切現在就看隔天黎明的發展了。「馬洛里跟爾文方面完全沒有動靜。」歐德爾在日記裡草草寫道。「我們現在只能寄望於六號營了。」他後來寫道，「惟今天稍早完全沒有訊號從這裡發出來，我們只能說前景非常不樂觀。」

辛斯頓如此形容那晚在三號營的氣氛之緊繃：「非常焦慮的一天。馬洛里與爾文無消無息。再怎麼慢，再怎麼晚，他們今天早上也應該抵達四號營了，但迄今還是沒有他們的一絲蹤影。山上的狀況愈來愈差。整天大部分時候都是雲山霧罩，充滿了強風的徵兆。所有跡象都指向可能的噩耗，若果真如此，那這將為這次任務畫下一個災難般的句點。諾頓也持相同看法。他已經發出指示給在北坳的歐德爾，要他在可能的範圍內進行搜尋。惟他其實很不願意再讓更多人在山間涉險，尤其是在季風迫在眉睫的這個節骨眼。」

諾頓、布魯斯、辛斯頓與諾艾爾湊近在充當他們高山食堂的溫珀帳篷旁。諾艾爾寫道：「三不五時我們會呼叫在顧望遠鏡的挑夫，『Kutch dekta?（你們看見什麼了嗎？）』，然後他們會一次次轉身搖頭說：『Kutch Nahin, Sahib.（什麼都沒有，薩博。）』整整兩天兩夜過去了，希望以小時為單位不斷流逝。」那天下午，薛貝爾帶著一隊雪巴人從二號營抵達，預備要展開從山上撤離的工作。

在五號營，天候狀況慢慢逼近。「寒意非常強，」歐德爾回憶說，「強風更是讓情況雪上加霜。」雖然在帳篷裡全副乾燥衣裝，且包裹在兩副睡袋裡，但他還是一整夜抖個不停，冷到根本睡不下去。他根本不敢去想那兩人隻身在曠野中要如何存活。隔天早上，尼瑪跟敏瑪已經派不上用場；歐德爾於是讓他們下山並帶信給海澤，意思是他將繼續前進到六號營，並在天黑前回到北坳。他在剛過十一點時抵達了六號營，而令人氣餒的是，他發現那兒還是他離開時的樣子：四處散落著物資還有氧氣設備的零件，一瓶氧氣，角落也還放著他特意擱在那裡的，馬洛里的指南針。他內心有一塊地方知道自己的同伴已經不在了，但他還是再往山上推進了一段，在那兒守候了兩個小時，其間只有他的呼喊在山間的石頭上迴盪。

「聖母峰的上半部，」他後來思忖說，「只能是地球上最偏遠、最杳無人煙的地帶，但尤其能讓人深刻感受到這一點的，莫過於當四周黑暗掩蓋了所有地貌，只剩疾風吹掠在其殘酷表面上的那刻。而說起殘酷，還有什麼會比你滿心想去尋找朋友，而腳下已愈來愈跨不出下一步的時候，內心更加折磨呢？在掙扎了將近兩個小時而一無所獲之後，我意識到想在這片斷崖與破碎板岩的曠野中找到失蹤的隊友，機會已經是微乎其微。而若想更徹底朝金字塔去進行搜索，組織搜救隊是唯一的可能。」

歐德爾轉身背對起聖母峰的山脊，開始朝六號營走回去。「費了好大勁，」他在報告裡說，「我把兩副睡袋從帳篷裡拖到其後方陡峭的岩石上頭，來到覆在石崖上一片險峻垂直的雪面上……我使盡了渾身解數，才在這片雪地上切出階梯，把睡袋固定好，主要是風勢實在太過猛烈。」下午兩點十分，在下方四千英尺處的北坳，海澤望見了歐德爾的訊號，雪白的背景上一個深色的T字，意思是「找不到線索、已放棄希望、待命中」。五分鐘之後，海澤把歐德爾的訊息轉傳給了三號營，為此他在雪面上放了六張毯子，並將之鋪成十字架的形狀；那是「死亡」的意思。人在望遠鏡旁的諾艾爾首先發現了訊息。傑佛瑞・布魯斯問他看見了什麼，但諾艾爾怎麼也發不出聲。他們各自再看了一眼，「嘗試著想說服自己看到的是別種訊息，但我們無法自欺欺人。」諾艾爾如此回憶。最終，他們把噩耗告知了諾頓，而諾頓足足愣了空洞而無比漫長的十分鐘，才下令用三排毯子排出回應：「放棄搜救；盡快歸隊」。海澤以移除雪地中毯子的方式表示收到命令，然後發訊給歐德爾說：「好的。回來吧。」

歐德爾從六號營收起了馬洛里的指南針與氧氣設備，其中後者是山帝・爾文這位馬洛里看好的年輕人一直盡忠職守到最後一刻的證據，然後他便闔上了帳篷的擋片。他當天最後一則日記寫的是：「沒有發現蛛絲馬跡。留了些物資在帳篷裡，闗上帳篷在狂暴的風中走下山脊，未於五號營停留。」

歐德爾後來行文提到了他走下到北坳的過程是如何漫長而哀戚：「我抬頭眼看著氣勢萬鈞的聖母峰，看著她時不時紆尊降貴地顯露出其被雲層環繞的形貌，似乎是在用冷漠而無所謂的眼光鄙視著我這個微不足道的弱小人類，也像是在用陣陣強風嘲弄著我希望她能揭露其祕密的哀求——吾友的生死之謎。我們有什麼權利深深地闖入到崇高女神的面前撒野？如果這裡真是珠穆朗瑪的聖潔地界，我們的入山之舉是不是犯顏？我此時此刻是否也是在繼續一種冒犯的行為？」

但接著他感覺到情勢丕變：

然而，當我重新再看一眼，我發現另外一種情緒似乎蒙上了她令人想忘也忘不了的地貌。那巍然矗立的高峰流露著一種無以名之的魅力，讓我來到了忘我的邊緣。我於是意會到那是一股讓任一登山者隻身來到此處，都會感覺到令人不能自已的魅力。任誰朝著山愈靠愈近，都會被引領著前行，都會無視於所有的阻礙而一心尋求抵達那至聖至高之地。至少那看似就是我兩位朋友的際遇；否則他們還能為了何事耽擱？為了壓抑情緒，我轉而將目光朝下方的北坳望去，於是我想起了還有其他同伴在焦急地等待我歸營，焦急地想聽我帶回了什麼消息。到時候，面對飽受煎熬的他們，我要如何解釋自己想多留在山上一晚來繼續搜尋？而就算留下來了，他們能活著被我救著的機率有多高？於是懷著憂思，我緩緩展開了漫長的隻身下山之路。

歐德爾在下午剛過五點時平安回到四號營，卻只發現海澤與尼瑪、敏瑪兩名雪巴人在那邊。隔天六月十一日早上，他們連同帳篷與所有裝備放棄了四號營，只帶著疲憊的身軀與兩名失聯登山隊員的個人物品離開了北坳。氣溫根據海澤的回憶，在日照下來到華氏八十七度（攝氏三十點五度），雲層不厚，空中風勢不弱，山脈沿著稜線飄著雲煙。

諾頓已經下令探險隊立即從三號營撤離，其中他、布魯斯與諾艾爾在前一天下午一確定了馬洛里與爾文的命運之後，就已經先行離開，沒人感情用事地想要去尋找遺體，或發動唐吉訶德式的危險搜救。森默維爾已經下到了基地營，同行的還有畢瑟姆。辛斯頓獨自一人在三號營等待著歐德爾與海澤。身為醫官，他希望所有人都能趕緊下山。「他們全都迫切地需要休息，」辛斯頓寫道，「而且三號營也已經不需要人手。我是不會遺憾要離開這個地方，只是可惜沒能在歡欣鼓舞中下得山去。聖母峰是一座危險至極的峻嶺，三次探險任務共賠上了我們十二條人命。馬洛里與爾文已經登上山頂的可能性，是存在的。歐德爾最後看到他們是在大約距離頂點八百英尺處，而且還正勇往直前朝峰頂而去。我們每個人此刻都已經極度厭戰，沒人有體力留在這裡，更別說還想嘗試攻頂了。我們全都瘦了一大圈，必須要下到低海拔找個青翠的地方休養。」

就在歐德爾與海澤從四號營下來之際，薛貝爾偕二十八名挑夫抵達了三號營，並銜命要摧毀營地。午後一點，僅帶著必要的東西，隊伍開始沿東絨布冰川而下。「這次下山很順利，」辛斯頓寫道，「途中經過了我之前形容過，甚是壯觀的冰山美景。下坡路讓挑夫對負重絲毫不以為意。」

六月十二日星期四，也就是他們不得不承認痛失兩名隊員的僅僅兩天之後，歐德爾的完整日記是這麼寫的：「早上天氣甚佳。九點半偕辛斯頓跟薛貝爾離開了二號營，順暢的冰磧通道讓人走得很開心；在一號營用了點午餐，然後取道上方冰磧前往基地營，並隨辛斯頓去走訪了冰川地形造成的多邊形岩塊；美麗的春季高山花卉，從一號營開始便俯拾皆是。」

歐德爾的表現說是神勇，一點也不為過。從五月二十一日諾頓最後一次召集眾人展開第三波攻頂以來，歐德爾共三次從北坳基底爬到兩萬三千英尺處的四號營。另外他曾從四號營前進到五號營（兩萬五千三百英尺處）一回，並於四天內從四號營上到六號營（兩萬六千八百英尺處）兩回。還有，他在十二天內僅有一晚睡在兩萬三千英尺以下，亦即在將近兩週的時間裡，他都生活在科學界認為人待不下去的海拔高度以上。他因此獲得的獎勵，如諾頓在最後一次發出的任務報告中說，便是能見到兩名朋友最後一眼，看著他們「勇往直前朝峰頂而去」。按照辛斯頓所言，他相信馬洛里與爾文已上到了聖母峰，只是在回程時命喪於嚴酷的自然中。辛斯頓承認這種想法是純然的臆測，但這已能讓歐德爾滿意，他從未須與質疑過那兩人已然「登峰造極」。但他們如今已撒手人寰，由此在下山的時候他已經什麼都不想說，什麼都不想去想，也什麼都不想去感受。

在基地營，森默維爾很難接受這個壞消息，為此他在筆下寫道，「我的朋友跟登山的夥伴，馬洛里，跟我心靈相通的他，死了？我感到難以置信。」他後來補充說那只有兩種可能：「意外或摸黑。這是場悲劇，但能死在崇高的追求上也算死得其所，世上能比這更好的死法著實不多，而世上最好的衣冠塚，更莫過於聖母峰。」

回到基地營讓歐德爾鬆了口氣，辛斯頓也是。「什麼叫奢侈，」辛斯頓醫師在六月十二日寫道，「奢侈就是有椅子可以坐，晚上睡覺有營床可以躺。」隔天早上諾頓讓歐德爾過濾了一下死者的遺物，挑出哪些是可以歸還給英國遺族的，哪些是要燒掉的。歐德爾的完整日記是這麼寫的：「在營床上度過了美好的夜晚，還睽違一個月洗了澡。愉快的一天，大部分時間都在整理馬洛里跟爾文的遺物。其他人在替三次任務的死難者製作紀念碑。」

正當森默維爾與畢瑟姆在打造著紀念碑，用螺絲起子把所有罹難者姓名都鑿刻在石塔上時，諾頓則在處理著待發的任務匯報。最緊急的部分以密碼送出，由跑者大老遠送到在帕里的電報線，上頭寫的是Obterras London—Mallory Irvine Nove Remainder Alcedo— Norton Rongbuk，意思是「給在倫敦的皇家地理學會：馬洛里與爾文在最後的攻頂中遇難，其他人平安無虞——諾頓於絨布。」[11]這封電報會在六月十九日下午四點五十分從帕里發出。兩天後的六月二十一日星期六早上，整個倫敦都會得知差十天就滿三十八歲的喬治・馬洛里已於六月八日羅難，而他的年輕搭檔安德魯・爾文也不幸沒能生還。

在基地營，諾頓下令讓辛斯頓為所有的倖存者體檢，而他們的狀況也一如預期。「我們確定不可能再於山上發動任何攻擊。」諾頓後來寫道，「在我的要求下，辛斯頓體檢了所有隊員，而他回報說沒有例外地，所有到過四號營以上的隊員都出現心臟膨大的狀況……他警告說繼續在高海拔活動會造成嚴重且永久性的生理障礙。」

諾頓在六月十三日追加了兩封發給倫敦的電報。第一封是通知聖母峰委員會：「我們今年的攻頂嘗試確定畫下句點。附件是六名剩餘隊員的健康報告。以高山攀登而言，他們已全數失去戰力，挑夫也不例外。」第二封是以私信名義發給榮赫鵬與辛克斯：「很遺憾，這次任務我可以說一事無成；我們不僅未能確切地主張自己已征服了聖母峰——這一點永遠會在質疑中沒有定論——而且還痛失馬洛里與爾文，外加我們土著班底的兩名成員。」在發出這些匯報的同一天，一批新的郵件由跑者送抵，其中包含署名給諾頓的一疊信件，裡頭全都是盼著最後一次攻頂能馬到成功的祝福。

六月十五日星期天，諾頓下令將餘下的物資與設備盡數焚毀。當天稍晚，登山隊員與所有

11 譯註：Obsterras是皇家地理委員會的電報地址，須知該會的拉丁文座右銘正是OB TERRAS RECLUSAS，翻成英文是To/For lands unknown，即「前進未知的土地」或「為了未知的土地」；Nove是遇難之意，Alcedo是平安。

的挑夫聚集在紀念石堆的周圍。那是個非比尋常的紀念碑，下方是三英尺高的方形石質基座，上面放著由小型圓石堆成的金字塔，高度超過一個人，並且上頭銘刻著三次任務所有的死難者：一九二一年凱拉斯；一九二二年坦凱、桑給、譚巴、拉克帕、帕桑・納姆金、諾布與佩瑪；一九二四年馬洛里與爾文、宣姆舍潘與曼巴哈杜。紀念碑矗立於一片開放的冰磧，背景是聖母峰的北壁。

那天晚間，好幾名隊員走訪了絨布寺，並趁儀式進行中溜進了禱堂裡面。畢瑟姆後來寫道：

> 在此之前，我們對這些喇嘛的感受只有單純的反感：他們的生活模式與跟他們有關的一切事物。我們因此處於一種很難受到感召的心理狀態。但如今我必須承認，至少對我來說，這儀式是我活到現在所參加過最銘感五內，也最令人為之動容的儀典。打動我的或許是整件事的出乎意料，尤其是敬拜者態度之深刻與虔誠。但不論如何，那只能是我的眼與耳受到了吸引，而非我的意識與心靈，因為現場哪怕一字一句我們都無法理解。那是我們對他們的真誠敬拜之心一種出於直覺的默認。那棟建物內部之漆黑，我們一開始簡直像是瞎了眼，什麼都看不見，但隨著眼睛慢慢適應了昏暗的光線，一排排一動不動坐著的喇嘛

開始出現，就像是印在地板上的畫面。在低沉喉音的禱文誦唸聲中，只有喇嘛們那一張張無悲無喜的臉龐，而他們包裹在深色長袍中的伏臥身軀，依舊無法看清。照進室內的光線照亮了佛像的臉，並從屋頂拉到喇嘛身邊的幡旗迷宮之間滲漏而下。音樂來自於為數眾多的低音鼓、鈸與若干簧片樂器，而隨著音樂的抑揚，空氣發出了就像是管風琴造成的震盪。隔段時間祈禱會暫停，年幼的孩子會出來遞茶；之後儀式又會繼續往下。

六月十六日星期一，探險隊離開了絨布。「我們是一支小小的、悲傷的隊伍。」諾頓後來寫道，「從一開始，我們就用我們這一代人從大戰中學到的理性精神，接受了同志離我們而去的事實；我們未曾片刻想要反覆病態地哀嘆改變不了的事情。但悲劇畢竟還離我們很近。而就像戰爭裡的常態，也像我們在此對山的征戰，死神帶了最優秀的人離開。」

那天夜晚，在一步步與山愈來愈遠後，他們紮營在了薩噶曲河畔一萬八千英尺處的一個山丘上，那是個可以俯視絨布河谷與聖母峰完整榮光的地方。其中一人從帳篷中向外凝望，而他後來的回憶，也正是所有人內心所想：

我可以看到整片寫著歷史的地面，那長年冒險故事的場景，像張地圖似地攤開在我眼前，沐浴在柔軟而飽滿的月光下。而那可真是莫名有種魔力的光芒！光天化日下，我們不論看到什麼，都是那麼的踏實而俗世。月光則彷彿可以讓我們面對面親炙那些崇高而永恆的理想；我們的視覺會從月光那兒借來一絲絲超自然的想像。那天晚上看著眼前的光景，我們未經太多困難便領會到了一件事情：生命的代價，是死亡，而只要這份代價付出得開心樂意，那這代價付出於何時，其實不會有人介意。在那高山上的某個地方，在那屬於冰與岩的曠野，靜靜地躺著兩具形體。昨日的他們憑藉人類極致的體能與意志，投入了一場偉大的競賽——那是他們一生的渴望。今日競賽已完，他們的靈魂已經離開，而他們的肉體將永遠不知道什麼叫做腐敗。試問有誰，能夠奢求比這更圓滿的完結？

結語
Epilogue

諾頓上校傳達馬洛里與爾文死訊的訊息，先是花了八天的時間由跑者走陸路遞送到帕里，然後再走繞行地球的電報線，在八小時後抵達了倫敦。這封電報來到皇家地理學會的辛克斯手裡，是在六月十九日星期四的下午，這正好是他在所屬的俱樂部吃了頓很晚的午餐，回到辦公室的時候。自從諾頓寫於最後攻頂前夕五月二十六日的匯報之後，探險隊一直都沒有消息傳來。辛克斯忙不迭撕開了電報，迫切地想要看到上頭寫著 Voiceful Lud benighteed Charles，也就是預先說好代表聖母峰攻頂成功的代號。但相對於此，他看到的卻是另外九個字。光憑這九個字的長度，不用看是哪九個字，辛克斯就已經知道任務結束在災難之中。

身為祕書長的辛克斯通知了《泰晤士報》，但把噩耗隱瞞了家屬近二十四小時。山帝・爾文的母親與兩名年紀最小的弟弟此時正在威爾斯的鄉間小屋度假；他的父親人在伯肯海德的家中。辛克斯發來的電報在週五晚間七點多一點抵達：「委員會深感遺憾地於今日收到聖母峰探險隊噩耗／諾頓電告您公子與馬洛里於最後攻頂遇難／其餘隊員安返／會長與委員會致上衷心哀悼／辛克斯。」

除卻姓名的排序，辛克斯發給茹絲・馬洛里的電報措辭與發給爾文父親者並無二致；他同時也對馬洛里的遺孀隱瞞了自己前一天就收到消息的事情。他的電報在晚間七點四十五分送抵劍橋的赫歐爾宅。某《泰晤士報》記者搶先趕到了現場，主要是編輯群不希望讓茹絲受到看早報才知道丈夫死訊的打擊與羞辱。她跟幾名老朋友出去散了個步，然後回到家把三個孩子叫到床邊，把事情告訴了他們。他們蜷曲在被窩裡，「一起抱頭痛哭」。

皇家地理學會、辛克斯與《泰晤士報》都盡了人事想封鎖消息，但新聞還是在當晚走漏了出去，被登在了《西敏寺公報》（*Westminster Gazette*）上。隔天星期六早上，《泰晤士報》用最快速度印出了他們的全球獨家：「聖母峰傳悲劇，登山隊員二死，馬洛里與爾文遭不幸」。時間來到當天下午，戰報式的語言再度席捲了英倫舉國的報紙頭條。「馬洛里與爾文命喪最終攻頂。」《每日畫報》（*Daily Graphic*）宣告。「駭人的悲劇。」《環球報》如是說。至於其他各報的下標則分別是，「力抗聖母峰」、「勝利止步於死亡面前」、「聖母峰之戰：高山造成死傷慘重」。訃聞一併登在了新聞旁邊，而且是早就備好的稿子。「我一直知道事情會是這樣的結局，」傑佛瑞・凱因斯在給茹絲的弔唁信中說，「但這並沒有能減輕我的哀慟於萬一。」

六月二十三日星期一的《泰晤士報》上，刊出了由國王陛下發出的正式訊息，當中對家屬表達了慰問，並讚揚了「兩名勇敢探險家」的英雄事蹟。星期二，麥格達倫學院教堂內聚集了劍橋大學師生，榮赫鵬也親自從倫敦北上出席了紀念會。一如辛克斯與史賓瑟。兩天後，切斯特（Chester）主教在伯肯海德的聖約翰教堂主持了追思禮拜，與會的有馬洛里與爾文兩邊的家屬。從英國各隅泉湧而至的是關懷與哀悼的心意，而且其迴盪之強烈超乎所有人的預期。「我們快被淹沒了，」辛克斯在六月二十六日致函諾頓說，「潮水般的電報與慰問訊息傳來自國王陛下、來自眾家地理學社團與全球的登山俱樂部，也來自於國內許多個人。各家報紙爭向馬洛里與爾文身後的光榮回憶致上敬意。」

不久，社會上的焦點轉向了所有人心上的同一個問題。馬洛里與爾文是死在上山還是下山途中？他們已經達到了最高的山頭，還是壯志未酬地墜入萬丈的虛空？他們究竟有沒有站上馬洛里口中那個「我們渴望的巔峰」？

在悲劇發生後的第一時間，諾頓曾動議要先發制人地力阻外界無謂的臆測。在基地營一場六月十二日的會議中，他連同森默維爾與布魯斯、海澤、畢瑟姆、諾艾爾與薛貝爾達成了一項共識。他們決定口徑一致地宣稱兩名登山者綁在同一條繩子上，並一起遭遇了致命的墜落意外。歐德爾則獨自堅信馬洛里與爾文是困在六號營上方某處野營，而最終死於大自然的摧殘。這樣的想法固然可能性不高，但卻能讓歐德爾內心好過些。他感覺自己對爾文的死有一份責任。在九月份回到倫敦後，他只短短跟妻小團聚了一天多一點點，就立刻動身前往伯肯海德去拜訪並慰問山帝的雙親。心裡想著他提攜的年輕後輩沒有支離破碎而渾身是血地躺在絨布的岩石上面，而能死得沒有痛苦，死得有副完美無暇的全屍包裹而麻痺在冰天雪地中，身邊還有他年長的搭檔默默相伴，心裡總是安慰一些些。在歐德爾的哀戚中，慈悲並不需要真相的攙扶。

至於有沒有成功攻頂，每個人有每個人的想法。諾頓與森默維爾曾刻意在東北脊下方與之保持相當的垂直距離，橫越過整條黃帶而達到雪溝，避開了第二台階。而歐德爾最後一眼看到馬洛里與爾文活著的時候，高度起碼比天際線低兩千英尺。由此他們最後是消失在一個只有他們見過的世界。

於是乎，跟在戰爭中一樣，活人的日子還是要往下過。諾艾爾直奔大吉嶺去製作他的第二部電影；海澤重返西絨布冰川去偕廓爾喀調查員哈里·辛·塔帕（Hari Singh Thapa）完成地圖測繪；諾頓與其他人則先行前往絨轄谷地休養，之後再展開目標大吉嶺的漫漫歸途。「我內心始終放不下馬洛里與爾文。」諾頓在六月二十八日給席尼·史賓瑟的信中說，「要是能知道他們死前有沒有成功就好了。」

史賓瑟在英國山岳會收到了諾頓的來信，而此時在倫敦，信中提到的謎團讓人簡直無法忍受，畢竟那是大家心中如此崇高的行動，而悲劇收場又帶給舉國巨大的傷痛。七月五日，《泰晤士報》刊出了諾頓與歐德爾發於六月十四日的匯報，而這也是事發之後，公開媒體中首見來自絨布的第一手資料。「我們帶著沉重的心離開了這裡，」諾頓寫道，「我們沒有能立下成功的事蹟，畢竟罹難的隊員有沒有在讓他們殞命的意外發生前抵達山巔，誰會知道呢？」光是這一點點疑問的口氣，就讓《泰晤士報》的編輯群得以借題發揮，給相關報導下了這樣一個標題：「聖母峰：最後的攀爬——登頂成功的一絲希望」。歐德爾話說得比諾頓滿。「聖母峰被爬上去了嗎？」他刻意把話問得帶有些戲劇性。「這永遠會是個謎。」但他接著又補上一句，「考慮到各種條件跟他們當時在山上的位置，我個人的看法是馬洛里與爾文肯定已經上到了山頂。」

歐德爾把大家想聽的話說給了大家聽，但他的遣詞用字顯然帶有玄機。他沒有直接聲稱登山者上到了山頂；他只是表達了自己願意這麼相信。這種想要成人之美的心意，與當時舉國的氣氛產生了共鳴。「這個國家，」《泰晤士報》的一篇社論聲稱，「能夠存活下來，進而能夠建立一個遼闊的帝國，靠的是英倫子弟的冒險精神，因此這裡容不下悲觀孱弱的想法。」馬洛里與爾文很顯然站到了「萬事萬物之上」，體驗到了「幾乎等於上帝的視界」。馬洛里如同諾頓自承，可不是一般的凡人。「是人類的精神，」官拜上校的諾頓說，「成就了他做為一名優秀登山家的一切；他體內燃燒著一把熊熊烈火，讓他不放棄的意志得以凌駕在肉體的軟弱上；他是個靠精神活著的人……想征服那座山的心情，變成了他的一股執念，由此有長達數週乃至於數月的時間，他投入了所有的時間與精力。」由此，馬洛里與爾文在得到最終勝利之前就已經殞落，是無法想像的。

就在探險隊的倖存者還緩緩走在返回印度的路上，外界還連絡不上精疲力盡的眾人，他們的故事也還無法完整訴說之前，英國登山界的要角們就已經集結起來要捍衛馬洛里的名譽，而他們也深信馬洛里確實攻抵了山頂。在七月十一日寫於大吉嶺的信中，布魯斯將軍替歐德爾的意見背書，他稱歐德爾「認為山頂已被攻克的看法非常合理，亦即馬、爾二人應該是在返程中遇難，而這多半是摸黑前進造成的不幸……由此這是一場可怕的、令人心碎的慘劇，但也有一部分是美好的結局。」一週之後，馬丁．康威在《泰晤士報》上主張兩人未能平安歸來的事實，本身就是他們攻頂成功的證據；因為若非攻頂成功，他們絕對有時間返回高地營避難。

「由任何一名登山者去看，顯而易見的事實都是他們上去了。」隆斯塔夫告訴辛克斯，「你不可能以為這對搭檔會考慮起掉頭的可能性……已經把目標緊緊握在手裡的這兩個人，不可能為了任何事情停下腳步。」法蘭西斯．榮赫鵬召喚出了形而上的比喻。聖母峰，他宣稱，是世間物理力量的化身，而想挑戰她的登山者只能拿諾頓所稱「人類的精神」去與之抗衡。但這，榮赫鵬說，就已經足夠了，「面對這兩種選擇，第三次掉頭，或是去死，後者多半對馬洛里還比較容易。選擇第一條路會帶來的痛苦，恐怕已經超過他做為一個人、做為一名登山者、做為一名藝術家所能承受的。」傑佛瑞·楊恩在法國聽說了來自英國的噩耗後，在發言中流露了獨特的權威：「要在已翻越了僅有的難關後掉頭，固然對任何一名登山者而言都是難事——但對馬洛里那根本是不可能的事情……我的看法（是）意外發生在下山途中，而果真如此，那就代表聖母峰已先被征服了，你要知道馬洛里就是馬洛里。」

在七月五日刊載於《國家文藝週刊》(*Nation and Athenaeum*)的一篇訃聞中，楊恩將馬洛里其人其事上升到了神話的層次，他在當中寫道：

> 從還是少年時期，他就屬於山間，就像紅色的燃燒屬於火焰……在他直指未知之地那最後的壯絕探險中，我們不得不讚嘆的是他那高潔的志向，那欣然迎向挑戰的喜悅，還有那股膽識與毅力。那熾烈燃燒在終點處，以騎士與青春冒險精神當作燃料的熊熊火焰，位置更高過世上已知最高的山巔。不論那偉大的競賽最終是什麼樣的結果……那把火，我們很確定，都燦爛地燃燒到了最後。喬治·馬洛里——早年朋友口中永遠的加拉哈德爵士[1]——

1 Sir Galahad。亞瑟王傳說中獨自找到聖杯，最為無欲而純潔的那名圓桌武士。

了無遺憾地還給了山丘它們那股能啟發人心的生命力，為此他應已心滿意足。世上最高的山峰有如一座石碑，紀念著他是如何純淨而無私地，奉獻了自己難得來到世上，美好的生命。雖說英雄故事仍會讓人的內心無比激動，但無情的聖母峰——讓我們膽戰心驚的聖母峰——仍繼續會是眾人心目中有著美麗回憶的山頭。

茹絲．馬洛里深為這樣的心意所感動，畢竟這段肺腑之言出自他們親近的老朋友之口，也畢竟楊恩是她與喬治一向深愛與敬佩的好人。只是再多訃聞與書信的哀悼，都無益於舒緩她內心的痛苦。她藏於內心的是不足為外人道的苦楚，深不見底而殘酷莫名。所有聖母峰上的登山隊員，「他們每一個人，」她在一封雍容大度的信中對辛克斯說，「都是言語無法形容的英雄。」但她對於外界炒得沸沸揚揚的什麼征服或犧牲，什麼死得高貴而光榮的話題，沒有太大興趣。說起死亡，她那一代的女性看多了。一如與她同時代的名人黛安娜．古柏（Diana Cooper）曾疲乏地評論過：「到了一九一六年底，我共舞過的每一個男孩都已經死了。」

七月一日，索姆河之役的週年，茹絲收到了傑佛瑞．楊恩的信，而這也是他自悲劇發生以來捎來的第一封信。他在信中提及「一段漫長而麻木的痛苦」，但於此同時他也承認他的哀傷難過「比起妳的痛苦不過是浮光掠影，因為確實對於我們來說，你們始終是一體的。」他這裡說跟茹絲一體的，自然是她的愛人與丈夫，自然是他在悼詞中提到那個「集青年人之神奇冒險精神於一身」的少年與男人。

「我願意相信，」茹絲回覆說，「喬治的靈魂已經準備好步向來生，也願意相信，他前往下一段生命的過程是何等美麗。我並不覺得自己的痛苦有什麼重要性。我已經享受過太多原本不應該享有的快樂，而這些快樂的回憶也會永遠陪伴著我。這段時間以來，大家看得最重的似乎是事情的真相究竟如何，而這豈不讓人感到十分費解嗎？想到這裡，我內心便進駐了一些平靜。」

當週稍後她寄了一封語氣痛苦許多的信給楊恩。「我知道喬治並非一心求死，」她寫道，「我並不覺得自己會因為他的死而對他更驕傲一些，一點也不會。我曾經愛過，如今也還愛著的，是他的生命……不論他是否登上了聖母峰，也不論他有沒有能活下來，都絲毫不影響我對他的仰慕……喔，傑佛瑞，要是沒發生這樣的事情就好了！這種事情完全可以不用發生的。」

後來的年月中，在她幸福地改嫁之後很久，茹絲還是會偷偷帶著一本《人類的精神》溜進自家花園，然後在那兒閱讀起喬治曾經在聖母峰上的寒夜中低聲吟誦，藉此來撫慰思鄉之情的詩句。她將三名幼子撫養長大的過程，並未使他們陷在父親死得不明不白的陰影中，而是讓孩子們成長在父親在世時活出的精神中：自由、無拘無束、對生命各種可能性保持開放的心胸。

她在一九四二年因癌症而撒手人寰，那一年喬治的胞弟特拉福德正以英國皇家空軍戰鬥機指揮部的指揮官身分，籌畫了最後會在相隔一個世代後，終於讓納粹德國雙膝跪地的空襲行動。跟茹絲一樣，特拉福德也沒有能活過與希特勒的戰爭。一九四四年在前往印度的途中，他搭乘的飛機墜毀在法國阿爾卑斯山脈中的暴風雪裡。他埋骨於勒荷維達里蒙（Le Rivier d'Allemont），而那個小鎮，就坐落在曾於戰前天真的青春歲月裡讓喬治為之神往的群峰身影中。

遺孀與摯友間的私下哀痛，化成了舉國的情緒宣洩，是在一九二四年的十月十七日，那天英王兼威爾斯親王喬治五世、約克公爵與康諾特公爵加入了人山人海的哀悼者，共同在聖保羅教堂中見證了馬洛里與爾文的追思禮拜。英國歷史上有登山家在死後如此備極哀榮，這還是第一次，也是僅有的一次。由切斯特主教發表的悼詞，讓所有人的目光聚焦在歐德爾最後的目擊之上，就好像所有人都跟著歐德爾共同見證了那一幕一樣：「那是你最後一眼看見他們，而他們抵達山頂與否的問題依舊是個謎團；無情的山脈給了無聲的答案。但那最後的一攀，伴隨其巨大謎團創造出的美麗懸案，其代表的意義並非單純的登山壯舉所能交代，即便那座山並非泛泛之輩，而是世界上無人能出其右的至高山脈。」

那天晚間，朗諾薛爵士主持了皇家地理學會與英國山岳會的聯席會議，並在皇家艾爾伯廳

（Royal Albert Hall）舉辦了紀念式。與聖母峰冒險有關的所有領導人物齊聚一堂：榮赫鵬、亞瑟・辛克斯與布魯斯將軍、道格拉斯・弗列許菲爾德、諾曼・柯利與席尼・史賓瑟，還有來自一九二一年探險隊的沃拉斯頓與赫倫；一九二二年任務的隆斯塔夫、史卓拉特、諾頓、傑佛瑞・布魯斯跟芬奇；一九二四年任務的辛斯頓、畢瑟姆、海澤與歐德爾。

諾頓提到馬洛里說：「他的死讓我們內心變貧瘠了，因為我們失去了一個忠誠的摯友、一名卓越的登山家，以及一位英勇的紳士。」歐德爾猶記得無動於衷的冷山是如何用狂野的呼嘯聲，嘲笑著搖搖晃晃走下北坳的他，那個知道自己已與兩個朋友天人永隔的他。他記憶中的季風啟動在他們從絨布冰川撤退的當日。聖母峰北壁的投影，辛斯頓當晚寫道，「比他從來知道的都更宏大、更壯闊，也更堅不可摧，就在我們轉身要離去的今天……我在想下次有人朝聖母峰攻頂，不知將是何年何月。」

這是個極度開放性的問題。一開始，聖母峰委員會就像前兩次任務結束一樣，繼續按表操課，但在聖保羅教堂的追思禮拜後不到一星期，歐德爾在女王陛下音樂廳進行了演說。森默維爾這名辛克斯與約翰・布坎欽點的另一名明日之星，也很快就開始每天至多可以趕三場演講，一開始在倫敦，後來足跡更踏遍全英；他個人將賺進約七百英鎊，而這錢被他拿去購置了一台X光機器，做為他印度任務所需。當然最備受期待的，還得算是約翰・諾艾爾的登山紀錄片

《聖母峰史詩：此一歷史性探險任務的不朽電影記錄》（*The Epic of Everest: The Immortal Film Record of This Historic Expedition*）可以獲致商業上的成功，而其首映已排定十二月八日在倫敦的新史卡拉戲院（New Scala Theatre）舉行。

自從探險家影業在一九二三年的聖誕夜成立之後，約翰・諾艾爾就一直非常拚。從一開始僅發行兩百股的股份，每股一英鎊，該公司開始在外界對第三次探險任務的期待下迅速成長；時間來到一九二四年二月，光諾艾爾一人的公司持股就已經膨脹到優先（付息）股三百五十股，以及延後（付息）股五千一百四十二股。他的目標按照其寫給布魯斯將軍的信中所言，是要製作出一部「在電影這行當中」跟任何對手硬碰硬都不會輸的作品，而他所謂的任何對手，就是任何一部出自好萊塢之手的戲劇長片。這口氣可不小。他一九二二年的作品《攀登聖母峰》票房只能算是差強人意。一九二四年，他與股東投入了金額不算小的八千英鎊，但電影讓人擔心的地方真的很多：諾艾爾對於森默維爾替新電影譜寫的音樂不甚滿意；高地營的畫面完全付之闕如；片中完全沒有女性角色登場。他考慮著要不要把新電影一分為二：一部專門講攀爬聖母峰的冒險故事，另一部描述充滿異國風情的圖博壯遊。結果這些很不搭嘎的主題被硬是融成了一體，變成了一種有點尷尬的東西，諾艾爾的壓力也隨之而起。如諾艾爾從一開始就坦言的，只有在格局上徹底顛覆過往想像的作品，才能在紀錄片領域中「創造出足夠大的客群來回收製片的成本。這代表影片的成敗，幾乎完全決定於攻頂的成敗。」

馬洛里與爾文的死，逼著諾艾爾修改影片的調性。原本預想中的英雄凱旋，變成了淒美的悲劇定位。就像是為了讓觀眾忘記探險隊的失敗結局，他設法為電影營造出了一種劇場的體驗。他聘請了著名的場景設計師，藉此把新史卡拉戲院的舞台打造成一個圖博的傳統庭院，背景上畫的是閃耀在晚霞餘光中，令人神往的喜馬拉雅群峰。隨著電影開演，室內的燈光會黯淡下來，寺院的門會敞開，而簾幕則會升起，讓顫動的戲劇性畫面上嶄露出千里之外的世界奇觀。為了增添幾分真實感，諾艾爾安排了讓約翰．麥當諾從江孜帶來了七名圖博僧侶，外加一應俱全的儀式跟禮樂用具：鈸、銅號、手搖鈴與寶劍、中大腿骨製成的喇叭，還有原本是頭蓋骨的鼓。這些僧侶按照諾艾爾的計畫，會陪著電影一起巡迴宣傳，並在每次放映前表演全套的宗教舞樂來當作序曲，藉此讓觀眾在「大劑量的當地色彩中」進入情緒，至少他是這麼說的。

「七名喇嘛」從印度蒞臨的消息引起了平面媒體的廣泛報導，那報導中的用語恐怕不會讓圖博當局看了開心。在《每日畫報》上，你會看到這樣的頭條：「圖博教會高僧抵達倫敦；主教將上台獻舞；音樂飄揚自頭蓋骨。」在首映的週一無聊晚上，整條圖騰漢姆（Tottenham）街與夏洛特（Charlotte）街上都是霧氣瀰漫，滲進劇院的白霧甚至干擾了首映的正常播放。首映結束回到公寓，約翰．諾艾爾與妻子西碧兒不太吉利地與致命的廚房瓦斯外洩意外擦身而過。他們與潛在的憾事只相差十五分鐘。

所幸他們的運氣會在接下來的數日內有所好轉，好消息紛至沓來。這些喜訊除了來自像《電影週刊》（*Kinematograph Weekly*）與《放映機》（*Bioscope*）這類粗製濫造的影劇報紙以外，許多有頭有臉的日報也沒有缺席。諾艾爾對片中沒有女主角跟戀愛線的擔心，事實證明是多慮了。《每週快訊》（*Weekly Dispatch*）點名在一部故事講述「男人熱情努力，只為征服令人卻步的處女雪地」的電影裡，聖母峰本身就是當然的「女主角」。假以時日，《聖母峰史詩》會巡迴英國與德國，然後在北美洲巡迴七遍；光在美加兩地，觀影者就逾百萬人次。諾艾爾的投資賭對了，至少在短線上是這樣沒錯，只不過電影本身的賣座，也導致了即刻重返聖母峰的希望遭到徹底戳破。

不可避免的，這部電影在走紅之後引起了圖博政府的關注，而他們也循外交管道提出了正式的抗議。表面上，圖博所感受到的是文化與宗教上的冒犯。拉薩的貴族並不樂見電影裡出現圖博爸媽給孩子除蝨後把蝨子吃掉的場面。七名僧侶未經住持批准就遠渡重洋，只是為了像嘉年華一樣上台表演儀式給洋人看，讓許多人在圖博群情激憤，其中又以當時在圖博首都處於上風的那些保守寺院派系，反應最為強烈。諾艾爾電影的宣傳中，給人一種故事憑空蹦出來的感受，彷彿做為事發地點的圖博是個古樸討喜的虛空，是個不知有漢無論魏晉的世外桃源。但事實是一九二四年的拉薩正危如累卵地處於革命的邊緣，其舉國的命運就在興衰之間高懸，傾頹只在旦夕之間。

處在這股外交烽火的正中間，是莫斯海德在探險生涯中的老夥伴，具有戰士、外交官與間諜等三重身分的費德列克・馬胥曼・貝里。話說他已經於一九二一年接替查爾斯・貝爾出任錫金的政治專員。對比貝爾對聖母峰探險抱持容忍的態度，貝里覺得挑戰聖母峰是毫無意義的挑釁，他認為這麼做只會抵銷英國對圖外交政策的主軸，也就是實現圖博的現代化，然後再用一個現代化的圖博來阻撓野心勃勃的中國與蘇俄。本身支持現代化路線的第十三世達賴喇嘛，得面對來自各寺院派系的猛烈施壓，主要是後者希望把歐洲勢力徹底趕出拉薩，由此他們決計不可能樂見英國探險隊在國家的南境逛大街，那既打擾到神祇的清靜，又汙染了百姓的心靈。緊張情勢在首都拉薩不斷升高，甚至風聲傳出有人要推翻達賴喇嘛。若果真如此，英國在圖博的利益將遭受災難性的打擊。

一九二四年六月，就在諾頓與馬洛里擬定最終聖母峰大計的同時，貝里來到了拉薩。官方的說法是他來推廣貿易，但其實他是來密謀起事，來推倒傳統的宗教派系。這當中的兩名靈魂人物分別是圖博軍的總司令擦絨沙佩（Tsarong Shapé）與大吉嶺警察首長拉登剌（Laden La），其中拉登剌早在數月前就銜貝里之命進了拉薩，為的是招募兩百名幹部來擔綱叛軍的核心。一九二四年夏天，貝里親自在拉薩待了四週，其間他頻繁會見了擦絨沙佩與達賴喇嘛。中間的過程我們不得而知，但結果是叛變不了了之。當貝里要回返之際，擦絨沙佩便隨他流亡錫金，而那也是拉登剌不久之後的命運。傳統派人士繼續掌權，無法漠視的寒意籠罩起圖博跟英屬印度間的外交關係。

隨著達賴喇嘛與藏軍中的自由派陷於守勢，諾艾爾的電影徹底失去了天時地利人和。錫金的大公覺得影片中圖博人吞食蝨子的橋段欺人太甚，於是將諾艾爾宣告為禁止往來戶，不准他進入錫金王國。達賴喇嘛則將整個高調的宣傳表演都視為對佛教的大不敬，並呼籲將前往海外的七名江孜僧侶立刻收押。圖博總理正式致函貝里，要求第一時間將這些人遣返，並在措詞強硬的結尾發表了聖母峰委員會最不想看見的宣言：「未來我們無法再發出任何入藏的許可。」

就這樣，一九二五年重返聖母峰無望，而不到一年，探險家影業便關門大吉。當一九二六年，聖母峰委員會再次申請探險許可時，貝里連代為遞件給圖博當局都覺得沒有必要了。這起所謂的「跳舞喇嘛事件」(Affair of the Dancing Lamas）在政治上產生了深遠而持久的影響。這件事在強化了圖博傳統派的力量之餘，也使第十三世達賴喇嘛所代表的改革遭到掣肘，否則那些改革政策無疑將可使圖博強大起來，進而更有餘裕在政、軍兩方面應對中國發動於一九四九年的猛攻與後續的侵略。若果真如此，這個自由的國度會不會在十年後宣告滅亡，或許還在未定之天。

至於在聖母峰方面，時間要推到一九三三年，也就是馬洛里跟爾文失蹤的九年後，才有另一支英國登山隊重返北坳的底部。兩名老將隨行擔任運輸官——一九二二年的柯林·克勞佛與一九二四年的薛貝爾——但登山隊員本身則都是新生代，當中包括艾瑞克·許普頓（Eric Shipton）與波西·溫－哈利斯（Percy Wyn-Harris）、比爾·威哲（Bill Wager，地質學者及探險家，本名為勞倫斯·瑞卡德·威哲〔Lawrence Rickard Wager〕）、法蘭克·史密斯（Frank Smythe）與傑克·隆蘭（Jack Longland）。這群年輕人都沒趕上戰爭，只有探險隊長休·拉特列吉（Hugh Ruttledge）理論上可以在大戰中服役，但他也因為一場打獵意外而只能於戰時的印度擔任文職。

那年在山上有三人登高：打頭陣的是哈利斯跟威哲搭檔，晚一天則有法蘭克·史密斯當起獨行俠。為了避開馬洛里走過的東北脊稜線，他們全都行過了雪溝，而結果是三人都逼和了但並未超越諾頓創於一九二四年的高度記錄。後續來自英國的嘗試則連這樣的成績都達不到。一九三五年的探險隊只勉強上到北坳；一九三六年的探險隊則遭到了早發的季風阻擋，而這也被同行負責統籌運輸的約翰·莫里斯引為一大憾事。一九三八年，暴雪限縮了所有人的行動，由此竟無一人攀至兩萬七千三百英尺之上。其中諾艾爾·歐德爾以四十八歲之高齡，奮力前進到距離峰頂只剩一天的行程距離，可以說可敬可佩，但那遠不足以讓早已對攻頂一事生厭的英國舉國刮目相看。

一九三八年的英國已不再是那個一舉一動有王者之風的宏偉帝國。歷經了被震撼到無語的十年後，數十本的小說、回憶錄、詩集、書信與日記淹沒了大眾流行文化。這些文字就戰爭論述進行了重新定義，也讓殘存的一絲榮光幻影被徹底捏熄。這場號稱要終結所有戰爭的大戰，最後終結的不是任何一場戰爭，反倒是人類的自信與希望，讓人有如驚弓之鳥。「大蕭條」（Great Depression）的慘狀讓即便是經濟上無虞的社會成員，都質疑起花大錢推動高山探險活動的正當性，須知此時的登山探險已愈來愈被視為一種運動，而且一貫以失敗告終。若說攻頂聖母峰的目標曾一度是帝國救贖的象徵，那七戰七敗的成績也正好提醒了各界英國的一蹶不振。

聖母峰委員會在一九三九年六月十四日開了最後一次會，九週之後希特勒將入侵波蘭。投入了二十年的青春在聖母峰上的亞瑟．辛克斯，在同一天請辭。原本在一九四〇、一九四一與一九四二年，輿論都曾傳出要重返聖母峰的聲音，關於探險隊的發動也循正式管道提出了申請，但希特勒的戰爭卻將眾人的聖母峰之夢打醒。而等二戰好不容易結束，信奉毛澤東的中國共產黨又虎視眈眈要占領他們口中的西藏，切斷了所有從北邊前往聖母峰的入山之路。一九五〇年，在英美兩國的壓力下，尼泊爾開放了邊境。英國與瑞士的隊伍於是沿著馬洛里與布洛克在一九二一年望見過的軸線從南邊發動探險。想當年馬洛里與布洛克是站在西絨布冰川的制高點上向下窺視，坤布冰瀑與西冰斗於是盡收他們眼底。

一九五三年，遲來的勝利終於降臨。但那亞瑟．辛克斯沒有能活著看到的頭條標題，不是由正統的英國人創下，而是由來自英帝國終極邊境的紐西蘭養蜂人艾德蒙．希拉里，與敢於一拚的尼泊爾雪巴人丹增．諾蓋聯手寫下。其中丹增．諾蓋不僅理所當然地留名青史，而且還注定要翻轉歷史，因為他就靠著這一人類體能上的傲人里程碑，從根本定義上改寫了何謂統治與何謂被統治。這兩人一從聖母峰頂凱旋回到基地營，希拉里就把這事跟英國隊的另一名登山者威爾弗瑞德．諾伊斯（Wilfrid Noyce）提了，但他並沒有長篇大論，而只是簡單地說：「這事兒馬洛里要是知道了，應該會開心吧？」讚揚他們攻頂成功的電報，在女王伊莉莎白二世加冕典禮前夕拍抵了倫敦，而為免這事搶去了皇家儀典的光芒，消息硬是被延後了二十四小時宣布。在那之前，事情在核心的小圈圈外只有兩個人被即時告知，一個是王母太后（伊莉莎白二世的母親），另一個則是英軍中校查爾斯．霍華－貝瑞，他在一九二一年所領導的聖母峰偵察隊，是為最終的攻頂成功奠定基礎的重要逗點。

隨著眾人的目光移往尼泊爾與南邊的入山之路，加上瑞士跟美國探險隊分別在一九五六年與一九六三年上到聖母峰，馬洛里與爾文的故事慢慢變成了傳奇而遭到塵封。他們在喜馬拉雅山脈以北有過的命運與遭遇，就此模糊在物理性與政治孤立的帷幕之後。不過特定的線索仍舊曾冒出頭來過。一九三三年，溫－哈利斯發現了山帝．爾文完好無損的冰斧，落在東北脊頂端下方約六十英尺處，距離第一台階約兩百碼遠。一九三三年探險隊還找到了馬洛里與爾文的六號營位置，並在破爛的帳篷內發現了功能完全正常，而歐德爾當年顯然沒注意到的手電筒。諾頓曾主張，若馬洛里與爾文真是入夜後受困，並死在了沒有遮蔽的荒郊野外，那起碼他們肯定能看到一些光線才對。很顯然在命運的那一天，記性爛到出名的馬洛里忘了把手電筒帶上，就像他也忘了帶指南針跟（求救用的）照明彈一樣。

所有判斷的真偽，都取決於歐德爾最後目擊的訊息準確性。他真的有如自己宣稱的，看到馬洛里與爾文上到了第二台階嗎，還是他看到兩人爬上的是另外的凸起處？由年輕人組成的英國登山隊在一九三〇年代的聖母峰山上，仔細檢查過了第二台階全長一百英尺的表面，然後下了一個「這根本不可能攀爬」的結論。惟這樣的看法並沒有嚇退歐德爾，他還是在一九三八年偕溫－哈利斯、許普頓與威哲一起上了山。雖然比三人年長了二十歲，但歐德爾還是輕輕鬆鬆就把後輩們甩在後頭。惟歐德爾也沒少提醒年輕人他們無緣見識但真正可怕的，是跟馬洛里一起走，主要是一如諾頓所寫，「你很難讓那傢伙抬頭看到你的屁股……他是登山者中的騎士，是聖母峰僅見空前——或許也是絕後——最強悍的死敵」。

就這樣，這件事僵持了逾半世紀之久。馬洛里與爾文在大限來臨前登上了聖母峰，是眾人衷心盼望為真，但無人拿得出證據的一種可能。惟一如艾德蒙・希拉里爵士每次被問到其看法時，他所不厭其煩地再三解釋過的：登山的成功與否原本就有很大一部分在於人能否全身而退。

然後在一九七九年，一份耐人尋味的報告從山脈的北側冒出了頭來。中日探險隊的隊長長谷川良典（Ryoten Hasegawa）隨口問了中國籍隊員王鴻寶是否曾看到過莫里斯・威爾森的遺體。莫里斯・威爾森是在一九三四年死於令人費解的單人攀登途中，之後登山者就偶爾會在北坳底部看到他的屍體。王鴻寶不通日語，但他比手畫腳地表示說，在一九七五年的中國探險任務中，他確實看到過一名穿著復古的歐洲人遺體——只不過位置不在北坳，而在兩萬六千五百英尺以上，東北脊的下方不遠處，從中國探險隊最高營步行大約二十分鐘的地方。如果此言非虛，那王鴻寶看到的不是馬洛里就是爾文。只是長谷川還沒來得及進一步確認，王鴻寶就跟另外兩名中國隊員死在了隔天北坳的一場雪崩裡。

接下來年復一年，數十支探險隊會接續挑戰聖母峰，而這座山也因此化身為一座開放式的墳場，逾三百具遺體散落在山間，登頂者每十個人全身而退就有一個人回不來。許多前往聖母峰者都不陌生於馬洛里跟爾文的遭遇，但少有人願意耗費珍貴的資源去尋找他們命運的證據。第一次有研究團隊針對這一點組成，是在一九八六年，當時是著名聖母峰歷史學者的湯姆・霍爾澤（Tom Holzel）與奧黛莉・薩爾凱德（Audrey Salkeld）在長谷川的故事啟發下，與八次參加聖母峰探險隊且五次成功登頂的大衛・布雷席爾斯（David Breashears）聯手，嘗試要系統性地確認出王鴻寶據傳發現歐洲人遺體的位置。當時已知的是霍華・森默維爾曾借給馬洛里一台「柯達背心口袋」小型相機。技術人員再三向霍爾澤保證凍結的底片即便經過幾十年，都還是有機會沖洗出來。他們的目標是找到相機。只可惜天氣不作美，加上有一名隊員在北坳意外喪生，一九八六年的任務被迫縮短，眾人也無緣前往據傳躺著一具「英國死者」的岩石台地一覽。

此後謎團的絲線被重新拾起，是一九九九年的事情。這次是一名年輕德國地質學家尤亨・漢姆勒伯（Jochen Hemmleb）做為薩爾凱德與霍爾澤的追隨者，組建了第二支研究團隊來紀念馬、爾兩人失蹤的七十五週年。正式名稱為「馬洛里與爾文研究探險隊」（Mallory and Irvine Research Expedition）的他們以美國登山隊員為主力，並在知名喜馬拉雅嚮導艾瑞克・賽蒙森（Eric Simonson）的率領下與來自英國廣播公司（BBC）與美國公共電視（PBS）的製片者共同組隊。在他們招募來的高海拔登山人才中，也包括了康拉德・安克（Conrad Anker）這名據說在同世代中無人能出其右的登山王牌——確實安克在精神上、氣度上與實際表現上，都是他所屬世代的馬洛里。五月一日上午十一點四十五分，安克將寫下人類登山史上的一筆紀錄。

在基地營的尤亨・漢姆勒伯以無線電跟望遠鏡進行指揮下，探險隊在根據地圖與照片所詳實繪製出的矩陣中進行系統性的搜索，而與此同時，安克則憑著對山脈地勢的觀察與直覺，晃出了搜索區域。他抬頭望向了東北脊，再往南看向了諾頓雪溝，然後便本能地朝著他認為若人從黃帶的高度下墜，遺體應該會出現的落點前進。從他當時所在的山北大約兩萬七千英尺處，以及聖母峰頂之間，已知的罹難者遺體不下十七具。他很快就遇上了這天的第一具跟第二具大體，而且這兩具死無全屍的登山者都以聖母峰專屬的恐怖風格散落一地，惟光是衣物與裝備，就足以讓安克判斷出這兩人死在哪一段十年（decade）。而這兩人顯然屬於現代，不然現場不會有塑膠靴子跟俗稱「帕卡」（parka）的羽絨連帽登山外套。

接著他的視線落在了一樣白色但不是雪的東西身上，而慢慢靠近後，他認出那是一個男人被凍僵的遺體，顏面朝下、雙臂伸展的模樣像是在攀住什麼求生。其中左臂暴露在空氣中，右臂則埋在冰塊與岩石中，一如頭部也是。一撮棕髮從有皮革擋片的頭盔中竄出。右腿顯示有嚴重的傷勢，包括脛骨與腓骨都沒能倖免，而左腿則壓在右腿上，就像是在保護傷口——而這再加上延展的雙臂，顯示出這人在落到此處時人還是活著的。右腳上有鞋釘的靴子跟共八層破爛的蠶絲與羊毛布料，清楚地在年代上顯示這屍體屬於早期的英國探險隊。這人的臀部已經被喜馬拉雅渡鴉（gorak）啃食掉，內臟也已經被鳥群清空，但背部的肌肉組織依然結實，且皮膚雖然韌得像皮革一樣，但其包覆的身體仍在形態上完美無瑕，色澤更是白得像額爾金石雕[2]一樣。

使用預先說好的密碼，安克以無線電將發現告知其他隊員，而他們也以在此等高度上最快的速度集合到現場。一開始他們推定這具遺體的身分是爾文，所以在發現衣物上的標籤寫著「馬洛里」時嚇了一跳。一瞬間他們意會到自己站在了一代傳奇人物的安息之地上。裹在屍骸中段的棉繩繩辮共長十呎，磨損的端點顯示在命運的那天，馬洛里與爾文並未如某些理論所推測的各行其道，也沒有如歐德爾一廂情願所認為的是死在了大自然的嚴酷之中，而是聯袂失足墜落而雙雙死於非命。當然也有一種可能是繩索斷裂在爾文替馬洛里進行確保的某個瞬間，而兩人當時可能正摸黑沿著黃帶的片岩下行。當然這些都是推測，沒有誰可以確定什麼。

接下來發生的事情，引發了許多非議。探險隊堅稱他們在經手馬洛里的遺體時絕無任何不敬，而好幾名登山隊員也在事後坦承在當下受到了情緒上與精神上極大的衝擊。惟後續的遺體照片在全球媒體上流傳，引發了各界相當大的反彈。艾德蒙．希拉里爵士憤慨而不解地表示「探險隊員怎麼能為了點錢出賣這位英雄人物的照片」；本身也是聖母峰傳奇的克里斯．鮑寧頓爵士（Sir Chris Bonington）對《觀察家報》表示：「文字無法表達我反胃的程度於萬一。這些人沒資格被稱為登山家。」馬洛里的親生孫子的回應則是：「老實說這讓我氣憤難平，這就像是想要不勞而獲，就像你說你要去挖鑽石，但其實你連一鏟都不想鏟下去。」

部分的衝突關鍵在於文化差異。沒有人料到真的會發現馬洛里的遺體，而回頭來看，這次的發現也確實是集運氣、安克身為登山家的過人第六感，還有聖母峰那年降雪少得出奇等天時地利於一身，否則也是無法成真。絕大部分的美國登山隊員——包括年輕的高山嚮導如傑克・諾頓（Jake Norton）與塔普・理查茲（Tap Richards）都才二十五歲上下——都有些拙於面對媒體，一夕之間被扔到鎂光燈下讓他們不知所措。對英國人來說，民族英雄的屍首被發現，然後在部分人眼中遭到一隊美國人消費，這是一回事情，但是可忍孰不可忍地看著網路上的評論低俗當有趣地胡言亂語，動不動就冒出一句「酷斃了」，那又完完全全是另外一回事情。艾瑞克・艾蒙森身為一名極其優秀的探險隊長，火上加油地在出售了馬洛里的遺體照片後，對某雜誌記者表示：「我們一致覺得這完全是一幅很酷的照片……大家反應這麼大讓我們有點驚訝。」同樣在英國傷口上撒鹽，進一步傷害英國人感情的，還有五月二日用來宣布此一發現的網路直播，當時艾蒙森在網路上公開宣傳了許多他在美國的贊助廠商，但就是隻字不提他在探險隊上的諸位英國隊友，包括葛拉罕・賀伊蘭（Graham Hoyland），話說葛拉罕除了是霍華・森默維爾的侄外孫，也在爭取BBC的參與上著力甚深。

2 Elgin Marbles，又稱Parthenon Marbles，是古希臘雕塑家菲迪亞斯（Phidias）偕其助手創作的一組大理石雕，原藏於帕德嫩神廟和雅典衛城各建築中，一八〇一年由第七代額爾金伯爵從當時統治希臘的奧斯曼帝國處獲得許可，將這些浮雕從希臘運往英國。英國國會在一番爭辯後決定不追究額爾金這種被拜倫稱為搶劫的行為，而額爾金則在一八一六年將這些石雕賣給了政府，使其成為了大英博物館的館藏。

在發現過程中拍下的畫面，顯示出比起當時消毒過才交由媒體播出的版本，實際的場面要更加不單純許多。期待爬山爬到腳軟的探險隊員在海拔兩萬六千七百英尺處的凜冽寒風中實施精準無比的考古挖掘，確實有點強人所難，但探險隊主張馬洛里的遺體有受到他們禮遇的說法，可就有點見仁見智了。在長達數小時的跨度裡，搜索隊員們拿冰斧跟刀子在凍結的地表上又是砍，又是鑿，為的是把遺體的四肢撬開到地上來。過程中他們粗魯地扯裂了逝者的衣著，後來在基地營被當成珍貴樣本收藏起來的，就是在這時被破壞造成的布料殘片。某個點上，某登山隊員被拍到踩住了馬洛里的左腿，只是為了把遺骸卡出的軀幹部分撬起來。「他快出來了，加把勁就開了。」一道聲音說著。「這裡還有些寶貝……」另外一人如此說著。「這東西……我覺得是他媽的凍住了。」第三人如此做了結論。

很顯然，搜索隊的當務之急是把遺體挖掘出來，然後把遺物蒐集起來。好幾樣被找到的東西包括：一只損壞了的高度計、一把剪刀、一罐牛肉錠（beef lozenges）罐頭、一盒火柴，與一管氧化鋅。一副被塞在口袋裡的護目鏡顯示意外發生在入夜後——當然也可能是馬洛里看到諸頓前一天發生的事情，決定要多帶一副備用的護目鏡。登山隊員另外發現了一綑書信、若干條絲巾、一把折疊刀，但最終沒有發現相機。在事先取得遺族同意後，登山隊取下了一片皮膚來做為DNA分析之用，然後他們才算是真正很莊嚴肅穆而小心翼翼地從凍原上挖取了些土石，將遺體掩蓋住，然後按家屬的請求用聖公宗（英國國教）的禱告搭配詩篇第一百零三篇的經文，讓馬洛里入土為安。

五月十六日，也就是發現遺體的消息瘋傳全球的兩週後，探險隊的兩名隊員，湯姆．波拉德（Thom Pollard）與安迪．波利茲（Andy Politz）攜帶金屬探測機回到了馬洛里的埋骨之地。媒體間的割喉喊價已經把單單一張的遺體照片炒作到四萬美元的天價。這兩人一顆石頭一顆石頭地掘開了墳墓，然後波利茲從馬洛里的右腳靴子上取下了鞋釘，並在他的一處口袋裡翻出了手表。手表的時針指在兩點，但後人無從判斷那是日間還是晚間兩點，更別說其他的可能性還包括手表早就壞了，放在口袋只是暫作保存，或是手表在經過墜落之後還完好無損，並在主人死去後還多走了一陣。湯姆．波拉德決定檢視一下馬洛里的臉部。他們把屍骸當成結凍的圓木一樣撬開，然後由仰臥在地上的波拉德像蛇一樣滑進遺體的下方。事後他表示那張臉雖然因為經年的積雪重量而有點扭曲，但大致還算是保存得極好。閉著雙眼的馬洛里有短鬚佈滿整個下巴，左眼上方有個洞，從中伸出了兩片頭骨。血跡至今依舊可見。

同一天，康拉德．安克與戴夫．哈恩（Dave Hahn）啟程前往聖母峰頂。安克此前從未登上過聖母峰，而他已經下定決心若登上世界之巔，他將出於對佛教信仰的尊重而以手代腳觸及聖母峰。如同每一位登山者，他也不能自已地受到最高點的吸引，但他默默沒說出口的心思是想確認一下在馬洛里與爾文殞落前，他們究竟有沒有可能走過東北脊的各大障礙登上山巔，尤其是第二台階。

自遺體被發現之後，整支探險隊就一直壟罩在臆測的氣氛中。以塔普・理查茲跟傑克・諾頓為首的年輕登山者，因為認同馬洛里而不由自主地在腦中想像他在死前登上聖母峰的畫面。傑克宣稱他有九成確定聖母峰早已由馬洛里登上去了；理查茲的把握低一些，但還是對馬洛里很友善。探險隊上從未上到過基地營以上的地質兼歷史研究者尤亨・漢姆勒伯認為機率應該是一半一半。按照他將望遠鏡對東北脊，對在上頭移動的登山者進行之觀察，他判斷自己的視角應該很接近一九二四年的歐德爾。而雖然隔著數千英尺，但眼前的景象仍使他相信歐德爾當年目擊的馬洛里與爾文應該不是在攻克第二台階，而是在翻越第三台階，準備前往真正的金字塔底。駐於山上的位置比尤亨高很多的安迪・波利茲爬上了歐德爾爬過的同一道斷崖，站上了歐德爾最後看到馬洛里與爾文活著的地方，而他也獨立於尤亨做出了相同的結論。如果安迪跟尤亨是對的，那就代表在一九二四年六月八日的午後十二點五十分，馬洛里與爾文人在距離聖母峰頂只剩幾小時行程的地方，而且前方除了疲憊與天候以外幾無其他的障礙。

當然對於已經用一重大發現震撼了全世界的探險隊而言，進一步證明馬洛里與爾文早已攻頂是符合其利益之舉。在被新發現沖昏頭的氣氛當中，興奮的隊員難免會覺得樂觀是合理的，只有安克很值得嘉許地保持著理性，沒有在他能研究過路線，實際以登山者的立場了解實際過地面前妄下決定。發現馬洛里遺體的是他，獨自帶著這一瞬間的記憶上到聖母峰頂的，也是他。在於一九九九年來到聖母峰山上的所有登山者裡，沒有誰比他對真相更加渴望。他直接取材自個人經驗且經過抽絲剝繭的結語，律動著令人信服的頻率。除非並直到有新的發現出現，否則我們沒有理由不把安克的看法視為定論。

安克所持的保留看法分成好幾個面向。首先，衣著與裝備的問題不能不考量。馬洛里與爾文擁有原始的釘鞋，但這些在高海拔上派不上用場，主要是原始釘鞋的皮帶會有損於血液循環，進而增加凍傷的風險。就他自身攻頂的過程而言，安克認為釘鞋非常重要，重要到他自始至終都沒有將之褪下，包括在是岩壁的第二台階上。他跟他的搭檔戴夫．哈恩所擁有的另外一項現代優勢，是聖母峰上的固定繩，這些固定繩極有利於路線的尋找，並可讓下山之路變得更快、更簡易、更安全。安克與戴夫的每一條攀登用繩都是尼龍材質，不會斷裂的極限強度是一九二〇年代英國探險隊所用棉編繩索的七倍。安克擁有源自現代科技的登山輔助用具，包括由岩楔、岩楔組成的保護器材組；相形之下馬洛里連金屬岩釘都沒有。同樣帶氧攀登，安克的裝備重十四磅，馬洛里的重逾三十磅；馬洛里穿了七到八層薄蠶絲與羊毛衣物，安克只穿了雙層刷毛、一件帕卡連帽防風外套，還有保溫層厚達四吋的全身羽絨裝。相對於前人腳踩皮革與鞋釘，安克有的是厚實的尼龍靴加上隔熱用的封閉氣孔泡棉。馬洛里頭戴從皇家空軍那兒摸來的皮質頭盔，安克則有織羊毛帽跟與帕克防風外套一體成型且具有厚度的羽絨蓋帽。但即便做足了這麼多個人防護，安克還是會一停下腳步就飽受寒冷所苦；馬洛里是怎麼辦到的，他完全不懂。

參考一九二四年的紀錄，我們很清楚馬洛里與爾文是在體能耗竭的狀況下展開最後的攀登。同時他們丟失了爐子，融雪的能力十分有限，所以在出發攻頂時已經重度脫水。爾文曬傷相當嚴重；整張臉都是水泡而生嫩。一支手電筒被他們留下在帳篷中的事實，顯示他們是在天亮後才出發；相對之下安克與哈恩則是在凌晨兩點出發，成功登頂後順利回返也都已經晚間九點十五分，天早就黑很久了。安哈兩人一致認為東北脊不可等閒視之，甚至你可以說它是以冰塊與岩石為本體的利刃，一面空門大開地面對康雄壁急墜一萬英尺，另一面則先「僅」下降九千英尺後接上聖母峰東壁。哈恩身為一名當時已有傲人實績，假以時日還會成功登頂聖母峰不下十二次的山野老將，都自承當天大部分時候都爬得很掙扎，包括身心的耗損都很大。這並不是要刻意去抹黑誰或貶低誰，但哈恩與安克都無法想像對山帝・爾文這樣一個高山經驗極其有限的隊員來講，爬東北脊會是什麼樣的一種嚴峻考驗。

惟最終的證明仍來自於第二台階的險峻。一九七五年，一支中國探險隊在其最陡峭也最凶險的坡段上安放了鋁梯，但安克設定的目標是不靠這些人為輔助攻頂，因為這樣才能就馬洛里在一九二四年面對的挑戰進行模擬。初始大約四十五度角的上坡被他評為略有難度但不算太過分：難不倒馬洛里但可能會超出爾文的能力範圍。只是下一個坡段，包含有中國鋁梯跨過的那條裂隙，都是垂直的岩壁，困難程度不言可喻。安克不是沒有試試身手，但實在是無法靠以徒手自由攀登上去；鋁梯的位置使他不得不將一隻腳放在腳踏上。他後來給這一關估了一個「扎實實5.10」的技術難度，而此術語代表第二台階的攀岩挑戰要遠遠在難度上超越一九二〇年代，英國登山者在威爾斯等地嘗試過的任何地形。要說馬洛里與爾文可以克服這種坡段，或更精確地說是在令風險加倍的八千公尺斷崖上克服這種坡段，實在令人難以置信。而就算他們真的克服了這一關，他們怎麼安全回返也還是個謎團。康拉德與哈恩就跟所有挑戰東北脊線的現代登山者一樣，都計畫在回程時從第二台階垂降下來，屆時他們會在最高的坡段上找塊突出的巨石來錨定繩索。但馬洛里與爾文所有的繩索既不夠強，也不夠長，根本不可能進行這類垂降。要是他們真的翻越了第二台階，那馬洛里與爾文將在回程被迫反向向下攀爬，而那是極其艱鉅的挑戰，艱鉅到可躋身當代最最技術本位登山者之列的安克，都認證那處於他能力值的邊緣。

隨著安克與哈恩登上到第二台階，並開始漫長且依舊危險的攻頂之行，他們其實已經回答了很多關鍵的問題。馬洛里與爾文絕對有上到過第一台階；這一點後來會獲得證實，而證據就是後人發現了被丟棄在原地，尤亨．漢姆勒伯也確實定年在一九二四年的氧氣鋼瓶。極有可能的狀況是他們征服了第一台階，但接著便在第二台階的腳邊或第一跟第二台階之間的東北脊稜線上掉頭。或許是在日落餘暉的昏暗光線中，又或許是因為那天下午颳起在山上的強風影響了能見度，馬洛里褪下了護目鏡，想要看清楚哪條路可以穿過黃帶的板岩。就在此時，以馬洛里為確保點而被繩子綁在一起的兩人摔了下去，但不是從東北脊的高度上，而是從低很多的北壁上，而且那地方很可能再走兩步就能抵達他們的最高營地。確實後來的探險隊也判斷馬洛里的埋骨之處距離其安全的六號營不到三百碼遠。

馬洛里與爾文或許沒有攀上聖母峰的頂端，但他們確實在命運的那一天達到了當時人類未曾達到過的高度。再有人上到跟他們一樣的高度，已是將近三十年後的事情了。他們能夠在承受了那麼多之後還有如此傑出的表現，已經是非常值得肯定的成就了。「老實說，」戴夫．哈恩有感而發，「我很難相信他們達到了我們知道他們達到了的高度。」而如康拉德．安克所言，真相其實還有另一個可能性，而且在這個可能性裡面，他們確實翻越了第二台階。若是重創一九二四年探險隊，埋沒了各個高地營，並讓諾頓不只一次而是兩次從北坳上撤退的那些暴風雪，能夠帶來同等的暴力降雪到東北脊，那累積的吹雪就有可能就算不足以掩埋第二台階的斷崖，也起碼能創造出一個雪錐來覆蓋住困難度最高的岩石坡段。這樣的狀況曾發生在一九八五年，只不過當時是秋天。總之，若果真是這種情形，那馬洛里與爾文就可以如履平地地走上雪坡，用歐德爾廣為人知宣稱的速度，輕輕鬆鬆地通過這個障礙。到那時，自然就再沒有東西可以攔得住馬洛里。他將一步一腳印地向前邁去，就算要耗盡生命也在所不惜，只因為對他而言，也對他那一代的所有人而言，死亡只不過是人類「帶著微笑與勇氣，日復一日」在跨越的「一道脆弱的屏障」，只因為看過了那麼多死亡的他們會知道，只有那些確切活過的瞬間，才是生命真正的價值所在。

誌謝 Acknowledgments

我想要感謝丹尼爾・泰勒（Daniel Taylor）帶我認識了圖博與卡馬河谷的寬闊恬靜，而也是在那裡，我們的話題中第一次出現了喬治・馬洛里跟從一九二一到一九二四年間的三次英國探險隊。對於能夠從圖博的角度去理解這整個故事，我欠一份情的包括芭芭拉・尼姆里・阿齊茲（Barbara Nimri Aziz）、希德賈德・狄恩姆伯格（Hildegard Diemberger）、沁姆里・唐德拉普（Thinley Dondrup）、卡蘿・登翰（Carroll Dunham）、葛倫・沐霖（Glenn Mullin）、卡爾登・諾爾布（Kalden Norbu）、查爾斯・潤博（Charles Ramble）、馬提厄・李卡德（Matthieu Ricard）、哈米德・撒達爾－阿夫克哈尼（Hamid Sardar-Afkhani）、阿克胡・舍拉普（Akhu Sherap）、勞勃・宗爾曼（Robert Thurman）、次仁・蒼朮（Tsering Tsamchu）、烏金喇嘛（Lama Urgyen）、約書亞・沃德曼（Joshua Waldman）、旺都喇嘛（Lama Wangdu）還有嘉央・旺姆（Jamyang Wangmo）。我想特別感謝海倫與麥可・施密特（Helen and Michael Schmidt），還有初璽仁波切（Trulshig Rinpoche）跟法林寺（Thubten Chöling）的諸位僧尼與俗家朋友，感謝他們好幾回在我們前往拜訪其靈性社區時感覺到賓至如歸。

關乎金援與在田野研究上的陪伴，我要感謝達林與傑夫・安德森（Darlene and Jeff Anderson）、舍拉伯・巴爾瑪（Sherab Barma）、鮑勃・佛萊明（Bob Fleming）、安德魯・葛雷格（Andrew Gregg）、湯瑪斯・凱利（Thomas Kelly）、伊恩・麥肯齊（Ian MacKenzie）、泰瑞與麥可・邁特金（Terry and Mike Matkins）、派特與貝巴・馬洛（Pat and Baiba Morrow）、克里斯・雷尼爾（Chris Rainier）、丹尼爾・泰勒與他的幾個孩子路克（Luke）、塔拉（Tara）與傑西－歐克（Jesse Oake）、安德魯・黃（Andrew Wong），還有要特別一提的多吉・拉圖（Dorjee Lhatoo）與他氣質出眾的夫人索南・多馬（Sonam Doma）。在研究的關鍵時刻，多吉以他三合一的登山者、教師與嚮導身分，提供了本書亟需的啟發。

在英國，我因本書結識了許多朋友。我要感謝的對象包括達芬妮與米奇・艾斯特（Daphne and Micky Astor）、傑瑞・波德克（Gerry Bodeker）、阿拉貝拉・西賽爾（Arabella Cecil）、羅賓・漢柏瑞－坦尼森（Robin Hanbury-Tenison）、齊莉・哈威斯（Chili Hawes）與十月畫廊（October Gallery）、約翰與蘇姬・海明（John and Sukie Hemming）、理查・豪斯（Richard House）、史提芬與克莉絲汀・休－瓊斯（Stephen and Christine Hugh-Jones）、碧・凱瑟（Bea Kayser）、克莉絲緹娜・蘭姆（Christina Lamb）、林德與史黛芬妮・麥寇米克－古德哈特（Leander and Stephanie McCormick-Goodhart）、安德魯・諾恩伯格（Andrew Nurnberg）、卡蘿・歐布萊恩（Carol O'Brien），以及屈斯川姆與露易莎・萊利－史密斯（Tristram and Louisa Riley-Smith）。在諸位學者中，我要感謝的有葛蘭特・蓋爾（Grant Guyer），還有理查・布勒頓（Richard Blurton）、大衛・菲爾德豪斯（David Field-house）、約翰・奇根（John Keegan）、安德魯・波特（Andrew Porter）、葛林・威廉斯（Glyn Williams）、傑・溫特（Jay Winter），還有

要特別一提的派翠克・法蘭屈（Patrick French）、亞歷克斯・麥凱（Alex McKay）與奧黛莉・薩凱爾德（Audrey Salkeld）。我在美國部分要感謝的有布羅頓・寇伯恩（Broughton Coburn）、喬治・馬丁（George Martin）、湯姆・波拉德（Thom Pollard）、彼得・史提勒（Peter Steele）與戴爾・福拉貝克（Dale Vrabec）。針對資料照片取得的部分，我要致上謝忱的有崔佛・佛斯特（Trevor Frost）、蘇珊・哈爾（Susan Hare）、凱特・哈勒戴（Kate Holiday）、湯瑪斯・列爾德（Thomas Laird）、珊卓・諾艾爾（Sandra Noel）、彼得・歐德爾（Peter Odell）、傑米・歐文（Jamie Owen）、彼得・史密斯（Peter Smith）、查爾斯・威克菲爾（Charles Wakefield）、艾德・韋伯斯特（Ed Webster）、喬伊・惠勒（Joy Wheeler）與凱瑟琳・萊特（Cathleen Wright）。

能有緣結識真正了解聖母峰是怎麼回事情，對我們這些只能靠想像力的一般人來講可謂三生有幸。萊茵霍爾德・梅斯納爾（Reinhold Messner）與已故的艾德蒙・希拉里爵士都見解精闢，且在百忙中仍不吝於滿足我的好奇心，惟這一路上更稱得上是我嚮導的，還得算是康拉德・安克、彼特・亞詹斯（Pete Athans）、大衛・布里席爾斯（David Breashears）、艾德・道格拉斯（Ed Douglas）、湯姆・霍恩貝恩（Tom Hornbein）、多吉・拉圖與艾德・韋伯斯特（Ed Webster），他們全都以各自的方式，成為了巨人。

關於一九二一到一九二四年的英國登山隊員，他們不論現居加拿大或英國者的後人都極樂於助我一臂之力。為此我要感謝朗諾・貝恩（Ronald Bayne）、席菈與理查・辛斯頓（Sheila and Richard

Hingston）、吉兒・辛斯頓（Jill Hingston）、葛拉罕・霍伊蘭（Graham Hoyland）、莎莉・伊佐德（Sally Izod）、珊卓・諾艾爾、理查・諾頓（Richard Norton）、比爾・諾頓（Bill Norton）、蘇珊・羅伯森（Susan Robertson）、安妮・羅素（Anne Russell），與要特別一提的彼得・歐德爾、茱莉・桑默斯（Julie Summers）、查爾斯與唐娜・威克菲爾（Charles and Donna Wakefield）、勞勃・威克菲爾（Roboert Wakefield），以及約翰・惠勒（John Wheeler）。缺了這些後人提供的信件、日記、照片與他們竭誠與我分享的個人觀察與見解，我如何也無法憑一己之力讓他們的父親、祖父，還有祖父的手足們，躍然於文字間。

幾名朋友與同事替我看過了部分或完整的稿子，為此我要感謝的有卡洛琳・亞歷山大（Caroline Alexander）、羅傑・貝靈頓（Roger Barrington）、基斯・貝洛斯（Keith Bellows）、艾德・伯恩鮑姆（Ed Bernbaum）、湯姆・柏利（Tom Buri）、喬治・巴特勒（George Butler）、安德魯・考克伯恩（Andrew Cockburn）、萊斯莉・考克伯恩（Leslie Cockburn）、拉維尼亞・庫瑞爾（Lavinia Currier）、卡洛・登翰、凱倫・戴維斯（Karen Davis）、賽蒙與辛蒂・戴維斯（Simon and Cindy Davies）、泰瑞・賈西亞（Terry Garcia）、安德魯・葛雷格（Andrew Gregg）、丹・延曾（Dan Jantzen）、彼得・麥特森（Peter Matson）、裘爾・麥可里瑞（Joel McCleary）、史考特與考基・麥金泰爾（Scott and Corky McIntyre）、蓋爾・波西（Gail Percy）、崔維斯・普萊斯（Travis Price）、約翰・萊恩哈德（Johan Reinhard）、丹尼爾・泰勒（Daniel Taylor）、勞勃・佘爾曼（Robert Thurman）、查克・沙維特（Chuck Savitt）、提姆・沃德

（Tim Ward），與詹恩・溫納（Jann Wenner）。

然而這本書真正要感謝的英雄，是策展人、圖書館員、檔案管理員、還有遍布加拿大、德國、美國、愛爾蘭與英國各地約莫五十間機構的管理者。為此我要致上謝忱給葛蕾塔・康內爾（Greta Connell）、傑若德・戴維斯（Gerald Davies）、露西・迪利史東（Lucy Dillistone）、瑪格芮・伊克里史東（Margaret Ecclestone）、蘇珊娜・法默（Susanah Farmer）、瑪麗・法瑞爾（Mary Farrell）、奧迪・費茲西蒙斯（Aude Fitzsimmons）、芮塔・賈德納（Rita Gardner）、莉維亞・高倫茨（Livia Gollancz）、法蘭西絲・赫伯（Francis Herbert）、邁可・荷蘭（Michael Holland）、畢佛利・赫金森（Beverley Hutchinson）、瑪麗安・基尼（Marian Keaney）、鮑伯・羅佛（Bob Lawford）、席菈・麥肯齊（Sheila MacKenzie）、雪倫・馬丁斯（Sharon Martins）、卡蘿・摩根（Carol Morgan）、羅傑・尼克森（Roger Nixon）、海倫・派－史密斯（Helen Pye-Smith）、寶拉・羅迪諾（Paula Rodino）、瑪姬・羅克斯堡（Maggie Roxburgh）、喬安娜・史卡登（Joanna Scadden）、伊凡・希伯德（Yvonne Sibbald）、威廉・史賓瑟（William Spencer）、莎啦・史崇（Sarah Strong）、安德魯・塔圖姆（Andrew Tatum）、提姆，湯瑪斯（Tim Thomas）、茱莉亞，沃爾沃斯（Julia Walworth）、安妮・惠勒（Anne Wheeler）與奈傑・德・溫瑟（Nigel de Winser）。我想別感謝都柏林三一學院的董事會，並要向在學術上對查爾斯・霍華－貝瑞其人其事研究不遺餘力的瑪麗安・基尼致意。

我在此要一併感謝協助過我們的：渥太華，加拿大國家檔案局（National Archives of Canada）；

亞伯達省班夫，懷特博物館（Whyte Museum）；紐約市，紐約公共圖書館伯格圖書室（Berg Collection of New York Public Library）；慕尼黑，德國阿爾卑斯俱樂部（Deutscher Alpenverein）；都柏林三一學院；愛爾蘭莫林加，美景園的保管人（Custodians of Belvedere）與西米斯郡圖書館（Westmeath County Library）；愛爾蘭科克（Cork），大學學院圖書館與資料庫（University College Library and Archives）；格拉斯哥，英國國防部陸軍人事中心歷史資料揭露部（Ministry of Defense, Army Personnel Centre, Historic Disclosures Section）；格拉斯哥，格拉斯哥大學資料庫（University of Glasgow Archives）；愛丁堡，皇家蘇格蘭人兵團博物館（Regimental Museum of the Royal Scots）；愛丁堡，蘇格蘭國家圖書館手稿中心（National Library of Scotland, Manuscripts Collection）；卡地夫，威爾斯兵團博物館（Welch Regiment Museum）；威爾斯卡納豐堡（Caernarfon Castle），皇家威爾斯燧槍兵團博物館（Royal Welch Fusiliers Museum）；萊斯特，皇家萊斯特兵團博物館（Royal Leicestershire Regiment Museum）；肯德爾，山岩攀登社資料庫坎布利亞記錄辦公室（Fell and Rock Climbing Club Archives, Cumbria Records Office）；肯德爾，肯德爾地方研究圖書館（Kendal Local Studies Library）；溫徹斯特半島軍營（Peninsula Barracks, Winchester），廓爾卡博物館（Gurkha Museum, Peninsula Barracks）；溫徹斯特半島軍營，皇家綠夾克博物館（Royal Green Jackets Museum）；切爾西，英國國家陸軍博物館（National Army Museum）；伍利奇（Woolwich），皇家砲兵博物館（Royal Artillery Museum）；查塔姆（Chatham），皇家工兵團圖書館暨博物館（Royal Engineers Corps Library and Museum）；溫徹斯特，溫徹斯特學院資料庫

（Winchester College Archives）；戈達爾明（Godalming），查特豪斯公學資料庫（Charterhouse School Archives）；溫莎（Windsor），伊頓公學圖書館（Eton College Library）；劍橋，莫德林學院資料庫（Magdalene College Archives）；劍橋，國王學院資料庫中心（King's College Archive Centre）；劍橋，史考特（極地）研究中心（Scott〔Polar〕Research Institute）；牛津，牛津大學羅德樓圖書館（Rhodes House Library）；牛津，牛津大學墨頓學院資料庫（Merton College Archives）；倫敦國王學院李德・哈特軍事研究中心（Liddell Hart Centre for Military Studies, King's College London）；倫敦，英國土木工程師學會圖書館（Institution of Civil Engineers Library）；倫敦，劇場博物館資料庫（Theatre Museum Archives）；倫敦高霍爾本（High Holborn）遺產承辦處閱覽室（Principal Probate Registry Reading Room）；倫敦，帝國戰爭博物館文件部（Imperial War Museum, Department of Documents）；倫敦，英國土木工程師協會；倫敦，惠康醫學史圖書館（Wellcome Library for the History of Medicine）；倫敦，英國廣播公司資料庫（BBC Archives）；倫敦自然歷史博物館資料庫（Natural History Museum Archives）；英國國民信託組織；倫敦，大英圖書館手稿館藏（British Library, Manuscript Collection）與印度事務部紀錄，亞洲、太平洋與非洲館藏（India Office Records〔IOR〕, Asia, Pacific and Africa Collections）；倫敦，東方與印度事務部圖書館（Oriental and India Office Library）；基尤（Kew），英國國家檔案館（National Archives）；倫敦，英國山岳會圖書館暨資料庫（Alpine Club Library and Archives）；倫敦，皇家地理學會資料庫佛伊爾閱覽室（Royal Geographical Society Archives, Foyle Reading Room）。

在倫敦，我要感謝伯德里海德出版社（Bodley Head）的威爾・薩爾金（Will Sulkin）、湯姆・德雷克－李（Tom Drake-Lee）與蘇珊・迪恩（Suzanne Dean），還有出身軍伍，從一開始就理解這本書意義所在的麥可・希松斯（Michael Sissons）。在我們第一次開會見面時，麥可就宣讀了一長串他家族中在第一與第二次世界大戰中陣亡的成員。他說到了軍旅生涯的尾聲，他才恍然大悟到自己與同儕不用再為了國家捐軀，是因為有他們父親與祖父那一代人成仁取義。

在加拿大克諾夫出版社（Knopf）的部分，我想感謝執行發行人路薏絲・丹尼斯（Louise Dennys），還有德爾蕾・莫里納（Deirdre Molina）與阿曼達・貝茲（Amanda Betts）。在紐約的克諾夫出版社，我要感謝：瑪莉亞・馬希（Maria Massey）、蓋布芮兒・布魯克斯（Gabrielle Brooks）、艾瑞卡・辛斯利（Erica Hinsley），還有安德魯・米勒（Andrew Miller）這名一路支持著我的天使編輯。大衛・林德羅斯（David Lindroth）替我繪製了地圖。編輯上的支援來自於各個角落，而我也想在此點名吾友基斯・貝洛斯（Keith Bellows），也就是《國家地理旅行者》（*National Geographic Traveler*）雜誌的總編輯。是他，在我們並肩同行至十二個國家的那一個月裡，看完了整份書稿。我同樣有幸能得到的深刻指點，還有來自強納生・柯伯（Jonathan Cobb）的珍貴編輯意見。他是這個世界上，最有資格叫做老派的老派編輯了。最後，我有說不出的感謝要傳達給艾許・葛林（Ash Green）與桑尼・梅塔（Sonny Mehta），謝謝他們即便書一寫就是十載過去，他們也始終沒有失去對我的信心。我不曉得像這樣願意支持作者的編輯與出版人，還能上哪兒去找尋。另外對我在斯特林洛德公司（Sterling Lord）的版權經紀人兼好朋友彼得．麥森（Peter Matson），我也要獻上同樣的肯定。

羅傑．貝林頓（Roger Barrington）幾乎以研究夥伴的身分，陪我走完了這整條著書之路。永遠是那麼樂觀跟體貼的他，對這項計畫的貢獻不容抹煞，尤其他那把第一手的原始文件找出來的能力，就像在變魔術一樣，我看幾遍讚嘆幾遍。在尼泊爾，卡洛．登翰一邊替我牽線介紹了所有不可或缺的圖博人脈，一邊還不忘把各種書籍跟閱讀資料、佛典譯本、大部頭的鉅著，還有小巧的禱文朝我丟來。所有認識她的人都可以作證，卡洛頂著一顆令人驚豔不已的聰明腦袋，但真正說起來是卡洛柔軟的菩薩心腸，才讓在尼泊爾的她成為一個令人無比鍾愛的存在。

最後，當然不能不提到我的家人，包括長年以親情之光照耀著我的手足凱倫（Karen），還有蓋兒（Gail）跟我們的寶貝女兒塔拉（Tara）與蕾娜（Raina）。話說這本書若是一趟冒險，那兩個女兒都用大半人生陪我走了一段。蓋兒助我一臂之力的地方所在多有，包括早年在倫敦的資料鑽研，還有每一版書稿的編輯與建言。對於她的愛與扶持，還有對她給了我兩個如今已亭亭玉立、人美心更美的掌上明珠，我內心除了感激還是感激。

二〇一一年二月十二日

於美國華府

註釋書目
Annotated Bibliography

我對於這個故事的興趣，始於一九九六年的春季，當時我剛完成從中國西部的成都出發穿越四千英里（約六千四百三十七公里），取道圖博東南隅而後途經拉薩，最終抵達加德滿都的陸地之行。那趟生態調查之行的領隊，是我的好朋友，在喜馬拉雅山區土生土長的醫療傳教士之子，丹尼爾・泰勒（Daniel Taylor）。祖上兩代都在此以醫術榮耀上帝的丹尼爾，是去圖博探險過四十五次左右的老手。話說將通往聖母峰的一條條路徑團團圍住，面積廣達一萬四千平方英里的珠穆朗瑪自然保育區（QNP）能夠從無到有，丹尼爾是居功厥偉的一大推手。

說巧不巧而世事難料，我們當年途經山下時，山上正好發生著一件後來被記錄成兩本傑作的山難事件：一本是強・克拉庫爾（Jon Krakauer）的《聖母峰之死》（*Into Thin Air*. New York: Villard Books, 1997），一本是安納托利・布克里夫（Anatoli Boukreev）與G・維斯頓・德沃特（G. Weston DeWalt）合著的《命運的那次攀登（暫譯）》（*The Climb*. New York: St. Martin's Press, 1997）。一如登山這個大家庭裡的許多人一樣，丹尼爾也深惡痛絕於聖母峰的商業化造成這麼多條寶貴性命的消逝。一九四九那年，他的父親曾是首支獲得官方放行進入尼泊爾的探險隊成員。到了近半世紀後的一九九六年，每年湧入聖母峰的外籍人士已然數以千計——這些人付得起六萬五千美金來請嚮導帶他們往上爬，但最終卻往往付出了生命的代價。

一九九七年秋末，丹尼爾與我回到了圖博，並一心打算在那裡拍下雲豹的照片，畢竟那可是地表上數一數二神出鬼沒的大貓。這趟旅途讓我們從喀爾塔南下進入卡馬谷地，而我們踩著的正是英國諸探險隊在一九二〇年代曾經走過的同一批路徑。丹尼爾從小聽喬治．馬洛里的故事長大；他的父親跟霍華．森默維爾有不算淺的交情。來自英國的登山家一字排開，都是少年丹尼爾的英雄與偶像。這些勇者深入地圖未標示的地帶數百英里，只為了找到那座歐洲人未曾近距離目睹其丰采的山峰。他們的聖母峰，是丹尼爾無數次想像裡的美麗山峰，豈知今日會淪落成那副不堪聞問的醜陋面容。

相較於英國探險隊在一九二〇年代的壯舉，我們為時一個月在卡馬谷地的停留可以說不值一提。惟即便如此，那極端的海拔高度也偕暴風雪與寒冷的氣溫，扎扎實實給了人一頓排頭。從位於（聖母峰東坡）康雄壁基底的培當仁木營地，我們仰首遠望著那座每十個成功攻頂者背後，就有一具登山者屍體的山峰。那光景適足以懾人心魄。我們腳下的土地，其實已經高過整片北美洲，但眼前的連峰硬要再攀高到凌駕有我們兩英里的高空，上頭有溝壑相間的山肋與山脊，有青綠色冰體構成耀眼奪目的冰台與冰塔，有閃閃發光而彷彿隨時都會崩塌的積冰結構。一想到泰勒口中那些英國登山前輩們即便面對此番凶險，猶能「一身粗花呢獵裝」，在「雪中讀著莎翁」，我就難掩滿心的敬佩、好奇與驚嘆。能文能武的他們究竟是什麼樣的一群人？拉動著他們前進的又是什麼樣的一股精神？

回到加拿大之後，我走訪了一家由熟識的老闆開在溫哥華的書店。天馬行空地聊著聊著，我無意間發現他正後方的珍本書架上，端坐著三本都是初版，聖母峰早期探險隊的官方紀實：查爾斯．肯尼斯．霍華－貝瑞的 *Mount Everest: The Reconnaissance*（London: Edward Arnold, 1922）、查爾斯．布魯斯將軍的 *The Assault on Mount Everest*（London: Edward Arnold, 1923）與艾德華．菲利克斯．「泰迪」．諾頓的 *The Fight for Everest*（London: Edward Arnold, 1925）。這三冊珍本，就這樣經我購入而成為了本書研究工作的發軔。從這最初的三本到最終的六百餘本，對應的便是本書的寫成。

在拜讀過這些早期的紀實之後，我下一步便開始閱覽馬洛里的經典傳記，其中第一本是他女婿大衛・羅伯森（David Robertson）手撰的 *George Mallory*（London: Faber and Faber, 1969），然後第二本是由他摯友大衛・派伊所寫的 *George Leigh Mallory*（London: Oxford University Press, 1927）。有興趣的人也應該讀讀看 Dudley Green, *Mallory of Everest*（Roughlee: Faust, 1990），以及同一本書再版後變成的 *Because It's There: The Life of George Mallory*（Brimscombe: Tempus, 2005），還有 Showell Styles, *Mallory of Everest*（New York: MacMillan, 1967）。

接下來要介紹的是三個奠基的資料來源：湯姆・賀澤（Tom Holzel）與奧德莉・薩克德（Audrey Salkeld）合著的 *The Mystery of Mallory and Irvine*（London: Jonathan Cape, 1986）；肯尼斯・梅森（Kenneth Mason）所著的 *Abode of Snow*（New York: Dutton, 1955）；與華特・昂斯沃斯（Walt Unsworth）所寫的 *Everest*（London: Oxford Illustrated Press, 1989）。另見：伊恩・卡麥隆（Ian Cameron）的 *Mountains of the Gods*（New York: Facts on File Publications, 1984）；朗諾・克拉克（Ronald Clark）的 *Men, Myths and Mountains*（New York: Thomas Crowell, 1976）；霍華・馬歇爾（Howard Marshall）的 *Men Against Everest*（London: Country Life, 1954）；米榭琳・莫林（Micheline Morin）的 *Everest*（New York: John Day, 19555）；W・H・莫瑞（W. H. Murray）的 *The Story of Everest*（Letchworth: J. M. Dent, 1953）；史丹利・史奈斯（Stanley Smith）的 *At Grips with Everest*（London: Oxford University Press, 1938）；詹姆斯・R・伍爾曼（James R. Ullman）的 *Kingdom of Adventure: Everest*（New York: William Sloane, 1947）；還有華特・昂斯沃斯的 *Hold the Heights*（London: Hodder & Stoughton, 1994）。較近期三本講述登山史與聖母峰，且均兼具宏大格局與精闢見解之作，分別為：莫里斯・伊瑟曼（Maurice Isserman）與史都華・威佛（Stewart Weaver）合著的 *Fallen Giants*（New Haven: Yale University Press, 2008）；羅伯特・麥克法

倫（Robert Macfarlane）所著的*Mountains of the Mind*（New York: Pantheon, 2003）；以及麥可・渥德（Michael Ward）寫的*Everest: A Thousand Years of Exploration*（Glasgow: Ernest Press, 2003）。

不少英國探險隊裡的成員或周邊與之相關的人物，都出版過自傳，而這也成為了我更進一步所欲接觸的資料。其中格外有可觀處的包括：F・M・貝里的*Mission to Tashkent*（London: Jonathan Cape, 1946）與*No Passport to Tibet*（London: Travel Book Club, 1957）；查爾斯・G・布魯斯的*Himalayan Wanderer*（London: Alexander Maclehose, 1934）；諾曼・柯利的*Climbing on the Himalaya*（New York: Charles Scribner's Sons, 1902）；喬治・英格爾・芬奇的*The Making of a Mountaineer*（London: Arrowsmith, 1924）；湯姆・隆史塔夫的*This My Voyage*（London: John Murray, 1950）；大衛・麥當諾的*Twenty Years in Tibet*（London: Seeley, Service, 1932）；約翰・莫里斯的*Hired to Kill*（London: Rupert Hart-Davis/Cresset, 1960）；約翰・諾艾爾的*The Story of Everest*（New Yorkk: Little, Brown, 1927），與後來翻印出來的*Through Tibet to Everest*（London: Hodder & Stoughton, 1989）；以及霍華・森默維爾的*After Everest*（London: Hodder & Stoughton, 1936）。

伊恩・莫斯海德（Ian Morshead）與尼可拉斯・沃拉斯頓（Nicholas Wollaston）分別為其父親寫成了精采絕倫而動人至深的傳記。見：Ian Morshead, *The Life and Murder of Henry Morshead*（Cambridge: Oleander, 1982）；Nicholas Wollaston, *My Father, Sandy*（London: Short Books, 2003）。在其諸多作品中，法蘭西斯・楊恩赫斯本（榮赫鵬）寫過兩本聖母峰冒險的專書：*The Epic of Mount Everest*（London: Edward Arnold, 1926）與*Everest: The Challenge*（London: Thomas Nelson and Sons, 1936）。聖母峰冒險裡的每一位關鍵人物，其訃聞都會一併出現在《登山手札》與《地理學報》中，它們分別是英國山岳會與皇家地理學會的官方出版品。另一用以打底的資料來源是：*Oxford Dictionary of National Biography*（Oxford: Oxford University Press, 2004）。

我第一次在筆下寫到馬洛里，是在一九八八年由島嶼出版社（Island Press）出版的散文集《陽光下的陰影（暫譯）》（*Shadows in the Sun*）。一九九九年二月，我致函經紀人好友彼得．馬森（Peter Matson），向他勾勒了寫書的構想。這封信產生了效果，引發了興趣，於是我生命中出現了一位很棒的編輯，艾許．葛林（Ash Green），外加與克諾夫出版社的一紙合約也就此敲定。我從一開始就被挑起了好奇心的問題，並不是馬洛里究竟有沒有成功登頂，而是為什麼在命運的那一日，他理應明知自己走下去會送命，卻仍堅持著繼續前進。我知道三支探險隊上的多數成員，都曾經親身經歷過一戰的戰火。在那封逾十年前的信中，我是這麼寫的：「圍繞著馬洛里與他的諸多同伴，扎扎實實地有一種荷馬史詩般的氣味。在一戰中死了那麼多人之後，寶貴的生命在值得珍惜之餘也內含有一種壓抑不了的蠢蠢欲動或躍躍欲試。或許這就是他甘冒戰前無法想像之風險，選擇繼續往上爬的原因。他們不是騎士，但死亡於他們也並非陌生的事物。他們看多了，因此死亡再不能讓他們動彈不得。比起死，更重要的是人曾經如何活過。」

一九九九年五月，就在我的研究工作開始啟動時，康拉德．安科發現了馬洛里的遺體，而這也使整個研究的局面徹底為之一新。湊巧我當時有一篇以馬洛里為題的側寫已經付梓，而那也順勢成為了主要雜誌上第一篇接受這項發現的撰文（"Everest's First Hero," *Men's Journal*, June–July 1999, pp. 132–36, 183–84）。這只是純粹走運，而且也沒有引發太大的迴響，因為這文章很快就淹沒在鋪天蓋地的國際媒體報導裡，畢竟這項發現是人類登山史上非常值得紀念的一頁。短短一年內，就有足足八本專書出現，而且不少都寫得相當精采。聖母峰史大家奧德莉．薩克德與湯姆．賀澤重出了他們的經典紀實之作，內容中除了若干勘誤，還附上了由艾瑞克．賽蒙森執筆的新序，因為他正是尋回馬洛里遺體的探險隊領隊，由此去蕪存菁後的增修版是：*The Mystery of Mallory and Irvine*（Seattle: Mountaineers, 1999）。奧德莉還另外跟大衛．布里席爾斯（David Breashers）出了一本繪本：*Last Climb*（Washington, D.C.: National Geographic Books, 1999）。尋獲遺體的探險隊本身出版了兩本紀實：尤亨・漢姆勒伯、賴瑞・強森（Larry Johnson）與艾瑞克・賽蒙森的*Ghosts of Everest*（Seattle: Mountaineers, 1999）；與尤亨・漢姆勒伯與艾瑞克・賽蒙森的*Detectives on Everest*（Seattle: Mountaineers, 2002）。英國廣播公司（BBC）受到探險隊的影響，製作出了彼特・佛斯特布魯克（Peter Firstbrook）的*Lost on Everest*（Chicago: Contemporary Books, 1999）。康拉德・安科與大衛・羅伯茲（David Roberts）合著了一本*The Lost Explorer*（New York: Simon & Schuster, 1999）。受到這次發現的啟發，萊恩賀德・麥斯納（Reinhold Messner）出版了*The Second Death of Mallory*（New York: St. Martin's, 2000）。彼特與列妮・吉爾曼（Peter and Leni Gillman）寫成了一本文采優美且更新過資訊的馬洛里傳記：*The Wildest Dream*（London: Headline Book Publishing, 2000）。接在這之後，還有由其侄外孫女茱莉・桑默斯執筆，山帝・爾文的第一本傳記：*Julie Summers, Fearless on Everest*（London: Weidenfeld & Nicolson, 2000），而這本傳記做為我研究上的一大助力，是早從一九九九年那個多事的春天之前，就已經醞釀與動工許久了。

這些出版品在提供了我寶貴的資料之餘，也共同構築出了一道難題。那就是這故事在歷經了這麼多優秀的作者與作品之後，還能有東西留著讓我來訴說嗎？我心想這樣的疑慮，克諾夫出版社也會有吧。於是懷著這種想法，我主動表達了要退還預付款的意思。艾許・葛林很溫暖地答覆我說他之所以跟我簽約，圖的不是又一本馬洛里的書——他圖的是第一本出自我手的馬洛里之書。我隨口答道這書可能得寫個十年——而想來可怕，這句話竟然一語成讖。

我從一開始所面臨的挑戰，就是超越喬治・馬洛里這個圖騰般的人物，把研究帶入新的深度與廣度。為此我首先數度親赴倫敦，把基本的檔案庫資料來源都經手過一遍。其中挑大樑的，是位於皇家地理學會內部，聖母峰委員會裡種種包含報告、書信與雜項文件在內的四十一箱檔案，同時皇家地理學會還在其攝影集當中收藏了關於聖母峰探險隊，至為完整的視覺紀錄。換到英國山岳會，其檔案庫之豐富程度也不遑多讓，包括我在當中挖掘出了若干本關鍵日記與報告，外加當年一部相當完整的剪報紀錄。喬治．馬洛里的手書多藏於劍橋大學的莫德林學院。而有賴於上述相關機構的慨予襄助，我方得以不至與研究緊密相關的文件副本上有所闕漏，而這結果就是我辦公室裡的檔案櫃被塞滿了六個抽屜。在研究初期那幾趟倫敦之旅中，我也順道聯絡了一些家族成員，包括書中許多關鍵角色的後人。他們每一位都盡其所能地幫了我大忙：諾頓上校的兩位公子，理查與比爾；傑佛瑞．布魯斯的姪女，莎莉．伊佐（Sally Izod）；約翰．諾艾爾的女兒珊卓拉；彼得．歐德爾，諾艾爾的孫兒；霍華．森默維爾的侄孫葛雷姆．霍伊藍（Graham Hoyland）；茱莉．桑默斯，山帝．爾文的侄外孫女。

其中茱莉．桑默斯尤其令我感動，是因為透過她的牽線，我結識了一位非常優秀的歷史研究者，羅傑．貝靈頓（Roger Barrington）。我從一開始所設定的目標，就是盡可能把在一九二一到一九二四年間前往聖母峰探險的那二十六個人，那二十六段人生給研究個透徹，而其中我當成重點的，是他們在戰爭中的經驗。而在我初步嘗試過了英國國家檔案館（TNA；原公共檔案辦公室〔Public Record Office〕）、帝國戰爭博物館（Imperial War Museum）與大英博物館等資料寶庫之後，我確信了一件事情，那就是我需要求助於專業的研究者。這位專家必須要居住於英國，而且得嫻熟於軍事戰爭紀錄的複雜分布，須知許多戰史資料都隨著所屬兵團分散於英國各隅。不過分地說要是少了羅傑這些年來的鼎力相助，我絕無可能寫成這本書。部分的探險隊成員避開了戰火：亞瑟．凱拉斯與哈洛．瑞彭單純太老；山帝．爾文太小；湯姆 隆史塔夫服役於印度；居伊．布洛克隸屬於外交使節團；班特利．畢瑟姆以教員的身分留在了家鄉。但其餘二十名成員則基本確定曾見識過戰場，而也在很大程度上靠著羅傑的研究功夫，我們做到了在若干顯著的斷點仍不可免的前提下，幾乎完整地確認出了每一個人在一戰中的每一天，分別被派駐在哪個地點。

終於每一位主角在一戰中的何時何地隸屬哪一個單位，都獲得了釐清之後，我在研究上的下一項挑戰，就是在最大程度上確認他們各自歷經了什麼樣的掙扎。有一句名言同時適用於帕尚代爾與索姆河，那就是兩地在經過激戰之後，均陷入了沒有足夠行政人員製作陣亡者清冊的窘境。果真如此，那我想至少他們把死者清單以外的東西都紀錄得非常詳實。一次大戰的紀錄之鉅細靡遺，你會納悶他們還擠得出時間去打仗嗎？英軍每個單位都會以戰場日記的形式來對行動、情報、傷亡等各種重要資訊進行紀錄，而那是基層軍官得輪班分攤的任務。這些單位日記，加上書信、私人札記，還有壕溝的地圖，讓人得以用我一開始難以想像的準確性，追蹤出每一個人在戰爭中的行跡。

英軍在一戰中的法國戰區算不上廣，相對之下參戰的官士兵為數甚眾，再加上戰後的相關文獻多如潮湧，以至於戰場上任何時間點的隨便一個角落，都幾乎被不只一個人的口吻形容過，要阿兵哥有阿兵哥，要軍官有軍官，要詩歌有詩歌，要散文有散文；想聽人一開口自信猖狂，有來自約克郡某位天不怕地不怕的士官長；想知道什麼叫驚心動魄，有某名基層軍官在絕望深淵中的淒厲呼聲。由此只要一得知有書中的任一主角出現在某次作戰中，我就可以比對其他資料來源來確認發生了什麼事情。就以馬洛里而言，他或許不曾描述過在所屬單位南進索姆河的那個黑夜裡，自身有過哪些經歷，但他指揮官的勤務兵拉姆齊替他完成了這件事情。這些事實證明非常管用的典型二級文獻（second source）有：*Anonymous, Four Years on the Western Front*（London: Odhams, 1922）；William Andrews, *Haunting Years*（London: Hutchinson, 1930）；A. F. Becke, *History of the Great War: Order of Battle of Divisions*（London: His Majesty's Stationery Office, 1945）；J. C. Dunn, *The War the Infantry Knew*（London: P. S. King, 1938）；Rowland Feilding, *War Letters to a Wife*（London: Medici Society,

1929)、J. D. Hills, *The Fifth Leicester*(Loughborough: Echo, 1919)、E. A. James and Hugh Jeudwine, *A Record of the Battles and Engagements of the British Armies in France and Flanders, 1914–1918*(Lon-don: London Stamp Exchange, 1990)、Christopher Moore, *Trench Fever*(London: Little, Brown, 1998)、E. W. C. Sandes, *The Military Engineer in India*(Chatham: Institute of Royal Engineers, 1933)、與E. A. Tandy, *The War Record 1914–20, Records of the Survey of India*, vol. 20(Dehra Dun, 1925)。

除了個人的回憶錄以外，若干書籍與文集也給了個別的士兵聲音，而那些一針見血的親身證言，讀來就像挑動在一首偉大瘋狂樂曲中諸多音符。見：Max Arthur, *Forgotten Voices of the Great War*(Guilford, Conn.: Lyons, 2002)、Malcolm Brown, *The Western Front*(London: Sidgwick & Jackson, 1996)、John Ellis, *Eye-Deep in Hell*(Baltimore: Johns Hopkins University Press, 1976)、Laurence Houseman, ed., *War Letters of Fallen Englishmen*(London: Dutton, 1930)、John Laffin, *British Butchers and Bunglers of World War One*(Thrup: Sutton, 1989)、Lyn Macdonald, ed., *Voices and Images of the Great War*(London: Penguin, 1991)、Anne Powell, ed., *The Fierce Light*(Aberporth: Palladour, 1996)、與David Robert, *Minds at War*(Burgess Hill: Saxon, 1996)。

「這場戰爭，」鄧肯．葛蘭特在寫給馬洛里的信中說，「簡單講就是在刨我人生的根，所以能少提一句是一句。」但這等大事想撇過頭去，只能說談何容易。一九一四年的十月二十五日，羅勃．葛瑞夫斯寫信給學生時代的老朋友希瑞爾．哈特曼（Cyril Hartman）說：「你多半已經看到了查特豪斯公學的傷亡名單：真是慘不忍睹……我在法國所屬的特別後備隊，已經補充了兩營兵力到前線，其中第一營已經等於全軍覆沒——只剩一對軍官跟幾名士兵活著……現在出去沒辦法完整回來的機率，大概是二比一，所以我已經放棄了。」一戰從這封信的時間點上打下去，生還的機率還會頭也不回地繼續探底。

在*Good-bye to All That*（London: Jonathan Cape, 1929）這本他的戰爭回憶錄裡，羅勃・葛瑞夫斯估計年輕基層軍官（中尉與少尉）有大約三個月的平均壽命，三個月之後就非死即傷，比例大概是每一死會有四傷，而且其中一人就此傷重而亡。另三名輕傷者即便痊癒了，也只不過是一而再、再而三地面對同樣的死亡輪盤。命硬到這樣還能活到最後的人，早就記不清楚自己大大小小傷過多少回。這樣一種輪流面對傷痛與死亡的循環，以及這對人心與想像力所造成的衝擊，並非一紙停戰協定可以修復。事實上停戰協定在許多人的眼裡，是一種沒有實質意義，隨時都可以翻盤的存在。一時的停戰，只是衝突必將再起前的過場。

若說戰爭是推倒苟延殘喘的舊秩序，使之徹底崩潰的最後一根稻草，且嘻皮笑臉地拿光輝、榮譽、勇氣等概念輪番開了玩笑，那和平就掀開了新時代的序幕，那是個——溫斯頓・邱吉爾在筆下形容——沾染了血汙的新世紀。夾在兩個世界之間動彈不得，一邊新、一邊舊，由內心迷惘與社會動盪所構成的旋風更把人耍得團團轉，於是我們有了一整個「失落的一代」，而這當中就包括聖母峰冒險中的大部分核心人物。除了單純知道他們在戰爭中面對過什麼，同樣重要的是我必須理解這場戰爭對主角們活在其中的社會與文化，存在著什麼樣的意義與影響。為此有兩本傑作成了我求助的對象：莫德里斯・艾克斯坦（Modris Eksteins）的*Rites of Spring: The Great War and the Birth of the Modern Age*（New York: Anchor, 1989），與保羅・福塞爾（Paul Fussell）的*The Great War and Modern Memory*（Oxford: Oxford University Press, 1975）。另見：Joanna Bourke, *Dismembering the Male: Men's Bodies, Britain and the Great War*（Chicago: University of Chicago Press, 1996）；Samuel Hynes, *A War Imagined: The First World War and English Culture*（New York: Atheneum, 1991）；Eric Leed, *No Man's Land: Combat and Identity in World War I*（Cambridge: Cambridge University Press, 1979）；George Mosse, *Fallen Soldiers: Reshaping the Memory of the World Wars*（Oxford: Oxford University Press, 1990）；與Jay Winter and Blaine Baggett, *The Great War and the Shaping of the 20th Century*（New York: Penguin, 1996）。

惟另一項研究上的重大挑戰，領著我走入了英屬印度的歷史迷宮，讓我了解了「大博弈」中寇松侯爵、查爾斯・貝爾等帝國邊疆政壇豪傑之間，存在著什麼樣複雜的外交運籌帷幄。而在這方面的鑽研中，我得天獨厚地獲得了葛蘭特・蓋爾對我伸出援手，他不但是英國殖民史的權威，而且還跟我有親戚關係。葛蘭特慨允在我的倫敦初訪中擔任地陪，熟門熟路地帶我摸清了在英國做研究的各種竅門，還幫我引薦了一干歷史學者，主要是他在牛津攻讀博士學位時的學術研究同僚。其中最關鍵的人脈，得算是亞歷克斯・麥凱，因為是他寫出了開先河的 *Tibet and the British Raj: The Frontier Cadre 1904–1947*（Richmond: Curzon, 1997）一書。另見：Alex McKay, ed., *Pilgrimage in Tibet*（Richmond: Curzon, 1998）。

在加拿大，兩條研究蹊徑事後證明管了大用。在離開聖母峰之後，亞瑟・威克菲爾定居在魁北克，至今他的家人也還住在那兒。亞瑟的公子鮑伯（Bob）在二〇〇七年以九十二歲的高壽過世，而亞瑟的孫兒查爾斯（Charles）則非常令我感激地分享了他個人的見地、祖父亞瑟在戰時的日記、在聖母峰的札記，乃至於亞瑟親手寫給妻子梅姬的家書，有些寄自一戰的西線，有些寫於在聖母峰。這些史料，是無價之寶。

艾德華・奧立佛・惠勒從小爬加拿大的洛磯山脈長大，而與他有關的文書則藏於亞伯達省班夫（Banff, Alberta）的懷特博物館（Whyte Museum）中。惠勒的兒子約翰在歷經於加拿大地質調查局（Geological Survey of Canada）的傑出公職生涯後，以七十五歲的年紀選擇退休到溫哥華，而我也在那裡連絡上了他。話說他在溫哥華的住所，只隔一條街區就是爸媽把我生下的那個老家。這段緣分可說是一段佳話。約翰與我父親在同一所寄宿學校的大概同一個時間，是不曾結識的同窗，而我出於機緣巧合，曾爬上過不少座由約翰初次勘測完成的北美山岳。我們在見面的那個下午促膝長談，而在結束之前他拿出了一項驚人的寶貝。聖母峰史的學界曾認為在一九二一年的聖母峰探險中，只有居伊．布洛克寫下了完整的日記，而當中那些辛辣的見地，後來分兩回被刊登在英國山岳會的《登山手札》裡。見：“The Everest Expedition, 1921, Diary of G. H. Bullock,” *Alpine Journal*, vol. 67, no. 304（1962）, pp. 130–49，與 no. 305, pp. 291–309. 馬洛里寫過信，而霍華－貝瑞寫過正式的報告，惟他們兩人都沒有留下逐日的紀錄，而這一點世人最後才發現，惠勒做到了——他留下了滿滿兩大本，只有最親的家人才有幸能見到過的聖母峰探險實錄。

這樣的震撼讓人腦袋一片空白，傻掉了的我竟忘記了要開口問問能否讓我複印。但就在那天我們要互道珍重之際，約翰．惠勒把這兩本貴重的文物遞到了我手裡，並說了一句他覺得我應該用得上這些筆記。我至今依舊珍藏著他父親的這兩本遺物，而我衷心期盼有朝一日我能在約翰的首肯之下，將這兩本紀錄完整出版，好回報他對我如此的信賴。這兩本手記，為一九二一年的偵察任務提供了令人眼界大開的視角，而在三趟探險任務中，一九二一年那回說是最有趣的一次，也不算太過分。對一位比誰爬得都高，比誰都更接近山頂，也比誰都更多時間獨處的優秀人才，我們可以透過這兩本札記一睹其人品與個性——你會看到一位無名英雄，一個來自加拿大的地質調查員，你會看到是他測繪了聖母連峰的內核，解決了北坳之謎，進而打開了通往聖母峰的門徑。

隨著研究工作進入第二個主要階段，我數次重返尼泊爾與圖博。在潛心研讀過文獻之後，我在二〇〇〇年帶著全新的眼光回到聖母峰。伴我同行的是見識過人且眼光獨到，喜馬拉雅登山界中的佼佼者，多吉．拉圖，喜馬拉雅登山學苑（Himalayan Mountaineering Institute）的前負責人。位於大吉嶺的這所學苑做為訓練基地，培育出了印度每一位偉大的登山者。一九五三年在英國征服聖母峰之後，這所機構就立刻在印度獨立之父賈瓦哈拉爾．尼赫魯（Jawaharlal Nehru）的手中成立，而從創校之始，喜馬拉雅登山學苑就秉持著嶄新的登山思想與理念。其正式的任務與宗旨，是要訓練青年男女「在學習如何攀登喜馬拉雅諸峰之餘，更要在心中培養出一股使命去登峰造極，突破人類極限」。多吉獲延攬進入喜馬拉雅登山學苑，是因為想實現尼赫魯的夢想，多吉是最理想的人選。他的另一半是索楠・卓瑪（Sonam Doma），而索楠・卓瑪的舅舅正是一九五三年偕艾德蒙・希拉里首次登上聖母峰的丹增・諾蓋。

多吉生於春丕河谷的亞東。他還是個小男孩的時候，就與守寡的母親一同逃離了圖博。他們屬於經濟難民，而他一方面憤怒於中國人蹂躪了自己的故國，一方面也看不起政教合一的圖博領袖是如何沒有能在圖博百姓被中國入侵之前，對自己的子民伸出援手，很難說他不滿哪一邊更多。「他們給了我們轉經輪，」他會這麼說，「而我們當時需要的跟想要的，是能在地上跑的車輪。」身為縱橫聖母峰，乃至於楠達德維山（海拔七千八百一十六公尺，印度第二高峰）與卓木拉日峰山上的大前輩，多吉訓練出了一代又一代的印度登山者，當中包含第一個登頂聖母峰的印度女性：芭茜德里・帕爾（Bachendri Pal）。

前後兩個月的時間，多吉與我踏上了英國偵查隊在一九二一年留下的足跡。我們走訪了定日與聶拉木，爬上了位於協格爾，昔日協格爾宗的遺跡頂峰，復刻了探險隊前往絨布寺的路途，向上沿東絨布冰河抵達北坳，後來還從喀爾塔取道桑群拉（拉為山口、隘口之意）與久格拉穿越到下卡馬曲（lower Kama Chu；曲為河流之意）與阿龍河的源頭。從薩克定以降，我們移動了卡馬谷地的距離去到白當與康雄壁，然後回返穿越朗瑪拉去一探喀爾塔曲的上源。多吉領著我登上了許多座衛峰（相對於主峰），而他身為一座資訊的寶庫不僅深諳在喜馬拉雅地區登山所必須面對的挑戰，而且還對喀爾塔的民族誌與歷史知之甚詳，畢竟那是他岳家發源的地方。

我們並未把當年英國前輩們去過的地點都踩過一遍，事實上是差遠了。我們的如意算盤是想先抵達扎勒普拉山口，造訪多吉出生的村落，然後沿春丕河谷去到帕里，以及帕里之後的崗巴宗。但這計畫好的行程卻受阻於中國官員的出爾反爾。他們答應過要給通行證，好讓我們能進入自一九五九年中國入侵圖博之後便成為外國人禁地的邊境地區，但卻在最後一刻食言，讓我們一行人滯在了圖博望國境興嘆，即便兩萬五千美金的費用已經被這些官員收進口袋。不過在這點挫折以外，我們仍在那幾個星期裡踏過了足夠多的土地，而這也讓我更對英國探險隊在單單一季裡所能達成的成就，感到更加的無比驚異。當我在二〇〇二年我去大吉嶺拜訪他的時候，多吉又把心思繞回到了這個主題。我們花了好幾天的時間在大吉嶺遊覽；多吉一面給我介紹了新生代的雪巴人登山者，一面也沒忘了指出鎮上還剩下那些地方，依舊是英國探險隊在一九二一到一九二四年間認識的那個大吉嶺。

我愈是與在聖母峰周遭的圖博居民相處，就愈是興味盎然地想著這座山於他們究竟代表著什麼，也愈是好奇他們的曾祖父母當年看到英國登山隊的出現與各種活動，心裡究竟是怎麼想的，畢竟那可能是他們當中許多人，一輩子第一眼看到的歐洲人。一個很主要的交流介面，如我們在書中所見，是由頗具個人魅力的住持拿旺·坦津·諾布，也就是札珠仁波切所主持的絨布寺。相對於好幾名英國登山隊員寫下了他們對於絨布的印象，僅有從圖博視角描述英國人的紀錄便是出自札珠仁波切那本靈性自傳「南塔」中的少許節錄。那當中講述的是被聖母峰相關文獻廣為引用，仁波切與布魯斯將軍之間的邂逅。見：Alexander MacDonald, "The Lama and the General," *Kailash*, vol.1, no. 3（1973）, pp. 225–33.。這本靈性自傳就我所知，從未有過完整的譯本。

為了進一步有所了解，我求助的對象是卡蘿·登翰。身為我的老友跟旅居尼泊爾的優秀人類學家，她也跟在英國的羅傑·貝靈頓一樣是從旁輔助本書，不可或缺的靈魂人物。卡蘿像一把鑰匙，在加德滿都替我打開了通往整個圖博社群的大門。在她的鼎力相助下，我成功取得了一本仁波切的南塔，並將之交由一位德高望重的佛教僧侶翻譯。這位烏金喇嘛身為一位傑出的學者，轉譯過不下四十本南塔，而這一次他的譯筆除了完整而精確，更同時非常深刻地傳達出了札珠仁波切的人格、他信仰之虔誠，還有區域內的百姓是如何以他為尊。趁著在加德滿都的期間，我有幸拜見了次仁・蒼朮這位年屆九旬的比丘尼，其特殊之處在於她曾在絨布與札珠仁波切一起修道。我請教了她仁波切的模樣。她毫不猶豫地回答說仁波切看起來就像：釋迦摩尼，佛祖。

札珠仁波切圓寂那年，也就是一九四〇年，他在靈性上的繼承人初璽仁波切接班成為了絨布寺住持。一九五九年，隨著中國終於征服了圖博，絨布寺的僧侶與比丘尼被迫取道囊帕拉，流亡至尼泊爾。在尼泊爾閉關一段時間後，初璽仁波切督導建成了一座寺院，而這座法林寺不論在各個方面，都複製了絨布寺的虔敬氛圍與一絲不苟的儀典。

由此為了親炙一九二四年絨布寺的生活樣態，卡蘿跟我沒有選擇，只能走一趟索盧坤布跟與法林寺，而該寺在今時今日是八百名佛教僧侶與比丘尼的家。能在有初璽仁波切坐鎮的法林寺過夜，在圖博人看來就是在精神上回歸了絨布寺，也回歸了札珠仁波切的光輝。以儀典活動而言，這種看法算是相當接近實情，主要是忠於札珠仁波切南塔內容的稀有儀式與淨化過程，一樣樣在宗教曆法上占據著固定的時點，並年復一年，不間斷地一次次上演。就像由好幾名登山隊員見識過，並在一九二二年探險任務的尾聲被約翰・諾艾爾用影片捕捉下來的「惡魔之舞」，就在更大層次上屬於僧侶舞蹈節（Mani Rimdu）的一環。卡蘿與我曾在二〇〇五年的慈旺寺（Chiwong Monastery）參加過為期十八日的僧侶舞蹈節。見：Luther Jerstad, *Mani-Rimdu: Sherpa Dance Ritual*（Seattle: University of Washington Press, 1969）與 Richard Kohn, *Lord of the Dance*（Albany: SUNY Press, 2001）。更重要的是，我們在法林寺的體驗打開了我的心靈，讓我見識到了佛教修行之路的力量與神奇之處。這種覺醒得到更進一步的開展，讓我們有更深刻的體悟，是在卡蘿與我偕馬提厄・李卡德（Matthieu Ricard）走近聖母峰的那一個月當中。李卡德身為一位知名的僧侶學者，在此間陪我們從佛學角度研習了心靈的科學。

最後一個階段的研究，就萌芽在這些旅程提供的沃土中。首先，我必須更進一步了解的佛法中的施身法，而為此我在加德滿都求教於卡蘿的其中一名恩師，旺都喇嘛。再者，我想要對在協格爾的「閃耀水晶寺院」，也就是曲德寺有更進一步的認識；構成曲德寺的碉堡與寺院讓包含霍華－貝瑞在內的許多人都如癡如醉。在加德滿都，卡蘿得知了有兩本未出版的手稿出自普．拉伯．乃旺（Pu Rab Ngawang）之手。乃旺身為圖博人，曾在逃到尼泊爾前與他身分是協格爾僧侶的親兄弟一起被中國關押了二十年。明知是鋌而走險，但他的親兄弟曾重返協格爾，為的是把寺院的鎮寺經文噶邦卡丹嘉措（Ngag Dbang Skal Ldan Rgya Mtsho）偷渡出來。他被逮而下獄之後，該經典被中國當局沒收充公。卡蘿與乃旺見面之時，他大吃一驚的是該份經典的摹本，竟然就是我留給她某本書籍的封面，那是一本很精采的譯文：Pasang Wangdu and Hildegard Diemberger, *Shel Dkar Chos 'Byung: History of the "White Crystal": Religion and Politics of Southern La Stod*（Vienna: Verlag der Österreichischen Akademie der Wissenschaften, 1996）。另見：Maria Antonia Sironi, *Hildegard Diemburger, and Pasang Wangdu, The Story of the White Crystal*（Bergamo, Italy: Ferrari Editrice Clusone, 1995）。普．拉伯．乃旺自身以協格爾歷史為題的著述是由沁姆里．唐德拉普翻譯，而沁姆里的身分則是尼泊爾特里布萬大學（Tribhuvan University）與美國威斯康辛大學（University of Wisconsin）的圖博學者。沁姆里另外還翻譯了一本南塔的原作者是林廓仁波切（Lingkhor Rinpoche），而林廓仁波切正好在札珠仁波切與英國探險隊的時代是協格爾的喇嘛。這兩份文件都極具研究的參考價值。

最終我需要了解的是圖博人對於神聖地理的觀念。這方面我首先從艾德．博恩包姆（Ed Bernbaum）與約翰．萊恩哈德（Johan Reinhard）這兩名好友兼同僚的書寫中得知了隱谷跟精神避難所的存在。見：Edwin Bernbaum, *The Way to Shambhala*（Boston: Shambhala, 2001）與*Sacred Mountains of the World*（San Francisco: Sierra Club Books, 1990），以及Johan Reinhard, "Khembalung: the Hidden Valley," *Kailash*, vol. 6, no. 1（1978）, pp.

5–36。他們的作品領著我找到了希爾德嘉・狄恩伯格（Hildegard Diemberger）這名冰雪聰明，且在喜馬拉雅山區度過了大半輩子的學者與冒險家。她父親是知名的喜馬拉雅登山家柯特・狄恩伯格（Kurt Diemberger），而正因為這樣的家學淵源，我並不驚訝於她會在圖博人的神聖地景觀念上成為世界級的權威。我在劍橋大學的人類學系上找到了她，而她也在那裡熱情地歡迎了我，並讓我在山脈的真實意義上感覺到醍醐灌頂。要不是希爾德嘉教授，我也不會真正意識到英國探險隊在攀越聖母峰山麓的整個過程中，他們都是行在充滿奧祕的空間中。

第一章：大山牆

大山牆上那場為了替紀念碑揭牌而進行的集會，獲得的廣泛的報導。見："A Mountain War Memorial: Ceremony on Great Gable," *Yorkshire Post*, June 9, 1924; "Mountain War Memorial: Unveiling of Tablet on Great Gable," *Times*, June 9, 1924; "Memorial Service in the Clouds," *Daily Mail*, June 10, 1924；與"A Mountain Memorial: Climbers Who Fell in the War," *Advertiser*, June 13, 1924. 關於地契完成公開捐贈的那場山岩攀登社年會，見："A Mountain Memorial," *Westmoreland Gazette*, October 20, 1923，與"Splendid War Memorial," *Yorkshire Post*, October 23, 1923。關於威克菲爾在晚宴上的致詞演說，見："Preserving the Heart of Lakeland: 3,000 Acre Gift to the Nation," *Manchester Guardian*, October 15, 1923。威克菲爾的登山紀錄被提及於：Ashleey Abraham, "Lake District Fell Walking," *Fell and Rock Climbing Club*（*FRCC*）*Journal*, vol. 5, no. 2（1920）, pp. 173–80。與典禮有關的相關文件，包括傑佛瑞・楊恩對當天過程的描述，還有威克菲爾德做為山岩攀登社理事長的書信往來，可見於收藏在肯德爾的山岳攀登社誌。

關於更詳細的傑佛瑞・楊恩傳記，見：Alan Hankinson, *Geoffrey Winthrop Young*（London: Hodder &

Stoughton, 1995）。想一探佩尼通上聚會的精神——外加楊恩對於馬洛里身為登山者令人難忘的描述：「他靠著修長的人腿、抬起的膝蓋，還有像漣漪般令人難以抗拒的動作，（把自己）甩上了岩壁。」——見：Geoffrey Winthrop Young, *Geoffrey Sutton, and Wilfred Noyce, Snowdon Biography*（London: J. M. Dent, 1957）。關於佩尼通的更多資訊，見：Geoffrey Winthrop Young, "An Impression of Pen y Pass, 1900–1920," in H. R. C. Carr and G. A. Lister, eds., *The Mountains of Snowdonia*（London: Crosby Lockwood, 1948）, pp. 75–89。

關於楊恩對於一戰開打前幾個月的駭人描述，見：Geoffrey Winthrop Young, *From the Trenches*（London: Unwin, 1914）。「在我們身邊的新軍裡⋯⋯」這一段引用自他慘烈到令人難以釋懷的美麗回憶錄 *The Grace of Forgetting*（London: Country Life, 1953）的第二二六頁；「狂人已將預言寫在牆上」引用自第一五五頁；「那是死亡嗎？」第一六九頁；「在半露在外，疑似原本是存放聖衣聖器的教堂儲藏間殘跡裡」第二四五頁；「曾經我們相信人性，是每個人都有的東西」第二三三頁。

喬治．麥考利．特里維廉做為楊恩與馬洛里在劍橋的共同朋友，曾與楊恩一起服役於義大利的前線。想了解義大利的戰事與讓楊恩失去一條腿的聖加百列山（Monte San Gabriele）戰役，見：G. M. Trevelyan, *Scenes from Italy's War*（London: T. C & E. C. Jack, 1919）。由斯伯丁（W. P. Spalding）在一九〇〇年匿名出版的《三一學院的屋頂攀爬指南》在二〇〇九年由夾竹桃出版社（Oleander Press）在劍橋重新發行。楊恩對馬洛里差點在內斯特山上萬劫不復的描述，出現在 *On High Hills*（London: Methuen, 1927）, p. 178。另見：Geoffrey Winthrop Young, ed., *Mountain Craft*（London: Methuen, 1920）；該書集結了對五十名「英勇同志」的追思，當中紀念的多半是戰死沙場的登山者。

關乎一戰的大量文獻仍每年持續擴張中。內容涵蓋整場戰爭而我覺得格外有幫助的包括：Arthur Banks, *A*

Military Atlas of the First World War（Barnsley: Leo Cooper, 2004）; Niall Ferguson, *The Pity of War*（New York: Basic Books, 1999）; Martin Gilbert, *The First World War*（New York: Henry Holt, 1994），以及*A History of the Twentieth Century, 1900–1933*（New York: Morrow, 1997）; Edward Gleichen, ed., *Chronology of the Great War*（London: Greenhill Books, 2000）; B. H. Liddell Hart, *A History of the World War, 1914–1918*（London: Faber and Faber, 1934）; Richard Holmes, *The Western Front*（New York: TV Books, 1999）; John Keegan, *The First World War*（New York: Knopf, 1999）; Hew Strachan, *Oxford Illustrated History of the First World War*（Oxford: Oxford University Press, 1998），與*The First World War: To Arms*（Oxford: Oxford University Press, 2001），與Denis Winter, *Death's Men*（London: Penguin, 1979）。另見：Lyn Macdonald, *1915: The Death of Innocence*（New York: Henry Holt, 1995），與*To the Last Man: Spring 1918*（New York: Carroll & Graf, 1998）。

威克菲爾每回以傳教士與醫師的身分出動，都是在散播著帝國野望的種子，都是在吸引著最優秀的人才來到帝國的旗幟之下，當中包括他以醫師或教士者療癒過其生命與身心者的兄弟、叔伯與父親。他的行動始於一九一一年，紐芬蘭最北端的聖安東尼（St. Anthony），然後在一九一四年，他已經在其負責領域中的幾乎每一個聚落都建立起了兵團的在地分支。「我感到無比振奮，」他在一九一四年初於加拿大泥湖（Mud Lake），面對著二樓書房窗外冬雪紛飛所寫下的報告中表示，「能看到這麼一份對國家的強烈責任心，這麼一份對國王陛下與帝國的熱愛，存自於北國荒野中這群帝國公民之間……在我北訪的旅程中，兵團會議召開在納因（Nain）與霍普岱爾（Hopedale），而你在現場看到的是一片赤忱，那兒聚集了幾近每一位年輕力壯的男兒，乃至於不少年長的男性都一腔熱血地跑來共襄盛舉。」威克菲爾與妻子梅姬都曾將自身經驗的描述寄給過英國皇家深海漁業服務團（Royal National Mission to Deep Sea Fishermen）的官方刊物《深海探勞者》（*Toilers of the Deep*）。關於格蘭菲爾服務團（Grenfell Mission）的敘述，見：Wilfred Grenfell, *A Labrador Doctor*（Boston: Houghton Mifflin, 1919），與*Forty Years for Labrador*（Boston: Houghton Mifflin, 1932）。

威克菲爾從一九一六年十二月加入加拿大遠征軍起的一戰服役文件，存於加拿大圖書和檔案系統（Library and Archives Canada）的資料庫中（RG 150; Accession 1992–93/166, Box 9990–17），當中包括他自一九一七年三月十二日起在醫療船莉蒂希亞號（HMHS *Letitia*）上服役的紀錄。另見：War Diary, 2 Canadian Stationary Hospital（TNA: PRO WO95/4109）。

威克菲爾在一九一四到一九一九年間寫給妻子梅姬的信，有三十三封得以保存至今（一九一七年的信不見了，一般推測是毀於意外）。其中好幾封信甚具參考價值：一九一四年十月六日那封寫於運兵船佛羅利澤號上；一九一四年十二月四日那封寫於索爾茲伯里平原；一九一八年十一月二十六日關於德軍暴行那封寫於法國龐普魯（Pamploux）；「我可以向你保證我非常努力在這麼做」那封寫於一九一八年十二月八日的魯登道夫（Ludendorf）。

兩封信尤其在研究初期發揮了大用。我們知道威克菲爾拋下紐芬蘭兵團是在其正要出發前往加利波里的前夕。他在一九一五年九月十二日寫了封信給妻子，由此我們得知他人在法國的第二十九傷員分流站。另一份獨立的文件，日期標註為一九一五年九月二十五日的移動命令顯示威克菲爾於當天休假返回英格蘭。前往英國國家檔案館就英國陸軍部資料進行檢索的結果顯示出於某種不可考的因素，第二十九傷員分流站的作戰日誌並未記載一九一五年從八月十五日到十二月十五日這一段。由於這段資料的空白，我們無法確知威克菲爾是於何時返回法國，也不知道他返回法國後是否歸建回同一醫療單位。

前線的所有通訊都經過審查，而負責核實士兵信件的基層軍官也會在自身的信件中對重要的軍機支吾其詞。一九一六年二月三日，威克菲爾在給妻子的信中附註說他的所在地是「法國某處」。惟他也在同一封信裡提及一座聖母銅像因為自身的重量而以直角傾倒在一處教堂廢墟的尖塔上。這毫無疑問講的就是阿爾貝聖母院大教堂（Madonna of the Basilica of Albert），而那幅令人陷入惆悵與絕望的哀戚畫面，也將假以時日在對戰雙方的壕溝官兵心中，都成為一幅帶著救贖，甚至神話力量的景象。據說哪一方讓懸在尖塔上的聖母落至地上，誰就注定會輸掉這場戰爭。許多人宣稱血雨從聖母的身體上降下，而淚水則從她懷中的基督眼角滑落。這段記述無疑將一九一六年春的威克菲爾定位在阿爾貝，也就是索姆河之役發動的戰場。

軍方幾乎不可能把有經驗的外科軍醫調離攻擊發動前夕的區塊，由此我好奇的是威克菲爾有沒有可能服務過他所鍾愛，並於戰役前不到三個月的四月份抵達索姆河前線的紐芬蘭兵團。在檔案庫的資料中，第二十九傷員分流站的單位日誌重啟於一九一六年的一月一日，而這也讓我們得以自該日起掌握威克菲爾的行蹤。

研究面臨的第一項挑戰，是判斷出在索姆河畔的第二十九傷員分流站究竟有沒有接收來自第二十九師的傷兵，須知紐芬蘭兵團當時就隸屬於二十九師的八十八旅。第三軍的醫療服務部主任（Director of Medical Services）（TNA: PRO WO 95/381）透露自一九一六年三月三日起，第二十九傷員分流站便被轉調至羅林森將軍麾下第四軍的行政體系裡，而第四軍就包含第二十九師。第四軍的醫療服務部主任日誌（TNA: PRO WO 95/447）確認了截至一九一六年的七月一日，第二十九傷員分流站仍隸屬第四軍。這麼一來，我們的下一步就是要去查詢各野戰救護車單位的日誌（88th Field Ambulance [TNA: PRO WO 95/2296]; 1/1 South Midland Field Ambulance [TNA: PRO WO 95/2752]），這包括負責把傷亡從兵團急救站後送至熱贊庫爾（第二十九傷員分流站）的救護車單位，還有把傷者從第二十九分流站載往布洛涅、埃塔普勒、勒哈佛爾與羅恩，由各基地醫院來救治的救護列車。以一九一六年七月三日為例，六趟列車從第二十九傷員分流站疏散了總計三十名軍官與四千兩百零六名其他階級的傷兵。

第四軍醫療服務部主任的作戰日誌（TNA: PRO WO 95/447）在其中一則紀錄中，讓我們瞥見七月一日那讓人耿耿於懷的混亂與煎熬場面。晚間十點，野戰救護車的接收人數達到五百二十六名軍官與一萬四千一百四十六名其他階級的作戰人員。來自阿舍（Acheux）的火車把這些負傷官兵送到了第二十九傷員分流站，但此時站內收容的傷兵已達五百二十八名軍官跟七千兩百三十六名士兵，其中包含傷於毒氣的一千四百六十人。對應地第八十八旅的第八十八野戰救護車隊在其作戰日誌中證實了該單位駐於阿舍，而阿舍不遠處就是紐芬蘭兵團全軍覆沒的博蒙－阿梅爾。傷亡名單上的名字證實了少數在博蒙－阿梅爾活下來的紐芬蘭子弟兵，確實曾途經威克菲爾所在的第二十九傷員分流站。

關於醫療人員在一戰中面臨的整體挑戰，見：Lyn Macdonald, *The Roses of No Man's Land*（New York: Atheneum, 1989）; T. J. Mitchell and G. M. Smith, *Medical Services: Casualties and Medical Statistics of the Great War*（Nashville: Battery Press, 1997；一九三一年初版）；和 Ian Whitehead, *Doctors in the Great War*（Barnsley: Leo Cooper, 1999）。

霍華．森默維爾在其回憶錄《聖母峰之後（暫譯）》（*After Everest*）中描述了自己早年的生活。關於其軍旅紀錄：見 Officer File（TNA: PRO WO 374 /64114）與第三十四傷員分流站的作戰日誌（TNA: PRO WO 95/415）。許多一戰中的病歷都毀於一九四〇年德國對倫敦的空襲，所幸這當中並不包括第三十四傷員分流站的資料。TNA MH 106/776中含有從一九一八年六月到八月，在第三十四傷員分流站內進行外科手術的完整紀錄；其中光由森默維爾操刀的手術就占了三十頁。他被隨機應變跟不斷需要「實驗」所逼出來的專業，促成了一戰期間與戰後多本書籍出版。見：T. Howard Somervell, "The Symptoms and Treatment of Trench Foot," *Journal of the Royal Army Medical Corps*, pp. 38–45，與 *The Surgery of the Stomach and Duodenum*（London: Edward

Arnold, 1948）．關於森默維爾與聖母峰委員會之間的書信往來，見：RGS Box 11, File 6。

關於對索姆河發動的首波攻勢，最具參考價值的描述見：Martin Middlebrook, *First Day of the Somme*（New York: Norton, 1972）。另見：Malcolm Brown, *Somme*（London: Sidgwick & Jackson, 1996）; John Keegan, *The Face of Battle*（New York: Viking, 1976）; Gerald Gliddon, *When the Barrage Lifts: A Topographical History and Commentary on the Battle of the Somme, 1916*（Barnsley: Leo Cooper, 1990）；與Ray Westlake, *British Battalions on the Somme, 1916*（Barnsley: Leo Cooper, 1994）。近年來有一定數量的書籍嘗試替道格拉斯．海格翻案，其主張是自一九一五年後，一戰已經以前所未見的方式席捲了各民族國家的經濟與工業能量，由此消耗戰已經成為具有正當性的作戰目標跟僅存能讓戰事畫下句點的戰略，但Denis Winter, *Haig's Command: A Reassessment*（London: Penguin, 1991）則反向認為海格的思慮剛愎且冥頑不靈，四年間做為一名野戰元帥，他草菅將士人命的做法就像是在出一趟替英國人口瘦身的任務。

關於森默維爾描述自於一九一六年七月一日在韋克蒙走過六英畝傷兵的過程，見：*After Everest*, pp. 38–40。那次經驗將他轉化為一名和平主義者，也無疑導致了他決心前往印度行醫救世。見：Howard Somervell, *Knife and Life in India: Being the Story of a Surgical Missionary at Neyyoor, Travancore*（London: Hodder and Stoughton, 1940），與*India Calling*（London: Livingston, 1947）。在《聖母峰之後》書裡有他一段這樣的回憶：

> 一日我去戰場上簡短散了個步。我選了個沙包坐下休息，而我面前正好有名睡著的少年，看起來很是病懨懨：皮膚蠟黃不說，人還一動不動。等等，天啊他沒在呼吸！他死了！我嚇了一大跳。我在原地坐了半小時，注視著他的遺體。我估計他十八歲上下吧。他仰躺在地上，遺體算是完整，可能還沒死太多個小時吧。怪的是

明明方圓數英里內都遍布著大小屍體跟屍塊，我卻獨獨對這具遺體印象深刻。但事實就是如此。在這個當下，他代表的就是這名曰戰爭的瘋狂。戰爭對他有何意義？外交、國家的關係、商貿的利益又與他什麼牽扯？為什麼他非得在還沒品嚐過人生的喜悅、艱辛與榮耀之前，就早早在此斷送了性命？而他還只不過是成千上萬枉死者裡的一個而已。

關於紐芬蘭兵團命運的正式陳述，見：General Sir James Edmonds and Major A. F. Becke, eds., *History of the Great War: Military Operations, France and Belgium, 1916*（London: Macmillan, 1932）。另見：Richard Cramm, *The First Five Hundred of the Royal Newfoundland Regiment*（Albany: C. F. Williams & Son, 1923）。

醫療船莉蒂希亞號的殘骸，分別於一九一七年八月二日與四日占據了加拿大《哈利法克斯先鋒報》（*Halifax Herald*）的頭版。由山岩攀登社的社刊所保存，大山牆紀念式的秩序冊，當中是這麼寫的：「戰爭紀念式：銅牌揭牌與致敬典禮；大山牆；山岩攀登社；一九二四年六月八日五旬節（Whit-Sunday；亦稱聖靈降臨日）午後兩點」。那當中還印上了楊恩的演講全文、每一位死難者的姓名，還有當天所唱的詩歌歌詞。關於威克菲爾與聖母峰委員會的書信往來，見：RGS Box 13, File 5。

第二章：想像中的聖母峰

喬治・納桑尼爾・寇松寫過十二本書，其中兩本是《波斯與波斯問題》（2 vols.; London: Longmans, Green, 1892）; *Russia in Central Asia in 1889 and the Anglo-Russian Question*（London: Longmans, Green, 1889）; *British Government in India*（2 vols.; London: Cassell, 1925）。關於他對一八九四年前往阿富汗與其埃米爾見面的敘

述，還有對帕米爾高原的探索紀實，見：*Tales of Travel*（New York: George Doran, 1923），與 *The Pamirs and the Source of the Oxus*（London: Royal Geographical Society, Edward Stanford, 1896）。關於寇松的多本傳記，見：David Gilmour, *Curzon*（London: John Murray, 1994），與 Kenneth Rose, *Superior Person: A Portrait of Curzon and His Circle in Late Victorian England*（New York: Sterling, 2001）。

想了解被稱為「英國世紀」（British century：約從一八一五到一九一四年）的精神與特質，最理想的資料來源莫過於珍．莫里斯（Jan Morris）的傑作三部曲，見：*Pax Britannica: The Climax of an Empire*（New York: Harcourt, 1968）; *Heaven's Command: An Imperial Progress*（New York: Harcourt, 1973），與 *Farewell the Trumpets: An Imperial Retreat*（New York: Harcourt Brace Jovanovich, 1978）。正是她在形容印度時說出了「鍍金鳥籠裡的孔雀」的神來一句。另見兩本勞倫斯．詹姆士的佳作：*The Rise and Fall of the British Empire*（New York: St. Martin's Griffin, 1994），與 *Raj: The Making and Unmaking of British India*（New York: St. Martin's Griffin, 1997）。另見：Charles Allen, *The Buddha and the Sahibs*（London: John Murray, 2002）; David Cannadine, *Ornamentalism: How the British Saw Their Empire*（London: Oxford University Press, 2001）; Geoffrey Moorhouse, *India Britannica*（New York: Harper & Row, 1983）；與 Valerie Pakenham, *Out in the Noonday Sun: Edwardians in the Tropics*（New York: Random House, 1985）。關於「三角測量大調查」與聖母峰的發現，參見一本真的很精采的著作：John Keay, *The Great Arc*（New York: Harper-Collins, 2000），與 J. R. Smith, *Everest: The Man and the Mountain*（Latheronwheel: Whittles, 1999）。

關於圖博的歷史，尤其是從一八八〇年到一九五〇年間錯綜複雜的外交折衝，最佳的英語資料來源莫過於作者休．李察森（Hugh Richardson），他從一九三六到一九四〇年與從一九四六到一九五〇年間兩度擔任英國駐拉薩的外交代表。身為一名孟加拉語十分流利的優秀語言學者，李察森根據圖博歷史學者孜本・夏格巴（Tsepon Shakabpa；原名為夏格巴・旺秋德丹，孜本為負責財政的圖博噶廈〔行政部門〕官銜）表示能操使「略帶牛津口音的完美拉薩圖博語」。一如查爾斯・貝爾，他覺得英國做為僅有與獨立的圖博有所交往的歐洲列強，違背了他們對圖博的義務。他寫過的好幾本書包括：*Tibet and Its History*（London: Oxford University Press, 1962），與和 David Snellgrove 合著的 *A Cultural History of Tibet*（London: Weidenfeld & Nicolson, 1995）。其他以圖博歷史或文化為題的書寫收錄於一本舉足輕重的選集：Hugh Richardson, *High Peaks, Pure Earth*（London: Serendia, 1998），當中包含一至為關鍵的資料來源："Tibetan Precis"這份篇幅堪比一本著作的英圖外交關係簡史。該份資料在一九四五年呈交給印度政府時，原本是一份機密報告。

那名嚴重引發英國疑心的蒙古布里亞特僧侶，其圖博語姓名是參夏・阿旺・洛桑・多傑（Tsenshab Ngawang Lobzang Dorje），其中參夏是一個頭銜，代表他是達賴喇嘛的七名精神導師之一。俄羅斯人發不出多傑（Dorje）的音，因此這部分後來變成多傑夫（Dorjev），最後其拼法又演變成查爾斯・貝爾與其他作家筆下的 Dorjeiff。

不用怕這樣還不夠混淆，因為蒙古語將 Ngawang 拼成 Agwang，Dorje 拼成 Dorj。由此在文獻中，我參照 Alex McKay, *Tibet and the British Raj: The Frontier Cadre, 1904–1947*（Richmond: Curzon, 1977）稱為阿旺・德爾智（Agvan Dorzhiev）的男人，被賦予了各式各樣的姓名拼法，包括最常見的 Dorjieff（Charles Bell, *Portrait of a Dalai Lama: The Life and Times of the Great Thirteenth* [London: Collins, 1946]; Glenn H. Mullin, *The Fourteen Dalai Lamas: A Sacred Legacy of Reincarnation* [Santa Fe, N.M.: Clear Light Publishers, 2001]）。

其他關於圖博歷史的重要資料來源還包括：Charles Allen, *The Search for Shangri-La*（London: Little, Brown,

1999）；Melvyn Goldstein, *A History of Modern Tibet, 1913–1951*（Berkeley: University of California Press, 1989）；Glenn Mullin, *The Fourteen Dalai Lamas: A Sacred Legacy of Reincarnation*（Santa Fe, N. M.: Clear Light, 2001）；Geoffrey Samuel, *Civilized Shamans: Buddhism in Tibetan Societies*（Washington, D.C.: Smithsonian Institution Press, 1995）；Tsepon Shakabpa, *Tibet: A Political History*（New York: Potala Publications, 1984）；David Snellgrove, *Buddhist Himalaya*（New York: Bruno Cassirer, 1957）；Warren Smith, *Tibetan Nation*（Boulder: Westview, 1996）；與R. A. Stein, *Tibetan Civilization*（London: Faber and Faber, 1972）。欲見這些外交折衝與背叛如何開展而陷圖博餘萬丈深淵，見：Tsering Shakya, *The Dragon in the Land of Snows*（New York: Columbia University Press, 1999）。關於諜影幢幢與跨境滲透活動的精采描寫，見：Sarat Chandra Das, *Indian Pandits in the Land of Snow*（Calcutta: Baptist Mission Press, 1893）與*A Journey to Lhasa and Central Tibet*, edited by Phoebe Folger（Delhi: Book Faith India, 1998）；以及Derek Waller, *The Pundits: British Exploration of Tibet and Central Asia*（Lexington: University Press of Kentucky, 1990）。

關於英俄之間的大國角力，見：Peter Hopkirk, *The Great Game*（London: John Murray, 1990），與Karl Meyer and Shareen Brysac, *Tournament of Shadows*（Washington, D.C.: Counterpoint, 1999）。關於榮赫鵬一本卓越的傳記，見：Patrick French, *Younghusband: The Last Great Imperial Adventurer*（London: Harper-Collins, 1994）。關於榮赫鵬行頭的描述，我完全要感謝吾友派翠克。他靠著這些細節捕捉到了過往那個帝國時代的旅行精髓，當時一名如榮赫鵬等級的探險隊隊長不僅會為所有的外交與社交場合帶上相應的服飾，還會準備好自用的數頂帳篷、營床與椅子、摺疊桌、躺椅、野餐用的茶簍、數把雨傘、手杖、一盒曼利夏（Mannnlicher）型步槍彈藥、三把步槍、兩把佩劍。這麼多裝備當然要有人搬，所以英國人找上了他們稱為「苦力」（coolie）的在地人。會這麼叫，單純是因為印度語當中的挑夫就叫苦力。這一詞即便在當年其實並無貶意，現在也有了，所以我在行文中用的都是挑夫，只有在直接引用某人的發言時，才會為了忠實而沿用「苦力」。比起稱呼，更值得我們去關注的應該是圖博挑夫究竟從入侵英軍那兒獲得什麼樣的待遇。在一個工會規則限制英國砌磚工人扛重物不得超過十四英磅（約六點三公斤）的年代，遠征軍的挑夫們——尼泊爾雪巴人、拉伊人、林布人與雷布查人——動輒得扛超過兩百磅（約九十公斤），其中某些人還得揹兩到三支電報杆，每支重達九十磅（約四十公斤）。

關於另外兩本屬於佳作的榮赫鵬傳記，見：George Seaver, *Francis Younghusband: Explorer and Mystic*（London: John Murray, 1952），與 Anthony Verrier, *Francis Younghusband and the Great Game*（London: Jonathan Cape, 1991）。榮赫鵬本身也寫過不少書，其中第一本讓他聲名大噪的是 *The Heart of a Continent: A Narrative of Travels in Manchuria, Across the Gobi Desert, Through the Himalayas, the Pamirs, and Chitral, 1884–1894*（London: John Murray, 1904）。另見其 *The Heart of Nature*（London: John Murray, 1921）, *Wonders of the Himalaya*（London: John Murray, 1924），與 *The Light of Experience*（Boston: Houghton Mifflin, 1927）。

關於榮赫鵬率兵入侵西藏三筆極佳的描寫，見：Charles Allen, *Duel in the Snows*（London: John Murray, 2004）; Peter Hopkins, *Trespassers on the Roof of the World: The Race for Lhasa*（London: John Murray, 1982）；與 Peter Fleming, *Bayonets to Lhasa*（London: Rupert Hart-Davis, 1961）。除了他們從印度密探那兒取得的零星描述外，一九〇四年的英國人對圖博所知甚少。在榮赫鵬、他麾下軍官與隨軍記者可能在遠征前讀過的少數資料來源中，可以見到的是少數勇者非法潛入圖博後做成的紀錄。見：Hamilton Bower, *Diary of a Journey Across Tibet*（New York: Macmillan, 1894）; Henry Savage Landor, *In the Forbidden Land*（2 vols.; New York: Harper and Brothers, 1899）; Susie Carson Rijnhart, *With the Tibetans in Tent and Temple*（London: Oliphant, Anderson

& Ferrier, 1904）; William Rockhill, *The Land of the Lamas*（New York: Century, 1891）；與Fanny Bullock Workman and William Workman, *In the Ice World of Himalaya*（London: T. Fisher Unwin, 1901）。

第一次有對拉薩的真實描繪進入西方，得等到相關著作於英國入侵西藏結束後問世。關於出自榮赫鵬本人的描寫，見：*India and Tibet*（London: John Murray, 1910）。另見：Edmund Chandler, *The Unveiling of Lhasa*（London, 1905; reprinted New Delhi: Cosmos, 1981）; Perceval Landon, *Lhasa*（2 vols.; London: Hurst and Blackett, 1905; published in New York by Doubleday as *The Opening of Tibet*, 1905）；與L. Austine Waddell, *Lhasa and Its Mysteries*（London: Methuen, 1906）。

隨著「拉薩的面紗被掀開」而衍生出的那種莫名失落感，被插進了約翰・布坎的一本書裡：*The Last Secrets: The Final Mysteries of Exploration*（London: Thomas Nelson & Sons, 1923）。該書的首章講述了榮赫鵬入侵西藏之事，末章則預示著要征服聖母峰的行動，扉頁上則印上了山帝・沃拉斯頓攝於一九二一年的經典聖母峰照。這樣的一本書，被獻給了：「對希賽爾・若林准將的追思，他是在第三次伊珀爾之役中捐軀的聖米迦勒及聖喬治勳章（C.M.G.）與三等印度帝國勳章（C.I.E.）得主，是大無畏的探險家，是英勇的士兵，也是最好的朋友。」戰時的布坎先是隸屬於戰爭宣傳局，後來則任改組後的資訊部長。他曾在英國陸軍情報團（Intelligence Corps）任少尉期間擔任野戰元帥道格拉斯・海格的文膽，負責起草演說內容，並以媒體發言人的身分成為元帥的得力助手。多才多藝的他還另外著有兩本諜報驚悚小說：*The Thirty-Nine Steps*（London: William Blackwood, 1915）與*Greenmantle*（London: Hodder & Stoughton, 1917）。一九三五年，英王喬治五世提拔布坎成為具有爵位的貴族，自此他在一九四〇年辭世前有五年的時間，都以特威絲穆爾爵士（Lord Tweedsmuir）的頭銜擔任著加拿大總督（governor-general of Canada）。經聖母峰委員會徵召來統籌一九二一到一九二四年探險隊的全數新聞公關事務後，布坎以不輸給任何人的熱忱，不遺餘力地推動著，乃至於直接以其人代表了從榮赫鵬入藏到大戰的慘況，終至聖母峰壯舉的光輝燦爛，帝國想要遂其雄心與救贖的那股衝勁。

喬安娜・勃克（Joanna Bourke）在*Dismembering the Male: Men's Bodies, Britain and the Great War*（Chicago: University of Chicago Press, 1996）一書中主張在一戰結束後，壕溝中無名的死亡，還有無數影像裡那支離破碎的遺體，終歸象徵了一個國家的男子氣概是如何遭到閹割。聖母峰探險隊的努力，暫時將意義與陽剛之氣還諸了「榮譽」與「犧牲」等字句，並在過程中讓英國人看到了重生的希冀。關於一段精采的論述，另見：Peter Bayers, *Imperial Ascent: Mountaineering, Masculinity, and Empire*（Boulder: University Press of Colorado, 2003）。更多關於布坎的介紹，見：Janet Adam Smith, *John Buchan*（London: Rupert Hart-Davis, 1965）。

關於若林溯源布拉馬普特拉河之舉，見：Charles C. Rawling, *The Great Plateau*（London: Edward Arnold, 1905）。弗列許菲爾德的主要著作包括：*The Exploration of the Caucasus*（2 vols.; London: Edward Arnold, 1902）與*Round Kangchenjunga: A Narrative of Mountain Travel and Exploration*（London: Edward Arnold, 1903）。初版於一八八五年，克林頓・丹特的*Above the Snow-line: Mountaineering Sketches Between 1870 and 1880*在二〇〇七年由凱辛格出版社（Kessinger Publishing）在美國蒙大拿州的懷特菲許（Whitefish）再版。關於寇松以「我始終感覺難辭其咎」開頭而對弗列許菲爾德提出的建議，見：The Alpine Club Archives, Minute Book 9。

布魯斯將軍曾在*Himalayan Wanderer*一書中介紹過他早年的軍伍養成與士兵生涯。另見：Michael Underhill, "A Gurkha in Wales," *Country Life*, February 2, 1984。在其豪放的嗓門與笑聲以外，布魯斯也是個久經沙場，把傷痕當徽章的戰士。他跟他的廓爾喀士兵曾有勇有謀地參與了一八九一年的哈札拉（Hazara）之役、一八九五年的吉德拉爾救援行動、一八九四～九五年的瓦濟里斯坦之役，還有一八九七～九八年的整場蒂拉（Tirah）

戰役。身為指揮官，布魯斯三次在戰報中被提及，並在兩枚邊境作戰勳章上獲得共計六條勳扣。關於在蒂拉平亂的過程，他在兵團的紀錄中寫道：

> 部隊在我的指揮下，踏遍了奧拉克宰與阿弗里迪地界內的每一隅，整個蒂拉範圍獲得了精確的勘測，這還是頭一回。我們的敵人不論在何處遇上我們，都遭到了重懲，並有無可駁斥的證據顯示他們承受了極其嚴重的傷亡。幾乎每一個碉堡化村莊裡的塔樓與牆垣，都已被夷為平地，兩個部落過冬所需的糧草與燃料供應，都已經被他們的部隊消耗殆盡。奧拉克宰族人已經徹底被壓制，對給他們設下的規矩也願意遵守，倒是阿弗里迪族還在頑抗，不過我很有信心他們再不久就會投降，屆時他們的國家也可免於在春季被重新入侵的命運。

從一開始，查爾斯·布魯斯就受到了山的吸引。一八九二年，他跟馬丁·康威在就在干城章嘉峰南邊的卡布魯峰上爬到了兩萬兩千六百英尺的高度。事隔三年，布魯斯上到了世界第九高峰南迦帕爾巴特峰，當時阿弗列·馬默里與兩名挑夫在為了勘查雷基歐特壁（Rakhiot face）而攀上兩萬兩千九百六十五英尺後被雪崩掃下山坡身亡。一九〇七年，他與湯姆·隆斯塔夫動身前往位於加爾瓦爾喜馬拉雅山脈（Garhwal Himalaya）的楠達德維連峰（Nanda Devi massif）要挑戰被印度人尊為濕婆神（手持三叉戟的毀滅與生育之神）化身，海拔有兩萬三千三百六十英尺高的特里蘇爾峰（Trisul）。隆斯塔夫用十三個小時攀升了六千英尺，攻上了特里蘇爾峰，然後才下降七千英尺回到了基地營。這之後有超過二十年的時間，特里蘇爾峰都是人類攀登過最高的山峰。

湯姆·隆斯塔夫在人類攀登喜馬拉雅山脈的初期是號響噹噹的人物。生於一八七五年，比布魯斯小九歲而比馬洛里大十一歲的隆斯塔夫，在年齡上是跟亞瑟·威克菲爾與及傑佛瑞·楊恩同時代的人物。專業上受的是醫師的訓練，教育完成在伊頓公學、牛津大學與聖湯瑪斯醫院的他，曾很知名地鄙視過行醫這件事。一九〇〇年，他被提名為英國山岳會成員，但資料上只寫著他的職業是一名「紳士」。他祖父靠做油漆發了財，而他的父親則敗掉了大部分的家產——在當時算是一大筆錢的約兩萬五千英鎊——只為了金援史考特的第一次南極探險。雖然他靠自己也相當有錢，但隆斯塔夫過得相當節儉。如果說馬丁・康威跟阿布魯茲公爵確立了用大型探險隊去圍攻一座山峰的傳統，那隆斯塔夫就立下了後來所謂「阿爾卑斯攀登」（Alpine approach）的先例：由不被繁複裝備拖累的小隊直衝高峰。他曾很知名地在攀登途中只靠土地存活，一路上有什麼吃什麼，累了就在石頭或塵土地上稍微有點遮蔽就睡。

一九〇五年，隆斯塔夫與印度文官體系的副公署專員（deputy commissioner）查爾斯・謝令（Charles Sherring）越過了喜馬拉雅而抵達了岡仁波齊峰與聖湖瑪旁雍錯。在岡仁波齊南邊的納木那尼（Gurla Mandhata）連峰上，隆斯塔夫好不容易攀至了兩萬三千英尺的地方，卻被一場雪崩甩下了山。這讓他不僅鼻青臉腫地倒退了三千英尺，還逼著他硬是得在曠野中野營。但隔天他不但沒有撤退求全，反而找回冰斧，返回山間，在冰穴中度過了第二夜。隔天他先是把跟山頂的距離縮小到一千英尺內，才因為純然的疲累而不得不掉頭撤退。一九〇五年，隆斯塔夫總計在圖博待了六個月，而這整趟始於火車也終於火車的探險，一共只用了他不到一百英鎊的花費。又過了四年，在婉拒加入史考特那次命運的南極探險後，隆斯塔夫隱身在了喀喇崑崙山中，穿過了薩爾托洛山口（Saltero Pass；Saltoro Pass），進而發現了錫亞琴冰川（Siachen Glacier）的上游，而包含這一趟行程在內的二十筆探險，在一九二八年得到了承認，也讓他因此從皇家地理學會手中領到了發現者獎章（Founder's Medal）。見：Norman Collie, *From the Himalaya to Skye*（Edinburgh: David Douglas, 1902），與 Charles Sherring, *Western Tibet and the British Borderland*（London: Edward Arnold, 1906）。關於隆斯塔夫與聖母峰委員會的書信往來，見：RGS Box 11, File 1; Box 28, File 7。

亞歷山大．凱拉斯在一九二一年探險任務的初始策畫中扮演著要角。關於他與聖母峰委員會、辛克斯，乃至於其他一九二一年探險隊成員的書信往來，見：RGS Box 2, File 2。一九一六年五月十八日午後在皇家地理學會會議上宣讀的論文，其完整內容發表為：A. M. Kellas, "A Consideration of the Possibility of Ascending the Loftier Himalaya," *Geographical Journal*, vol. 49（January 1917）, pp. 26–48。同篇論文之修改版本在一九二〇年三月投給了英國山岳會，但直到二〇〇一年才被發表，見："A Consideration of the Possibility of Ascending Mount Everest," *High Altitude Medicine and Biology*, vol. 2, no. 3（2001）, pp. 431–61。另見一九一八年三月十八日首次發表於皇家地理學會者：A. M. Kellas, "The Possibility of Aerial Reconnaissance in the Himalaya," *Geographical Journal*, vol. 51, no. 5（May 1918）, pp. 374–89。更多關於凱拉斯的資料，見：John B. West, "Alexander M. Kellas and the Physiological Challenge of Mt. Everest," *Journal of Applied Physiology*, vol. 63（1987）, pp. 3–11，與"A. M. Kellas: Pioneer Himalayan Physiologist and Mountaineer," *Alpine Journal*, vol. 94（1989）, pp. 207–13。關於討論氧氣使用的書信往來，見：RGS Box 30, File 5與藏於英國國家檔案館者，Kew, FD1/1208, DSIR 36/421, DSIR 36/394（包含來自攀登卡美特峰與芬奇一九二二年聖母峰經驗的報告），與DSIR 3/254。另見：N. E. Odell, "Hypoxia: Some Experiences on Everest and Elsewhere," in Charles Clarke, Michael Ward, and Edward Williams, eds., *Mountain Medicine and Physiology*（London: Alpine Club, 1975, pp. 67–72）。

關於約翰．諾艾爾與聖母峰委員會的通信，見：RGS Box 18, File 3 and Box 31, File 4。關於他對自身一九一三年旅程的描述，也就是一九一九年三月十日宣讀於風神音樂廳的論文，見：John B. Noel, "A Journey in Southern Tibet and the Eastern Approaches to Mount Everest," *Geographical Journal*, vol. 53, no. 5（May 1919）, pp. 289–

308。伴隨這篇文章的是兩張照片，標題為“North-East Glacier Flowing from Mount Everest”與“Mountains North of Makalu（27790）to Snout of North-East Mount Everest Glacier.”，其出處部分註明著「來自由A·M·凱拉斯醫師出借的照片」。凱拉斯很顯然沒有拍下這些照片；他曾置身於干城章嘉峰之後的山間，但從來未如一九一三年的諾艾爾去到過那麼西的地方。諾艾爾進入過與聖母峰相隔不到四十五英里的距離內；而這些冉布卡冰川的影像則是攝於與康雄壁距離不到十英里的地方。凱拉斯必然是訓練了他一個在地的旅伴，並讓他帶著相機去勘查東邊的入山之路。關於諾艾爾經女兒代其編輯過的精采攝影集，見：Sandra Noel, *Everest Pioneer: The Photographs of Captain John Noel*（Thrupp: Sutton, 2003）。關於傳記資料，見諾艾爾的 *Through Tibet to Everest*, 1989, and Reuben Ellis, *Vertical Margins: Mountaineering and the Landscape of NeoImperialism*（Madison: University of Wisconsin Press, 2001）。

第三章：攻擊計畫

一九一二年一月刊載於《羽毛球雜誌》上的文章（vol. 34, no. 198, pp. 14–26）是出於喬治·D·亞伯拉罕（George D. Abraham）之手，而他與艾胥利·亞伯拉罕這對兄弟檔是英國攀岩的先驅。湯瑪斯·侯第奇從一九一七到一九一九年間是皇家地理學會的會長。見：President of the RGS from 1917 to 1919. See: T. H. Holdich, *Tibet the Mysterious*（New York: Frederick Stokes, 1906）。

關於通過外交途徑想取得圖博暨印度政府許可的諸多重要文件，可見印度事務部圖書館（大英圖書館體系）亞洲、太平洋與非洲館藏（原名東方與印度事務圖書館）中之印度事務部檔案裡的聖母峰檔案（India Office Records, Mount Everest File）。此一聖母峰檔案分為四部分，其中一部分專收地圖與圖表。此外第一部分（IOR L/

PS/10/777）涵蓋到一九二三年為止的資料，第三與第四部分（IOR L/PS/10/778）則安置一九二四起的資料。關於一九二〇年六月二十三日皇家地理學會代表團與印度事務副大臣辛哈爵士之間的會議紀錄，見聖母峰檔案第一部分（IOR L/PS/10/777）。同樣在這檔案中且非常值得一看的，是各種關乎霍華－貝瑞所率初始任務的書信往來，包含貝爾的反對與總督切爾姆斯福特爵士附議說在軍告爭端化解前不得批准任何探險任務。關於牽涉到探險任務初步計畫的書信往來，亦見：RGS Box 1, Files 1–7 and 20。

在一九一五年九月二十五日的盧斯之役後，「烈士錄」（Roll of Honour）在《泰晤士報》上占據了完整的四欄，密密麻麻都是死者的姓名。在戰鬥過程中，勞勃．葛瑞夫斯奉命在光天化日下攻擊一處機槍陣地。他整個排衝刺了二十碼，然後全員趴在了地上。他接著吹哨下令前進，但所有人卻都一動不動。他從某處彈坑中跳了起來，痛罵手下是懦夫。「他們不是懦夫，長官，」他的排士官長在喧囂聲裡與肩膀碎裂的痛苦中高喊著，「他們不是不願意起來，而是他媽的全都死了。」

羅蘭．雷頓在一九一四年一個月陽光燦爛的七月天，從阿賓漢姆公學畢業，距戰爭爆發還有一個月，而此時的他是身穿卡其服的預官（cadet officer），是明星運動員，更是校內七個智育獎項的得主。校長在告別演說時要他們扛起愛國之責，並說一個男人要是不能為國家所用，那他還不如去死。最終跟羅蘭一起入學的六十六名少年中，將有十七人死在壕溝中。每一個「去到那邊」的人，他寫信給未婚妻薇拉．布里頓說，都在兩三個月後回來時徹底變了個人。他還說，「恐怖堆疊著恐怖，直至讓人覺得世界來到了盡頭。」

薇拉．布里頓寫下了沉痛至極的戰爭回憶錄《青春的遺言》（*Testament of Youth* .London: Victor Gollancz, 1934）。另見：Alan Bishop, ed., *Chronicle of Youth: Vera Brittain's War Diary, 1913–1917*（New York: William Morrow, 1982）; Alan Bishop and Mark Bostridge, eds., *Letters from a Lost Generation*（Boston: Northeastern

University Press, 1998）；與Paul Berry and Mark Bostridge, *Vera Brittain: A Life*（Boston: Northeastern University Press, 2002）。

勞勃・布里吉斯所著《人類的精神》（London: Longmans, Green, 1916）不到一九一九年就賣到第六版。關於戰時的實際詩作，見：Tonie and Valmai Holt, *Violets from Overseas: Poets of the First World War*（Barnsley: Leo Cooper, 1996）; Jon Silkin, ed., *First World War Poetry*（London: Penguin, 1996）；與Jon Stallworthy, ed., *The Oxford Book of War Poetry*（Oxford: Oxford University Press, 1984）。最晚到一九三六年，當時七十一歲且擔任牛津現代詩歌全集（*Oxford Book of Modern Verse*）編輯的威廉・巴特勒・葉慈（William Butler Yeats）將威爾弗列德・歐文、希格夫里・薩松、勞勃・葛瑞夫斯、艾弗・葛尼、赫伯・里德與艾薩克・羅森伯格（Isaac Rosenberg）的作品排除在全集以外。葉慈堅持認為戰爭時被動遭受的苦難，不論表達得多麼高尚，總還是欠缺詩歌不可或缺的道德視野。這樣的自以為是，一方面抹煞了這些人在詩藝上的造詣，更無視於他們於一場宛若在嘲弄著道德二字的戰爭裡，究竟承受了多少的磨難。薩松活到了一九六七年，但他從未在筆下觸及任何發生在一九二〇年之後的人事物。他的六卷自傳，是用故事在講述著一段隨著戰爭而死去的人生。

關於約翰・諾艾爾在戰爭開打後前幾週的紀錄，見：作戰日誌2/KOYLI（國王嫡系約克軍輕步兵兵團第二營；TNA: PRO WO 95/1558）。他的兵團隸屬於第五師（TNA: PRO WO 95/1510）第十三旅（TNA: PRO WO 95/1548）。關於諾艾爾兩次被診斷為砲彈休克的詳細紀錄文件，見醫療委員會的報告，日期分別為一九一四年九月十四日、一九一五年五月三日、一九一五年八月三日、一九一五年十一月六日，以及一九一七年三月九日。這些資料登記有案是在國家檔案館（TNA PRO WO 338/14）但實際由英國國防部收存於格拉斯哥（MOD Glasgow P/123705/1）。

霍華－貝瑞在KRRC（國王皇家步槍團）第九營服役到一九一六年十二月十日（TNA: PRO WO 95/1900）。這之後他調動到第七營（TNA: PRO WO 95/1897）。一九一七年五月二十六日，被升為中校的他重返第九營擔任指揮官到一九一八年的三月二十一日，在德國春季攻勢中被俘為止。另見第四十二旅（TNA: PRO WO 95/1897）與第十四師（TNA: PRO WO 95/1874）的作戰日誌，以及國王皇家步槍團的團誌，均藏於帝國戰爭博物館。

霍華－貝瑞的私人文件存於都柏林三一學院（Trinity College Dublin：TCD）。當中格外值得玩味的是他的戰俘日記，其內容包括一段關於他戲劇性嘗試脫逃的描述（TCD MS 10823）。同樣藏於三一學院的還有兩本戰時的日記——其中手寫的那本是從一九一六年五月二十九日延續到九月八日（TCD MS 10821），另一本用打字機打的手稿則從一九一六年十一月一日延續到一九一七年九月二十五日（TCD MS 10822）。另一份重要的霍華－貝瑞文件與相片選集出現在離他故居美景園不遠處，位於莫林加（Mullingar）的西米斯郡圖書館（West Meath County Library）。曾在那兒任職圖書館員的瑪麗安·基尼以霍華－貝瑞的日記為材料，產出了兩本好書。關於他一九二〇年前去與查爾斯·貝爾會商的圖博之行，以及他對於一九二一年探險隊的官方隊誌在文筆上的貢獻，見：Charles Howard-Bury and George Leigh-Mallory. *Everest Reconnaissance*, edited by Marian Keaney（London: Hodder & Stoughton, 1991）。關於他一九一三年前往中亞探險的見聞，見：Charles Howard-Bury, *Mountains of Heaven: Travel in the Tian Shan Mountains*, edited by Marian Keaney（London: Hodder & Stoughton, 1990）。關於未出版的手稿，同樣經由瑪麗安·基尼根據其戰前的日記巧手編輯，見：Charles Howard-Bury, "Rajahs, Rewals and Tigers: Travels in India 1906–1912"與Charles Howard-Bury, "Jubbulpore to England, 1909–1910"以及Marian Keaney, "Lt. Col. Charles Howard-Bury: A Biographical Introduction"。另見存於倫敦國王學院（King's College London）利德爾軍事檔案中心（Liddell Hart Centre for Military Archives）的

霍華－貝瑞文件，以及他與聖母峰委員會的通信，RGS Box 13, File 1。

莫里斯．威爾森長期因為疏於準備且裝備不齊全就妄想挑戰聖母峰，而淪為各界的笑柄。確實，這是愚不可及的不智之舉，但要比瘋狂，幾次正式探險任務裡的那些登山隊員也不遑多讓，莫里斯．威爾森只是戰爭的傷疤更深一些罷了。見：Dennis Roberts, *I'll Climb Mount Everest Alone: The Story of Maurice Wilson*（London: Robert Hale, 1957），與 Ruth Hanson, *Maurice Wilson: A Yorkshireman on Everest*（Kirkby Stephen: Hayloft, 2008）。

關於更多朝承平過渡的說明，見：Correlli Barnett, *The Collapse of British Power*（London: Pan Books, 2002）; David Cannadine, *The Rise and Fall of Class in Britain*（New York: Columbia University Press, 1999），與 *The Decline and Fall of the British Aristocracy*（New York: Vintage, 1999）; Hugh Cecil and Peter Liddle, eds., *At the Eleventh Hour: Reflections, Hopes and Anxieties at the Closing of the Great War, 1918*（Barnsley: Leo Cooper, 1998）; C. F. G. Masterman, *England After the War*（New York: Harcourt Brace, 1923）; Brian Moynahan, *The British Century*（New York: Random House, 1997）; Charles Mowat, *Britain Between the Wars, 1918–1940*（London: Methuen, 1955）; Alan Palmer, *Victory 1918*（New York: Atlantic Monthly, 1998）；與 Stanley Weintraub, *A Stillness Heard Round The World: The End of the Great War*（New York: Dutton, 1985）。由保羅．法索（Paul Fussell）所著的 *The Great War and Modern Memory* 是格外重要的一本資料來源；另見 *Abroad: British Literary Traveling Between the Wars*（New York: Oxford University Press, 1980）。

關於榮赫鵬在一九二〇年五月三十一日對皇家地理學會會士們發表的演講，見：Francis Younghusband, "Natural Beauty and Geographical Science," *Geographical Journal*, vol. 56, no. 1（July 1920）, pp. 1–13。關於霍華－貝瑞在第一趟旅程中從印度發出的書信，見：IOR Part 1（L/PS/10/777）and RGS Box 1, File 8。霍華－貝瑞

與查爾斯・貝爾的初見面是在大衛・麥當諾於亞東的家中，一處古樸典雅，隔成七個房間外加有一玻璃包覆露臺的木瓦平房；這一四周圍繞著草坪與梯田般美麗花園的住所，讓霍華－貝瑞好生景仰。

查爾斯・貝爾率先寫出了數本符合現代學術意義的圖博專書。見：Charles Bell, *Tibet: Past and Present*（Oxford: Clarendon, 1924）；*The People of Tibet*（Oxford: Clarendon, 1928）；*The Religion of Tibet*（Oxford: Clarendon, 1931）；與*Portrait of a Dalai Lama: The Life and Times of the Great Thirteenth*（London: Collins, 1946）。另見：Charles Bell, "A Year in Lhasa," *Geographical Journal*, vol. 53, no. 2（February 1924）, pp. 89–105（一九二三年十二月三日於皇家地理學會上宣讀），以及他為F. Spencer Chapman, *Lhasa: The Holy City*（London: Readers Union, 1940）所作的序言。與他形成迥異對比的，是克勞德・懷特的爆炸式風格。見：J. Claude White, *Sikhim and Bhutan: Twenty-one Years on the North-East Frontier, 1887–1908*（London: Edward Arnold, 1909）。關於觀察春丕河谷的另外一個角度，見：Lawrence John Lumley Dundas, *Marquis of Zetland, Lands of the Thunder-bolt: Sikhim, Chumbi and Bhutan*（London: Constable, 1923）。

在戰爭爆發之際，十三世達賴喇嘛透過一名密使隆琛・秀克杭（Lonchen Sholkhang）給英國當局發了這樣的訊息：「圖博願意發兵一千赴印（度）輔助您的帝國，因為我們知曉圖博的存續有賴於大英帝國的國祚綿長。」達賴喇嘛接著開始閉關，為了是參悟文殊師利（Manjushri）菩薩發怒後化身之「死亡終結者」，大威德金剛（亦稱閻曼德迦；Yamantaka）的教誨。十三世出關是一九一九年十月的事情，當時法國戰事已結束將近一年。

第四章：辛斯頓的操盤

英國山岳會在其檔案庫裡廣泛收集了從一九二一到一九二四年間，報導聖母峰探險任務的剪報資料。一九二一年一月十一日的各報頭條是：「白人未曾踏足之地！」、「比人類攀高紀錄還高一英里！」、「征服了聖母峰之後呢？」這個時代的完整新聞報導藏於附屬於大英圖書館體系的柯林岱爾報紙圖書館（Colindale Newspaper Library）。喬治・亞伯拉罕的發言出現在一九二一年一月十四日的《每日郵報》上。想摸索出亞瑟・辛克斯的貢獻有多大，我們只需要去皇家地理學會的資料庫裡詳閱聖母峰委員會的文件。共計滿滿四十一箱文件的兩百三十個檔案，幾乎每一個都有他經手的痕跡斑斑。關於請纓想加入一九二一年偵察任務的申請者，見：RGS Box 5, Files 1–4。一些比較令人莞爾的申請信放在第十四號跟第十五號箱子裡。關於辛克斯對照片、公開曝光行程與雜誌販售等權利的處理，見：Box 6, Files 1–6。關於攝影裝備，見：Box 7, Files 1–3。九號箱中的一到四號檔案存有與植物採集與稀有種子販售相關的通信。八號箱的一到三號檔案包含一九二一與一九二二年探險任務中物資與裝備的完整明細。

一九二一年一月十日，榮赫鵬在皇家地理學會的會議中發言，正式公布了偵察探險任務的計畫。他同時還一一介紹了新組成的聖母峰委員會成員。在一月二十四日的後續會議中，他宣布了霍華－貝瑞為探險隊隊長，而哈洛・瑞彭則為登山隊的隊長。見：“The Mount Everest Expedition,” *Geographical Journal*, vol. 57, no. 2（February 1921）, pp. 1–3。四篇重要的初步論文在短時間內接連發表：J. N. Collie, “A Short Summary of Mountaineering in the Himalaya, with a Note on the Approaches to Everest,” *Alpine Journal*, vol. 33, no. 222（March 1921）, pp. 295–303; C. Howard-Bury, “Some Observations on the Approaches to Mount Everest,” *Geographical Journal*, vol. 57, no. 2（February 1921）, pp. 121–24; “Dr. Kellas’ Expedition to Kamet, Including His Report to the Oxygen Research Committee,” *Geographical Journal*, vol. 57, no. 2（February 1921）, pp. 124–30；與H. T. Morshead, “Report on the Expedition to Kamet, 1920,” *Geographical Journal*, vol. 57, no. 3（March 1921）, pp. 213–19。關於哈洛・瑞彭與聖

母峰委員會的通信，見：RGS Box 2, File 1。另見The Geoffrey Winthrop Young Collection, Alpine Club Archives。關於瑞彭的著作，見：*Mountaineering Art*（London: T. Fisher Unwin, 1920）。

關於布魯斯在一九二〇年十一月八日對皇家地理學會的演說，見：C. G. Bruce, "Mount Everest," *Geographical Journal*, vol. 57, no. 1（January 1921）, pp. 1–21。關於他截至一九一四年五月的服役過程，見*History of the 5th Gurkha Rifles*（Frontier Force）, 1858–1928（London: Naval and Military Press/Imperial War Museum, 2006）。關於他後續的服役過程，見：G. C. Strahan, *Historical Record of the 6th Gurkha Rifles, vol. 1, 1817–1919*（Aldershot: Gale and Polden, 1925）。關於最終以一九一五年六月三十日攻勢作結的各種調度，見：第二十九印度旅（29th Indian Brigade）的作戰日誌，一九一五年五月十五日，至一九一五年七月一日（TNA: PRO WO 95/4272），以及第二十九師本部的作戰日誌（TNA: PRO WO 95/4304, 95/4305）。另見：Ian Hamilton, *Gallipoli Diary, vol. 1*（London: Edward Arnold, 1920）。布魯斯的個人檔案（TNA: PRO WO 374 /100207）內含「醫療委員會的議程」（Proceedings of a Medical Board），一九一五年九月一日，另附有他當天所受傷勢的描述。同時值得一看的還有一封印度事務部發於一九二〇年八月五日，批准布魯斯以准將的榮譽軍銜退役的信函，退役生效日為一九二〇年七月一日。關於布魯斯與聖母峰委員會的書信往來，見：RGS Box 18, File 1; Box 22, Files 1 and 2；與Box 36, File 2。關於溫斯頓．邱吉爾的發言，見：Martin Gilbert, *Churchill: A Life*（New York: Henry Holt, 1991）, p. 362。

關於沃拉斯頓早年的生活，見：Nicholas Wollaston, *My Father, Sandy*（London: Short Books, 2003）。關於沃拉斯頓所著的兩本旅遊書，見：A. F. R. Wollaston, *From Ruwenzori to the Congo*（New York: Dutton, 1908），與*Pygmies and Papuans*（London: Smith, Elder, 1912）。關於其他角度對這些探險的看法，見：Mirella Tenderino and Michael Shandrick, *The Duke of Abruzzi: An Explorer's Life*（Seattle: Mountaineers, 1997），與Charles G. Rawling, *The Land of the New Guinea Pygmies*（Philadelphia: J. P. Lippincott, 1913）。一九三〇年六月三日，沃拉斯頓在劍橋大學的房間裡遭到一名大學部學生殺害。死後其遺孀將他的個人文件集結成冊：Mary Wollaston, ed., *Letters and Diaries of A. F. R. Wollaston*（Cambridge: Cambridge University Press, 1933）。關於沃拉斯頓與聖母峰委員會的多方面的通信，見RGS Box 3, File 1。其餘的書信往來藏於劍橋大學國王學院的資料庫，以及英國山岳會資料庫裡的傑佛瑞・楊恩全集。

沃拉斯頓在給道格拉斯・弗列許菲爾德的信件中闡述了他的非洲經驗。在他要穿越諸多冰川向魯文佐里山發動最後攻勢的前夕，消息傳來說土著襲擊了他的基地營，造成了一死五傷的慘劇。放棄了攀登的沃拉斯頓下令撤退，但這趟撤退卻一發不可收拾地演變成為期三天的搏命戰鬥。「拍照根本不可能，」他寫道，「因為我們光閃矛與箭就夠忙了。看著身邊的一名紳士在距離我不到十二碼的地方手持弓箭在瞄準，畫面實在有點突兀。」這兩個朋友後來鬧翻，是因為弗列許菲爾德未經他同意就公開了這些信件（*Times*, October 5, 1906）。兩人之間的嫌隙愈來愈大，以至於弗列許菲爾德嘗試把沃拉斯頓踢出一九二一年偵察隊。查爾斯・羅斯柴爾德（Charles Rothschild）做為沃拉斯頓的旅伴與贊助人，在一九二三年自戕身亡。關於沃拉斯頓的海軍服務的經歷，見Admiralty Archives（ADM171/88, ADM171/81）。

關於喬治・芬奇的早年家庭生活，見：Elaine Dundy, *Finch, Bloody Finch: A Life of Peter Finch*（New York: Holt, Rinehart and Winston, 1980）。同樣引人入勝的還有由女婿為芬奇寫成的長篇傳記性文章，該文同時收錄在芬奇經典回憶錄中，做為序文之用。見：Scott Russell, "George G Finch—the Mountaineer" in G. E. Finch, *The Making of a Mountaineer*（Bristol: J. W. Arrowsmith, 1988）, pp. 1–116。關於芬奇與聖母峰委員會的書信往來，

見：RGS Box 3, File 3。額外的通信，見：Geoffrey Winthrop Young Collection, Alpine Club Archives。關於史考特．羅素與英國山岳會的湯姆．布雷克尼（Tom Blakeney）之間關於芬奇爭議的精采書信往來，見：Ref: P 10 "Correspondence on G.I.'s Obituary and Between TSB and Scott Russell"，而跟這份檔案一起存放於大英圖書館的還有布雷克尼所有的文件。另見：J. B. West, "George I. Finch and His Pioneering Use of Oxygen for Climbing at Extreme Altitudes," *Journal of Applied Physiology*, vol. 94, no. 5（May 1, 2003）, pp. 1702–13。

關於芬奇的軍旅檔案，包括一份體能報告，見TNA: PRO WO 339/18080。關於他在薩洛尼卡的紀錄，見：war diary, Director of Ordnance Salonica（TNA: PRO WO95/4787 and TNA: PRO WO 95/4952）。芬奇複雜的私生活也有紀錄可查。相關文件存於離婚與婚姻案件法院（Court for Divorce and Matrimonial Causes）暨高等法院遺囑檢驗、離婚與海事分庭（Probate,Divorce and Admiralty Division）之離婚與婚姻案件檔案（TNA: PRO J77/1740, TNA: PRO J77/1768, TNA: PRO J77/1410）。他在一九一五年六月迎娶了貝蒂．費雪，然後一直到一九一九年五月解除動員時都是有婦之夫。對從一九一五到一九二一年的離婚資料進行檢索，結果顯示有喬治．英格爾－芬奇（George Ingle-Finch）的離婚紀錄一筆（檔案號碼 3323–1918）與喬治．芬奇的離婚紀錄一筆（檔案號碼 04194–1920）。這些資料裡也有他在一九二〇年十一月六日與葛蕾迪絲．梅結婚的證據，還有兩人在僅僅一個月後（十二月五日）的通信影本，當中她懇求他回到她身旁，但遭到他的拒絕。

關於一九二一年三月七日的皇家地理學會會議，見：Francis Younghusband, "The Mount Everest Expedition: Organization and Equipment," *Geographical Journal*, vol. 57, no. 4（April 1921）, pp. 271–82。關於醫療報告，見：RGS Box 29, File 5。含芬奇在內一九二一年探險隊成員名單的公布，出現在"The Monthly Record: The Society," *Geographical Journal*, vol. 57, no. 5（May 1921）, p. 232.當中。

關於居伊・布洛克與聖母峰委員會的書信往來，見：RGS Box 2, File 3。關於他的外交工作服務紀錄與牽涉到請假加入探險隊的書信往來，見：National Archives, Foreign Office records FO 369/635, FO 369/646, FO 369/794, FO 369/752, FO 369/874, FO 369/1500, FO 369/1573, FO 369/1576, FO 369/1785, FO 371/2677, FO 371/24188, FO 382/292, FO 382/392, FO 382/1034，以及FO 383/213。另見布洛克的訃聞於：*The Foreign Office List and Diplomatic and Consular Year Book, 1957*（London: Harrison and Sons, 1958）, p. 492。

關於辛克斯與英國山岳會（一九二一年一月到一九二三年五月間）的書信往來，見：RGS Box 12。關於柯利做為英國山岳會理事長的書信往來，見：RGS Box 11, File 5，與Box 25, File 9。關於道格拉斯・弗列許菲爾德的信件，見：RGS Box 26, File 5。關於席尼・史賓瑟，見：Box 34, File 3。關於雜誌權利的銷售，見：RGS Box 6, Files 2 and 6。關於與《泰晤士報》的聯繫，見：Box 34, File 8。關於募款與會計相關事務，見：RGS Box 21 and Box 16, Files 5 and 6。讓辛克斯募起款來如虎添翼，英王兼威爾斯親王喬治五世的背書支持，宣布於："The Monthly Record," *Geographical Journal*, vol. 57, no. 5（May 1921）, pp. 394–95。

第五章：馬洛里登場

喬治・馬洛里的文件資料儲藏於劍橋大學麥格達倫學院資料庫。文件中有他在查特豪斯公學時期的筆記與信件、一份《傑佛瑞之書》的手稿，還有書評與書信往來針對的是他唯一一本付梓的著作：《傳記家博斯韋爾》（*Boswell the Biographer.* London: Smith Elder, 1912）。馬洛里有志成為作家，由此一九二一與一九二二年探險隊官方隊誌中有粗估三分之一的內容，都出自於他之手，當中他回收利用了他從山間寄給親友的信件內容。一九二四年的隊誌中包括了他親手在遇難之前寫給愛妻茹絲的多封信件。作家身分的馬洛里其最高的文采，徹底在這些直接而純粹的交流中發揮出來。但凡他刻意坐定來行文敘事時，馬洛里的散文會顯得有些詞藻華美。為馬洛里作傳的彼得・吉爾曼（Peter Gillman）編纂了其人的文字作品選集，當中也包含了他供給官方探險隊誌的稿子：George Mallory, *Climbing Everest: The Complete Writings of George Mallory*（London: Gibson Square, 2010）。

麥格達倫學院資料庫裡的馬洛里資料大宗，是由他寫給妻子的信件構成，共計整理為七箱，其中四箱藏有寫於一九一四年四月三日（一戰爆發前四個月）與一九一九年一月（停戰後兩個月）之間的七百二十三封信。攀登聖母峰期間的書信相對有限，僅八十四封（Box III, 5 Files），其中最後一封的日期標註為一九二四年五月二十七日。茹絲給喬治的回信似乎已然大部佚失；資料庫裡僅存有一封。關於馬洛里與聖母峰委員會的書信往來，見：RGS Box 3, Files 4 and 5。

關於馬洛里早年的生平，見已引用過的傳記，特別是Robertson（1969）, Pye（1927），與Gillman and Gillman（2000）。想一窺戰前英國的社會風貌，見：Simon Nowell-Smith, ed., *Edwardian England, 1901–1914*（London: Oxford University Press, 1964）。關於葛拉罕・爾文的文字作品，見：R. L. G. Irving, *Ten Great Mountains*（London: J. M. Dent & Sons, 1940）; *A History of British Mountaineering*（London: B. T. Batsford, 1955）；與一卷由他編輯而成的 *The Mountain Way: An Anthology in Prose and Verse*（London: J. M. Dent, 1938）。

我也算讀過寄宿學校，雖然那只是一所被移植到加拿大卑詩省（英屬哥倫比亞）的英式教育機構，但當中不論是軍訓生團（cadet corps）、橄欖球校隊、像掠食者一樣的級長，還有出身英格蘭與蘇格蘭，歷經過戰火的硬漢老師，統統一應俱全，所以我不算全然陌生於溫徹斯特與查特豪斯這類英國公學的氛圍。但話說回來，要回溯到愛德華時代的英國社會，乃至於要試著重建那個時代脈絡下的男性性向，其挑戰性一點也不輸給想解讀遠在圖博，各種讓人彷彿霧裡看花的文化習俗。在這難題上指點了我的，是五本傑作：Michael Adams, *The*

Great Adventure: Male Desire and the Coming of World War I（Bloomington: Indiana University Press, 1990）；Hugh David, *On Queer Street: A Social History of British Homosexuality, 1895–1995*（London: HarperCollins, 1997）；H. Montgomery Hyde, *The Other Love*（London: Heinemann, 1970）；Alisdare Hickson, *The Poisoned Bowl: Sex and the Public School*（London: Constable, 1995）；以及Neil McKenna, *The Secret Life of Oscar Wilde*（London: Century, 2003）。

當然，男性間的親密身體接觸被當時的社會視為一種變態行徑，那一如王爾德的同性戀伴侶波西・道格拉斯（Bosie Douglas）的名言，終究是一種「必須隱姓埋名的愛」（love that dare not speak its name）。惟在愛德華時期的英文習慣中，性行為隱含著性器的插入，至於其他形式的同性身體接觸如親吻、愛撫，則或許不見得能獲得容忍，但起碼在門禁森嚴的男性公學與鮮少有女性走在其間的大學裡面，是公開的祕密，決計不想被貼上雞姦者標籤的男性會反射性且大剌剌地表達出對同性的情慾。「同性戀」（homosexualtiy）一詞是一八九〇年才在德國被發明出來的用語，在英國廣泛流傳開來要等到世紀之交，在那之前，這種被稱為「希臘式愛情」的同性愛被英國社會視為一種男孩變成男人之前的過渡階段，一種等他們長大或結婚就會自動停止耽溺的興趣。如勞勃・葛瑞夫斯這名馬洛里在查特豪斯教過的學生所寫道，「在英國公學裡，所謂的浪漫是屬於同性戀的專利。異性的歡愛被棄如敝屣為下流的行徑。許多少年終其一生，都沒有從這樣的變態裡回復過來。」在愛德華時代的言談中，太常跟老婆泡在一起的男人會被說成是「娘砲」（effeminate）。

馬洛里就讀劍橋，是在一個男人必須在講師（don）身分於婚姻之間二者擇一的時代。亞瑟・班森被壓抑的慾望，無疑加重了他的抑鬱，而如此陷入迷惘的也不單是他一人。欲一窺一本優秀的傳記，見：David Newsome, *On the Edge of Paradise: A. C. Benson, Diarist*（London: John Murray, 1980）。關於馬洛里交遊圈中數名關鍵人物的傳記與回憶錄，見：Christopher Hassall, *A Biography of Edward Marsh*（New York: Harcourt, Brace, 1959），與 *Rupert Brooke*（New York: Harcourt, Brace & World, 1964）; Nigel Jones, *Rupert Brooke: Life, Death and Myth*（London: Richard Cohen Books, 1999）; Geoffrey Keynes, *The Gates of Memory*（Oxford: Clarendon Press, 1981）; Nicholas Mosley, *Julien Grenfell*（New York: Holt Reinhart & Winston, 1976）; Mike Read, *Forever England: The Life of Rupert Brookke*（Edinburgh: Mainstream, 1997）；與Frances Spalding, *Duncan Grant*（London: Pimlico, 1998）。另見：Paul Delany, *The Neo-Pagans: Friendship and Love in the Rupert Brooke Circle*（London: Macmillan, 1987），與 S. P. Rosenbaum, ed., *The Bloomsbury Group*（Toronto: University of Toronto Press, 1995）。

在戰前的劍橋校園中，性行為的開放被捧為對抗愛德華時代傳統的解藥。「你明白什麼叫做對同性的愛嗎？」魯伯．布魯克在一九〇八年十一月三十日一封給艾芮卡．柯特里爾（Erica Cotterill）的信中問到。「這裡的人最愛從各個層面探討的，就是這個問題，而當然多數明理的人都不會對此大驚小怪。」在印度事務部待了一陣的梅納德．凱因斯在回到劍橋後，於一封直白的信中對老朋友說「那件事在我暫離的這兩年當中展現了飛躍式的成長，劍橋幾乎每個人都是公開承認的雞姦者了！」

關於這些朋友間剪不斷理還亂的情感糾葛，見：Keith Hale, ed., *Friends and Apostles: The Correspondence of Rupert Brooke and James Strachey, 1905–1914*（New Haven: Yale University Press, 1998）。利頓．斯特拉齊比他弟弟詹姆斯大七歲。來自印度的表親鄧肯．葛蘭特搬進斯特拉齊家是在一九〇二年，也就是利頓離家去讀大學，留下弟弟在家的那年。後來鄧肯去了一趟劍橋，沒想到利頓對他一見鍾情。對於利頓的好感，葛蘭特只用一句玩笑話就打發了：「我們是親戚關係，當親戚可以，不能發生關係。」但說歸說，他們還是在一九〇五年的夏天開始偷來暗去。在一封給梅納德．凱因斯的信裡，利頓形容他愛上鄧肯的過程像是天堂的驚鴻一瞥：「喔，親愛的，親愛的，親愛的，這人世間的一切簡直太狂野，太刺激，太無與倫比了！我如入五里霧中，我恐怕我幾乎要感情過剩了。但我會再寫信跟你說的。喔對了我說的是鄧肯。」

梅納德・凱因斯在此同時，愛上的是亞瑟・哈伯豪斯（Arthur Hobhouse）這個也早已讓利頓傾心的大學部學生。當哈伯豪斯好像表現出一點意思的時候，斯特拉齊就建議凱因斯不要浪費時間了，直接強暴對方吧。反過來關於鄧肯，凱因斯則報以利頓比較宅心仁厚的建議：「你是唯一一個最好不要被他愛上的人，他是你唯一可以愛上的人。而我愛上的是相互愛上對方的你們。」

利頓接著對梅納德仔仔細細介紹了一番鄧肯：「他是個天才——是集烈焰與榮光於一身的巨擘……他的感性超越萬物——我曾望進他的眸子，結果整個宇宙都因此晃動了起來、游動了起來，並最終造到罷黜，而我們就這樣融進入無法言喻的相擁當中。他的五官與形體並非用等閒的模具灌漿得到，而是由上帝親手揉捏製成；那樣的肉身靈動宛若活生生的大理石，當中包裹著的是一位神祇、是一顆純粹的性靈。

在哥哥利頓意亂情迷的同時，弟弟詹姆斯也沒有閒著，他同時間愛上的是魯伯・布魯克，而話說萊諾・吳爾芙（Leonard Woolf）形容布魯克「就是愛神阿芙黛蒂眼裡的美少年阿多尼斯……（他的）臉龐不光是眾家女神，也是每個用紅色棕色海帶裹住身體的海女們，性幻想的對象。」小哥哥利頓七歲的詹姆斯坦承他與魯伯的友誼是建立在肉慾的基礎上。「我又跟魯伯說上話了，」他寫信給鄧肯・葛蘭特說，「這段日子以來光是在街上說上三句話，感覺就不可思議地像置身天堂一樣……我的一舉一動，恐怕全盤對他洩漏了我想要跟他肛交的慾望。」

因為得知布魯克在與利頓的愛人哈伯豪斯搞外遇（哈伯豪斯同時也在跟鄧肯・葛蘭特上床）而深受打擊的詹姆斯，卻因為人海中的一個新面孔而轉換了心情。對凡妮莎・貝爾告訴她魯伯兩次跟哈伯豪斯上了床，維吉尼亞・吳爾芙回報以「同樣勁爆的八卦一筆……大學部來了一個頭部以上像希臘諸神的男神……喬治・馬洛里。」

馬洛里愛上的是弟弟詹姆斯・斯特拉齊，但哥哥利頓仍保持著對馬洛里濃厚的興趣，包括他一度形容馬洛里的胴體「碩大、粉嫩、不可思議……直讓人想融化進去然後葬身其中。」利頓追著馬洛里到了查特豪斯公學。「利頓似乎與喬治好好親熱了一番。」詹姆斯在一九一〇年十月一九日的信中對魯伯・布魯克報告。「我估計主日那天他之所以沒有把事情幹到底，只是出於恐懼有人會突然闖進——畢竟門沒有鎖。」「交媾始終沒有發生，」利頓對鄧肯坦承，「惟過程中確實有些感受非比尋常的瞬間。」

利頓建議葛蘭特把馬洛里找來當模特兒，對此馬洛里也覺得是個很棒的主意。「我對自己的裸體也深感興趣。」他在給鄧肯的一封信中答道。當時與艾德里安・史提芬（Adrian Stephen，維吉尼亞・吳爾芙之弟）相戀並同居的葛蘭特去學校拜訪了馬洛里，雙方談妥了要合作一系列包含攝影與繪畫在內的肖像作品。事後葛蘭特在情緒的風暴中離開了查特豪斯。「我無意對你示愛。」他寫信給馬洛里說，「我對另外一個人的感覺強烈到我無法再重新陷入愛河。但我仍不禁會想把內心的感受傳達給別人，像我對你的感受就複雜到我在想或許一個吻，可以盡在不言中地交代完一切。我所謂的複雜，就是難以用言語表達……但其中有一樣是我覺得你很美……」

不論跟誰比，柯蒂・山德斯都更清楚是什麼東西存在於她所謂「劍橋幫」（Cambridge School of Friendship）的核心。關於她的評論與對在策馬特與馬洛里相遇的描述，見大衛・羅伯森所著傳記 *George Mallory*, pp. 37, 59。馬洛里與詹姆斯・斯特拉齊之間扣人心弦的書信往來，包括他一九〇九年十二月二十日從法國寄出的那封信，存於大英圖書館的 Additional Manuscripts Collection（ADD 63119, 63119–63126 Blakeney Collection, vols. XLI–XLVIII Papers and Correspondence Relating to Mountaineering: 1861–1971; ADD 60679 Strachey Papers [20th Century Series], vol. XXV [ff. 181]. 2. ff. 4–40, George Herbert Leigh Mallory, Mountaineer）。關於勞勃・葛瑞夫斯論及馬洛里的資料，見：*Good-bye to All That*, pp. 61–66。這些劍橋朋友與情人間的其他書信往返，存於劍橋大學國

王學院資料庫。英國山岳會資料庫（Alpine Club Archives）的傑佛瑞・溫斯羅普・楊恩全集（The Geoffrey Winthrop Young Collection）內含馬洛里寄給楊恩的二十五封信，以及三封馬洛里的女兒寄給她們教父楊恩的信。

關於「無畏艦的烏龍詐騙案」（Dreadnought hoax），見Frances Spalding's *Duncan Grant*, pp. 85–89。關於布魯姆斯伯里派對於戰爭的反應，見：Jonathan Atkim, *A War of Individuals: Bloomsbury Attitudes to the Great War*（Manchester: Manchester University Press, 2002）。馬洛里在溫徹斯特公學的學生生涯高峰，是一九〇四年的射擊隊。當時他們在所有的公學中脫穎而出，用正中紅心的最後一擊取得了勝利，贏得了眾人垂涎的艾許伯頓盾（Ashburton Shield）。「那實在是光榮到沒有話說。」他在給姊姊艾葳的信裡說。「我們在上次的假期中贏下了公學校際盃的壁網球比賽（Public Schools Racquets），又在板球賽裡狠狠地打敗了伊頓公學，如今再拿下了公學校際的射擊賽勝利，而其中贏下射擊賽又是最值得高興的事情，因為每一所像樣的公學都有來參加，而且射擊比賽獲得的社會矚目程度也遠超過其他項目。」全體師生都跑出來歡迎凱旋的射擊隊，大夥兒把他們高高扛起，通過了學校的大門。十年後，這些學生的射擊技術會具有完全不一樣的意義。一九一四年，來自四十三所學校的三百八十三名少年會齊聚一堂競逐代表最高榮譽的艾許伯頓盾，而戰爭最終會在這些學生選手裡造成六十六死與七十九傷，包含不少重傷。關於這些學校在戰爭中所扮演令人心碎的角色，見：Peter Parker, *The Old Lie: The Great War and the Public School Ethos*（London: Constable, 1987）。關於馬洛里身為講師受歡迎的程度，見校刊一九一二到一九一四年間，查特豪斯公學資料庫裡的過期《加爾都西人》校刊。另外可以在資料庫裡找到的還有一張他在六年級以下的現代歷史（Under VI Modern History）課堂上兩個年級的學生名單；拿這張學生清單去跟傷亡名單交叉比對，馬洛里學生在一戰中的染病率與陣亡率便躍然紙上。

戰時的馬洛里隸屬於第四十圍城砲兵連（40th Siege Battery），後來傷退返家。在一九一八年九月重返法國戰線後，他服役於第五百一十五圍城砲兵連。在翻閱過七本相關的作戰日誌後，我們並未發現任何關於馬洛里的紀錄。朝另一個看來比較值得期待的研究方向另闢蹊徑後，我們前往格拉斯哥大學資料庫（University of Glasgow Archives）與愛丁堡的蘇格蘭國立圖書館（National Library of Scotland）追蹤了馬洛里在第四十圍城砲兵連時期的指揮官詹姆斯·利斯戈（James Lithgow）的服役紀錄。我們在文件中找到利斯戈勤務兵的回憶，包括他描述了克雷格與佛瑞斯特（Craig and Forrest）這兩名格拉斯哥港子弟是如何死於陪馬洛里從某前進觀察哨回返的途中。在藉由第二軍砲兵指揮官的作戰日誌（TNA: PRO WO 95/689–691）追蹤第四十圍城砲兵連動態的過程中，我們發現很顯然馬洛里的砲兵連是第八師第三十重砲群（H.A.G.Heavy Artillery Group；旅級砲兵單位）的一部分。第八師砲兵指揮官的作戰日誌（TNA: PRO WO 95/1684）顯示第三十重砲群在一九一六年七月一日上午九點四十五分，也就是索姆河攻擊的當天早上，交給了第八師砲兵指揮官調度。而這，也讓我們得以在馬洛里服役過程中一個很關鍵的階段去掌握第四十圍城砲兵連的行蹤。

馬洛里與艾迪·馬許的書信往來（十三封信與七張明信片）可以在紐約公共圖書館伯格圖書室裡的英美文獻（Berg Collection of English and American Literature, New York Public Library）中找到，而這些文獻裡也能看見一百二十八封由勞勃·葛瑞夫斯寄給馬許的信，包括一封（一九一八年十月十日）的信件裡提到馬洛里已經六個月沒休假了，還有另一封（一九一七年十二月二十九日）提到他即將迎娶南西·尼可森（Nancy Nicholson）的事情：「喬治·馬洛里做為我還沒死的朋友裡最年長的一個，曾帶領我走入山的世界，也曾透過你讓我認識了現代詩這個我僅次於南西跟所屬兵團以外最關心的事情。這樣的他，將在二十三日擔任我婚禮的男儐相。」這些文獻中也值得一看的，還有由葛瑞夫斯寫給希格夫里·薩松的一百二十八封信跟三張明信片。從中我們可以饒富興味地發現馬洛里結識了威爾弗列德·歐文，並透過葛瑞夫斯熟識了兩名從一戰中脫穎而出最優秀的詩人，甚至有人說他們是兩名最英勇的戰士。

希格夫里・薩松跟葛瑞夫斯同時駐在索姆河，而他也在那裡豁出去了成為一名野蠻人戰士，專門趁夜摸進敵方壕溝中大開殺戒。胸口被狙擊手開過一槍，後來還意外被同袍擊傷頭部的薩松，就此領到了後來被他投入梅西河的軍功十字勳章與傑出服務勳章。身為馬爾堡公學與劍橋大學的校友，又是出書詩人與地方鄉紳之子，他是眾人眼中的英雄，但這樣的身分也讓一九一七年的事件顯得格外尷尬。那年夏天他寫了一篇氣勢磅礡的反戰檄文，公開發表在《泰晤士報》上，而此舉讓英國的當權者不僅措手不及，而且臉上無光。「我作此宣言，是為了鄭重抗拒英國的軍方，」該文劈頭寫道，

因為我相信戰爭正被那些有能力為其畫下句點的人刻意拖長。我是名士兵，我堅信自己是代表士兵發聲。我相信這場我原本是為了自衛與解放而加入的戰爭，如今已變質成了一場侵略與征服的戰爭……我見證並忍受了部隊的種種苦難，由此我再也無法助紂為虐，再也無法為了那些邪惡與不公不義的目的去延長弟兄們的磨難……代表著那些此刻仍在咬壓苦撐的同袍，我在此提出抗議，我要抗議他們受到的欺瞞；同時我相信我可以出一份力去搗毀家鄉父老之間那種無動於衷的偏安心情，畢竟他們大部分人並沒有親身體驗到戰爭的苦痛，也沒有足夠的想像力去理解前線是怎麼回事情。

由一名現役的軍官去發表這樣的政治主張，與叛國無異。為了避免用軍事審判把事情鬧大，英國政府接受了葛瑞夫斯提議的折衷辦法。薩松會被宣告精神狀態不佳，然後被送往專門為軍官治療神經衰弱（neurasthenia）或砲彈休克的克雷格洛克哈特（Craiglockhart）軍醫院，地點在愛丁堡。葛瑞夫斯為薩松協調出這個安排，為的

不是扯朋友後腿，而是為了救他一命。在醫療審查委員會上，葛瑞夫斯代薩松承認他苦於幻覺，包括他在皮卡第看到有人從屍橫遍野的土壤中死而復生。葛瑞斯夫三次在作證時泣不成聲，只因為他回想起他本人也被丟在那兒自生自滅的戰場。他說只有親身經歷過壕溝中的慘無人道，你才會明白薩松的宣言其實不只是抗議，那也是一名士兵在感覺無法從恐怖中解脫的絕望中，痛苦的呼號。

在克雷格洛克哈特，薩松遇到了威爾弗列德．歐文。歐文在一九一六年十二月加入了曼徹斯特兵團第二營，然後短短不到一週就來到了前線，「被放逐在凍結的沙漠上」，旁邊躺著的是朋友被冷死的僵硬屍體。有長達十二天的時間，他沒闔眼、沒盥洗，也不曾褪下軍靴。在毒氣與炮火的連番夾攻中，砲彈就爆開在距離他只有幾碼的地點，同袍就這樣眼睜睜地被活埋，而歐文也崩潰了。這無關乎你是勇者或懦夫。他在戰爭後期曾以一己之力奪下了德軍機槍，並以此擊斃了人數多到他不願意想起的敵軍，並因此贏得了軍功十字勳章。他在戰爭結束前七天陣亡，為的是率領弟兄去攻擊桑布爾河（Sambre River）與瓦茲運河（Oise Canal）的對岸。砲彈休克不是因為人不夠強，而是一種大多數經歷過前線實況的人，都多多少少會有的症狀。一九一六年，砲彈休克就造成了戰鬥區域中四成的傷亡。逾八萬人被正式診斷為砲彈休克，而這些從前線退下來的人不光是被炮火震得迷迷茫茫，而且還同時顯得狂亂、無法言語，加上有失禁、因為憤怒而眼球外突的症狀，再來就是手指在嘴邊猛抓、收不起來的口水掛在黑青如活屍的臉上。歐文就這樣忍耐了三個月，直到全身搖晃顫抖而記憶一片空白，才從前線被後送治療。

在醫院中，歐文拿了些未曾付梓的詩作給薩松看，薩松看了便鼓勵他以戰爭為題來進行創作。經由薩松，歐文結交了葛瑞夫斯為友。在讓歐文收到葛瑞夫斯婚禮邀請函的同一批郵件中，送來了一封是《國家文藝週刊》（*The Nation and Athenaeum*；簡稱《國家》〔*Nation*〕）寄來，表示願意幫他出版《礦工》（*Miner*）的信件，而

《礦工》正是他第一首發表在全國性書報上的詩作。歐文在一九一八年一月二十三日前往倫敦皮卡迪利（Piccadilly）的聖雅各教堂（St James's Church）出席葛瑞夫斯婚禮，而此時的他肯定有些開心。有志成為作家的他無疑跟葛瑞夫斯，甚至也可能跟馬洛里分享了《國家》傳來的佳音。葛瑞夫斯與歐文最早是在一九一七年十月的克雷格洛克哈特醫院中認識，而葛瑞夫斯的出現對歐文而言無異是一大啟發，否則他也不會在短短一週內就創造了六首新詩作，包括其中一首便是《甜美而恰當》（*Dulce et Decorum Est*），這首某些人心目中最偉大的反戰詩作。這首詩的名字典出古羅馬的詩人賀拉斯（Horace）一行銘刻於世世代代公學學子心中的詩句：為國捐軀，豈非甜美而恰當？

彎下腰來，就像背上壓著袋子的老乞丐，
以發抖內八的雙腳又有如咳嗽的老嫗，我們詛咒著穿過泥濘。
直到為了躲開，讓人怵目驚心的德軍照明彈，
我們轉而開始朝遠處的休整營區，步履蹣跚地前進。

官兵們在半夢半醒中行進。許多人丟失了腳上的靴，
但他們還是跛腳前行，踩著血襪。所有人既瘸又瞎。
疲累讓他們宛若酒醉；耳聾到他們渾然不覺，
遠方有德國五點九吋砲彈那懶洋洋，劃過空氣的聲響。

毒氣！毒氣！弟兄們快快快！——用一種手忙腳亂的欣喜
我們及時戴上了一點也不合人臉形的頭盔。
但還是有一個人叫喊著，笨手笨腳地
就像在無助地掙扎於火海或石灰……

昏暗中，隔著霧濛濛的玻璃與厚厚的綠光，
宛若在綠色的深海裡，我眼睜睜看著他溺斃。
在我所有的夢境裡，對著我心有餘而力不足的目光，
他朝我撲過來，咕嚕著，哽咽著，吸不到氣。

若在某些悶燒著的夢境裡，你也能步行
在我們將他扔進去的馬車後方。
看著他的白色眼睛在臉上猙獰扭曲，
他彷彿吊在半空中的面孔，就像被罪孽噁心到了的惡魔臉龐。

如果你可以在每次馬車的顛簸中，聽到血汙
咕嚕著從他被泡沫淹沒的肺葉中噴發
如癌症般令人不忍卒睹，苦澀地有如反芻，

但那其實是無辜的舌頭上那醜惡而無藥可救的潰瘍，——

那麼我的朋友，你就不會那麼高亢昂揚，
面對迫切要追求榮耀的熱血孩子，
撒出那經年傳頌著的陳年老謊：
為國捐軀，是多麼地甜美而恰當。

關於更多關於歐文與薩松的資料，見：Dominic Hibberd, *Wilfred Owen*（Chicago: Ivan R. Dee, 2003）; John Stallworthy, *Wilfred Owen*（Oxford: Oxford University Press, 1974）與（他擔任編輯的）*The Poems of Wilfred Owen*（New York: Norton, 1986）; Max Egremont, *Siegfried Sassoon*（New York: Farrar, Straus and Giroux, 2005）；與Jean Wilson, *Siegfried Sassoon: The Making of a War Poet*（New York: Routledge, 1999）。關於工業生產對戰爭與軍需挹注的程度，我們可以想像一下有四年四個月的跨度中，砲兵每天發射的砲彈發射量都在百萬枚之譜。在窄窄的英軍前線上，工兵鋪設了六千八百七十九英里長的鐵軌，上頭滾動運輸著數以百萬噸計的物資：食物、武器、繃帶、子彈、木材、坦克與卡車用的汽油，還有一車車要給成千上萬匹戰馬吃的乾草。軍隊徵用了逾三萬英里長的法蘭絨布來做為清理步槍之用、六百萬張兔皮來做為冬季背心之用、五萬一千枚橡皮圖章、一千萬把鏟子，還有一億三千七百二十二萬四千一百四十一雙襪子。

馬洛里最終與查特豪斯公學分道揚鑣，是在一場紀念該校死難者的紀念禮拜後。校長一臉驕傲地坐聽野戰元帥普魯默爵士（Field Marshal Lord Plumer）追憶戰爭是「對於英國公學所提供的訓練一次徹底的平反，因為那些訓練讓沒有經驗的士兵也得以在沙場上盡責」。馬洛里並不陌生於希格夫里・薩松的詩作，而普魯默的發言讓他憶起《壕溝中的自殺》（*Suicide in the Trenches*）一詩的最後一段：

> 你們這些不知死活的群眾，帶著發光的雙目，
> 在士兵小夥子列隊通過時，歡呼慶祝。
> 快苟且地偷溜回家，祈禱自己永遠被蒙在鼓裡，
> 那青春與笑聲的下場是什麼樣的地獄。

當馬洛里前往愛爾蘭時，戴斯蒙・費茲傑羅（Desmond Fitzgerald）以愛爾蘭臨時議會（Dáil）的宣傳部門首長，親自核實了他的申請文件，並在上頭寫道，「G・馬洛里先生很急切地想得到壓迫與恐怖行徑的第一手資料，我希望見此文件的人能給予他協助與方便。」

第六章：入山的門徑

為了了解大吉嶺與其鐵道在一九二二到一九二四年間是什麼感覺，我去翻閱了當時出版的導覽書籍，包括其中一本的作者是時任英國駐亞東貿易代表的大衛・麥當諾。另：*Darjeeling and Its Mountain Railway*（Calcutta: Caledonia, 1921）; K. C. Bhanja, *Darjeeling at a Glance*（Darjeeling: Oxford Book & Stationery, 1941），與*Lure of the Himalaya Embodying Accounts of Mount Everest Expeditions by Land and Air*（Darjeeling: Gilbert, 1944），*History of Darjeeling and the Sikkim Himalaya*（New Delhi: Gyan, 1993；一九四八年初版）; E. C. Dozey, *A Con-*

cise History of the Darjeeling District Since 1835（Calcutta: Jetsun, 1989; 一九二二年初版）; David Macdonald, *Touring in Sikkim and Tibet*（New Delhi: Asian Educational Services, 1999; 初版在一九三〇年由作者於卡林邦發行）；與Jahar Sen, *Darjeeling: A Favoured Retreat*（New Delhi: Indus, 1989）。關於騾子的崩潰，見：“Mount Everest Expedition,” *Geographical Journal*, vol. 58, no. 1（July 1921）, pp. 56–59。

一九二〇年九月在加爾瓦爾喜馬拉雅山脈的卡美特峰山區，凱拉斯在莫斯海德的陪伴下抵達了兩萬三千六百英尺處。瑞彭與霍華－貝瑞都已經來到大吉嶺的同時，他先是攀上了一萬九千九百三十英尺的那興峰（Narsing），然後來到了干城章嘉峰南邊不遠處，卡布魯峰（Kabru）山上的兩萬一千英尺處，為的是從他估計距離聖母峰面約六十到八十英里遠的康拉（Kang La）拍下聖母峰群峰的照片。在野外待了將近一年，搞得他連聖母峰偵察任務都還沒開始，就已經精疲力盡。宣布他死訊的電報內容是：「榮赫鵬。地理學會在倫敦深感遺憾報告凱拉斯六月五日在卡林邦因為心臟衰竭猝死。」這封電報是在凌晨十二點五十分（格林威治時間六月八日上午七點二十分）從加爾各答發出。以三倍正常費用發出的這封三倍緊急電報，在發出後正好八個半小時的六月八日午後於倫敦被收到。關於痛失凱拉斯的正式宣布內容，見：“Mount Everest Expedition,” *Geographical Journal*, vol. 58, no. 2（August 1921）, pp. 136–37。

關於莫斯海德的早年生活，見伊恩．莫斯海德所著傳記 *The Life and Murder of Henry Morshead*。關於魯希特河與迪邦河的探險，見：E. W. C. Sandes, *The Military Engineer in India, and The Indian Sappers and Miners*（Chatham: Institute of Royal Engineers, 1948）。關於藏布江的探險，見：Bailey, *No Passport to Tibet*，與H. T. Morshead, “An Exploration in Souutheast Tibet,” *Royal Engineers Journal*（January 1921）, pp. 21–40。戰時莫斯海德統御的是皇家工兵團的第二一二野戰連（TNA: PRO WO 95/2414），隸屬第三十三師（TNA: PRO WO 95/2411）。

他的副手是約翰・德・瓦爾斯・哈札德（John de Vars Hazard），根據作戰日誌記載，於索姆河畔監造觀察哨的哈札德少尉在一九一六年五月十五日上午十一點受到重創。一九一八年六月一日，莫斯海德調動到第四十六師（TNA: PRO WO 95/2672），主要是他新單位的前任加副官都在砲彈落下時當場身亡。莫斯海德本人也在一九一八年九月二十五日的步槍駁火中重傷。一九一九年五月，莫斯海德被調動到印度負責主持瓦濟里斯坦調查隊（Waziristan Survey Force）：見*History of the Corps of Royal Engineers, vol. 5*（Chatham: Institution of Royal Engineers, 1952）。關於他與聖母峰委員會的書信往來，見：RGS Box 31, File 2, and Box 11, File 3。從大吉嶺出發的莫斯海德團隊陣容有調查員拉爾比・辛（Lalbir Singh）、古遮・辛與托拉巴茲・汗（Torabaz Khan）、攝影師阿布多・賈利（Abdul Jalii），還有五十名挑夫。關於他對於一九二一年探險任務的描述，見：H. T. Morshead, *Royal Engineers Journal*（September 1923）, pp. 353–70。另見："Report on the Operations of the Mt. Everest Survey Detachment 1921," *Royal Engineers Library*, 30/34 1921（97205）, ms. 16 pages。同樣值得一看的還有刊登在皇家工兵期刊上一篇鉅細靡遺的訃聞，見*Royal Engineers Journal*（December 1931）, pp. 718–23。

關於艾德華・奧立佛・惠勒早年的生活，見：Esther Fraser, *Wheeler*（Banff: Summer-thought, 1978）。關於他在加拿大皇家軍事學院（Royal Military College Canada：RMC）受訓的記錄，見National Archives of Canada, II-K-7, vol 7。威克菲爾與隆斯塔夫都曾與惠勒暨惠勒的父親一起登山。見：A. W. Wakefield, "A Canadian Alpine Club Camp," *FRCC Journal*, vol. 5, no. 3（1921）, pp. 261–73。懷特博物館中的惠勒文件（M169）中包括一本一九一一到一九一二年的日記與兩本剪貼簿，其中一本涵蓋一九一四到一九二四年，另一本則內含從一九一〇到一九三三年的個人資料。當中值得注意的是追蹤他軍事榮譽的剪報資料，首先是一九一五年二月拿到的軍功十字勳章，同年十二月則得到了第五等騎士勳位的法國榮譽軍團十字勳章，並由海格將軍親自頒授。

從一九一四年八月十六日起，惠勒進入國王喬治五世嫡系孟加拉工兵與礦工兵團第一營第三連（1st King George V's Own Bengal Sappers and Miners, No. 3 Company）服役。作戰日誌（TNA: PRO WO 95/3938）顯示該單位在九月九日登船前往法國，並在十月十四日抵達馬賽，並在十月三十一日進駐前線的壕溝，自此該單位的士兵就在壕溝中度過了最慘烈的一段戰鬥，直到一九一五年十一月才被船運出到美索不達米亞。在後續的戰事中，惠勒在三個月內的戰報中被五次提及，最後才因為傷寒被宣告戰力外，後送到了印度（TNA: PRO WO 95/5134）。從一九一七年四月十七日開始，惠勒改隸國王喬治五世嫡系工兵與礦工兵團野戰第八連（8th Field Company KGO Sappers and Miners）（TNA: PRO WO 95/5222）；他在戰爭尾聲屬於第五十五步兵旅（55th Infantry Brigade）旅本部（TNA: PRO WO 95/5229），之後又被調動到屬於占領軍的第十七師第五十一旅（TNA: PRO WO 95/5210）。見：J. W. B. Merewether and Frederick Smither, *The Indian Corps in France*（London: John Murray, 1918）。

惠勒稱呼他的妻子為桃莉（Dolly），其全名為桃樂希亞．蘇菲．丹尼爾森（Dorothea Sophie Danielsen）。她出身伯明罕，但在戰時前往了倫敦。他們初見面才五天就訂了婚。桃莉乘船前往印度時，她與惠勒兩人都不知道惠勒會獲邀加入聖母峰探險隊。三月十五日在孟買大教堂成婚後，他們只在探險隊出發前往大吉嶺之前，短短地新婚燕爾了一個月。惠勒在探險任務期間寫了一共八十三封信給桃莉，第一封是在五月二十一日從隆格利寄出，最後一封是十月十六日從海拔四千四百英尺高的「土恩平房」（Toong Bungalow）寄出，此時距離他們夫婦重逢只有三天了。這些信件補強了惠勒的日記，並為一九二一年任務提供了一個別開生面的有趣觀點。關於惠勒與聖母峰委員會的書信往來，見：RGS Box 4, File 4。關於他對於一九二一年偵察任務的敘述，見：E. O. Wheeler, "The Mount Everest Expeditieon, 1921," *Canadian Alpine Journal*, vol. 13（1923）, pp. 1–25。

現代西方對於圖博的癡迷，有一說是始於神智學者。見Annie Besant, *The Ancient Wisdom*（London: Theosophical Publishing, 1899）; Helena Petrovna Blavatsky, *The Secret Doctrine*（2 vols.; London: Theosophical Publishing, 1888）；與Sylvia Cranston, *Helena Blavatsky*（New York: Jeremy Tarcher, 1993）。在一九二〇年代末期與三〇年代初期，隨著數十本戰爭回憶錄打破了長達十年的沉默，也有些著作開始介紹起圖博的奧妙，並趕上了戰後一股對各種隱晦與形而上之事物產生興趣的風潮。見：Alexander David-Neel's *My Journey to Lhasa*（New York: Harper & Brothers, 1927）, *Initiations and Initiates in* Tibet（London: Rider, 1931）、與*Magic and Mystery in Tibet*（New York: Claude Kendall, 1932）; Barbara Foster and Michael Foster, *The Secret Lives of Alexandra David-Neel*（New York: Overlook, 1998）; James Hilton, *Lost Horizon*（London: Macmillan, 1933）；與Nicholas Roerich, *Altai-Himalaya*（New York: Frederick Stokes, 1929）、與*Heart of Asia*（New York: Roerich Museum Press, 1930）。這些書直到今日都還影響著西方對於圖博的認知。華特．伊文思－文茲（Walter Evans-Wentz）出版了《圖博死者之書》（*The Tibetan Book of the Dead*）的譯本（Oxford: Oxford University Press, 1927）；相隔四十年，此譯本中的譯文將成為披頭四合唱團與約翰．藍儂作品〈明天沒人知道〉（Tomorrow Never Knows）中的歌詞，收錄在一九六六年發行的《左輪手槍》（*Revolver*）專輯中。

近年來，若干本傑出的著作檢視了這種披著神聖外衣的神祕主義，並主要是在當代圖博、流亡圖博社群跟西方觀點的脈絡下為之。見：Peter Bishop, *The Myth of Shangri-La: Tibet, Travel Writing and the Western Creation of Sacred Landscape*（Berkeley: University of California Press, 1989）、與*Dreams of Power: Tibetan Buddhism and the Western Imagination*（London: Athlone Press, 1993）; Thierry Dodin and Heinz Räther, eds., *Imagining Tibet: Perceptions, Projections and Fantasies*（Somerville: Wisdom, 2001）; Lee Feigon, *Demystifying Tibet*

(Chicago: Ivan R. Dee, 1996)；與Donald Lopez, *Prisoners of Shangri-La: Tibetan Buddhism and the West*(Chicago: University of Chicago Press, 1998)。

第七章：鳥兒的盲目

相當多的討論與爭議圍繞著圖博人對聖母峰的命名。瑞典探險家斯文・赫定(Sven Hedin)首先建議的名稱是(很接近珠穆朗瑪的)卓穆朗克瑪(Tchoumou Lancma)，並表示這名字早在一七一七年就由法國耶穌會在中國提出。見：Sven Hedin, *Mount Everest*(Leipzig: Verlag Brockhaus, 1923)。查爾斯・貝爾持不同的看法，他認為聖母峰的圖博名不是珠穆朗瑪(Chomolungma)，而是察穆朗(Cha-ma-lung)，但這個想像力貧乏的提案是源自南邊一個圖博王者會去享受餵鳥之樂的降雪區域。見：Sydney Burrard, "Mount Everest and Its Tibetan Names," *Survey of India*, Prof. Paper 26(1931)。一九三〇年，大衛・麥當諾身為英國駐亞東的貿易代表經圖博官員告知說聖母峰的正式圖博名稱為「米－提・古－提・剎普・朗－嘎」(Mi-ti Gu-ti Cha-pu Long-nga)，其大致的意思根據查爾斯・貝爾所說，是「其山巔無法於近處窺見，但可以從遠遠的九個方向一覽無遺，且其高度高到飛越其上的鳥兒都會眼前一片盲然」。有件事是確定的：珠穆朗瑪常見於聖母峰文獻中最風行的翻譯——「女神與大地之母」——是與民族誌研究或歷史現實關係不大，一種浪漫的心理投射。見：Edwin Bernbaum, "A Note on the Tibetan and Nepali Names of Mount Everest," *American Alpine News*, vol. 8, no. 227(1999), pp. 25–26; Ed Douglas, *Chomolungma Sings the Blues*(London: Constable, 1997); Johan Reinnhard, "The Sacred Himalaya," *Alpine Journal*, vol. 29, no. 61(1987), pp. 123–32; J. R. Smith, *Everest: The Man and the Mountain*, pp. 211–24; T. S. Blakeney, "A Tibetan Name for Everest," *Alpine Journal*, vol. 70, no. 311(1965), pp. 304–10。

關於定日做為貿易樞紐的背景，包括有商道向東通往協格爾與江孜，向西通往聶拉木，向南越過喜馬拉雅山脈通往尼泊爾，見：Barbara Nimri Aziz, *Tibetan Frontier Families: Reflections of Three Generations from D'ingri*（New Delhi: Vkas, 1978）；與"Tibetan Manuscript Maps of Dingri Valley," *The Canadian Cartographer*, vol. 12, no. 1（1975）, pp. 28–38。關於佛教達摩（dharma：諸法）的介紹，見：Keith Dowman, *The Sacred Life of Tibet*（London: Thorsons, 1997）; Thomas Laird, *The Story of Tibet: Conversations with the Dalai Lama*（New York: Grove, 2006 ）; Jean-François Revel and Matthieu Ricard, *The Monk and the Philosopher*（London: Thorsons, 1998）；與Robert Thurman, *Essential Tibetan Buddhism*（New York: HarperSanFrancisco, 1995）。

關於祕谷與聖地地理，見希爾德嘉．迪恩伯格（Hildegard Diemberger）的書寫："Beyul Khenbalung, the Hidden Valley of the Artemisia: On Himalayan Communitites and Their Sacred Landscape," in A. W. MacDonald, ed., *Mandala and Landscape*（New Delhi: D.K. Printworld, 1997）, pp. 286–334; "Political and Religious Aspects of Mountain Cults in the Hidden Valley of Khenbalung-Tradition Decline and Revitalization," in Anne Marie Blondeau and Ernst Steinkeller, eds., *Reflections of the Mountain*（Vienna: Verlag der Österreichischen Akademie der Wissenschaften, 1996）, pp. 219–32; "Pilgrimage to Hidden Valleys, Sacred Mountains and Springs of Life Water in Southern Tibet and Eastern Nepal," in Charles Ramble and Martin Brauen, eds., *Anthropology of Tibet and the Himalaya*（Ethnological Museum of the University of Zurich, 1993）, pp. 60–72; "Mountain Deities, Ancestral Bones and Sacred Weapons," in P. Kvaerne, ed., *Tibetan Studies*（Oslo: Institute for Comparative Research in Human Culture, 1994）, pp. 144–53；與"The Hidden Valley of the Artemisia," dissertation, University of Vienna, 1992。另見：Toni Huber, ed., *Sacred Spaces and Powerful Places in Tibetan Culture*（Dharamsala: Library of Tibetan Works and Archives, 1999）；*The Cult of Pure Crystal Mountain: Popular Pilgrimage and Visionary Landscape in Southeast Tibet*（Oxford: Oxford University Press, 1999）；Franz-Karl Ehrhard, " 'A Hidden Land' in the Tibetan-Nepalese Borderlands" in A. W. MacDonald, ed., *Mandala and Landscape*（New Delhi: D.K. Printworld, 1997）, pp. 335–64; Hamid Sardar-Afkhani, "The Buddha's Secret Gardens: End Times and Hidden Lands in Tibetan Imagination," dissertation, Department of Sanskrit and Indian Studies, Harvard University, 2001; and Ngawang Zangpo, *Sacred Ground*（Ithaca: Snow Lion, 2001）。關於覺宇派的傳統，見：Jérôme Edou, *Machig Labdrön and the Foundations of Chöd*（Ithaca: Snow Lion, 1996）; Sarah Harding, ed., *Machik's Complete Explanation: Clarifying the Meaning of Chöd*（Ithaca: Snow Lion, 2003）：與Joshua Waldman, Lama Wangdu: "Chod Tradition," thesis, University of Wisconsin, Madison。

關於絨布寺住持喇嘛札珠仁波切的個人魅力分析，我參考了他由烏金喇嘛翻譯的精神自傳「南塔」，以及芭芭拉・阿齊茲（Barbara Aziz）的傑作《圖博邊境家庭（暫譯）》（*Tibetan Frontier Families*），當中作者對出身定日與聖母峰地區但流亡於加德滿都的圖博人進行了廣泛而深入的訪談。同樣引人入勝的還有雪莉・歐爾特納（Sherry Ortner）的作品。見：*Sherpas Through Their Rituals*（Cambridge: Cambridge University Press, 1978）, *High Religion: A Cultural and Political History of Sherpa Buddhism*（Princeton: Princeton University Press, 1989），與*Life and Death on Mt. Everest*（Princeton: Princeton University Press, 1999）。關於一本會讓人想起在札珠仁波切創立的各寺院裡有著何種精神生活的可愛反思之書，見：Hugh Downs, *Rhythms of a Himalayan Village*（San Francisco: Harper and Row, 1980）。

關於惠勒與源自加拿大的攝影調查技巧，見：Don Thomson, *Men and Meridians: The History of Surveying and Mapping in Canada, vol. 2, 1867–1917*（Ottawa: Queen's Printer, 1967）; A. O. Wheeler, "The Application of Photography to the Mapping of the Canadian Rocky Mouuntains," *Canadian Alpine Journal*, vol. 11（1920）, pp. 76–96; E. O. Wheeler, "The Canadian Photo-Topographical Method of Survey," *Royal Engineers Journal*（April 1922）, pp. 177–85; "Report on the Trial of the Canadian Report on Photo-Topographical Method of Survey," unpublished manuscript Royal Engineer Library, Mt Everest Operations of the Survey Dept, 1921（97206）；與*The Survey of India During War and Early Reconstruction, 1939–1946*（Dehra Dun: Survey of India, 1955）。

第八章：東邊的入山之路

關於在兩次大戰之間的英屬印度剖析，見：Arthur Herman, *Gandhi & Churchill*（New York: Bantam, 2008）。關於介紹聖母峰地區的自然史與地質，並有特別提到阿龍河流域與東邊入山之路的資訊，見：Edward Cronin, *The Arun*（Boston: Houghton Mifflin, 1979）；與Toni Hager, G. O. Dyhrenfurth, C. H. von Fürer-Haimendorf, and Erwin Schneider, *Mount Everest*（London: Oxford University Press, 1963）。關於雪巴人的文化與圖博跟尼泊爾之間的跨境貿易，見：Christoph von Fürer-Haimendorf, *The Sherpas of Nepal*（London: John Murray, 1964）, *Himalayan Traders*（New York: St. Martin's Press, 1975）；與*The Sherpas Transformed*（New Delhi: Sterling, 1984）。若說英國人引進馬鈴薯為索盧坤布的雪巴人富了起來，那國際登山活動的興起就禍福相倚地改地造了雪巴人的身分。見：Vincanne Adams, *Tigers of the Snow*（Princeton: Princeton University Press, 1996）; Jonathan Neale, *Tigers of the Snow*（New York: Thomas Dunne, 2002）；與Tashi Tenzing, *Tenzing Norgay and the Sherpas of Everest*（New York: McGraw-Hill, 2001）。

第九章：北坳

關於莫斯海德與渥拉斯頓的聶拉木之行，完整的記敘見沃拉斯頓的“An Excursion to Nyenyam and Lapche Kang,” in *Mount Everest: The Reconnaissance 1921*, pp. 281–89。關於拉布吉的更多資料，見：Keith Dowman, *The Sacred Life of Tibet*（London: Thorsons, 1997），與Lobsang Lhalungpa, *The Life of Milarepa*（New York: Dutton, 1977）。關於探險隊的進度報告，見：“Mount Everest Expedition,” *Geographical Journal*, vol. 58, no. 3（September 1921）, pp. 225–26，與“Mount Everest Expedition,” *Geographical Journal*, vol. 58, no. 6（December 1921）, pp. 446–54。關於第一批照片從山區的送抵與出版，見：“Mount Everest Expedition,” *Geographical Journal*, vol. 58, no. 4（October 1921）, pp. 276–83。

馬洛里與霍華－貝瑞就像油跟水一樣格格不入。「老實說我滿開心貝瑞離開了。」馬洛里在霍華－貝瑞從喀爾哈出發前往卡馬谷地後如是寫道。「我沒辦法克服自己對他的厭惡。」馬洛里的心思全在登山之上。霍華－貝瑞最自豪的成就，按照他對榮赫鵬的信中表示，是在有十四座湖的谷地裡發現了「一種深酒紅色的喜馬拉雅藍罌粟（meconopsis）」，這種相當可能是新品種的罌粟「高二到二點五英尺，並覆蓋著生於莖桿上的十五到二十朵花」。

隨著探險隊終於來到拉克帕拉的高度，並在由北坳代表的酷刑中與聖母峰短兵相接，隊員們也開始暴露在了酷寒與極地探險等級的風勢之中。聖母峰一帶盛傳他們在裝備嚴重不足的狀況下忍受著這些情形，身上只穿著粗花呢的衣物，至少民間故事是這麼說的。事實上，他們擁有最新穎的裝備，且數量也稱不上不足。關於登山裝備與穿著發展的精采回顧，外加對一九二一到一九二四年間探險隊在這兩方面所達到的水準，見：Mike Parsons and Mary Rose, *Invisible on Everest*（Philadelphia: Northern Liberties Press, 2003）。

馬洛里憶起頭一回見到聖母峰東面的康雄壁，那兩英里垂直的懸冰，他曾很知名地寫道，「其他人若未經深思熟慮，可能會貿然嘗試這條路線，但這絕絕對對，不是我們該走的路。」聖母峰東壁直到希拉里與丹增成功登頂聖母峰的三十年後，才在一九八三年第一次有人攀登。在那一次由詹姆斯・莫瑞賽（James Morrissay）率美國探險隊完成了東壁攀登後，一九八八年又有一支四人的英美聯隊率先沿南扶壁（South Buttrees）上到南坳，當時的登山隊員中包括史提芬・維納柏斯（Stephen Venables）與艾德・韋伯斯特（Ed Webster）都因為凍傷而失去了數隻手指。兩人都根據經歷寫成了精采的著作，其中維納柏斯還一腳踏進山岳文學的領域，成為了首屈一指的登山作家。見：Stephen Venabless, *Everest: Kangshung Face*（London: Hodder & Stoughton, 1989）, *Everest: Alone at the Summit*（New York: Thunder's Mouth Press, 2000）、與 *Everest: Summit of Achievement*（New York: Simon & Schuster, 2003）；以及Ed Webster, *Snow in the Kingdom*（Eldorado Springs: Mountain Imagery, 2000）。

今日但凡有人登上聖母峰，寫本書來慶祝一下幾乎已經是必然的結果。而只要看一眼這些書，你就不難想起何以人類學家克勞德・李維史陀（Claude Lévi-Strauss）不屑一顧地說旅遊書只是「雜貨採購清單跟狗不見了的故事」。但在這洋洋灑灑數十本聖母峰或喜馬拉雅高峰的攀登實錄裡，也有一些真正有可看性，沙礫裡的珍珠。關於法蘭克・史密斯（Frank Smythe）的佳作，見：*The Kangchenjunga Adventure*（London: Victor Gollancz, 1930）, *Kamet Conquered*（London: Hodder & Stoughton, 1932）, *The Spirit of the Hills*（London: Hodder & Stoughton, 1935）, *Camp Six*（London: Adam & Charles Black, 1937）, *The Adventures of a Mountaineer*（London: J. M. Dent & Sons, 1940）、與 *The Mountain Vision*（London: Hodder & Stoughton, 1941）。關於第一次成功的空中偵察，見：P. F. M. Fellowes, L. V. S. Blacker, and P. T. Etherton, *First Over Everest: The Houston–Mount Everest Expedition, 1933*（New York: Robert McBride, 1934）。關於一九六三年美國人第一次登上聖母峰，見：*Americans on Everest*（Philadelphia: J. B. Lippincott, 1964）。關於現代三名偉大聖母峰登山者的經典陳述，見：Chris Bonington and

Charles Clarke, *Everest: The Unclimbed Ridge*（London: Hodder & Stoughton, 1983）; Chris Bonington, *The Everest Years*（London: Hodder & Stoughton, 1986），與*Everest*（London: Weidenfeld & Nicolson, 2002）; Thomas Hornbein, *Everest: The West Ridge*（Seattle: Mountaineers, 1989）; Reinhold Messner, *Everest: Expedition to the Ultimate*（London: Random House, 1979），與 *The Crystal Horizon*（Ramsbury: Crowood Press, 1989）。

哈洛．瑞彭完全得不到喘息的空間。他步行穿越淹水的圖博地面與探險隊會合，並沒有被當回事，反倒是他未能把郵件帶來引發了眾怒。「瑞彭惹人厭的能力簡直沒有上限。」馬洛里對傑佛瑞．楊恩寫道，「瑞彭像個蠢貨似地沒把郵件帶上，」惠勒在筆記裡提到，「讓大夥兒噁心。」布洛克哀嘆說，「看起來一頭灰髮的瑞彭在楚沙爾與我們的郵件跟物資擦肩而過，卻兩手一攤將它們放過！」與探險隊緣慳一面的郵件成了眾人心裡的疙瘩。一九二一年九月八日，惠勒注意到在他位於上喀爾塔谷地的營地對面，一個熟悉的身影爬上了河對岸的坡面。他放聲大喊但距離讓對方聽不清他在說什麼。那人轉身比了個手勢，那是莫斯海德在調查隊的同事，在喀爾塔以北測繪圖博地圖的古遮．辛。他們都是老兵出身，所以惠勒拿白毛巾綑在冰斧上，就這樣用摩斯密碼跟辛溝通了逾三十分鐘。「看到他打出mail（郵件），我們興奮了一下，」惠勒後來在信中對妻子說，「但下一個字not讓人內心一沉，果然最後的句子後半段是『還沒抵達喀爾塔』。」

關於赫倫與聖母峰委員會的書信往來，見：RGS Box 11, File 4, and Box 27, File 3。關於由惠勒發現從東絨布冰川通往北坳之路獲得的正式承認，見："Mount Everest Expedition," *Geographical Journal*, vol. 58, no. 5（November 1921）, pp. 371–78。另見：J. N. Collie, "The Mount Everest Expedition," *Alpine Journal*, vol. 34, no. 223（November 1921）, pp. 114–17。隨著最後一批探險隊員回到英國，一九二一年偵察任務的結束被正式宣告於"Mount Everest Expedition," *Geographical Journal*, vol. 59, no. 1（January 1922）, pp. 50–51。

第十章：眾人渴望的山巔

約翰・莫里斯先於一九一五到一九一八年間服役於第五萊斯特兵團的第一營，然後投身第九廓爾喀兵團的第三營。關於他早年的生涯與戰爭經驗，見*Hired to Kill*，以及克里斯多福・摩爾（Christopher Moore）的*Trench Fever*這本讓人讀來怵目驚心的前線作戰實錄，主要是書中身為摩爾祖父的主人公就與莫里斯在同一個兵團中服役。另見：J. D. Hills, *The Fifth Leicester*（Loughborough: Echo, 1919），與第五萊斯特兵團第一營的作戰日誌（TNA: PRO WO 95/2690）。莫里斯存於大英圖書館亞洲、太平洋與非洲館藏與印度事務部檔案中的軍旅生涯紀錄十分傲人，由此與他在回憶錄中的自我貶抑形成風格上的強烈對比（IOR: Service Record L/MIL/14/16968）。一九一八年七月二十九日被派任到印度陸軍後，莫里斯一直服役於第九廓爾喀兵團直到十月二十七日。當天他向第三廓爾喀兵團的第二營報到，然後被派駐到（當時屬於鄂圖曼帝國的以色列）海法（TNA: PRO WO 95/4689）。關於他一九二一年在瓦濟里斯坦野戰軍中服務的過程，包括他所部遭到偷襲而傷亡慘重的描述，見第三廓爾喀步槍兵團第二營作戰日誌（TNA: PRO WO 95/5399）。莫里斯是聖母峰各次探險任務中唯一一個多多少少算是公開的同性戀者隊員，與作家E・M・佛斯特過從甚密。他們之間從一九三〇年代初期到一九六〇年代尾聲的書信往來，都存於劍橋大學國王學院資料庫的E・M・佛斯特館藏中。關於莫里斯與聖母峰委員會的書信往來，見：RGS Box 31, File 3。關於他的民族誌工作，見：John Morris, *Living with Lepchas*（London: Heinemann, 1938）。另見：John Morris, *A Winter in Nepal*（London: Rupert Hart, 1964），與W. Brooke Northey and John Morris, *The Gurkhas*（London: John Lane, 1923）。

關於一九二二探險隊成員獲選名單的正式發表，見："The Mount Everest Expedition," *Geographical Journal*, vol. 59, no. 3（March 1922）, p. 207。隨著眾人踏上赴印之路，皇家地理學會與英國山岳會發行了一九二一年任務的成果紀錄。見：C. K. Howard-Bury, "The Mount Everest Expedition," *Geographical Journal*, vol. 59, no. 2（February 1922）, pp. 81–99; George Leigh Mallory, "Mount Everest Expedition: The Reconnaissance," *Geographical Journal*, vol. 59, no. 2（February 1922）, pp. 100–11，與"The Mount Everest Maps and Photographs," *Geographical Journal*, vol. 59, no. 2（February 1922）, pp. 131–36。關於在皇家地理學會的聯席會議上與一九二一年十一月二十日在女王陛下音樂廳內宣讀的文件，見：C. K. Howard-Bury, "The 1921 Mount Everest Expedition," *Alpine Journal*, vol. 34, no. 224（May 1922）, pp. 195–214；與George Leigh Mallory, "Mount Everest: The Reconnaissance," *Alpine Journal* vol. 34, no. 224（May 1922）, pp. 215–27。

關於氧氣使用的討論未曾間斷。見："The Mount Everest Expedition," *Geographical Journal*, vol. 59, no. 5（May 1922）, pp. 379–83；與P. J. H. Unna, "The Oxygen Equipment of the 1922 Everest Expedition," *Alpine Journal*, vol. 34, no. 224（May 1922）, pp. 235–50。另見：Arthur Hinks, "The Mount Everest Maps and Photographs," *Alpine Journal*, vol. 34, no. 224（May 1922）, pp. 228–35; A. M. Heron, "Geological Results of the Mount Everest Expedition, 1921," *Geographical Journal*, vol. 59, no. 6（June 1922）, pp. 418–36，與A. F. R. Wollaston, "The Natural History of Southwest Tibet," *Geographical Journal*, vol. 60, no. 1（July 1922）, pp. 5–20。

柯林・克勞佛在一九一五年三月二十六日任少尉軍階，並自一九一六年十一月二十七日隨第五廓爾喀兵團第二營派駐美索不達米亞。他當時部隊裡的軍醫是李察・辛斯頓，也就是後來也在一九二四年聖母峰探險隊中擔任隊醫的那位辛斯頓。這兩人在戰場上相處了好幾個月，直到李察・辛斯頓因病無法任職才被撤離戰區。一九一七年三月十日，克勞佛被派去增援第二廓爾喀兵團的第一營，並於一九一七年六月一日後轉調駐地在利比亞阿齊濟耶（Aziziya）的第六廓爾喀兵團第一營。關於相關的作戰日誌，見：2/5 Gurkhas（TNA: PRO WO 95/5197）; 1/2

Gurkhas（TNA: PRO WO 95/5180）; 1/6 Gurkhas（TNA: PRO WO 95/5020, TNA: PRO WO 95/5024）。另見：F. J. Moberly, *Official History of the Great War: The Campaign in Mesopotamia, 1914–1918, vol. 3*（London: HMSO, 1925）。一九四〇年，在英軍遭到圍困的狀態下，身兼學校教師與國土守衛隊（Home Guard）隊員雙重身分的克勞佛帶著英國少年進行夜巡，任務是搜查有無德國人潛入進行滲透與破壞，而巡邏中他攜帶的武器不是左輪手槍，而是一把「看似來者不善的廓爾喀彎刀」，那是廓爾喀兵團當年最愛的祕密兵器。關於克勞佛與聖母峰委員會的書信往來，見：RGS Box 13, File 4。

傑佛瑞・布魯斯在一九一四年八月任官後就在他父親傑洛德・布魯斯（G. T. Bruce）中校的身邊服役於格拉摩根義勇軍（Glamorgan Yeomanry），而傑洛德跟因為聖母峰任務而聞名的查爾斯・布魯斯將軍，兩人是親兄弟。關於傑佛瑞的軍旅紀錄，見TNA: PRO WO 374 /10236。他的單位在一九一六年三月三日開抵埃及；一九一六年十月五日，他的父親晉升為指揮官（TNA: PRO WO 95/4427）。一九一七年二月二日，格拉摩根義勇軍被吸收成為威爾斯兵團第二十四營的一部分。布魯斯在埃及與巴勒斯坦服役到他於一九一七年七月加入第六廓爾喀步兵團為止，而加入廓爾喀兵團也代表他的下一個駐地是印度西北邊境。關於在布魯斯的率領下，英國方面參與的短兵相接、大型會戰，還有在平亂方面的作為，見：D. G. J. Ryan, *History Record of the 6th Gurkha Regiment, vol.1, 1817–1919*（Aldershot: Gale and Polden, 1925），與H. R. K. Gibbs, *History Record of the 6th Gurkha Regiment, vol. 2, 1919–1948*（Aldershot: Gale and Polden, 1955）。

關於布魯斯在印度陸軍中的紀錄，見：IOR L/MIL/14/607。一九二〇年的年度表現評鑑形容他身為一名軍人，「在各方面都沒有值得特別一提的優異或拙劣表現」。他未獲推薦成為破格拔擢的對象，也沒有被參謀學院（Staff College）選入「特選人員名單」（Selected List）中。相對之下在一九二三年，也就是他參與聖母峰任務獲得巨大成功後，年度機密報告（Annual Confidential Report）評價布魯斯是個「聰明過人的軍官……他去年在聖母峰探險隊中的表現，凸顯了他是個天生的領導者，同時兼具最強大的決心、耐力與獨立性」。就此立刻被推薦進入參謀學院的布魯斯，會假以時日取得少將軍階，並擔任起印度陸軍的副參謀總長。對布魯斯而言，也對許多人而言，聖母峰任務都是他們生涯有所突破的轉捩點。關於他與聖母峰委員會的書信往來，見：Box 36, File 3, and Box 22, File 3。

諸多涉及湯姆・隆斯塔夫的文件保存於英國山岳會資料庫。特別可見：P44 Longstaff Papers; Geoffrey Winthrop Young Correspondence; B49 Miscellaneous Correspondence。編號D57的文件內含一組私人日記，其中一本記錄了他從一九二二年二月十六日到七月十八日的生活。這本日記始於他要出發前往印度的前夕，結束於七月十七日他從皇家地理學會回到家的時候。那天早上他拖著靜脈炎造成的不適，在學會上忍受了辛克斯的長篇大論與夸夸其詞。隆斯塔夫的日記，其實更像是一系列的簡短筆記，有時一頁上就擠了三天。就記載的詳細程度而言，隆斯塔夫的日記完全無法與喬治・芬奇的日記（National Library of Scotland, Manuscripts Collection）相提並論。芬奇的日記始於他揮別維多利亞車站的三月三日，結束於他於孟買搭上半島東方公司的馬其頓號（P&O Macedonia）要返鄉的七月一日。惟加上威克菲爾的札記，這三人的日記構成了後人觀察一九二二年任務時一片非常有趣的濾鏡。

史卓拉特上校，做為一名職業軍官，有著厚厚一疊服務檔案（TNA: PRO WO 339/12240）；檔案中包含與他救下奧匈帝國皇室有關的書信往來。更多關於此一爭議與寇松的怒氣，見：TNA: PRO WO 371/6102。史卓拉特在一九一四年九月九日乘船前往法國。統領第三師第八旅皇家蘇格蘭人兵團第二營的他於十月十五日從芒斯撤退時在舊沙佩勒（Vieille-Chapelle）負傷。關於皇家蘇格蘭人兵團第二營的作戰日誌，包含一份史卓拉特的負傷報告，見：TNA: PRO WO 95/1423。關於他十月二十六日在醫療委員會上經歷的流程，見：TNA: PRO WO 339/12240。關於他與聖母峰委員會的書信往來，見：RGS Box 13, File 2。關於此外的其他書信，見：Alpine Club Archives, Geoffrey Winthrop Young Collection and E7 Strutt Papers。

亞瑟・威克菲爾的一九二二年聖母峰日記始於二月二十六日星期天，終於九月三十日星期六。這本日記記錄下的威克菲爾非常活躍積極，與布魯斯將軍跟芬奇在任務後的發言詆毀有很大的差距。隨著隆斯塔夫脫離了聖母峰任務的戰線，威克菲爾適時補上，扮演起一名稱職且盡職的醫官。關於一則精采的回顧，見：Ronald Bayne, "Dr. Arthur Wakefield on Mount Everest in 1922: 'This Has Not Been by Any Manner of Means a Picnic,'" *Journal of Medical Biography*, vol. 11（2003）, pp. 150–55。關於威克菲爾對一九二二年任務中雪巴人罹難的看法，見："The Everest Disaster: Dr. Wakefield's Experience," *Times*, January 22, 1923。

關於與氧氣的使用受到挑戰有關的文件、報告與書信往來，見TNA: PRO DSIR（Department of Scientific and Industrial Research）Records Bureau Files。關於凱拉斯在卡美特峰上的經歷，哈爾丹教授在牛津大學的實驗、芬奇就一九二二年任務中氧氣裝備的表現，還有布魯斯、法拉爾與翁納、德萊爾、希爾三名教授之間的書信往來，見：TNA: PRO DSIR 36/394與TNA: PRO DSIR 3/254。關於氧氣研究委員會（Oxygen Research Committee）在一九一八到一九二一年間的會議紀錄，見：TNA: PRO DSIR 3/248。關於凱拉斯與氧氣有關其他的書信往來，見：TNA: PRO FD 1/1208。

做為一九二二年任務的中流砥柱與一九二四年任務的探險隊長，泰迪・諾頓與聖母峰委員會之間有大量的書信往來。見RGS Box 11, File 2; Box 26, File 3; Box 31, File 5；與Box 36, File 7。英國於一九一四年八月四日宣戰後不到十二天，諾頓中尉就偕皇家騎砲兵團第三騎兵旅，從愛爾蘭出發抵達法國。他除了領到了俗稱「芒斯之星」(Mons Star)的「一九一四之星」獎章(1914 Star：英國授予從一九一四年八月五日到十一月二十二日，服役於法國或比利時戰場之官兵的獎章)(TNA: PRO WO 329/2509)，並在十月份服役於D砲兵連期間(TNA: PRO WO 95/1133)晉升為上尉。一九一五年一月二十二日，諾頓被調到第六師級彈藥運輸縱隊(6th Divisional Ammunition Column)(TNA: PRO WO 95/1588)。一九一五年二月，他在軍情報告中被點名表揚，由此獲頒了軍功十字勳章。他在三月份加入了皇家野戰砲兵(RFA)第二旅第五十三砲兵連(TNA: PRO WO 95/1596)。三個月後在伊珀爾，他被編入加拿大軍團(Canadian Corps)(TNA: PRO WO 95/1059)中的第一加拿大砲兵師(TNA: PRO WO 95/3740, 95/3733)。六月份第二次登上軍情報告的他人先隨加拿大軍在索姆河作戰，九月份被拔擢為少校，然後於一九一七年二月份歸建皇家騎砲兵D砲兵連(TNA: PRO WO 95/1133)。在一九一七年，他先後在阿拉斯、盧斯與康布雷作戰。他隸屬於皇家騎砲兵E砲兵聯的弟弟李察·C·諾頓中尉(Richard C. Norton)在一九一八年三月二十三日陣亡，同一個月他才在德軍春季攻勢後因掩護第五軍撤退時「英勇過人且盡忠職守」獲頒傑出服務勳章。比泰迪小十三歲的李察死時，不過是個二十歲的小伙子。

關於森默維爾對於圖博傳統音樂的看法，見：“Tibetan Culture,” chapter 14 of *The Assault on Mount Everest*, 1922, pp. 313–318。另見：“The Mount Everest Film: Examples of Tibetan Music,” *Times*, January 16,1923。

札珠仁波切的自傳裡滿是對其精神生活與操持的描寫。像在一年的第三個月，他會做為獻禮而從事所謂的「燒施」，或云「增益火供(奉)」(fire puja)，也就是一種能讓他進入夢囈狀態的熱切祈禱。過程中一道近似銅鈸的聲響會引出三道光圈，那是他恩師前一代初璽仁波切明晰的慈光，虛空中就此浮現出初璽仁波切那閃耀的臉龐，具體代表著悲憫與智慧。在第四個月，就在英國人走動於山間的同時，拉薩一名信差帶來了神聖的寶物，那是十三世達賴喇嘛捎來的長生供奉，外加其他對於札珠仁波切的祝福。在第六個月，身為住持喇嘛的他按傳統進入夏季閉關，期間他會把生命奉獻給甘珠爾這佛法經典的誦唸。以上乃至於其他種種對信仰的虔誠投入，都在南塔中有鉅細靡遺的紀錄。惟關於英國登山隊員在一九二四年抵達之事，南塔中幾乎隻字未提。

第十一章：芬奇的勝利

關於芬奇持續為爭取尊重所進行的角力，詳見他一本初版以德文發行於一九二五年的書籍：George W. Rodway, ed., *George Ingle Finch's The Struggle for Everest*（Ross-on-Wye: Carreg, 2008）。威克菲爾與克勞佛認真想自行嘗試攀登一事，顯見於威克菲爾在一九二二年五月二十六日星期五的日記內容裡：「芬奇與布魯斯返回並下到三號營。克勞佛跟我獨自計畫了明日的攀登。風向西，出太陽且起霧。」關於芬奇與布魯斯打破攀高紀錄的宣告，見："The Mount Everest Expedition, 1922," *Geographical Journal*, vol. 60, no. 1（July 1922）, pp. 67–71。關於雪巴人在北坳上遇難之事，見："The Mount Everest Expedition, 1922," *Geographical Journal*, vol. 60, no. 2（August 1922）, pp. 141–44。關於探險隊成就的概述，以及莫斯海德的傷勢說明，見："The Mount Everest Expedition, 1922," *Geographical Journal*, vol. 60, no. 3（September 1922）, p. 228。

第十二章：生命之索

關於首組大量來自一九二二年探險任務的影像，見："Photographs from the Mount Everest Expedition," *Geographical Journal*, vol. 60, no. 4（October 1922）, pp. 228–91。關於一九二二年十月十六日宣讀於英國山岳會與皇家地理學會聯席會議上的文件，見：C. G. Bruce, "The Mount Everest Expedition of 1922: I. Darjeeling to the Rongbuk Base Camp," *Geographical Journal*, vol. 60, no. 6（December 1922）, pp. 385–424; George Leigh Mallory, "The Second Mt. Everest Expedition," *Alpine Journal*, vol. 34, no. 225（November 1922）, pp. 425–39；與George Finch, "The Second Attempt on Mt. Everest," *Alpine Journal*, vol. 34, no. 225（November 1922）, pp. 439–50。關於諾艾爾的第一部電影作品，見："The Mount Everest Kinematograph Film," *Geographical Journal*, vol. 61, no. 1（January 1923）, pp. 48–50。一九二二年秋自始至終，芬奇都把全心放在聖母峰計畫上，並且對聖母峰委員會忠心耿耿。十一月二十日，他在一篇於皇家地理學會午後會議上發表的論文中，就各種技術上的困難進行了說明。見：George I. Finch, "Equipment for High Altitude Mountaineering, with Special Reference to Climbing Mount Everest," *Geographical Journal*, vol. 61, no. 3（March 1923）, pp. 194–206。芬奇還同時對官方探險隊誌做出了顯著貢獻。見："The Attempt with Oxygen," in C. G. Bruce, *The Assault on Everest 1922*（New York: Longmans, Green, 1923）, pp. 227–72。按衝突發展進行，直至他被排除在一九二四年任務名單外的書信往來，可同時見於英國山岳會與皇家地理學會的資料庫。關於一九二四年探險隊成員的正式發布，見："The Mount Everest Expedition of 1924," *Geographical Journal*, vol. 63, no. 4（April 1924）, pp. 340–42。一九二二年的任務失敗，引發了英國登山界許多重量級人物對其進行檢討。見：Tom Longstaff, "Some Aspects of the Everest Problem," *Alpine Journal*, vol. 35, no. 226（May 1923）, pp. 57–74，與Douglas Freshfield, "The Conquest of Everest," *Geographical Journal*, vol. 63, no. 3（March 1924）, pp. 229–37。森默維爾回憶說三號營的穩定積雪厚度在「喜馬拉雅山前所未見」。以身為犁在「質地令人不悅的積雪」中前進，讓他們兩個小時只從高地營抵達北坳基底。隆斯塔夫早說這連嘗試都不用嘗試，頗具先見之明。

關於威廉・麥高文的冒險，見*To Lhasa in Disguise*（New York: Grosset & Dunlap, 1924）。在對茹絲・馬洛里不是太友好的劍橋人中，有一個是亞瑟・班森。他曾在日記裡形容茹絲「長得標緻，但舉止顯得侷促不安、粗魯、甚是漫不經心。她自以為談吐幽默且發人深省，但其實只是個淺薄而好尋釁的表演者。」當然，神經質又執拗的班森此時只剩兩年好活，筆下對誰都是一陣排頭的他無論說些什麼，其實都可以略過。

少年班特利・畢瑟姆就讀的是巴納德城堡學校，並且一待就是四十年，在那裡度過了餘生，只是身分從學生轉換為教師，而他的興趣除了鳥類學，就是登山。他的著作包括：*Among Our Banished Birds*（London: Edward Arnold, 1927），*The Home-Life of the Spoonbill*（London: Witherby, 1910），與*Photography for Bird Lovers*（London: Witherby, 1911）。他對一九二四年探險隊的主要貢獻，是做為靜物攝影師。任務過程中至為精巧且無人能望其項背的影像，皆出自他之手，而也因為有他，諾艾爾才得以專心在動態電影的拍攝上。關於畢瑟姆作品的範例，見：Bentley Beetham, "An Everest Portfolio," *FRCC Journal*, vol. 7, no. 1（1925），p. 69。關於畢瑟姆與聖母峰委員會的書信往來，見：RGS Box 24, File 4。

約翰・德・瓦爾斯・海澤服役於皇家工兵第二一二野戰連（TNA: PRO WO 95/2414），隸屬於第三十三師（TNA: PRO WO 95/2411）。海澤曾兩度負傷，第一次是一九一六年五月十五日在索姆河前線受到重傷，第一次是一九一八年隨皇家工兵第五二九野戰連駐義大利時受傷（TNA: PRO WO 95/4221）。關於他與聖母峰委員會的書信往來，見RGS Box Hazard 27, File 2。那場讓挑夫被困在北坳，進而使不得不的救援任務削弱了馬洛里、森默維爾與諾頓等人的體能，讓他們在攻頂前夕遭受致命打擊的一團混亂，海澤要負最大責任，但這也不能完全說是海澤的錯。他在惡劣的條件下被獨留於北坳，身邊的挑夫被傑佛瑞・布魯斯觀察到怕到瑟縮發抖，只因為他們確信夜裡的激烈聲響是女神居所的看門狗所發出的吠嚎。海澤可以在兩萬三千英尺的高度上扮演好各種角色的能力，其實相當了不起。他在給艾瑞克・許普頓的一封信中解釋說，「在我的部分，戰時右臂一處嚴重的舊傷從我一上山就第二次開了綻，搞得我非常憂慮，再加上失去馬洛里跟爾文所造成的心理壓力，當時我的模樣恐怕狼狽至極。」很顯然，一個人身處於海澤的狀態下，根本就不應該加入探險隊。

諾艾爾・歐德爾做為最後一個看到馬洛里與爾文活著的人，在聖母峰的故事裡有著舉足輕重的地位。關於他與聖母峰委員會的書信往來，見：RGS Box 30, Files 1 and 2。額外的文件、出版品與書信往來，存於英國山岳會的資料庫。尤其可見楊恩的 Geoffrey Winthrop Young Collection，以及Ref: C138, B74, B75 Misc. Papers, F13/1, F13/2, F13/3。Ref: D98當中含有歐德爾一九二四年聖母峰日記從五月二十五日到六月二十一日的部分內容。完整而認真的日記始於三月九日，他抵達大吉嶺的當日，並一路延續到九月六日，也就是他返英的船隻在多佛靠港的當日。

戰時歐德爾服役於皇家工兵第五十九野戰連（TNA: PRO WO 95/1535）。他的獎章索引卡（Medal Index Card）顯示歐德爾首次進入戰區是在一九一六年的七月，也就是索姆河之役的夏天；他所屬的單位日誌記錄他在七月二十七日抵達法國的馬梅斯（Mammetz）。一九一七年四月十四日，他在阿盧涅（Allouagne）意外受傷，主要是他的十字鎬敲到了埋在地下的炸彈。意外之後根據歐德爾從一九一五到一九一八年的個人作戰日誌所記述，他再回到法國已經是一九一八年一月十八日的事情，當時他是被派去進行接受教育訓練，於是有三週的時間，他的生活就是在戰線後方發表或聆聽他並不想聽的演講，直到他在二月八日星期五返回英國，並就此一直待到戰爭告終。

歐德爾開始服役的時候是基層軍官，整場仗打下來也只晉升了一次而成為中尉，但以他的社會階級跟教育背景而言，再加上此時的英軍處於戰時，中尉根本是很多人的起點而已。不論是在授予獎章的清單上，或是在軍情報告中，你都找不到他的名字。但這並不表示他沒有受到戰爭的折磨；他隸屬於黑衛士兵團第八營（8th Black Watch）的親兄弟艾瑞克（Eric）在一九一八年十二月十八日的阿拉斯傷重不治。他無疑能夠體會艾瑞克的遺孀一封封信寫給亡夫那個叫做威廉森上尉（Captain Williamson），追問他究竟是怎麼死的，然後希望從中為他的犧牲找到一丁點意義，女人的內心是多麼煎熬（TNA: PRO WO 339/27163）。不過話又說回來，大大小小的線索都顯示諾艾爾・歐德爾本人確實在一戰中是個相對而言的爽兵。翻箱倒櫃把資料庫的紀錄都找了一遍，我們也只看到他在服役期間受過一次輕傷。加油添醋把自己說得戰功彪炳既不犯法，也不罕見，尤其愈是沒有出生入死過的人，愈愛這麼做。男人有千百萬個理由往自己的臉上貼金，而這點小事說不清楚，也不足以損及歐德爾做為一個人的品行、人格完整，還有榮譽。他做人，絕對是個深受周遭愛戴的楷模。只不過他矢口堅稱自己在戰時受過三次傷之事，如果真與事實不符，那也確實會影響到他發言時的可信度。而他說話能不能信，在這裡是重要的，畢竟圍繞著馬洛里與爾文的整場聖母峰之謎，都繫於他的最終目擊。

關於安德魯・「山帝」・爾文，最好的資料來源莫過於出自他姪外孫女茱莉・桑默斯之手的傳記，《勇闖聖母峰（暫譯）》（*Fearless on Everest*）。關於他與聖母峰委員會的書信往來，見：RGS Box 28, File 1。關於爾文在一九二四年的聖母峰日記，見：Herbert Carr, ed., *The Irvine Diaries. Andrew Irvine and the Enigma of Everest 1924* (Reading: Gastons-West Col, 1979)。艾德華・薛貝爾對聖母峰任務之歷史遺產的最大貢獻，就是為一九二四年的探險提供了一本絕佳的日記。事實上他後來曾在二戰時的英屬馬來亞被日軍囚禁過，而聖母峰日記將因此成為他唯一倖存下來的筆記。這本日記現存於英國山岳會的資料庫（Alpine Club Archives, D101）。關於薛貝爾與聖母峰委員會的書信往來，見：RGS Box 33, File 11。

雖然李察・辛斯頓在聖母峰冒險中姍姍來遲，但他仍無疑在隊上是性格非常鮮明的一號人物。身為在亞洲打滾過的老手，他是一九一三年俄羅斯帕米爾三角定位探險隊的一員，並表現傑出地在印度陸軍中服役過多年，事實上他跟查爾斯・布魯斯就是在印度陸軍裡遇見。辛斯頓的相關文件存放在都柏林三一學院，而那當中除了一本四十九頁的聖母峰筆記（TCD MS 10473 Everest 1924），還有他完整的聖母峰日記（TCD MS 10474）：其中他的日記始於三月七日的大吉嶺，終於八月一日，又在大吉嶺，只是八月一日的大吉嶺有樂隊伴奏，有滿城旗幟飄揚，還有孟加拉總督的萊頓夫人在十字路口等著英雄們凱旋。也存放在都柏林三一學院且也非常值得一看的，是辛斯頓的多本個人作戰日誌，其中第一本始於一九一四年九月十六日的阿伯塔巴德，然後以一百二十八頁的篇幅記錄到一九一五年的二月二十二日（TCD MS 10514 Diary East Africa 1914）。第二本日記始於一九一六年一月二十二日，地點同樣在阿伯塔巴德，然後在歷經美索不達米亞的漫長戰事後，結束在一九一八年的五月十九日的孟買，而當中的最後幾句話是這麼寫的：「我們沒有人不渴望的，是山丘與谷地，是綠野與林蔭，是河川、激流、冰川與雪地。我眼前浮現的是喜馬拉雅山脈的光景，是她美不勝收的一切。」另見：TCD MS 10472 "Notes on Baghdad"。

關於他在軍中的服役紀錄，見：British Library Asia, Pacific, and Africa Collections, India Office Records IOR L/MIL/9/425 f.535–43與L/MIL/14 /15501。辛斯頓在戰爭的一開始是第五廓爾喀步槍兵團第二營的醫官，不久後加入印度第六總醫院（Indian General Hospital No. 6）來服務即將要在入侵德屬東非時踢到鐵板的印度遠征軍B兵團（Expeditionary Force B）。戰爭開打後的第三個月，該兵團的艦隊從孟買出航，並登岸於一個沒什麼人知道，叫做坦噶（Tanga）的地方。那兒已經有機關槍在叢林裡等著，於是就只見英國軍官眼睜睜看著他們經年累月才打造出的軍隊，在短短幾分鐘之內灰飛煙滅。情急之下，英軍軍官直接拿配劍揍人或用左輪手槍把抗命者擊斃，但這時已經沒有能夠讓嚇到滿臉發白的部隊振作起來。

辛斯頓的任務是在一名橡膠農的平房裡處理傷口，更精確說是在染血的露臺上替傷兵包紮。而從那個一片血紅的露臺上望出去，眼前「舉目所見可謂死傷遍野」。通宵達旦，傷者的呻吟哀號在原野上不絕於耳。有人揮動著殘肢斷臂走來走去，在譫妄中堅持自己毫髮無傷。「碎裂的骨頭、被炸飛了的手指；被毀容到面目全非的臉龐。」辛斯頓寫道，「交織出一幅讓人永生難忘的景象。最駭人的一種傷口，是子彈從後腦勺打進去，然後向前把上顎跟下巴掀掉。」

姍姍來遲的撤退命令一到，早已等不及的眾人一股腦衝向露天的船隻，跌倒在沙灘上的傷者就這樣在逃命的人潮中被踐踏死或溺斃。在載走殘兵敗將的開放小船上，辛斯頓遇見了一個人的手臂在前一日被截掉，還有一個人的背上有個拳頭大小的空洞。「船上幾乎是一片死寂。」他寫道。「所有人看起來，都像是一下子老了好多歲，彷彿他們在那個陌生的國度裡是真正的度日如年。」

自此之後的四年，戰爭先帶著辛斯頓從東非到了印度西北邊境，最後更讓他來到了美索不達米亞去援救庫特。一九一六年九月七日他獲頒軍功十字勳章，原因是他事後形容是出於本能，當下根本不知道自己在幹嘛的英雄事蹟。一九一六年九月十一日在納西里耶（Nasiriyah）附近的一次掃蕩任務中，他的部隊遭到一支在短時間內集結成八千人的阿拉伯軍突襲。在一團混亂中，辛斯頓與兩名勤務兵，包括他的老朋友哈爾卡德霍伊・雷（Harkadhoy Rai），聯手衝過了像在冰雹一樣的槍林彈雨，來到了一名肩膀與胸部被子彈貫穿的士兵身邊。想用擔架將人抬穿過「被子彈席捲的平原」，形同是自殺的行為。他們唯一的選擇是由辛斯頓把傷者扛在肩上衝刺一波。但他們人剛站起來，四周的空氣就因為子彈紛飛而嘶嘶作響。「其中一發狠狠打在了哈爾卡德霍伊的頭上，炸掉了一大塊頭顱。他發出了一聲微弱而破碎的驚呼，倒地而亡，同時間我和傷兵就在一旁。」

繼續把辛斯頓當天的日記讀下去，你會發現他持續離題得令人毫無頭緒，那感覺幾乎就像是在生死交關的戰鬥當中，他向後退至了觀察者的角度，用外科般精準的眼光去進行描述，宛如文字可以神奇地將他與好朋友慘死的現實隔絕開來：「一顆子彈貫穿了他的頭骨，造成了尖銳的碎裂聲，極其刺耳，我只能盡我所能地，將之比喻成船槳的扁平刃狀前端打到水面時的聲響，而那必然是如此大量的骨質在瞬間被擊碎之故；這人的頭部被轟掉這麼一大塊，我當時若想把整顆拳頭放進去，肯定是做得到的。」

辛斯頓召集了三名步槍兵，將傷兵放到擔架上。然後跪在地上在阿拉伯炮火的三面夾擊下，狗爬式地朝自家的前線緩緩前進，一次一英尺，其間他們一次次把拖緩他們速度的傷兵稍微抬起來，將之往前推個幾英寸，然後就因為用盡力氣而整個癱平在地上，休息夠了才能再接再厲。惟現場的駁火實在太過密集，以至於他們花了半小時才前進了十碼（約九公尺），而且阿拉伯人還咄咄逼人地強化著攻勢。匍匐在沙地上的辛斯頓想起一段回憶，「我曾經時不時從金合歡（camelthorn）的上端偷望出去，看著他們單槍匹馬或稍微成群結隊地向前衝刺。身穿飄逸白袍的他們美得像一幅畫；他們癲狂把手中的步槍揮舞在頭頂上，然後勇往直前，熱血沸騰地喊出尖銳的叫聲，忘情地比手畫腳，還像是瘋子一樣騰躍在空中；你幾乎以為他們下一秒會拿刀子劃在自己的身上，就像巴耳的祭壇（Altar of Baal；一譯巴力，是迦南地區的傳統神明，也是聖經中對異教神靈的代稱）裡那些放聲大叫的狂熱分子一樣。但他們用這等熱情換來的只是身上的子彈；我們負責殿後的弟兄重創了他們一波波的來襲。」

辛斯頓的表現沒有遭到埋沒，事實上短短六天後，他就以超高的效率獲頒了軍功十字勳章，表揚文字中提到他「不顧個人安危，在近距離炮火的猛烈攻擊下對傷患不離不棄，堪為英勇與盡責的表率」。

關於辛斯頓與聖母峰委員會的書信往來，見：RGS Box 27, File 4。就跟所有聖母峰探險隊上的醫官一樣，一九二四年的辛斯頓也兼任博物學家，而他也用僅見於一九二二年沃斯斯頓的熱忱，非常盡職完成了這份責任。他採集了五百個不同的植物物種，以及逾萬筆的額外樣本，當中包括兩百一十一款鳥類皮膚、三百八十七種蜘蛛、四百三十九種軟體動物，還有八千五百五十四種昆蟲。關於他工作的概要，見他貢獻給官方隊誌的文稿：“Natural History,” *The Fight for Everest*, 1924, pp. 261–88. See also: Richard Hingston, *A Naturalist in Himalaya*

(Boston: Small, Maynard, 1920)。

約翰・諾艾爾與他的第一任妻子西碧兒・摩爾・葛拉罕（Sybille Moore Graham）結婚是在一九一四年十一月十四日。一九二四年，西碧兒偕丈夫前往到大吉嶺，並就此研究起了圖博的民間傳說，而這也催生出了一本遭到遺忘但其實很有趣的作品，*The Magic Bird of Chomo-Lung-Ma: Tales of Mount Everest, the Turquoise Peak*（New York: Doubleday, Doran, 1931）。關於布魯斯將軍在山上身體垮掉的報導，見："The Mount Everest Expedition," *Geographical Journal*, vol. 63, no. 6 (June 1924), pp. 525–27。關於在基地營，還有在一到四號營之間的各種來來往往，見打字版本的個別營地日誌：RGS Box 41, File 3。關於從山上的最後撤退，班特利・畢瑟姆寫下了一份令人動容的記述，當中包含足以做為整場行動的墓誌銘，一句話的評語：「生命的代價是死亡。」見："The Return Journey," *The Fight for Everest, 1924*, pp. 155–92。

第十三章：生命的代價是死亡

在最後一波攻頂前的最後一個月中，諾頓從山上發回了四份任務報告，收信者依據由辛克斯喬出來的安排，全部都是《泰晤士報》。五月十三日，他在絨布的基地營寫出了第六份探險隊的任務報告；該份報告於五月三十一日在倫敦發行。諾頓針對他五月十日在三號營目睹的慘況留下了令人難忘的記述：「風勢似乎高高地吹在北坳、拉比烏拉與拉克帕拉，這三個我們周邊山口的上空，並從天頂的某個高點上朝我們的營地直撲下來，就像㹴犬往鼠穴一撲而上，我們小小的帳篷就像小老鼠被搖晃得東倒西歪。」

馬洛里與諾頓聯手寫出了下一份報告（第七份），並於五月二十六日從「東絨布冰川」寄出；因為提到了計畫中的最後攻頂，所以這份任務報告在於六月十六日刊出時引發了廣泛的關注。此時當然馬洛里與爾文已經不幸罹難。他們的命運是諾頓第八份報告的主題。這份報告開始於六月八日的東絨布冰川，也就是最後攻頂的當天，並以森默維爾六月十一日於基地營貢獻的內容畫下句點。山難的噩耗在六月十九日傳回倫敦，進到了辛克斯的耳中，並於六月二十一日由《泰晤士報》登出。諾頓的六月十一日任務報告見報已經是六月二十六日的事情。六月十四日，他從絨布的基地營發出了最後的任務報告。七月五日在倫敦發行的這份報告中就含有歐德爾說他在山上看到馬洛里與爾文最後一眼的敘述。

以上的所有任務報告，加上四份後來從基耶特拉克冰川、絨轄谷地、定日宗與亞東等地寫出來的報告，共同被發行於："The Mount Everest Dispatches," *Alpine Journal*, vol. 36, no. 229（November 1924）, pp. 196–241。同樣在這一期的英國山岳會官方期刊中，還收錄有在皇家地理學會與英國山岳會的聯席會議上，一九二四年十月十七日宣讀於皇家艾爾伯廳內的多篇論文。見：Charles Bruce, "The Organisation and Start of the Expedition," pp. 241–44; Geoffrey Bruce, "The Journey through Tibet and the Establishment of the High Camps," pp. 251–60; Norton, "The Personnel of the Expedition," pp. 244–51，與"The Climb with Mr. Somervell to 28,000 Feet," pp. 260–65；以及Odell, "The Last Climb," pp. 265–72。歐德爾猶記得他是如何一邊搜尋著失蹤隊友的命運，一邊因為在兩萬五千五百英尺處的石灰岩層中發現化石而滿懷興奮之情。諾頓記憶中的馬洛里「內心有一把火燒著，而那也讓他成為了聖母峰僅見兩名空前的強敵之一。他想要征服那座山的決心，毫無疑問。」

皇家地理學會正式承認馬洛里與爾文罹難，是在："The Mount Everest Expedition," *Geographical Journal*, vol. 64, no. 1（July 1924）, pp. 56–58。皇家地理學會同時發行了十月十七日的會議流程。見：C. G. Bruce, Geoffrey Bruce, E. F. Norton, and N. E. Odell, "The Mount Everest Expedition of 1924," *Geographical Journal*, vol. 64, no. 6（December 1924）, pp. 433–69。

在他從亞東寄出的最後任務報告中，諾頓寫道：「在這樂音悠揚的承平時代，還有什麼比像極地與聖母峰這樣的壯舉更能為讓大英帝國得以繼續其命脈，為如今已有如風中殘燭的冒險與創業精神，留下一絲火種？」

結語

關於在聖保羅教堂舉辦的追思禮拜，見：Right Reverend Henry Luke Paget, *Lord Bishop of Chester*, "Memorial Services in Memory of Men Killed on Mt. Everest," *Alpine Journal*, vol. 36, no. 229（November 1924）, pp. 273–77。關於歐德爾寫給山帝．爾文的動人訃聞，見：Noel Odell, "Andrew Comyn Irvine, 1902–1924," *Alpine Journal*, vol. 36, no. 229（November 1924）, pp. 386–89。葛拉罕．爾文（Graham Irving）做為第一個帶馬洛里認識阿爾卑斯山的學校老師，執筆了他的訃聞。見：R. L. G. Irving, "George Herbert Leigh Mallory, 1886–1924," *Alpine Journal*, vol. 36, no. 229（November 1924）, pp. 381–85。國王陛下的哀悼由榮赫鵬爵士代表接下後，也刊登在了同一期的英國山岳會刊物上第一百九十五頁。

有段時間的氣氛是英國馬上會再派出新的探險隊——就算趕不上一九二五年，也肯定會在隔一年成行。一九二四年十二月十五日，諾頓在一篇宣讀於英國山岳會成員前的報告中總結了聖母峰的挑戰。見：E. F. Norton, "The Problem of Mt. Everest," *Alpine Journal*, vol. 37, no. 230（May 1925）, pp. 1–21。辛斯頓檢視了關乎高度適應的各種挑戰。見：R. W. G. Hingston, "Physiological Difficulties in the Ascent of Mount Everest," *Geographical Journal*, vol. 65, no. 1（January 1925）, pp. 4–23。歐德爾呈現了他做為一名地質學者的各項發現。見：Noel Odell, "Observations on the Rocks and Glaciers of Mount Everest," *Geographical Journal*, vol. 66, no. 4（July–December 1925）, pp. 289–315。

關於與「跳舞喇嘛事件」有關的文件，存於印度事務部檔案的聖母峰檔案第三與第四部分，見：Indian Office Records（IOR）Mount Everest File Parts 3 and 4（IOR L/PS/10/778），另見印度事務部跟聖母峰委員會的書信往來（RGS Box 27, Files 6 and 7）。相關爭議獲得了各報的廣泛報導，紀錄現存於英國山岳會資料庫中的剪報資料裡，或是科林岱爾報紙圖書館（Colindale Newspaper Library）的館藏中。見：General Bruce's article "Lamas of Tibet: From Monastic Celle to London Stage," *Times*, January 21, 1925, p. 17，與"Seven Tibetan Lamas Arrive in London," *Sphere*, December 6, 1924，乃至於其他的報紙紀錄。十二月二十七日，《環球畫報》（*Sphere*）刊出了照片搭配簡短的評論，所下標題是〈史卡拉戲院的圖博音樂〉（Tibetan Music at the Scala Theatre）。《環球畫報》報導說那電影的附帶表演「是倫敦目前僅見最費解、最奇特的東西……巨大的號角發出有如雷鳴的音符，讓脈動傳遍了戲院的每個角落。乍聽之下那音樂似乎描繪著混沌與雜亂，但僅相隔一兩秒，人眼前似乎會開始看到初生的世界」。

關於貝里是如何反對繼續推動聖母峰探險，見：India Office Records（IOR）Mount Everest File Part 1（IOR L/PS/10/777）and Parts 3 and 4（IOR L/ PS/10/778）1924。關於他與聖母峰委員會的書信往來，見：RGS Box 24, File 2, and Box 1, File 20。

關於一九三〇年代的英國聖母峰探險隊，見：Tony Astill, *Mount Everest: The Reconnaissance 1935*（作者自行出版，2005）；Hugh Ruttledge, *Everest 1933*（London: Hodder & Stoughton, 1934；美國版本為*Attack on Everest* [New York: Robert McBride, 1935]）與*Everest: The Unfinished Adventure*（London: Hodder & Stoughton, 1937）；以及H. W. Tilman, *Mount Everest 1938*（Cambridge: Cambridge University Press, 1948）。

一九五〇年，時年六十八歲且已經退休的泰迪．諾頓一邊回顧了三〇年代的失敗嘗試，一邊仍不忘嘗試重燃各界對再一次從北坳出發攻頂的興趣。他確信當時已經以他命名的雪溝是可以成功攀登上去的，前提是天氣能夠配合，加上挑夫要跟他在一九二二與一九二四年記得的那些人一樣心臟夠強。「其他的，」他寫道，「就是要看上帝如何發落了。」見：E. F. Norton, "Mount Everest: The Last Lap," *Alpine Journal*, vol. 57, no. 280（May 1950）, pp. 285–92。

關於一九五二年，瑞士登山隊如何從尼泊爾攻頂但與成功失之交臂，見：R. Dittert, G. Chevalley, and R. Lambert, *Forerunners to Everest*（London: George Allen & Unwin, 1954）。關於希拉里與丹增在一九五三年的歷史性攀登，見：John Hunt, *The Ascent of Everest*（London: Hodder & Stoughton, 1953），與Jan Morris, *Coronation Everest*（London: Faber and Faber, 1958）。關於丹增．諾蓋的生平，見：Ed Douglas, *Tenzing: Hero of Everest*（Washington, D.C.: National Geographic Books, 2003）；Tenzing Norgay and James Ramsey Ullman, *Man of Everest: The Autobiography of Tenzing*（London: George Harrap, 1955）；以及Tenzing Norgay and Malcolm Barnes, *After Everest: An Autobiography*（London: Allen & Unwin, 1977）。關於一名人子如何紀念父親的英雄事蹟，並在這眾人渴望的山巔打造自己的身分，有過一本美麗的書，見：Jamling Tenzing Norgay and Broughton Coburn, *Touching My Father's Soul*（New York: HarperCollins, 2001）。

關於中國各支探險隊如何以照片捕捉下他們攻頂嘗試中的意識形態動能，見：*Another Ascent of the World's Highest Peak—Qomolangma*（Peking: Foreign Languages Press, 1975），與*A Photographic Record of the Mount Jolmo Lungma Scientific Expedition (1966–1968)*（Peking: Science Press, 1977）。

關於那三封發現於馬洛里遺體上的信件，還有二十七封在死訊傳出後寄給遺孀茹絲的弔唁信，見：Mallory Papers, Box 7, Magdalene College Archives, Cambridge. For Conrad Anker's insights, see: *The Lost Explorer*

（New York: Simon & Schuster, 1999）。

在一封家書中，時年二十五歲的比利．葛倫菲爾嘗試描述了他在西部戰線的生活。「死亡是外頭一道脆弱的屏障，」他寫道，「脆弱到我們帶著微笑與勇氣，日復一日地跨越過去。」比利在一九一五年的七月三十日陣亡於他在胡格率領的一次自殺性衝鋒裡，那地方距離他二十七歲的哥哥長朱利安（Julian）於五月十三日因為頭部遭砲彈流彈所傷而倒地不起的地點，只有短短不到一英里。四週之後，詩人朱利安在有母親陪伴的病榻前傷重不治。在伊珀爾突出部的腥風血雨中，比利被草草埋入土裡，他的遺體自此失落於天地間，再也無望尋回。

靜謐的榮光（下冊）

馬洛里、大英帝國與聖母峰之一頁史詩

Into the Silence

The Great War, Mallory, and the Conquest of Everest

meters FM1008

作　　者　韋德・戴維斯（Wade Davis）
譯　　者　鄭煥昇
選書策畫　詹偉雄
責任編輯　謝至平
行銷企畫　陳彩玉、林詩玟、陳紫晴、葉晉源
封面設計　王志弘、徐鈺雯

發 行 人　凃玉雲
編輯總監　劉麗真
出　　版　臉譜出版
　　　　　城邦文化事業股份有限公司
　　　　　臺北市中山區民生東路二段141號5樓
　　　　　電話：886-2-25007696　傳真：886-2-25001952
發　　行　英屬蓋曼群島商家庭傳媒股份有限公司城邦分公司
　　　　　臺北市中山區民生東路二段141號11樓
　　　　　客服專線：02-25007718；25007719
　　　　　24小時傳真專線：02-25001990；25001991
　　　　　服務時間：週一至週五上午09:30-12:00；下午13:30-17:00
　　　　　劃撥帳號：19863813　戶名：書虫股份有限公司
　　　　　讀者服務信箱：service@readingclub.com.tw
　　　　　城邦網址：http://www.cite.com.tw
香港發行所　城邦（香港）出版集團有限公司
　　　　　香港灣仔駱克道193號東超商業中心1樓
　　　　　電話：852-2508623　傳真：852-25789337
　　　　　電子信箱：hkcite@biznetvigator.com
新馬發行所　城邦（馬新）出版集團
　　　　　Cite（M）Sdn Bhd.
　　　　　41-3, Jalan Radin Anum, Bandar Baru Sri Petaling,
　　　　　57000 Kuala Lumpur, Malaysia.
　　　　　電話：603-90578822　傳真：603-90576622
　　　　　電子信箱：cite@cite.com.my

一版一刷　2022年12月

ISBN 978-626-315-241-0（下冊紙本書）
ISBN 978-626-315-190-1（紙本套書）
ISBN 978-626-315-245-8（EPUB）

售價　NT$ 750（上下冊不分售）
（本書如有缺頁、破損、倒裝，請寄回更換）

國家圖書館出版品預行編目（CIP）資料

靜謐的榮光：馬洛里、大英帝國與聖母峰之一頁史詩／
韋德．戴維斯（Wade Davis）著；鄭煥昇譯.
－一版.－臺北市：臉譜出版，城邦文化事業股份有限公司出版：
英屬蓋曼群島商家庭傳媒股份有限公司城邦分公司發行，2022.12
面；　公分.－（Meters；FM1007–FM1008）
譯自：Into the silence :
the great war, Mallory, and the conquest of Everest
ISBN 978-626-315-240-3（上冊：平裝）.－
ISBN 978-626-315-241-0（下冊：平裝）
1.CST: 登山 2.CST: 傳記 3.CST: 聖母峰 4.CST: 英國
784.11　　111019949